广西社会科学院新型智库出版资助项目

广西社会科学院东南亚研究丛书

中国与东盟的
交通和能源互联互通建设研究

Research on the Construction of Transportation and Energy Interconnection
between China and ASEAN under

刘建文　著

中国商务出版社
CHINA COMMERCE AND TRADE PRESS

图书在版编目（CIP）数据

中国与东盟的交通和能源互联互通建设研究 /
刘建文著. —北京：中国商务出版社，2021.9
ISBN 978-7-5103-3912-7

Ⅰ.①中… Ⅱ.①刘… Ⅲ.交通运输建设—基础设
施建设—国际合作—研究—中国、东南亚国家联盟②能源
工业—工业建设—国际合作—研究—中国、东南亚国家联
盟 Ⅳ.① F512.3 ② F513.303 ③ F426.2 ④ F433.062

中国版本图书馆 CIP 数据核字（2021）第 159796 号

中国与东盟的交通和能源互联互通建设研究
ZHONGGUO YU DONGMENG DE JIAOTONG HE NENGYUAN HULIAN HUTONG
JIANSHE YANJIU

刘建文　著

出　　版：中国商务出版社
地　　址：北京市东城区安定门外大街东后巷 28 号　邮编：　100710
总 发 行：中国商务出版社发行部（010-64266119　64515150）
网购零售：010-64269744
网　　址：http://www.cctpress.com
邮　　箱：cctp@cctpress.com
印　　刷：天津雅泽印刷有限公司
开　　本：787 毫米 × 1092 毫米　1/16
印　　张：25.5　　　　　　　　　　字　　数：430 千字
版　　次：2022 年 1 月第 1 版　　　　印　　次：2022 年 1 月第 1 次印刷
书　　号：ISBN 978-7-5103-3912-7
定　　价：98.00 元

前　　言

互联互通是区域经济一体化的必然要求。中国—东盟自由贸易区建立以后，中国与东盟互联互通成了一个热门的课题，国内外之研究不乏其人。研究者普遍认为互联互通是推动经济全球化和区域经济一体化的重要措施。欧盟是最早致力于并实现交通和能源互联互通的区域经济体。东盟在一定程度上借鉴了欧盟互联互通的经验来推进区域一体化进程。2010年10月召开的第17届东盟首脑会议通过了《东盟互联互通总体规划》，规划涵盖了物理联通、机制联通和人文交流，包括对形成东盟共同体经济、政治安全和社会文化三大支柱的基础性支持和便利化措施。其中，物理联通包括交通运输、信息通信和能源设施的联通。2013年9月和10月，在中国国家主席习近平先后提出建设"丝绸之路经济带"和"21世纪海上丝绸之路"的重大倡议之后，中国与东盟的互联互通研究开始兴起。2015年3月，国家发展改革委、外交部、商务部联合发布了《推动共建丝绸之路经济带和21世纪海上丝绸之路的愿景与行动》（以下简称《愿景与行动》），提出"以政策沟通、设施联通、贸易畅通、资金融通、民心相通"为主要内容加强"一带一路"合作。提出设施联通要"共同推进国际骨干通道建设，逐步形成连接亚洲各次区域以及亚欧非之间的基础设施网络。……抓住交通基础设施的关键通道、关键节点和重点工程，优先打通缺失路段，畅通瓶颈路段，配套完善道路安全防护设施和交通管理设施设备，提升道路通达水平"，以及"加强能源基础设施互联互通合作，共同维护输油、输气管道等运输通道安全，推进跨境电力与输电通道建设"。可见，互联互通涉及的范围非常广泛。本书选取其中的交通和能源领域的互联互通作为研究范围，以期可以集中精力和时间在有限的领域内做深入研究，并取得一些具体和可操作性成果。

中国与东盟是陆海相连的友好邻邦，是天然的合作伙伴，中国与东盟是

"一带一路"地缘经济建设中的核心区域，可以中国—东盟自由贸易区升级版和 RCEP 合作框架为基础推进交通和能源互联互通建设，进而建立合作共赢的经济命运共同体。为此，本书以习近平主席"人类命运共同体"思想为指导，运用经济增长极理论、点轴开发理论、区域经济一体化理论、集体安全观等理论方法对中国与东盟交通和能源互联互通现状进行分析研究，展望合作前景。通过研究，提出以建设经济走廊为载体，构建中国—东盟水陆空管道"四位一体"的综合交通互联互通系统。一是构建"三纵两横"陆路交通互联互通骨干网络，将中国发达地区与东盟国家、孟加拉湾地区连接起来，通过交通通道经济辐射带动毗邻国家经济发展。二是构建中国—东盟港口与航线互联互通网络，重点打造双边骨干港口海上航线，互为洲际航线中转港。三是建设中国—东盟空中大通道，在双边选取一些主要城市的机场，互为洲际航线的中转空港。

本着建设中国—东盟能源安全体系和构建中国—东盟能源命运共同体的目的，推进能源互联互通建设。通过研究认为，中国与东盟国家能源合作具有很大的互补性，能源互联互通合作基础好，要重点开展电力和油气管道互联互通合作。除了中缅石油管道，建设中国西南地区—老挝/缅甸—泰国—马来西亚—新加坡—印度尼西亚—菲律宾的特高压电力通道和缅甸—泰国—老挝—越南—中国华南地区油气管道，保障中国、越南、老挝、泰国、缅甸石油、天然气供应和沿线国家的能源安全。以集体安全观推进中国与东盟国家能源互联互通建设，达到建成中国—东盟能源安全体系的目的。

此外，本书还认为，交通和能源互联互通仅仅是中国与东盟基础设施联通的第一步，而通过交通和能源互联互通促进双边经济发展、提高沿线国家人民获得感和幸福感才是目的。因此，中国与东盟交通互联互通应以交通和能源互联互通通道为基础建设经济走廊。交通互联互通的目的就是通过公路、铁路、港口、航空、管道等交通运输方式激活中国与东盟国家的经济要素，促进资本、技术、人才、信息等经济资源向交通沿线集聚，进而形成经济走廊。可以说，交通和能源互联互通是建设经济走廊的基础，是连接中国与东盟国家的经济发展之路、合作共赢之路，以经济走廊建设促进交通和能源互联互通完善和发展。

围绕推进中国与东盟交通和能源互联互通建设的路径，本书提出了一些建设性的建议：应本着共商共建共享的原则，推动各国发展战略对接，引导东盟国家合力推进中国与东盟交通和能源互联互通建设；建立完善合作机制，引导各国按照市场机制推进互联互通建设，建立"早期收获项目"清单；加强中国与东盟国家的互信关系建设，将交通和能源互联互通建设与沿线国家减贫相结合，同时加强人才培养和能力建设合作，加强国内交通与能源建设的协调与合作；建立与完善中国—东盟交通和能源互联互通建设投融资机制；加强创新合作，推动新技术在交通和能源互联互通领域的应用，推进中国与东盟交通运输、能源标准化合作和能源智能化合作；加强中国与东盟交通和能源领域节能增效合作，在积极投资参与一些重大节点项目建设的同时加强风险防控等措施。

由于中国与东盟交通和能源互联互通涉及的范围十分广泛，涉及的国家、资料和数据较多，限于研究能力和条件，未能穷尽，本书权当抛砖引玉之用，引发关注和讨论，推动中国与东盟的交通和能源高水平互联互通。

目　　录

第一章　概　述

第一节　互联互通是世界区域合作的发展趋势

经济全球化、贸易自由化仍然是当今世界发展的大趋势。全球化使得国际人口流动和国际经济贸易活动愈加频繁，对开放和扩大边境口岸、交通和能源基础设施跨国联通的需求不断增加。国际经济贸易活动需要建立运输链来为贸易物流提供服务。国际货物贸易中的 90% 左右是通过海运实现的。公路和铁路运输等陆路运输在国际货物贸易运输中虽然占比较小，但仍在区域性国际贸易中具有重要的作用。由于互联互通基础设施比较完善，国际道路运输在北美自由贸易区货物贸易中非常普遍，在欧盟的内部贸易中也占了很大比重。欧盟、东盟和北美自由贸易区是国际区域性互联互通的三大区域，其互联互通建设有力地推进了区域经济一体化进程，且互联互通建设不断完善，没有止境。欧盟电力网、天然气管道网，北美原油管道以及中俄油气管道、俄欧天然气管道不断建设完善。目前，中国与欧亚大陆通过公路和铁路国际联运开展的国际货物贸易也越来越多。同时，以电力、油气管道为主的国际能源互联互通也在加快发展。国际区域性的交通和能源互联互通的发展趋势方兴未艾。

一、欧盟互联互通经验及其发展趋势

欧盟是全球区域互联互通的先行者，是国际区域互联互通的标杆。1992 年，《马斯特里赫特条约》签署，欧盟成立。该条约提出了在欧盟建立共同市场的要求，而《申根条约》则有效地消解了欧盟大部分地区的内部边界，为欧盟互联互通政策的出台奠定了法律基础。为整合欧盟成为单一市场，加强区域经济

和社会凝聚力，欧盟开始朝着建立一个互联互通的运输、电信和能源领域的跨国网络的方向发展。2011 年，针对欧盟交通、能源和通信基础设施的不完善、效率低等问题，欧盟委员会提出了"连接欧洲"计划，包括"连接欧洲交通""连接欧洲能源"和"连接欧洲通信"三个战略并付诸实施。

（一）交通互联互通的经验与发展趋势

1. 建立交通互联互通以促进欧盟经济一体化

区域经济一体化需要互联互通的区域交通作支撑。欧盟的交通运输政策经历了多个发展阶段，主要目标由促进运输自由化、放松管制、建立欧洲统一市场，逐步过渡到强调多种运输方式的衔接、优化运输组织效率，更加重视构建可持续的交通运输系统、降低碳排放。[①]

欧盟委员会于 1990 年通过了全欧交通网络（trans-European transport networks，简称"TEN-T"）的行动计划。"TEN-T"是欧盟在公路、铁路、水路及航空等运输网络的一系列规划纲领。欧洲理事会于 1994 年批准了 14 条"特别"TEN-T 互联互通优先项目的清单，为欧盟更大的互联互通作准备。同年，欧盟委员会召开会议，作出了对原有"TEN-T"进行新建和扩建的决议，并把关系到欧洲共同利益的 14 项交通基础设施计划列为更高的优先项目，同时向该计划提供补助金。

1996 年，欧洲议会及欧洲理事会作出了"关于建设全欧交通网共同指导方针的决定"（第 1692/96/EC 号决定），规定了"TEN-T"目标优先项目和计划措施的基本内容，成为"TEN-T"政策的核心。同时，基于《欧洲主要国际交通干线协定》，20 世纪 90 年代后期，欧盟对"TEN-T"指南进行了几次修改才基本确定了全欧运输网络。第二届泛欧交通运输部部长会议通过了"TEN-T"9 个全欧核心走廊方案。1997 年召开的第三届泛欧交通运输部部长会议又增加了第 10 条走廊——西巴尔干地区走廊（见表 1-1）。

---

① 李可，孙鹏，李伟，等. 高效交通运输促进欧洲一体化 [N]. 中国交通报，2017-03-06（04）.

表1-1 "TEN-T"9条核心走廊方案

走廊名称	线路走向
波罗的海—亚得里亚海走廊	以公路和铁路连接波兰西里西亚、奥地利维也纳、斯洛伐克普雷斯堡、阿尔卑斯山东部地区和意大利北部的工业区
北海—波罗的海走廊	连接波罗的海东岸与北海各港口
地中海走廊	连接伊比利亚半岛至匈牙利—乌克兰边境地区
东欧—地中海走廊	利用港口和高速公路贯穿北海、波罗的海、黑海和地中海的各交界点
斯堪的纳维亚—地中海走廊	自芬兰和瑞典出发，穿过德国、阿尔卑斯山抵达意大利各港口，并跨海拓展至意大利西西里岛和马耳他瓦莱塔
莱茵—阿尔卑斯走廊	从荷兰鹿特丹出发，经比利时安特卫普、瑞士、德国莱茵—鲁尔区、莱茵河—美因河—内卡河畔的各经济中心、意大利米兰的经济集聚区到达意大利热那亚
大西洋走廊	以高速铁路、常规铁路及塞纳河的内河航道，连接伊比利亚半岛西部、法国勒阿弗尔港、鲁昂和巴黎，并延伸至法国斯特拉斯堡与德国曼海姆一带
北海至地中海走廊	从爱尔兰和英国北部经荷兰、比利时和卢森堡延伸到法国南部的地中海地区
莱茵河—多瑙河走廊	以美因河和多瑙河航道为骨干，连接法国斯特拉斯堡和德国法兰克福的中间地带，经德国南部穿越奥地利维也纳、斯洛伐克普雷斯堡、匈牙利布达佩斯，最终到达黑海
西巴尔干地区走廊	连接奥地利的萨尔茨堡与希腊的塞萨洛尼基、斯洛文尼亚、克罗地亚、塞尔维亚、马其顿和希腊铁路，并建分支前往土耳其伊斯坦布尔

资料来源：European connectivity masterplans.

2004年，考虑到成员国数量逐步增加，欧盟将优先项目进一步确定为30项，以构建欧洲共同利益体。2007年，除了优先项目之外，欧盟几个机构甚至委员会本身也在创建不同类型的走廊，其中包括铁路货运走廊、ERTMS走廊、泛欧洲走廊、RNE走廊、TRACECA走廊等。

从1992年开始，欧盟委员会每隔十年发布1期关于交通运输政策的白皮书，引导欧盟在未来一段时间内公路、铁路、水运、航空、管道运输的发展方向。最新的运输白皮书于2011年发布，其目标集中在多式联运与跨国客运和货运两种方式的互联互通。2013年，欧盟委员会、欧盟理事会与欧洲议会三方就建立"TEN-T"达成新的协议：至2030年，"TEN-T"将把欧洲现有的相互分割的公路、铁路、机场与运河等交通运输基础设施连接起来，构建统一的交通运输体系。尽管按照计划欧盟将在2023年修订"TEN-T"，但核心网络在2030年之前将保持稳定。

2. 高铁互联互通成为发展新趋势

欧洲运输政策旨在将铁路作为内陆运输网络的骨干，建设欧洲高铁网已成为欧盟"TEN-T"建设的重点。欧洲高速铁路线有三类：一是最低时速为 250 千米的线路；二是最低时速已提高到 200 千米的常规铁路线；三是升级为高速列车行驶但时速小于 200 千米的山区或城市地区的特殊地区线路。目前，欧洲已经运营高铁的国家主要有法国、德国、西班牙、意大利、俄罗斯、土耳其、奥地利等。

法国的快速火车悠久历史。1981 年，法国开通了连接首都巴黎与第二大城市里昂之间的高速铁路，也是法国的第一条高速铁路。现在，法国国营铁路公司（SNCF）高速铁路的（LGV）东南线（LGV Sud-Est）和地中海线（LGV Méditérranée）已经连接了巴黎、里昂和马赛三个法国最大的城市，是法国最高效的高速铁线。基于乘客的需求仍在增长，法国国营铁路公司正考虑在这些城市之间建立第二条平行线路。目前，法国高铁网络的总长度约为 2500 千米。法国还计划将此长度增加一倍。2017 年,法国将高速铁路大西洋线(LGV Atlantique)扩展至波尔多。高速铁路北线（LGV Nord）已通到比利时和加来，并连接欧洲隧道；高速铁路东欧线（LGV Est européenne）已扩展到巴黎和斯特拉斯堡（连接至德国），连接西班牙的菲格拉斯（Figueras）扩建工程也正在建设中。TGV高速列车和大力士高速列车（Thalys）到比利时布鲁塞尔、欧洲之星到伦敦的"PBKAL"线（巴黎—布鲁塞尔—科隆—阿姆斯特丹—伦敦）效果明显，铁路乘客的份额已占巴黎—伦敦往来旅客的 70%。由于需求增加，近年来，法国国营铁路公司还采购了双层 TGV 列车，在巴黎—里昂线等高使用率的线路上运行。目前,根据高速铁路线路的不同,TGV 高速列车的最高时速可达到 270~320 千米。同时，TGV 高速列车也可以在传统铁路网上运行，以延续高速铁路线路，如到布列斯特、尚贝里、蔚蓝海岸等，并进入比利时、德国、瑞士和意大利等邻国。

1991 年，德国第一条高铁线路汉诺威—维尔茨堡投入运营，从此德国进入高铁时代。德国北部的汉堡、不来梅和汉诺威之间以及南部的纽伦堡、慕尼黑和斯图加特之间的出行时间得以大大缩短。与此同时，耗资约 23 亿欧元的曼海姆与斯图加特之间的 99 千米长的高速铁路线路投入运营，大大缩短了德国西部与南部之间的时空距离。2001 年，全长 177 千米、设计最高时速为 300 千米的科隆—法兰克福铁路线开通，这条线路不仅为法兰克福/美因河和科隆/波恩机场提供服务，同时，在鲁尔地区连接通往荷兰、比利时、卢森堡三国，德国南部、瑞士和地中海的铁路。2005年，德国升级纽伦堡—慕尼黑高速铁路投入运营，其最高时速达到300千米。该线路连接慕尼黑—德国东北部和慕尼黑—法兰克福。2015年年末，德国建成新的柏林—莱比锡/哈勒—爱尔福特—纽伦堡铁路线。其中柏林—莱比锡/哈勒段是常规线路的升级版，新建190千米的莱比锡/哈勒到爱尔福特段高铁于2017年年底建成通车。这条高速铁路线在纽伦堡—慕尼黑高速线上向南行，并在现有的常规路线上直达斯图加特。目前，德国正在建设斯图加特—乌尔姆高速铁路。该线将连接斯图加特机场，预计于2021年年底建成通车。

意大利是最早提出高速铁路概念的国家，早在19世纪后期和20世纪30年代就已开始修建米兰和热那亚之间的"高铁"。1978年，意大利建成了第一条罗马—佛罗伦萨的高速铁路。由米兰—博洛尼亚—佛罗伦萨—罗马—那不勒斯和都灵—米兰—维罗纳—威尼斯线构成的T形高铁网络已非常先进，其中，佛罗伦萨—罗马段以250千米/小时的速度运行，博洛尼亚—佛罗伦萨段时速可达300千米。意大利的高铁网仍将进一步发展。新建意大利南部通往布伦纳及那不勒斯—巴里连接线，并通往卡拉布里亚和西西里岛，升级威尼斯和的里雅斯特之间铁路线到200千米/小时。同时，意大利和法国已经签订了一项条约，计划修建都灵—里昂的高铁线路。该线是"地中海走廊"的一部分，从意大利的苏萨河谷到法国的毛里安，连接意大利和法国的高铁网络，最快速度为220千米/小时。

西班牙第一条高铁线路马德里—塞维利亚线路在1992年世界博览会期间建成使用。十年后，马德里—萨拉戈萨—巴塞罗那高铁线建成运营。目前，西班牙建成了欧洲最长的高铁网络，但使用的是UIC标准轨距而非常规的伊比利亚轨距，与伊比利亚半岛以前的宽轨有所不同。高铁网络在许多地方都通过特殊的轨距转换设备与伊比利亚常规轨距网络互联，从而使双轨距高速列车能够在两种轨道上运行。西班牙高铁系统的一个特殊之处在于其运行类型繁多，不利于西班牙系统的可适应性及跨欧洲铁路的互联互通。

跨欧洲铁路（TER）是泛欧洲运输基础设施项目，覆盖了欧盟国家、欧盟候选国以及中欧、东欧、东南欧和高加索地区的联合国欧洲经济委员会

（UNECE）成员国，包括亚美尼亚、奥地利、波斯尼亚和黑塞哥维那、保加利亚、克罗地亚、捷克、希腊、波兰、罗马尼亚、俄罗斯、塞尔维亚、斯洛伐克、斯洛文尼亚、土耳其、立陶宛、白俄罗斯、拉脱维亚、摩尔多瓦、黑山和北马其顿共和国。2006年以后，欧盟重点发展多式联运模式，以提高运输的可持续性，同时发展更快的铁路（包括高速铁路）吸引旅客。2011年，欧洲经济委员会发布了跨欧洲铁路修订的总体计划，其中提出了跨欧洲铁路成员国道路和铁路的"骨干网"，以及这些网络中的优先项目，其中包括一些高速铁路建设。目前，在跨欧洲铁路网涉及的国家中，除了奥地利、俄罗斯和土耳其有一些高铁网络外，只有少数国家尚处于高铁发展的早期阶段。土耳其于2014年正式建成投入运营第一条高速铁路——安卡拉—波拉特利—埃斯基谢希尔—伊斯坦布尔。俄罗斯已运行莫斯科—圣彼得堡线和莫斯科—下诺夫哥罗德线两条高铁线路，时速为200千米，还计划在莫斯科与圣彼得堡之间再建造一条时速为400千米的高铁，以及莫斯科—罗斯托夫·纳多努—阿德勒和莫斯科—下诺夫哥罗德—喀山的高速铁路，并计划延伸到彼尔姆、叶卡捷琳堡、车里雅宾斯克、乌法和萨马拉。规划中的"波罗的海铁路"的UIC标准轨高铁将把爱沙尼亚、拉脱维亚和立陶宛的波罗的海国家与波兰和中欧的其他地区连接起来，其中波兰比亚韦斯托克—立陶宛考纳斯线已经修建。捷克计划建设布拉格到乌斯蒂纳拉本（Ústínad Labem）和布拉格—布尔诺的新高铁线，将在不到1个小时的时间内连接该国两个最大的城市。斯洛伐克预计将库蒂和布拉迪斯拉发—瓦伊诺里的重要部分铁路时速升级到200千米。根据"TEN-T"规划，斯洛文尼亚计划在地中海和亚得里亚海—波罗的海走廊上修建一条从卢布尔雅那到斯洛文尼亚和意大利边境（塞萨纳）的高速铁路。克罗地亚计划修建萨格勒布—里耶卡高速铁路。塞尔维亚唯一的高铁项目是将现有的贝尔格莱德—布达佩斯铁路线的贝尔格莱德—诺维萨德—苏博蒂察连接线升级到200千米/小时。希腊的雅典—塞萨洛尼基和雅典—帕特雷高速铁路的大部分都在计划修建之列。罗马尼亚计划建设一条库蒂奇—阿拉德（Arad）—蒂米什瓦拉—锡比乌—布加勒斯特的高速铁路。匈牙利打算在2030年后实施从布达佩斯到奥（地利）匈边境的海吉什豪洛姆（Hegyeshalom）通往斯洛伐克布拉迪斯拉发和奥地利维也纳的高速铁路，以及沿东地中海走廊到塞格德（Szeged）和匈牙利—罗马尼亚边境阿拉德的高速铁路，横越匈牙利—塞尔维亚边境，直达塞尔维亚贝尔格莱德

（见表1-2）。[①] 其他国家目前还没有明确的高速线路建设计划。

表1-2　"TEN-T"核心网络中现有和计划中的高速铁路

国家	高速铁路线路
奥地利	1. 维也纳—林茨—韦尔斯，塞梅林基础隧道，格拉茨—克拉根福 2. 罗森海姆（德国，Rosenheim）—库斯坦（Kustein）—布伦纳（包括布伦纳基础隧道的奥地利部分）
捷克	普拉哈（Praha）—拉贝河畔乌斯季（Usti nad Labem）
希腊	1. 塞萨洛尼基（Thessaloniki）—Texote，塞萨洛尼基—雅典 2. 雅典—帕特雷（Patras）
意大利	1. 里昂（法国）—都灵—米兰—维罗纳—威尼斯 2. 米兰—博洛尼亚—佛罗伦萨—罗马—那不勒斯—巴里 3. 米兰—热那亚—文蒂米利亚（Ventimiglia）—尼斯（法国） 4. 布伦内罗（包括布伦纳基础隧道的意大利部分）—维罗纳—博洛尼亚（Bologna） 5. 切维尼亚诺（Cervignano）—乌迪内（Udine）—菲拉赫（奥地利，Villach）
立陶宛	波罗的海铁路
波兰	1. 波兹南—弗罗茨瓦夫—罗兹—格罗齐斯克·马佐维茨基（Grodzisk Mazowieski）—华沙 / 奥波兹诺（该项目已被推迟实施） 2. 格罗齐斯克·马佐维茨基—卡托维兹（由160千米 / 小时升级至200千米 / 小时）
罗马尼亚	布加勒斯特—康斯坦察
斯洛文尼亚	的里雅斯特（Trieste）—（迪瓦卡）Divaca—卢布尔雅那（Ljubljana）

资料来源：UNECE.Trans-European Railway High-Speed Master Plan Study，p.36.

3. 制定铁路互联互通制度和法律框架

针对不同时期亟须解决的问题，欧盟就区域铁路互联互通发展制定了四套政策和法规。

第一套铁路政策和法规（2001年）：铁路运营商无歧视地使用"TEN-T"；建立一站式机构以推销火车路线；根据相关成本建立关税结构；减少边境延误；引入质量标准。

关键立法规定主要有2001年2月26日颁布的2001/12/EU、2001/13/EU和2001/14/EU指令，其中，2001/14/EU指令着重于基础设施容量的分配及对基础设施使用的收费。第一套铁路指令包已根据2012/34/EU指令进行了重新修改。

第二套铁路政策和法规（2004年）：通过建立欧洲一体化铁路区域来振兴

[①]　UNECE.Trans-European Railway High-Speed Master Plan Study，p.33.

铁路；改善互操作性和安全性；开放整个欧洲的货运市场；在法国瓦伦西安建立"欧洲铁路局（ERA）"。

关键立法规定主要有关于分配基础设施容量，对基础设施使用收取费用的 2004/49/ EU 指令；关于修改 96/48/EC 指令（高速铁路系统的互操作性）和 2001/16/EC 指令（常规铁路系统的互操作性）的 2004/50/EU 指令；关于建立"欧洲铁路局"的（EC）881/2004 法规。

第三套铁路政策和法规（2007 年）：开放国际铁路客运；火车司机的欧洲驾驶执照；加强乘客的权利。

关键立法规定主要有关于基础设施容量分配、基础设施使用和服务收费的 2007/58/EU 指令；关于火车驾驶员认证的 2007/59 /EU 指令；关于铁路和公路上客运服务的（EU）1370/2007 法规；关于旅客权利和义务的（EU）1371/2007 法规；关于欧盟劳动力抽样调查的（EU）1972/2007 法规。

第四套铁路政策和法规（2016 年）：

制定技术支柱：关于建立欧盟铁路局（前身是欧洲铁路局）的 2016/796/EU 法规，并废除（EC）881/2004 法规（建立"欧洲铁路局"）；关于铁路互通性的 2016/797/EU 法规；关于铁路安全的 2016/798/EU 法规。

建立市场支柱：市场支柱[①]包括两个法规和一个指令，其中 2016/2370/EU 指令指的是铁路客运服务国内市场的开放和铁路基础设施的治理（"治理指令"）。据欧盟委员会称，市场支柱有望为欧洲公民提供更多的选择和更高质量的铁路服务。虽然这些铁路政策法规仅适用于欧盟成员国，但它们对基础设施的互操作性和治理的影响使其也适用于非欧盟 TER 国家（尤其是候选国）。欧盟还有另一法规被视为欧盟基础设施政策的一部分，即欧洲铁路交通管理系统（European rail traffic management system，ERTMS）部署计划。TEN-T 规定，到 2050 年，所有"TEN-T"铁路路段均应配备 ERTMS。

4. 欧洲投资银行支持交通互联互通投资项目建设

欧洲投资银行（European investment bank，EIB）于 1958 年成立，为铁路、公路、航空和海上的项目建设提供资金，其优先考虑 TEN-T 网络项目和清洁交通方式

---

① 第四套铁路政策和法规文件包是以建设技术支柱和市场支柱两大政策法规为基础的文件包。

的贷款，提倡最有效、经济和可持续的方式来满足交通需求。EIB 不是一次性投资者，其贷款金额通常限制为该项目投资成本的 50%，以避免排挤私人贷方。由欧洲投资银行资助的所有项目都必须在技术上和经济上合理，并且其采购和环境审批程序必须符合欧盟指令。自 2005 年以来，欧洲投资银行已在交通运输领域投资 1500 亿欧元，如欧洲投资银行自 1995 年以来提供了超过 205 亿欧元的资金投资开发了波兰的公路和铁路网络，资助了大约 80 个项目，这对完善波兰交通基础设施网络，促进波兰贸易、就业和文化交流以及跨国的流动提供了机会。

欧洲投资银行对交通运输项目贷款有两个主要标准：一是战略性交通项目，包括欧盟内部的 TEN-T 网络和邻国扩展的 TEN-T 网络中的项目。过去十年（2008—2017 年），这些项目的贷款占所有 EIB 交通运输贷款的 60%。二是可持续交通项目，主要是城市交通以及 TEN-T 网络之外的城市铁路、道路安全、区域铁路、常规铁路和高速铁路。过去十年（2008—2017 年），这些项目的贷款占欧洲投资银行交通贷款的 40%。

EIB 致力于为跨欧洲网络（Trans-European networks，TENs）提供资金，以此作为推动欧盟实现增长、竞争力和就业目标以及改善联盟内部社会和凝聚力的动力。通过建立 TEN-T 作为欧洲连接性骨干的核心运输网络，民众和企业可以在 30 分钟内通达跨欧洲网络。

欧盟的新运输政策，建立了以 9 条主要走廊为基础的 TEN-T 核心运输网络。新政策的主要目标是完善和更新整个核心结构网络，加强欧盟的港口、机场与城市之间的互动与联系，创建多式联运平台以改善物流中心，以及通过促进整个欧洲旅行的"无缝"衔接，缩小会员国运输网络之间的差距。

2008 年，欧洲投资银行启动 TEN-T 项目贷款担保工具（LGTT），到 2013 年 3 月，欧洲投资银行对 188 个 TEN-T 项目签署了 65% 的项目，还有 35% 待签署，贷款总额达 580 亿欧元，其中一半是公路项目，三分之一是铁路项目，其余是航空（11%）和海运（7%）项目。最大的签署国是波兰（23%），其次是西班牙（20%）、意大利（12%）、法国（9%）、英国（7%）和德国（7%），平均为每个项目提供了 3.05 亿欧元的融资。[①] 自 2015 年起，欧洲投资银行资助的大多数运输项目首次被划归服务可持续运输，而不是战略运输，增加了对可持续交通的贷款，特别是铁路和城市公共交通方面的贷款。

根据欧盟的政策，EIB 优先投资铁路、内陆水道和短途海运项目，以减少每个运输单位的温室气体排放。2020 年 12 月，欧盟委员会发布新的《可持续和智能交通战略》，提出到 2050 年减少对进口石油的依赖，交通领域减少温室气体排放 90% 的目标，交通方式必须可持续，必须使用更清洁的可替代能源。欧盟规定在 TEN-T 核心网络上的项目都可获得连接欧洲设施（connecting Europe facility）资金共同资助，最高可以为项目的规划阶段提供 50% 的共同资助，建造费用最多可得到 85% 的资助。

（二）欧盟能源互联互通的经验和发展趋势

跨欧洲能源网络（TEN-E）建立于 20 世纪 90 年代，致力于整合欧洲能源市场，为欧盟能源基础设施的发展注入政治动力，以应对市场竞争、气候变化、供应安全等各种挑战。1999 年，欧洲输电运营商联盟（ETSO）成立，其与欧洲的欧洲大陆、北欧、波罗的海、英国、爱尔兰五大同步电网的另外五大输电运营商联盟为欧洲互联电网（ENTSO-E）的前身。欧洲五大区域电网由各国输电运营商联盟规划和运行协调。为满足经济和工业发展带来的日益增长的能源需求和可持续发展，欧盟进一步推进跨欧洲能源网络建设。2009 年欧洲大陆、北欧、波罗的海、英国、爱尔兰五大电网合并。由于受到欧盟条例约定，欧洲六大输电运营商联盟于 2009 年 7 月 1 日合并，形成了欧洲互联电网，至今，欧洲互联电网覆盖了 34 个国家。

1. 建设互联互通的能源基础设施

跨欧洲能源网络的优先领域是电力传输和储存、天然气传输和储存、液化或压缩天然气基础设施、石油基础设施、智能电网、电力公路和二氧化碳运输等能源基础设施建设。其中，TEN-E 网络基础设施建设侧重于跨境天然气和电力网络项目。TEN-E 是一项旨在将欧盟国家的能源基础设施连接起来的政策。

---

① TEN-T 项目贷款担保工具（The Loan Guarantee Instrument for TEN-T Projects，LGTT），p.9. https://www.eib.org/attachments/ev/ev_lgtt_en.pdf.

该政策确定了九大优先走廊和三大优先专题领域,以发展更好的能源互联网络。

(1)九大优先走廊。九大优先走廊覆盖了电力、天然气和石油基础设施领域的不同地理区域。欧盟支持这些走廊发展的重点是将目前与欧洲能源市场隔离的区域连接起来,加强现有的跨境互联互通,并帮助整合可再生能源。

①四大电力走廊。

北海离岸电网(NSOG):在北海、爱尔兰海、英吉利海峡、波罗的海和附近水域进行集成式离岸电网开发和相关的互联设施建设,以将电力从可再生的离岸能源输送到消耗和存储中心,并增加跨界运输边界电力交换。

西欧的南北电力互联(NSI west electricity):该地区的欧盟国家之间以及与包括伊比利亚半岛在内的地中海地区之间的互联,特别是整合可再生能源的电力并加强内部电网基础设施建设,以促进该区域的欧洲市场一体化。

东欧中部和东南部的南北电力互联(NSI East electricity):建设南北和东西方向的互联线和内部线路,以完善欧盟内部能源市场并整合可再生能源。

波罗的海能源市场电力互联计划(BEMIP electricity):波罗的海地区的欧盟成员国之间的互联与加强内部电网基础设施之间的互联,以结束波罗的海地区国家的能源隔离并促进市场一体化。

②四大天然气走廊。

西欧的南北天然气互联(NSI West gas):用于西欧的南北天然气输送的天然气基础设施,以进一步实现供应途径的多样化并提高短期天然气的输送能力。

东欧中部和东南部的南北天然气互联(NSI East gas):用于波罗的海、亚得里亚海和爱琴海、地中海东部和黑海之间以及内部的区域性连接的天然气基础设施,以及用于增强上述地区国家的多元化和安全性的天然气供应。

南部天然气走廊(SGC):用于从里海盆地、中亚、中东和地中海东部盆地向欧盟输送天然气的基础设施,以增强天然气供应的多样性。

波罗的海天然气市场互联计划(BEMIP gas):用于建设天然气基础设施,以结束波罗的海地区3个国家和芬兰的孤立以及它们对单一供应商的依赖。

③一大石油走廊。

东欧中部(OSC)石油供应连接:增强东欧中部的石油管道网络的互操作性,以提高供应安全性并减少环境风险。

(2)三大优先专题领域。三大优先专题领域包括智能电网部署、电力高速公路和跨境二氧化碳网络。

智能电网部署：增加智能电网的部署，以帮助整合可再生能源并便于消费者更好地调节其能源消费。

电力高速公路：电力高速公路建设，可将电力长距离输送到整个欧洲的大型电网（例如，从北部和波罗的海的风电场到斯堪的纳维亚半岛和阿尔卑斯山的存储设施）。

跨境二氧化碳网络：开发用于运输二氧化碳的基础设施。[①]

2. 建立内部能源市场

为了协调和开放欧盟内部能源市场，自 1996 年以来，欧盟已采取措施解决市场准入、透明度和监管、消费者保护、支持互联互通以及充足的供应水平等方面的问题。这些措施旨在建立一个以市场为基础、供应价格更具竞争性、以客户为中心、灵活且无歧视的欧盟电力市场。通过这些措施，可以明确市场参与者和监管者的角色和责任，解决能源贫困问题，电力、天然气、石油供应安全问题以及跨欧洲的电力、天然气运输网络发展问题。

建立欧盟内部能源市场的目的就是通过消除能源领域众多障碍和贸易壁垒，采取相近的税收、定价政策与规范标准，以及环境和安全法规，确保具有公平的市场准入和高水平保护消费者的能源市场的正常运作，以及足够水平的互联互通和发电能力。

3. 建立能源互联互通法律法规体系

在 20 世纪 90 年代，欧洲大多数国家的电力和天然气市场仍处于垄断状态，欧盟及成员国决定逐步开放这些市场以进行良性竞争。关于能源的第一套自由化法令于 1996 年（电力）和 1998 年（天然气）获得通过，并在 1998 年（电力）和 2000 年（天然气）之前被转换为成员国的法律。第二套能源法令于 2003 年通过，其指令由成员国在 2004 年之前转变为国家法律，其中某些规定在 2007 年生效。工业和家庭消费者从此可以自由地选择天然气和电力供应商。2009 年 4 月，欧盟通过了旨在进一步开放内部电力和天然气市场的第三套能源计划，对第二套能源法令进行了修订，并为实施建立内部能源市场奠定了基石。2019

---

① Trans-European Networks for Energy，见 https://ec.europa.eu/energy/topics/infrastructure/trans-european-networks-energy_en.

年6月，第四套能源计划包括1项电力指令（2019/944/ EU）和3项法规：电力法规（2019/943 / EU）、风险防范法规（2019/941/EU）和能源监管合作署（Agency for the Cooperationof Energy Regulators，ACER）法规（2019/942/EU）。第四套能源计划引入了新的电力市场规则，以满足可再生能源的需求并吸引投资，采取了激励消费者的措施并对电厂引入了新的限制，使其有资格获得补贴建设备用容量。这也使成员国为潜在的电力危机制订应急计划，并在存在风险的情况下提高ACER在跨境监管合作中的能力。[①]

4. 建设跨欧洲能源网络

TEN-E是一项旨在将成员国的能源基础设施联系起来的政策，这需要有源源不断的资金投入。EU法规第347/2013号规定了跨欧洲能源网络的准则，该准则确定了跨欧洲电力和天然气网络中的共同感兴趣的项目（PCI）和优先项目。能源PCIs项目由欧洲互联互通能源设施（CEF-E）融资资助。2014—2020年的总预算为53.5亿欧元，其中的48亿欧元由欧盟创新和网络执行机构（INEA）以赠款的形式资助。2019年，CEF-E拨款总额为5.56亿欧元，分配给了8个PCI，其中电力行业6个，天然气行业2个。[②]

5. 大力发展绿色能源

为减少碳排放，2018年2月，欧洲议会通过了一项关于加快清洁能源创新的决议，并修订了TEN-E政策。2019年3月，作为欧洲议会与欧洲理事会就2021—2027年间欧洲互联互通基金（CEF）达成的部分政治协议的一部分，共同立法者一致认为，有必要评估欧盟的TEN-E第347/2013号的有效性和政策的连贯性。2020年12月，欧盟委员会通过了COM（2020）824最终版提案，即修订欧盟关于TEN-E法规。新法规将通过将可再生能源和新的清洁能源技术整合到能源系统中，加强现有的能源基础设施跨境互联互通，并促进与伙伴国家的合作，从而为欧盟的减排目标作出贡献。[③]

---

① Internal energy market，见 https://www.europarl.europa.eu/factsheets/en/sheet/45/internal-energy-market.

② Internal energy market，见 https://www.europarl.europa.eu/factsheets/en/sheet/45/internal-energy-market.

③ Trans-European Networks for Energy，见 https://ec.europa.eu/energy/topics/infrastructure/trans-european-networks-energy_en.

二、东盟推进互联互通建设的经验及其发展趋势

2015 年 12 月 31 日，东盟共同体正式成立。东盟虽然是区域经济合作组织的后来者，但是区域一体化发展方向明确，区域互联互通建设大有后来追上之势。

（一）东盟国家概况

东盟，全称东南亚国家联盟（Association of Southeast Asian Nations，ASE-AN），成员国有文莱、柬埔寨、印度尼西亚、老挝、马来西亚、缅甸、菲律宾、新加坡、泰国和越南。印度尼西亚、马来西亚、菲律宾、新加坡和泰国是 5 个创始成员国，文莱 1984 年加入，这些成员国经济相对比较发达，早期就成为东盟成员国，一般称为东盟老六国（ASEAN6）。越南（1995 年）、老挝（1997 年）、缅甸（1997 年）和柬埔寨（1999 年）4 国先后加入东盟，成为东盟成员国稍晚，经济相对不发达，一般称为新东盟四国，简称 CLMV。东盟国家中，印度尼西亚的陆地和海洋面积最大、人口最多，属于全球性大国和大型经济体，其他都是中小型国家，各国本着"一个愿景，一个身份，一个社区"理念推进东盟共同体建设。

1. 东盟国家矿产和能源资源概况

东盟自然资源丰富，主要资源有矿产资源、海洋资源、水力资源、生物资源和化石能源等，为东盟国家发展经济提供了较好的条件。

东盟国家初步探明的矿产资源有磷、金、银、铜、铁、锡、铝、铅、砷、钨、锑、锰、镍、钾盐、宝石等，其中铝土、锡、铜、铁、钾盐等矿种较为丰富。能源资源有煤炭、天然气、石油、水能、风能和太阳能，但各国的资源有较大的差别（见表 1-3）。印度尼西亚是东南亚的资源大国和能源大国，煤炭、石油、天然气丰富；马来西亚和泰国的锡矿、老挝和泰国的钾盐有较大的储藏量；越南的铝土矿储量名列世界前列，煤炭储量也较丰富。

表 1-3 东盟国家主要矿产、能源资源分布概况

国家	主要矿产	主要能源
文莱	石油、天然气	石油、天然气
柬埔寨	金、磷酸盐、宝石	石油
印度尼西亚	锡、铀、镍、铜、铝矾土、锰	石油、天然气、煤炭、水能、地热
老挝	锡、铅、钾、铜、铁、金、石膏	水能
马来西亚	锡、铁、金、钨、铝土、锰	石油、天然气
缅甸	锡、钨、锌、铝、锑、锰、金	石油、天然气、水能

国家	主要矿产	主要能源
菲律宾	铜、金、镍	石油、地热
新加坡	自然资源匮乏	无
泰国	钾盐、锡、锌、铅、钨	天然气、石油、煤炭
越南	金、银、铜、铁、铬、铝土	煤、石油、天然气、水能

缅甸、老挝和越南处于云贵高原的边缘，又处于热带、亚热带地区，地势、气候落差比较大；印度尼西亚国土面积广大，处于热带地区，这些国家雨水资源丰富，从而蕴藏着丰富的水力资源。印度尼西亚和菲律宾处于地震、火山多发地带，地热资源丰富。印尼的地热资源占全球的 40%，已探明的印尼地热资源发电潜力约达 2080 万千瓦，其中约 1400 万千瓦处于苏门答腊岛，900 万千瓦在爪哇岛和巴厘岛，200 万千瓦在苏拉威西岛。菲律宾的地热蕴藏量在东盟国家中仅次于印度尼西亚。

2. 东盟国家经济概况

东盟是一个由处于不同经济发展阶段的国家组成的区域经济合作组织，各国之间的经济水平差别很大，贫富差距极大。印度尼西亚是东南亚最大的经济体，2019 年 GDP 达到 11212.98 亿美元，占东南亚国家 GDP 总量的 35.4%；新加坡和文莱是东盟国家中的小国，却是东南亚数一数二的富裕国家。东盟国家经济各具特色，文莱富有但高度依赖石油和天然气，经济结构单一，经济受国际市场原油价格变动的影响较大。新加坡在东盟国家中国土面积最小，但是经济最发达，经济以服务业和制造业为主，电子信息、生物制药等高科技产业也有较好的基础。马来西亚、菲律宾、泰国曾经是"亚洲四小虎"，在 20 世纪 80 年代至 90 年代高速发展，受 1997 年亚洲金融风暴的打击和 2007—2009 年世界金融危机的冲击，经济发展速度减缓，陷入中等收入陷阱，但是旅游业仍然较为发达。越南、缅甸和柬埔寨则成为国际产业转移的重要目的地，电子、纺织业、制衣业等劳动密集型产业快速发展。近年来，老挝的水电业发展迅猛，已经成为电力净出口国。泰国、越南、缅甸和柬埔寨则是大米净出口国，马来西亚、泰国、菲律宾和越南的水果畅销国际市场。2019 年，东盟国家的生产总值为 31663.70 亿美元，人均为 GDP 4827.4 美元，但国家之间的经济总量差别很大。2010—2019 年，即使国际贸易保护主义愈演愈烈，柬埔寨、老挝、缅甸、菲律宾、越南仍取得 6% 以上的经济增长速度。值得一提的是，这些国家在经济保持较快增长的同时，通货膨胀率也控制在较低的水平（缅甸除外），实现了经济的净增长（见表1-4）。总体上，东盟国家经济发展表现出色，但是，各国之间的差别也十分明显。

表1-4　2019年东盟国家基本概况

国家	面积	人口	GDP	人均GDP	2010—2019年年均增长率
单位	万平方千米	万人	亿美元	美元	%
文莱	0.58	45.95	134.83	29343.3	0.2
柬埔寨	18.10	1628.93	271.02	1663.8	7.1
印度尼西亚	190.4	26691.19	11212.98	4201.0	4.8
老挝	23.68	712.31	188.44	2645.4	6.5
马来西亚	33.02	3258.14	3644.20	11184.9	6.3
缅甸	67.66	5410.00	665.00	1229.2	9.4
菲律宾	29.97	10827.43	3771.16	3483.0	6.3
新加坡	0.07	570.36	3720.63	65233.3	4.4
泰国	51.30	6798.98	5439.58	8000.6	3.2
越南	32.96	9648.40	2615.87	2711.2	6.3
ASEAN	447.74	65591.68	31663.70	4827.4	5.2

资料来源：ASEAN Statistical Yearbook 2020.

注：年中人口数据是国家预测。

年均增长率以GDP不变价格为基础计算。

缅甸数据是使用2019年10月IMF-WEO数据库中使用的汇率计算的。

GDP和人均GDP均采用东盟成员国GDP当前价格计算。

（1）经济发展水平不平衡。由于东盟国家经济发展的起步阶段不一样，融入世界经济的程度也不同，发展速度也有差别，因此，东盟国家经济发展水平很不平衡。一是东盟各国的人均GDP相差很大。东盟国家中既有经济发达的国家，如新加坡已经成为现代化国家，2019年新加坡人均GDP达6.5万多美元，其次是文莱，人均GDP接近3万美元，也有被联合国列为世界最不发达的国家，如缅甸，2019年人均GDP只有1229美元，在东盟国家中最低。二是东盟各国经济发展速度很不平衡。20世纪80年代以来，东盟国家（除菲律宾外）经济保持高速增长，成为世界上最有经济活力的一个地区。1980年至1990年，泰国、马来西亚、新加坡和印度尼西亚的国内生产总值年均增长率分别高达7.6%、5.3%、6.7%和6.1%，只有菲律宾最低，才1.0%。[1]1997年，亚洲金融危机重

---

[1]　World Bank. 2001 World Development Indicators, p.195.

创了东南亚经济，直到 1999 年，亚洲金融危机结束，东南亚经济重新恢复增长。2010—2019 年，除文莱外，东盟国家大都保持经济较快增长。总体上，东盟地区经济增长率达到 5.2%，其中，东盟新四国的 GDP 年均增长都在 6.3% 以上，高于东盟的平均增长速度。

（2）外向型经济占主导地位。东盟国家大多是发展中国家，大多数国家是小型经济体，国内市场不大，因此，对外贸易在东盟国家的经济发展中占有十分重要的地位。由于东盟国家的科技水平总体不高，经济发展过程所需要的技术和先进设备大多依靠从较为发达的国家引进。为发展经济，东盟国家引进了大量的外国资金和技术。外国直接投资主要来源于日本、韩国、中国、亚洲"四小龙"、美国和欧盟。生产出来的产品也是大量销往欧美市场和中国市场，经济高度依赖对外贸易。由于受到国际贸易保护主义的影响，2015—2019 年，东盟国家贸易总额为 28164.32 亿美元，年均增长 5.5%，占东盟 GDP 总额的 88.95%，其中新加坡的贸易总额最大，是其 GDP 总额的 2 倍多；其次是越南，贸易额是其 GDP 总额的 1.98 倍；老挝的贸易总额最小，但也占到其 GDP 总额的 62%。各国贸易的增长速度也相差较大，其中，柬埔寨为 14.5%，越南年均增长 12.1%，菲律宾年均增长 10%，而印度尼西亚和泰国年均增长均为 3.7%，新加坡年均增长仅为 3.0%（见表 1–5）。

表 1–5　2015—2019 年东盟国家进出口贸易总额情况　（单位：百万美元）

国家	2015 年	2016 年	2017 年	2018 年	2019 年
文 莱	9592.2	8694.4	8676.3	10728.8	12141.8
柬埔寨	20355.0	22443.9	25562.7	30190.3	34580.2
印度尼西亚	292977.1	280839.0	325813.7	385534.6	338958.7
老 挝	6763.5	9015.3	10069.4	11248.4	11606.8
马来西亚	375168.7	358089.2	412471.5	466642.8	443013.8
缅 甸	28275.9	27542.4	33131.4	36058.7	36575.0
菲律宾	128834.5	142248.0	170614.8	188310.3	188301.3
新加坡	666003.8	629992.6	700945.8	782656.9	749953.0
泰 国	417147.4	409994.2	459457.7	432977.9	483249.1
越 南	327743.7	351038.5	424557.0	480567.6	518052.4
东盟十国	2272861.8	2239897.4	2571300.3	2824916.3	2816432.0

资料来源：ASEAN Statistical Yearbook 2020.

东盟国家发展的外向型经济，不仅对外部市场特别是欧美市场的依赖性很大,还依赖大量的外国投资。美国、日本、韩国和欧盟是东盟国家的主要出口市场,也是资金与技术的主要来源地。近年来,外资大举进入东盟国家,东盟国家的金融市场也融入了国际市场中,尤其是进入东盟新四国,一方面促进了经济增长,另一方面,经济发展受外资流动的影响很大,欧、美、日等世界大型经济体的经济变动以及国际金融市场的波动都会直接影响这些国家经济的发展。2015—2019年,东盟国家引进外国直接投资从1186.67亿美元增加到1588.64亿美元,年均增长7.6%,其中,35.42%流向制造业,但是,不同的国家吸收外国直接投资有较大的差别,柬埔寨的FDI年均增长21.1%,新加坡年均增长11.4%,越南年均增长8.1%,菲律宾年均增长8.0%,而老挝、缅甸、马来西亚和泰国2019年吸收外国投资则呈下降趋势(见表1-6)。

表1-6　2015—2019年东盟国家吸收外国直接投资情况　(单位:百万美元)

国家	2015年	2016年	2017年	2018年	2019年
文莱	171.3	−150.4	460.1	517.3	374.6
柬埔寨	1701.0	2279.7	2732.2	3102.6	3663.0
印度尼西亚	16642.1	3920.7	20579.2	20563.5	23943.2
老挝	1079.2	1075.7	1695.4	1358.0	755.5
马来西亚	10180.0	11290.3	9295.8	7611.3	7698.0
缅甸	2824.5	2989.5	4002.4	1609.8	1729.9
菲律宾	5639.2	8279.5	10256.4	9948.6	7685.3
新加坡	59702.3	68820.0	83618.3	79723.1	92078.2
泰国	8927.6	3486.2	8285.2	13186.3	4816.6
越南	11800.0	12600.0	14100.0	15500.0	16120.0
ASEAN	118667.1	114591.1	155025.0	153120.4	158864.4

注:2019年为预测值。
资料来源:ASEAN Statistical Yearbook 2020.

目前,东盟国家的外向型经济发展模式逐步建立起来,但是也增加了经济发展对外的依赖性。除了印度尼西亚和缅甸,其他东盟国家的贸易依存度很高,其中,新加坡、越南、马来西亚和柬埔寨的经济对外依赖程度很高,2019年,这些国家的贸易依存度均超过100%。

(3)基础设施发展水平差别大。由于经济发展水平的差异,东盟各国的基础设施发展水平相差很大,新加坡的基础设施建设处于世界一流水平,是全球性的国际航运中心和国际航空中心,港口物流设施先进,物流效率高。马来西亚和文莱的基础设施也比较好,印尼、泰国和越南基础设施水平在东盟国家中处于中等水平，菲律宾、柬埔寨、老挝的基础设施水平较差，而缅甸的基础设施水平处于东盟国家中最差的位置（见表1-7）。

表1-7　2018年东盟国家基础设施全球竞争力指数

文莱	柬埔寨	印尼	老挝	马来西亚	缅甸	菲律宾	新加坡	泰国	越南
71.3	51.7	66.8	57.5	77.9	37.5	59.4	95.7	69.7	65.4

资料来源：《2018年全球竞争力报告》。

世界银行营商环境研究小组发布了《2020年全球营商环境报告》，该报告评估了世界190个国家和地区的2019年竞争力指数，其中包括电力指数。根据评估结果，2019年，东盟地区的电力指数出现下降迹象，越南电力指数位居东盟地区第四，新加坡从世界第16位下降到第19位。除了马来西亚和泰国，其他东盟国家的电力指数都低于中国，表明大多数东盟国家的电力基础设施落后于中国，尤其是柬埔寨、老挝和缅甸，排名远远落后于中国（见表1-8）。

表1-8　2018/2019年中国与东盟国家获得电力指数排名表

序号	国家	世界排名
1	中国	12
2	文莱	31
3	柬埔寨	146
4	印度尼西亚	33
5	老挝	144
6	马来西亚	4
7	缅甸	148
8	菲律宾	32
9	新加坡	19
10	泰国	6
11	越南	27

资料来源：世界银行，《2020年全球营商环境报告》。

（4）产业发展差别大。整体上，东盟国家经济呈多元化发展，各国的产业也有很大的差别，传统农业、手工业、现代制造业、高新技术产业同时发展，同一产业也存在着不同的发展水平，传统农业和现代农业、作坊工业和现代工业同时并存。目前，东盟国家的产业发展大约可分为三种不同类型：高收入国家、中高收入国家、中低收入国家，各国的主导产业差别较大（见表1-9）。当然，即使是同一类型的国家，各国的产业发展水平也大不一样。

表1-9　东盟国家主要产业分布情况

国家	主要产业
第一类型	
新加坡	金融业、信息产业、电子业、制药业、旅游业
文莱	石油和天然气开采
第二类型	
马来西亚	信息产业、制造业、石油化工、食品加工、旅游业、制农业
泰国	制造业、农业、旅游业、汽车业、金属加工
第三类型	
柬埔寨	农业、纺织和制农业、旅游业
印尼	采矿、石油天然气、制造业、农渔业、纺织业、蔗糖业
老挝	农业、水电、木材加工
缅甸	农业、石油和天然气开采
菲律宾	农业、制造业、服务业
越南	农业、石油、金属制品、旅游业、电子信息产业

新加坡是东盟国家中经济发展水平最高的城市国家，技术和资金实力远远超过其他东盟国家。传统经济以商业为主，包括转口贸易、加工出口、航运等，金融业、航空和航运业等服务业高度发达，同时也是世界第三大炼油中心。目前，重点发展新兴高科技产业尤其是信息产业和生物产业。文莱主要依靠石油和天然气工业，产业单一，受石油价格下降的影响，现在也尝试发展经济多元化。

马来西亚曾经是一个以农业为主的经济体，棕榈油、橡胶、榴梿等热带经济作物享誉世界，是重要的出口商品。20世纪70年代以来，马来西亚不断调整产业结构，大力推进出口导向型经济，电子业、石油化工业、制造业、建筑业和旅游业发展迅速，而发展信息产业则是马来西亚的产业结构成功转型的标志。"多媒体超级走廊"是世界上第一个集中发展多媒体信息科技的计划，使马来西亚跨越式进入信息时代。

泰国的制造业和加工业已经比较发达，汽车行业在东南亚处于领先水平，以旅游业为代表的服务业在东南亚独领风骚，但是，农业在国家经济中仍占重要地位，是大米、榴梿、山竹、龙眼等农产品主要的出口国。老挝、缅甸仍然是以传统农业为主的国家，橡胶、香蕉、西瓜等农产品大量出口到邻国，十几年来，也引进外资开发水力资源，水电业得到较快的发展。菲律宾、印度尼西亚、柬埔寨和越南通过引进大量的外国直接投资，纺织服装、电子产业、农产品加工、制造业得到迅速发展，但是，农业仍在经济发展中具有重要的地位，是水产品、椰子、咖啡、水果重要的出口国。

3. 东盟国家社会发展概况

东盟国家的社会发展水平有很大的差别。按联合国开发计划署的人类发展指数来划分，2015—2019 年东盟国家有三种发展水平国家：新加坡、文莱和马来西亚达到极高发展水平；泰国达到高人类发展指数，与中国处于同一发展水平；印度尼西亚、菲律宾、越南、老挝、柬埔寨和缅甸则达到中等人类发展水平。除了文莱的 HDI 有所降低，得益于经济的增长，其他国家的 HDI 在 2015—2019 年间都有所增长（见表 1–10）。但是，东盟国家中社会发展水平仍然很不平衡。按人口计算，高人类发展水平以上国家的人口只占总人口的 16.3%，中人类发展水平的国家人口占比高达 83.7%。

表 1–10　2015—2019 年东盟国家人类发展指数（HDI）

国家	2015 年	2016 年	2017 年	2018 年	2019 年
文莱	0.865	0.852	0.853	0.845	0.838
柬埔寨	0.563	0.576	0.582	0.581	0.594
印度尼西亚	0.689	0.691	0.694	0.707	0.718
老挝	0.586	0.598	0.601	0.604	0.613
马来西亚	0.789	0.799	0.802	0.804	0.810
缅甸	0.556	0.574	0.578	0.584	0.583
菲律宾	0.682	0.696	0.699	0.712	0.718
新加坡	0.925	0.930	0.932	0.935	0.938
泰国	0.740	0.748	0.755	0.765	0.777
越南	0.683	0.689	0.694	0.693	0.704

资料来源：ASEAN Statistical Yearbook 2020.

一个国家经济发展了，并不表明每个公民都能够享受到同等的发展成果。东盟国家也一样，居民收入差别广泛存在，新加坡人均 GDP 最高，反而是东盟国家中基尼系数最大的国家，也就是居民收入差别最大；而柬埔寨的人均 GDP 较低，反而基尼系数较小（见表 1–11），但是东盟国家的基尼系数都小于同期中国的基尼系数。

表 1–11　2013—2017 年东盟与中国的基尼系数对比

国家	2013 年	2014 年	2015 年	2016 年	2017 年	2010—2017 年
文莱	N/A	N/A	N/A	N/A	N/A	N/A
柬埔寨	0.320	0.320	0.320	0.310	0.290	N/A
印度尼西亚	0.413	0.406	0.408	0.397	0.393	0.395
老挝	0.367	N/A	0.379	N/A	N/A	0.364
马来西亚	0.462	0.401	N/A	0.399	N/A	0.463

续表

国家	2013 年	2014 年	2015 年	2016 年	2017 年	2010—2017 年
缅甸	N/A	N/A	N/A	N/A	0.300	0.381
菲律宾	0.430	N/A	0.401	N/A	N/A	0.401
新加坡	0.463	0.464	0.463	0.458	0.459	N/A
泰国	N/A	N/A	0.445	N/A	0.453	0.378
越南	0.356	0.376	N/A	0.436	N/A	0.348
中国	0.473	0.469	0.462	0.465	0.467	0.422

注：1. 基尼系数是国际上通用的、用以衡量一个国家或地区居民收入差距的常用指标。基尼系数介于 0~1，基尼系数越大，表示不平等程度越高，差距越大。

2. 2010—2017 年基尼系数资料来源：United Nations Development Programme. 人类发展指数与指标—2018 年统计更新。

3. 中国的基尼系数来源于国家统计局网站《2003—2016 年全国居民人均可支配收入基尼系数》，见 http://www.stats.gov.cn/ztjc/zdtjgz/yblh/zysj/201710/t20171010.html.

资料来源：ASEAN Statistical Yearbook 2018.

（二）制定了区域互联互通规划

为加快一体化发展，东盟大力推进交通和能源互联互通建设，出台了《东盟互联互通总体规划 2010》《东盟地区道路安全战略》《东盟交通战略计划（2011—2015）》《东盟能源合作行动计划（APAEC）2016—2025》《东盟交通战略规划 2016—2025》《东盟互联互通总体规划 2025》等一系列区域政策和规划，促进了区域互联互通发展。

东盟很早就制订了交通互联互通计划，在泛亚公路网的基础上规划扩展了东盟公路网，实施了《东盟公路网计划（1999）》[1]。在《东盟互联互通总体规划 2010》中便提出了东盟陆路、水路和航空互联互通基础设施的发展目标。陆路运输方面，建立高效、集成、安全和环境可持续的区域陆上运输通道，连接所有成员国及东盟以外的国家，优先升级和修建东盟公路网规划的过境运输路线（TTRS），重点推进东盟公路网[2]和新加坡—昆明铁路（SKRL）两个陆路

---

[1] 第 5 届东盟交通部部长会议于 1999 年 9 月在越南河内通过了一项发展东盟公路网的计划，并制定了时间表。第一阶段：到 2000 年，完成公路网设计，确定在各国的路线。第二阶段：到 2004 年，在所有指定路线安装道路指示牌；将所有既定路线升级到 III 级公路或以上；修建缺失路段；运作所有边境检查站。第三阶段：到 2020 年，所有指定路线都要升级为 I 级公路；运输量小的非干线公路可以只升级到 II 级公路。

[2] 东盟公路网是对"泛亚公路网"在东盟区域内路线的扩展。

交通旗舰项目建设；内河航运旨在减少货物运输成本，提升内河利用率；海运方面，确定了泛东盟运输网络 47 个主要港口；航空方面，突出提升机场的基础设施保障能力，如跑道和仓库等。[①]2007 年 11 月举行的第 13 届东盟首脑会议通过了《东盟经济共同体蓝图》，提出要建立一个有效、安全和一体化的运输网络，以发挥东盟自由贸易区的全部潜力，并将东盟的运输网络与邻近的东北亚和南亚国家连接起来；为加强运输便利化和物流服务，促进多式联运基础设施之间的联系和联通性，促进运输和旅游业一体化，东盟全面开放航空服务。陆路互联互通方面，东盟继续强调优先完成新加坡—昆明铁路（SKRL）和东盟公路网（AHN）项目。对于海上和空中运输，采用东盟单一航运市场和单一航空市场的一般原则和框架。能源合作方面，建立安全可靠的能源供应，着重建设跨东盟天然气管道（TAGP）和东盟电网（APG）项目之间的区域合作，以优化地区的能源资源配置，提高能源安全性。《东盟互联互通总体规划 2025》主要关注可持续基础设施建设、数字创新、物流、进出口管理和人员流动 5 个战略领域。这些规划为东盟互联互通建设奠定了法理基础。

（三）交通互联互通良性发展

1. 交通基础设施建设成效显著

经过实施《东盟公路网计划（1999）》《东盟交通行动计划 2005—2010》等规划，东盟国家的基础设施建设取得了积极成果。根据 2019 年 3 月博鳌亚洲论坛发布的《博鳌亚洲论坛亚洲竞争力 2019 年度报告》和世界经济论坛 2019 年 10 月发布的《2019 年全球竞争力报告》，东盟国家的总体基础设施质量高于世界平均水平，公路、铁路、港口、机场和供电设备等基础设施质量高于世界平均水平。其中，新加坡、马来西亚的基础设施总体质量高于或接近发达国家的平均水平；新加坡、马来西亚公路质量高于或等于发达国家的平均水平；新加坡、马来西亚的铁路质量高于或接近发达国家的平均水平；新加坡，马来西亚的港口质量高于发达国家的平均水平；新加坡、马来西亚的机场质量均高于发达国家的平均水平，泰国、文莱的机场质量等于或接近发达国家的平均水平等（见表 1-12）。但是，东盟各国的交通运输网密度、铁路网密度整体落后于发达国家，部分东盟国家低于同等发展水平的国家。老挝、缅甸和菲律宾等

---

① 根据《东盟互联互通总体规划（2010 年）》等相关资料整理。

境内部分过境运输路段未达到Ⅲ级公路标准。总体上，东盟国家之间公路的联通已经形成，但高等级互联互通仍待加强。

表1-12　2018年度亚洲部分经济体基础设施状况指数排名

序号	国家/地区	指数	排名
1	中国香港	81.67	1
2	日本	79.15	2
3	新加坡	77.04	3
4	阿联酋	75.16	4
5	韩国	73.21	5
6	中国	57.09	12
7	马来西亚	56.85	13
8	泰国	50.18	23
9	越南	43.67	27
10	印度尼西亚	39.04	29
11	菲律宾	36.29	30
12	印度	25.65	32
13	孟加拉国	18.80	35
14	巴基斯坦	17.00	36
15	柬埔寨	13.89	37

资料来源：《博鳌亚洲论坛亚洲竞争力2019年度报告》。

2. 建立了完善的交通合作机制

目前，东盟已经建立了覆盖交通运输全部行业、比较完善的交通运输协调机制（见表1-13）。其中东盟运输部部长会议（ATM）是东盟交通运输行业最高的协调机制，其次是东盟运输高级官员会议（STOM），再次是东盟运输高级官员会议领导下的工作组和子工作组。东盟航空运输工作组、东盟陆地运输工作组、东盟海上运输工作组和东盟运输便利化工作组为东盟高级运输官员会议的主要协调和执行机构。设立的各层次会议、机构的主席和副主席，按字母顺序轮换担任，ATM和STOM的主席任期为1年，工作组的主席为2年，副主席由各自会议的下一轮任主席担任，担任工作组和工作小组主席的成员国主持会议。健全的交通运输组织体制机制有力推动了东盟国家的交通互联互通建设。

表1-13　东盟运输机构和组织结构表

东盟运输部部长会议（ATM）
东盟运输高级官员会议（STOM）
东盟航空运输工作组（ATWG）
东盟陆路运输工作组（LTWG）

东盟海上运输工作组（MTWG）
东盟运输便利化工作组（TFWG）
东盟多部门道路安全特别工作组（MRSSWG）
东盟运输特区论坛（ATSF）
东盟航空运输经济合作工作小组（ATEC SWG）
东盟航空运输技术合作工作小组会议（ATTC SWG）
东盟航空运输部门谈判（ATSN）
东盟公路工作小组（AHSWG）
东盟单一航运市场协调机构
东盟过境运输协调委员会（TTCB）

（四）能源互联互通的经验和发展趋势

东盟认识到高效、可靠和有弹性的电力基础设施在刺激区域经济增长和发展中具有关键作用，因此一直极为重视区域能源的互联互通建设。

1. 东盟国家持续推进电力互联互通建设

自1986年签署了《东盟能源合作协定》后，东盟便开始了区域能源互联互通建设。随着东盟国家经济的稳步发展，其对能源的需求也在不断增长。1997年12月，东盟通过的《2020年东盟愿景》便对东盟电力需求做了预计，预计在2016—2020年间，东盟国家的电力需求年均增长5%以上，但是柬埔寨、印度尼西亚、缅甸、泰国、越南等国的电力供应还不能满足生产和生活的需求。因此，东盟通过规划建设东盟电力互联网（APG）的模式推进电力互联互通，以促进区域电力资源的有效利用和共享来确保区域能源安全。东盟各国领导人一直大力支持促进东盟能源互联互通和跨境电力贸易，东盟电力互联网也由此取得了较大的进展（见表1-14）。

表1-14　东盟已投运的东盟电力网工程表（2015年5月）

序号	电力联网工程	容量（MW）
1	马来西亚—新加坡	450
2	泰国—马来西亚	380
（1）	泰国沙道（Sadao）—武吉格蒂里（Bukit Keteri）	80
（2）	泰国空毅（Khlong Ngae）—马来西亚古润（Gurun）	300
3	泰国—老挝	2105
（1）	泰国那空帕侬—老挝他曲（Thakhek）—登欣本（Theun Hinboun）	214

序号	电力联网工程	容量（MW）
（2）	泰国乌汶叻差他尼2级（Ubon Ratchathani 2）—会和（Houay Ho）	126
（3）	泰国黎逸2级（Roi Et 2）—老挝南吞2级（Nam Theun 2）	948
（4）	泰国乌隆他尼3级（Udon Thani 3）—那邦（Nabong）—老挝南俄2级	597
（5）	泰国那空帕侬2级—老挝他曲—登欣本（Exp）	220
4	老挝—越南	248
5	越南—柬埔寨	170
6	泰国—柬埔寨	100
7	印尼西加里曼丹（West Kalimantan）—沙捞越（Sarawak）	230
8	马来西亚马六甲—印度尼西亚北干巴鲁（Melaka—Pekan Baru）	600

资料来源：Asean Plan Of Action For Energy Cooperation（Apaec）2016—2025.

2. 东盟国家的天然气管道互联互通建设初具规模

20世纪80年代，东盟国家就已经开展了天然气管道互联互通建设，目前，区域内天然气管道互联互通已经具有较好的基础。但是，东盟还没有原油管道互通计划。

2002年7月，在印度尼西亚巴厘岛举行的第20届东盟能源部部长会议（AMEM）就建设泛东盟天然气管道（the trans-ASEAN gas pipeline,TAGP）达成了共识，东盟10国部长共同签署了关于东盟国家之间天然气管道项目的谅解备忘录。根据该谅解备忘录，东盟国家研究涉及多边的区域内天然气跨境供应、运输和分配的监管和体制框架。TAGP是被视为东盟2020年愿景的一个主要基础设施项目。铺设TAGP的目标是实现东盟内部现有的和计划中的天然气管道基础设施互联互通，以跨境输送天然气加强能源安全和推动东盟经济一体化。东盟石油理事会（ASCOPE）通过多个物理管道互联和再气化终端（RGT）使得TAGP项目得到最有效的实施。

2008年，ASCOPE修改了TAGP总体规划，并在2012年将其发展战略进行扩展，将液化天然气纳入其中，以进一步加强东盟国家之间的能源及经济联系，并在区域内提供战略缓冲管理。截至2015年，已经有6个国家建设并已成功调试了13个双边天然气管道互联项目，全长约3673千米（见表1-15）。

表1-15 东盟天然气管道已运营的双边天然气管道连通工程表

	天然气管道互联互通项目	长度（千米）	商业运营时间
1	新加坡—马来西亚	5	1991
2	缅甸（耶德纳）—泰国（叻丕府）	470	1999
3	缅甸（仰光）—泰国（叻丕府）	340	2000
4	印度尼西亚（西纳土纳）—新加坡	660	2001
5	印度尼西亚（西纳土纳）—马来西亚（杜勇）	100	2001
6	马来西亚—越南商业协议区（CAA）—马来西亚	270	2002
7	印度尼西亚（南苏门答腊）—新加坡	470	2003
8	马来西亚—泰国—马来西亚联合开发区（JDA）	270	2005
9	新加坡—马来西亚	4	2006
10	马来西亚/越南商业协议区（CAA）—越南	330	2007
11	泰国/马来西亚JDA—泰国	100	2009
12	缅甸 Zawtika 区块 M9—泰国	302	2013
13	[泰国/马来西亚联合开发区（JDA）—马来西亚凯尔泰克（kertek），登嘉楼（Terengganu）	352	2015

资料来源：Asean Plan Of Action For Energy Cooperation（Apaec）2016—2025.

　　TAGP 新战略的重点还有通过建立战略缓冲区管理来确保成员国在天然气短缺期间获得天然气。2009 年，东盟还签订了《石油安全协议》（APSA），旨在通过紧急石油共享和/或天然气供应短缺时的紧急石油共享计划来增强成员国之间的石油安全。该协议通过制定 APSA 协调的应急响应措施（APSA/CERM）来实现区域油气安全。

三、中国与东盟互联互通的发展趋势

　　中国与东盟国家有着天然的、互惠互利的地缘政治利益和地缘经济利益，处于"一带一路"地缘经济建设中的核心区域。

（一）中国与东盟互联互通历史悠久

　　自古以来，中国与东南亚国家就共同开辟了茶马古道和海上丝绸之路。20世纪 50 年代，联合国亚洲及太平洋经济社会委员会（UNESCAP）便策划了打造欧亚大陆铁路运输网络的建筑计划，其中的泛亚铁路（Trans-Asian Railway，TAR）是欧亚大陆铁路运输网络的重要组成部分，覆盖整个中国与东盟国家。2004 年 4 月，中国等 23 个国家的代表在上海正式签署《亚洲公路网政府间协定》，这是 ESCAP 第 60 届会议最富有实质内容的成果之一。推进区域互联互通一直是区域内各国的共同追求，亚洲公路网（以"AH"表示）由亚洲区域内具有国际重要性的公路线路构成，目前有 47 条，将包括中国与周边国家的首都、主要机场、海港、河港、主要物流点、主要旅游景点连接起来，实现东亚和东北亚、南亚和西南亚、东南亚和北亚以及中亚等一个以上次区域的公路互联互通。

（二）"一带一路"愿景成为中国与东盟互联互通合作新的起点

习近平构建人类命运共同体理念契合了人类社会发展的规律，逐渐为国际社会所认同，先后被写入联合国决议、安理会决议、人权理事会决议，成为当今人类社会发展进程中解决诸多社会问题的重要思想武器。

"世界经济增长需要新动力，发展需要更加普惠平衡，贫富差距鸿沟有待弥合。"[1]"一带一路"倡议顺应了世界发展潮流，是中国推动经济全球化进入新时代，构建人类命运共同体的重大方略，同时也是推动区域经济一体化发展的助燃器。"一带一路"倡议与联合国提出的 2030 年可持续发展议程的目标宗旨一致、理念相通。2016 年 11 月，第 71 届联合国大会协商通过决议，欢迎"一带一路"等经济合作倡议，体现了国际社会对推进"一带一路"倡议的普遍支持。2017 年 3 月，联合国安理会一致通过关于阿富汗问题的第 2344 号决议，呼吁国际社会凝聚援助阿富汗共识，通过"一带一路"建设等加强区域经济合作，以为"一带一路"建设提供安全保障环境、加强发展政策战略对接、推进互联互通务实合作。"'一带一路'和互联互通是相融相近、相辅相成的。如果将'一带一路'比喻为亚洲腾飞的两只翅膀，那么互联互通就是两只翅膀的血脉经络。"[2] 目前，中国已与所有东盟国家签订了"一带一路"相关合作协议。2019 年 11 月，第 22 次中国—东盟（10+1）领导人会议发表了《中国—东盟关于"一带一路"倡议同〈东盟互联互通总体规划 2025〉对接合作的联合声明》，为共同推进区域经济发展和"一带一路"合作注入新动力。"一带一路"倡议将促进中国与东盟国家交通和能源互联互通建设，双方可在中国—东盟自由贸易区升级版和 RCEP 框架下推进交通和能源互联互通建设，进而构建更加

---

① 习近平.携手推进"一带一路"建设[M]// 习近平谈治国理政：第二卷.北京：外文出版社，2017：508.

② 习近平."一带一路"和互联互通相融相近、相辅相成[M]// 习近平谈治国理政：第二卷.北京：外文出版社，2017：497.

紧密的经济命运共同体，加快中国—东盟命运共同体建设的步伐。在此基础上，推进与 RCEP、欧盟等区域的交通和能源互联互通建设。可以说，共同推进"一带一路"倡议已经成为中国与东盟国家开展互联互通合作的新起点。

（三）中国与东盟互联互通是大势所趋

交通和能源互联互通是区域经济一体化发展的基础。2020 年 11 月，中国与东盟通过了《中国—东盟战略伙伴关系 2030 年愿景》（*The China-ASEAN Strategic Partnership Vision 2030*），双边将对接《东盟互联互通总体规划 2025》与中方"一带一路"倡议共同的重点领域，加强物理和规制联通，努力以互利共赢方式促进区域各互联互通战略的对接。东盟互联互通合作已经取得积极成果，为中国与东盟交通和能源互联互通打下了基础。随着中国—东盟自由贸易区升级版和 RCEP 的深化发展，中国与东盟区域经济一体化是大势所趋，双边可以借鉴欧盟和东盟发展互联互通的经验，进一步密切和深化双边的交通和能源互联互通合作，合作解决区域经济发展的交通和能源瓶颈，推动低碳发展，使交通和能源互联互通建设成为高质量共建"一带一路"和落实《东盟互联互通总体规划 2025》的新动能。

在 2015 年 6 月第十七次中欧领导人会晤期间，双边领导人商定建立中欧互联互通平台。2015 年 9 月，国家发展改革委与欧盟签署《关于建立中国与欧盟互联互通平台的谅解备忘录》，正式启动中欧互联互通平台合作。2020 年 12 月 30 日，中国国家主席习近平与欧盟领导人共同宣布如期完成中欧投资协定谈判，这将为欧洲投资者提供前所未有的中国市场准入。这大大促进了"一带一路"倡议与"泛欧交通运输网络政策"的加深协作，推动了中欧运输无缝连接和运输便利化，为中欧企业开拓贸易和投资合作提供了机遇。中国在地缘上处于欧盟和东盟之间，是沟通两大经济联盟的重要陆路交通通道。东盟和欧盟又是中国的前两大贸易伙伴，中国与东盟的交通互联互通加上中欧互联互通平台，将使三大经济体发展成为欧亚大陆互联互通的全球最大的经济区域，在"一带一路"建设乃至全球经济发展中发挥更加积极的作用。展望未来，中国与东盟交通和能源互联互通合作将更为深远广阔。

第二节 研究对象和研究目标

一、研究对象

（一）区域范围

研究区域主要包括中国以及东盟国家的文莱、柬埔寨、印度尼西亚、老挝、马来西亚、缅甸、菲律宾、新加坡、泰国和越南等 11 国。在中国，主要区域为与东盟国家毗邻的广西、云南、广东、海南等省区，以及与东盟国家经贸关系比较密切的贵州、重庆、四川、湖南、福建、浙江、山东、上海、河南、河北等省市。

（二）研究内容

根据"一带一路"倡议和新形势下推进国际合作的需要，"一带一路"建设确定了五大方向，其中陆路有三个方向，海路有两个方向，即丝绸之路经济带有三大走向：一是从中国西北、东北经中亚、俄罗斯至欧洲、波罗的海；二是从中国西北经中亚、西亚至波斯湾、地中海；三是从中国西南经中南半岛至印度洋。21 世纪海上丝绸之路有两大走向：一是从中国沿海港口过南海，经马六甲海峡到印度洋，延伸至欧洲；二是从中国沿海港口过南海，向南太平洋延伸。

根据上述五大方向，按照共建"一带一路"的合作重点和空间布局，中国提出了"六廊六路多国多港"的合作框架。[①]

"六廊"：指新亚欧大陆桥、中蒙俄、中国—中亚—西亚、中国—中南半岛、中巴和孟中印缅六大国际经济合作走廊。

"六路"：指铁路、公路、航运、航空、管道和空间综合信息网络，是基础设施互联互通的主要内容。

"多国"：指一批先期合作国家。"一带一路"沿线有众多国家，中国既要与各国平等互利合作，也要结合实际与一些国家率先合作，争取有示范效应、体现"一带一路"理念的合作成果。

"多港"：指若干保障海上运输大通道安全畅通的合作港口，通过与"一

---

① 推进"一带一路"建设工作领导小组办公室.共建"一带一路"：理念、实践与中国的贡献 [N].新华社，2017 年 5 月 10 日电。

带一路"沿线国家共建一批重要港口和节点城市，进一步繁荣海上合作。

"六廊六路多国多港"是共建"一带一路"的主体框架，为各国参与"一带一路"合作提供了清晰的导向。

本研究将结合"一带一路"的内容对中国与东盟的交通和能源互联互通进行研究。对于交通领域，重点研究包括区域内的铁路、公路、水路、航空等交通互联互通情况；对于能源领域，重点研究区域内原油、天然气、煤炭、电力、新能源等生产及其互联互通情况。同时，研究也涉及与交通、能源相关的法律法规、商贸物流、产能合作、跨境产业园区、金融合作、人文交流等领域。

二、研究目标

本着以建设中国—东盟命运共同体为宗旨，以《愿景与行动》为指导，以有利于促进中国与东盟国家货物贸易、相互投资、人员往来，进而加快推进中国—东盟经济一体化和"一带一路"建设为出发点，为中国与东盟的交通和能源互联互通建设合作提供建设思路、发展方向、总体框架、旗舰项目及推进措施等一系列建设性思考。

第三节　研究意义

中国与东盟国家山水相连，具有相似的地缘政治利益和地缘经济利益，推进双方交通和能源互联互通建设符合各方的利益，对于深化双边经贸合作、加快中国—东盟命运共同体建设具有理论和实际意义。

一、有利于增强中国的地缘政治影响力

东南亚处于太平洋和印度洋、中国西南中南地区通往中南半岛和南亚的十字路口，随着全球经济重心的东移，东南亚、南亚、印度洋是具有全球政治、经济和安全影响的地区。东南亚是中国南下大洋洲，西进中东、欧洲和非洲贸易必经的海洋通道，是中国对外开放的南大门，对中国构建开放型经济具有举足轻重的作用和地缘政治意义。正是东南亚的全球战略地位和影响，世界主要政治、经济和军事大国对东南亚、印度洋地区越来越重视，纷纷对东南亚、南亚地区进行战略布局。在日本的"亚洲民主繁荣之弧"、美国的"亚太再平衡

战略"到"印太战略"、印度的"向东看"战略中，东南亚地区都是最重要的一环，这些都是大国加强对东南亚地缘政治影响力的具体战略行动，而这些战略相当大程度上是针对中国复兴制定的抑制战略。

无论什么战略，交通是将区域联通起来的重要载体和先决条件，能源是助推区域合作的动力。区域的交通和能源基础设施建设和互联互通都是优先发展和合作的领域。建设中国与东盟国家的交通互联互通，不仅在陆路上将中国与中南半岛国家连接起来，而且可以通过东南亚陆路通道将中国和印度洋连接起来，将环孟加拉湾经合组织、泰国、老挝以及越南与北部湾城市群和粤港澳大湾区等区域对接起来，形成中国—中南半岛—孟加拉湾经济走廊，增强中国在东南亚、南亚乃至印度洋的地缘政治影响力。

二、有利于推进"一带一路"建设

经济全球化、贸易自由化是世界经济发展的大趋势，中国是维护经济全球化、多边主义的重要力量。"一带一路"是中国贡献给全球的重要公共产品，《愿景与行动》提出合作共建"六廊六路多国多港"的合作思路。交通基础设施建设及其互联互通是构建"六廊六路多国多港"的基础和连接中国和东盟国家的纽带。中国要始终坚持共商、共建、共享的理念，推进"六廊六路多国多港"建设。建设中国—中南半岛国际经济走廊和孟中印缅经济走廊是"一带一路"中沟通中国与东盟的经济走廊，而完善交通走廊的建设是搭建经济走廊的基础，广西是21世纪海上丝绸之路与丝绸之路经济带有机衔接的重要门户，西南地区的成都、重庆、贵阳、昆明和南宁是中国—中南半岛国际经济走廊的重要节点城市和支点城市，构成中南半岛国家—桂黔渝新欧新的亚欧大陆桥，从而把中国连接中南半岛国家的陆路通道打造成为南北向亚欧大陆桥。云南和广西作为与中南半岛接壤的省区，要利用与中南半岛国家毗邻的地缘优势，在推进中国—中南半岛国际经济合作走廊和孟中印缅经济走廊交通互联互通建设中发挥示范引领作用。

《愿景与行动》提出要在国际经济合作走廊"加强能源基础设施互联互通合作，共同维护输油、输气管道等运输通道安全，推进跨境电力与输电通道建设，积极开展区域电网升级改造合作"，在中国与东盟国家之间建设新的油气管道，架设超高压输电线路、升级改造现有输电线路将成为推进中国—东盟能源互联互通合作的主要内容，也是落实"一带一路"建设的具体行动。

三、有利于推进中国—东盟区域经济一体化

"一带一路"倡议的理念与《东盟互联互通总体规划 2025》的宗旨是相辅相成的，目标是一致的。中国与东盟交通互联互通可以让中国和东盟加深合作对接，让各方发展更加平衡，发展机会更加均等，使发展成果人人共享。东盟处于 21 世纪海上丝绸之路的核心位置，是"一带一路"倡议中重要的一环，海上东盟国家和陆地与中国接壤的东盟国家都各具优势，都可以在 21 世纪海上丝绸之路建设中发挥平台作用。中国西南地区的桂滇黔渝川与粤湘地区和中南半岛国家资源丰富，产业各具特色，互补性强。中国—中南半岛经济走廊建设，将有利于中国西南、中南各省区市与中南半岛各国依托交通走廊沿线节点城市、经济区、旅游区以及丰富的资源开发开放合作，促使中国与中南半岛国家之间的资源、技术、资金、人才和信息相互流动，推动贸易、能源、金融、旅游、教育、现代物流、技术转移、工业原料与产品、农业技术与农业产品等多领域合作，形成交通、能源、全经济要素互联互通、产业互补互助发展的经济走廊，促进中国—中南半岛经济走廊沿线均衡发展，培育区域经济发展新动能，促进区域经济一体化发展，共同应对单边主义。

中国—东盟自由贸易区建成以来，中国与东盟各国经济合作与文化交往不断深入，各国间的政治、经济、科技、文化的关系日益紧密，出现了资源共享、多边共赢的良好局面。中国和东盟都是经济全球化和世界贸易体系的受益者，双边的交通和能源互联互通将促进经济要素有序自由流动、资源高效配置和市场深度融合，推动沿线各国实现经济政策协调，开展更大范围、更高水平、更深层次的区域合作，推进中国—东盟区域经济一体化、推进区域全面经济伙伴关系建设，进而推进中国—东盟自由贸易区升级版、经济全球化和人类命运共同体建设，将给中国和东盟国家带来实实在在的利益。

四、有利于增加中国与东盟国家之间的互信

经济发展是基础，政治互信是保障，文化交流是纽带，社会进步是愿景。国之交在于民相亲，任何合作的前提，都必须建立在双方或多方相互了解和互信的基础之上，有了了解，加深了了解，增加了互信，合作才有可能得以顺利进行。"一带一路"建设坚持共商、共建、共享的原则，提出了政策沟通、设

施联通、贸易畅通、资金融通、民心相通的"五通"实施路径，把基础设施互联互通作为优先领域，同时积极开展技术和产能合作、园区建设等，增强各国内生发展动力，提高各国人民的生活水平，也将增进中国与东盟科技、文化、教育、卫生等方面的交流，进而增强各国人民之间的互信。

中国与东盟国家之间的互信具有较好的文化基础。中国儒家文化历史悠久，东盟尤其是中南半岛国家佛教盛行，在儒家和佛教思想中都存在合理主义思想，两者互不排斥，也有相互借鉴的成分。中国—东盟建立对话关系以来，从官方到民间，在演艺、文化产业、节庆会展、教育培训、旅游、科技、体育等方面合作频繁，民间外交活跃，文化交流领域不断扩大，对促进双边的经贸合作、增进互信与了解起了催化的作用。尤其是中国的第二大民族壮族、泰国的主体民族傣族、老挝的主体民族老龙族、越南的主要少数民族傣族、侬族和缅甸的掸族等民间往来密切。交通互联互通将便利双边相互之间的文化交流，有助于增进双边的了解和互信。

"睦邻、安邻、富邻"是中国一贯的周边外交政策。中国与东盟国家之间，在意识形态、社会制度、经济水平、语言文化、宗教信仰等方面，既存在着相通、相似的方面，也存在着具有较大差异的方面，要真正做到相互了解就需要多沟通、多交流。事实证明，交通互联互通越发达，各国之间文化交流往来就越多、越密切。中国与东盟文化领域的合作与交流对双边合作的顺利发展、中国—东盟自由贸易区的建设和在深度、广度上的持续推进，以及增进了解与互通、包容，起了积极的作用。

五、有利于提高国际物流效率和降低国际物流成本

交通基础设施及其互联互通水平是国际物流发展的物理基础，也是决定国际物流效率和国际物流成本的最重要因素。目前，中国—东盟区域内各国的国际物流效率和国际物流成本相差很大。根据调查，新加坡在区域内的国际物流设施和物流效率最好，老挝的国际物流设施和物流效率最差。中国和东盟国家的物流绩效指数（LPI）[①] 排名可以分为三个层次：新加坡、中国香港、中国、

---

① 世界银行集团，《世界银行物流绩效指数（LPI）报告——联结以竞争：全球经济中的贸易物流》。

马来西亚、泰国是区域内物流绩效指数处于第一层次的国家和地区；印度尼西亚、越南、文莱、菲律宾、柬埔寨处于第二层次，属于 LPI 中等偏下的国家；缅甸和老挝处于第三层次，是物流绩效指数后进的国家。中国的物流成本也比较高，2015 年中国社会物流总费用占国内生产总值（GDP）的比重高达 16.6%，高于世界平均水平 5 个百分点。[①] 到 2017 年，下降至 14.6%。2019 年为 14.7%。另据中国交通物流协会的统计，2016 年，我国内陆地区物流成本占 GDP 的16%，远高于沿海地区的 8% 和发达国家的 4%，高企的物流成本一直是制约中国西部地区发展的瓶颈。但是，交通互联互通建设的好转可以大大降低物流成本，国际陆海贸易新通道的开通大大降低了处于内陆地区的重庆市到东盟国家的国际物流成本。统计显示，重庆与广西北部湾港之间实现集装箱班列常态化运行以后，两地之间的运输时间仅需 2 天，比江海联运节省 10~13 天。与长江航运经上海至新加坡的江海联运通道相比，南向通道运距缩短约 2100 千米，运时减少 15 天左右，中转通关通检效率由 4 个小时降低到 1 个小时，铁路双向运费下浮 30%，港口作业费率减免 50%，中转关检费用降低 80%。[②] 同样，在东盟国家，可将国际陆海贸易新通道作为与中亚、欧洲等区域的便捷国际物流通道。

　老挝是内陆国家，交通基础设施落后，物流成本较高。据日本外贸协会2014 年调查，日本横滨港至老挝的货运成本，为该港对外运输 13 个地区中最高，老挝至横滨 2014—2015 年的货运成本，每 40 英尺集装箱大致为 2500 美元。而从中国香港、深圳和台北，运输成本最低，甚至不到 300 美元。[③] 据研究，建设孟加拉湾—北部湾—珠三角的油气管道将使孟加拉湾经马六甲海峡到北部湾港、珠三角的原油海运距离缩短 2000~3000 千米，将大大缩短孟加拉湾、非洲和中东的石油、天然气到中国华南地区的距离，大大降低油气运输成本。因此，推进中国与东盟国家交通和能源互联互通建设将大大提高区域内的物流效率并大幅度降低国际物流成本，对促进区域国际贸易、产业合理分工和构建跨国产业链具有积极意义。

① 中国物流成本占 GDP 16.6%　高于世界平均的 5 个百分点 [EB/OL]. [2016-07-25]. http://world.people.com.cn//2016/0725.html.

② "一带一路"实现有机衔接 [EB/OL]. [2018-04-04]. http://www.gx.xinhuanet.com/newscenter/2018—04/04/c_1122635283.htm.

③ 老挝希望通过铁路大幅降低货运成本 [N]. 万象时报，2017-03-30.

六、有利于保障区域能源安全

能源安全是各国经济社会可持续发展的保障。东南亚是中国能源进出口的重要通道，与东盟的能源合作，是建设中国能源安全保障体系的重要内容。加强中国与东盟国家的能源互联互通，将深化中国与东盟国家的能源合作，形成"你中有我、我中有你"的能源利益共同体，有利于增进双方的政治互信与全面合作，符合各国共同利益，也有利于保证中国的能源安全。

中国和东盟各国能源资源各有其特点和优势，并具有较强的互补性。区域内国家能源资源和能力很不平衡，推进中国—东盟石油天然气、电力等能源互联互通，在油气管道沿线建设能源产业园区，有利于各国开展能源贸易，推进各国能源资源开发和能源资源合理配置。交通和能源基础设施是连接沿线各国的经济纽带，中国与东盟能源互联互通将实现区域内跨国能源优化配置，有利于提高区域能源的市场化程度，减少各国能源建设投入，为各国带来更好的经济效益和环境效应。

中国—东盟能源互联网是世界能源共同体的重要组成部分。中国—中南半岛沿线国家合作进行原油、成品油、天然气和电力系统等能源互联互通建设，是中国—东盟能源互联网的重要组成部分，各国根据资源优势开展能源生产、贸易，相互输送或消纳各种能源。

中国和东盟大多数国家是石油进口国，而石油大多来自西非的安哥拉、赤道几内亚、刚果共和国，中东的沙特阿拉伯、伊朗、伊拉克、科威特等国家。中国—东盟区域能源安全符合各方共同利益，是中国和东盟国家的共同追求。中国与东盟构建互为补充的油气、电力互联互通供需格局是地区稳定、经济发展的重要保障。中国自非洲、中东进口的油气运输大多要经过马六甲海峡这个世界上最繁忙的海运通道，即使出现所谓的"马六甲"困局，区域能源"集体安全"也能较好地保证各国的战略能源安全。

第二章　中国与东盟国家交通互联互通合作现状

改革开放以来，中国的交通建设朝着现代化交通的方向发展，正在构建畅通国内、连接国外，集公路、铁路、港口、空港、管道等交通方式于一体的互联互通的现代综合交通网络。东盟国家与中国山水相连，人文相通，经贸合作密切，人员往来频繁，是"一带一路"建设的重点区域，开展交通互联互通具有天然的地缘优势和发展前景。

第一节　中国与东盟国家交通互联互通概况

东盟国家因与中国南部、西南陆海相邻，地理位置优越，是"一带一路"建设的天然伙伴和优选方向，对深入实施和推进"一带一路"建设具有重要的战略意义。研究结果显示，2016 年中国与东盟 10 国的"五通"指数平均得分为 59.12 分，高于"一带一路"沿线国家平均水平（52.40 分），其中在设施联通方面平均得分为 10.65 分，略高于"一带一路"沿线国家设施联通平均水平（10.42 分）[1]，表明中国与东盟国家交通互联互通整体水平较高于"一带一路"沿线国家平均水平，具备进一步提升的良好基础。同时，伴随着中国"一带一路"倡议与东盟《东盟互联互通总体规划 2025》的发展战略对接，加速推进中国与东盟互联互通升级成为共同愿景，包括交通设施、通信设施、能源设施等在内容的互联互通设施将得到进一步发展。整体来看，中国与东盟国家的铁路、公路、

---

① 翟崑，王继民."一带一路"沿线国家五通指数报告 [M]. 北京：商务印书馆，2018：128.

海运、河运、航空等立体综合交通体系基本形成，交通互联互通中的"硬、软"联通已经初步建立（见表2-1）。

表2-1　中国与东盟国家交通互联互通基本情况一览表

国家	中国				
	铁路	公路	海运	河运	航空
文莱	无	无	有	无	有
柬埔寨	无	间接互通	有	无	有
印尼	无	无	有	无	有
老挝	在建	直接互通	无	澜沧江—湄公河	有
马来西亚	无	间接互通	有	无	有
缅甸	无	直接互通	有	澜沧江—湄公河、瑞丽江—太平江	有
菲律宾	无	无	有	无	有
新加坡	无	间接互通	有	无	有
泰国	无	间接互通	有	澜沧江—湄公河	有
越南	有	直接互通	有	红河、奇穷河—平而河、北仑河	有

一、中国与东盟国家公路互联互通现状

中国与东盟国家公路互联互通主要涉及中国广西、云南两个与东盟陆路相连的省区。截至目前，中国通向中南半岛国家的公路大通道国内段全部达到高等级及以上公路标准。

（一）中缅公路互联互通概况

中国昆明至缅甸皎漂公路通道：云南昆明—大理—保山—瑞丽，从瑞丽口岸出境，经缅甸腊戌—昔卜—曼德勒—马圭—勃丹—皎漂，路线全长1754千米。其中云南境内707千米，已全部建成通车（包括昆明—龙陵高速公路578千米，龙陵—瑞丽高速公路129千米）。

（二）中老泰公路互联互通现状概况

中老公路主要是经云南省西双版纳州勐腊县磨憨口岸的213国道或G8511与全长1400多千米的老挝13号公路互联互通。中泰公路互联互通需经过老挝13号公路在老挝会晒通过老泰湄公河大桥进入泰国。昆曼公路是中老泰三国公路互联互通的主通道。该公路从中国昆明经老挝到达泰国首都曼谷，是云南连

接东南亚、南亚国家的 4 条陆路通道之一，也是中国—东盟交通基础设施互联互通合作重点项目之一。

昆曼公路历经 16 年的建设，于 2008 年 3 月 21 日建成通车。该公路始于昆明，途经玉溪、普洱、思茅、西双版纳，由磨憨口岸出境进入老挝境内南塔、波乔省，经会晒进入泰国清孔，在泰国境内经清莱、清迈、帕尧、南邦、达府、那空沙旺，最后抵达首都曼谷，全程 1807 千米。全线由中国境内段、老挝段和泰国境内段组成。中国境内云南段由昆明起至磨憨口岸止为 692 千米，2017 年 9 月已经建成高速公路；出中国境后由老挝磨丁至会晒止，全长 247 千米，为老挝段，2013 年 12 月，由泰国政府和中国政府共同出资、大桥老挝侧和泰国侧分别由中方和泰方负责建设的会晒大桥建成通车，昆曼公路打通了最后的瓶颈；由老挝会晒跨过湄公河进入泰国边境城市清孔后，由清孔至曼谷全长 813 千米，为泰国段，全程一级公路。湄公河大桥建成后，昆曼公路结束了车辆须由驳船摆渡通过湄公河的历史，昆曼公路真正实现了畅通无阻，通行时间大大缩短[①]。

（三）中越公路互联互通概况

中国有云南省和广西壮族自治区与越南互通公路。云南省主要有昆明—河口 / 老街—越池—河内—海防高速公路，此外还有文山—麻栗坡—天保 / 清水口岸—河江—越池、红河—金平—越南莱州的三级公路。

云南昆明至越南河内公路（昆明—开远—蒙自—河口），由河口出境经越南老街—安沛—越池到达越南首府河内，路线全长 669 千米。其中云南境内 405 千米均已全部通高速。2014 年 9 月，河内至老街高速公路全线正式通车，成为越南首条连接越中边境的高速公路。河内—老街高速公路全长 264 千米，起点在河内内排—下龙高速公路，终点位于老街金城工业商贸区，是"昆明—河内—海防经济走廊"和"湄公河次区域交通系统"中的重要项目，与中国的蒙（蒙自）河（河口）高速公路中越红河公路大桥相连，路面宽 24 米，双向 4 车道，设计时速为 80 千米 / 小时。

广西陆路仅与越南连通，与其他中南半岛国家的陆路连接均需借道越南。截至目前，广西的边境口岸、大多数的边贸点都与越南互通公路，主要有"东

---

① 杨祥章 . 中国—东盟互联互通研究 [M]. 北京：社会科学文献出版社，2016 .

线通道"的南宁—东兴/越南芒街—下龙湾公路,南宁经防城港的东兴进入越南,其中南宁—钦州—防城港—东兴全长近240千米已全线建成高速公路,可从中国东兴—越南芒街北仑河二桥进入越南;越南境内的下龙湾至河内段也全程建成高速公路。"中线通道"的南宁—凭祥/同登—河内是中越公路互联互通主通道,322国道和南友高速公路经友谊关口岸连接越南1号公路;南宁至凭祥友谊关高速公路全长180千米,为双向四车道,于2005年12月建成通车,是中国通往东盟国家的第一条高速公路;2019年8月,越南境内的谅山—河内也建成了高速公路。"西线通道"的百色—靖西市龙邦口岸/越南茶岭—高平—太原—河内公路,从南宁出发经百色靖西出境越南,全长358千米,目前国内段高速公路均已通车;越南境内还是三级乃至四级的公路。此外,还有南宁—崇左—水口/驮隆—高平公路通道、百色—那坡平孟/越南溯江—高平—河内、南宁—宁明爱店/越南峙马—谅山—河内等公路通道。

(四)中国与东盟国家国际道路运输合作现状

西南地区的云桂两省区与缅甸、老挝和越南三个东盟国家接壤。云南省已经形成昆明经磨憨至老挝万象、泰国曼谷,昆明经河口至越南河内,昆明经瑞丽至缅甸皎漂,昆明经腾冲至印度雷多,昆明经清水河至缅甸皎漂的"五出境"公路通道,其中中缅通道昆明—瑞丽(708千米)已实现全程高速化,中老通道昆明—磨憨高速公路(全长663千米)、中缅通道小勐养—打洛高速公路(全长120千米)小勐养—景洪段已建成通车,景洪至勐海段项目已经开工建设。广西也建成了南宁经东兴口岸至越南海防、南宁经友谊关口岸至越南河内—胡志明市、南宁经龙邦口岸至越南高平的"三出境"国际道路运输通道,两省区的国内段高等级公路网已基本建成通车。2017年9月,中越友谊关—友谊国际口岸货运专用通道启用,货物通过速度、数量大幅提升,国际道路运输进入新的发展阶段。

目前,中国与老挝、越南等六国在《大湄公河次区域便利货物及人员跨境运输协定》框架下已经开展国际道路运输合作,与老挝、越南分别签订了中老、中越双边汽车运输协定和实施《大湄公河次区域便利货物及人员跨境运输协定》谅解备忘录等法律文件。但是,中国与东盟国家之间真正常态化开展跨境运输合作主要是中老和中越的国际道路运输合作。2019年5月27日,大湄公河次区域（GMS）国际道路运输（中国—老挝—越南）启动仪式在中国昆明举行，三国之间首次开通了 GMS 国际道路运输线路。[①]

截至目前，云南省与周边国家共开通公路口岸 18 个，开通中越、中老国际道路客货运输线路 28 条，从事国际道路运输企业 136 户，营运车辆 6810 辆，线路覆盖范围达滇老 10 省（市）和滇越 5 省（市），基本建成了以沿边重点城市为中心、边境口岸为节点，覆盖沿边地区并向周边国家辐射的国际道路运输网络。截至 2018 年 7 月，云南省与周边国家完成国际道路客运量 252.60 万人次，完成国际道路货物运输量 733.63 万吨。[②]

2017 年，广西东兴、友谊关口岸完成国际道路客运量 8.98 万人次、旅客周转量 3863.88 万人千米；完成国际道路货运量 308.31 万吨、货物周转量 3328.07 万吨千米，出入境车辆 146527 辆。[③]

1. 中老国际道路运输合作

中老于 1996 年 1 月正式开通双边陆路客货运输。目前，中老国际道路运输合作主要是通过云南省磨憨口岸进行。磨憨口岸是《大湄公河次区域便利货物及人员跨境运输协定》确定的便利运输出入境站点，它与老挝的磨丁口岸接壤，距云南省会昆明约 700 千米，从口岸出发往西经老挝波乔省到泰国清孔口岸 228 千米，往东 314 千米可达越南奠边府；往南 680 千米到达老挝首都万象，再往南走可进入柬埔寨，区位优势十分明显，是中国通往中南半岛国家最主要的陆路口岸之一。尤其是昆曼国际大通道全程贯通后，独特的区位优势使磨憨成为云南省实施国际大通道战略的重点口岸。截至 2019 年 12 月，云南省共开通中老国际道路客货运输线路 19 条，其中昆明至万象、昆明至琅勃拉邦、昆明至会晒、昆明至巴色、普洱至万象 5 条线路超过 800 千米。其中，与老挝接壤的西双版纳州现已开通景洪至万象、景洪至琅勃拉邦等中老两国间的 10 条客运

---

① 中老越 3 国首次开通 GMS 国际道路运输线路 [EB/OL].（2009-05-27）. http://society. yunnan.cn/system/2019/05/27/030287016.shtml.

② 云南省开通公路口岸 18 个运输线路 28 条 [EB/OL].（2018-07-18）. http://banna.ynhouse. com/news/view—39126.html.

③ 仁立潮头迎春风　运政再现新跨越——自治区道路运输管理局 2017 年工作综述 [EB/OL].（2018-05-18）. http://www.mot.gov.cn/difangxinwen/xxlb_fabu/fbpd_guangxi/201805/ t20180518_3022578.html.

线路，居云南省国际客运班线第一位。

中老两国之间的国际道路运输是中国与东盟国家跨境运输便利化合作的范例。磨憨口岸车辆进出便利化程度高，两国间公务车辆、自驾车辆通行手续简便。海关部门对公务车、自驾车等不提出企业担保、提供保证金、企业代理等要求，任何社会团体、行政事业单位、个人私家车等均可向当地各联检部门提出办理出入境车辆业务，在提供的车辆材料满足相关规定后，口岸各联检部门即时给予办理相关出入境手续。检验检疫部门主要为人员出入境做好防疫、查验防控工作。边防部门负责查验人员的出入境证件。口岸交通部门负责为车辆办理出入境行车许可证。口岸联检办证大厅与车辆出入境查验同在一个地点，有效节约了出入境人员等待的时间，真正做到了通关便利化。中方的货运车辆和自驾游车辆只需凭磨憨口岸国际道路运输管理机构发放的行车许可证，基本可通达老挝全境。目前往来中老两国之间的货运车辆和营运车辆，淡季的时候每天出境 60 辆左右，旺季的时候每天 200 辆左右，自驾游车辆每天 150 辆左右。①

2. 中越国际道路运输合作

2011 年 10 月 11 日中越两国在北京签订《中华人民共和国政府和越南社会主义共和国政府关于修改中越两国政府汽车运输协定的议定书》和《中华人民共和国政府和越南社会主义共和国政府关于实施中越两国政府汽车运输协定的议定书》（简称"两议定书"），中越两国各自已经履行了"两议定书"生效的国内法律程序。2012 年 5 月 30 日，《中华人民共和国交通运输部和越南社会主义共和国交通运输部关于建立国际汽车运输行车许可证制度的协议》（简称《协议》）在北京签署。"两议定书"和《协议》为中越两国在国际道路运输领域的合作奠定了法律基础（见表 2-2）。修改后的中越汽车运输协定生效后，中越公务及货车均可实现直达。

---

① 岩温香 . 一路向南：铺就共同发展的和平友谊之路 [EB/OL]. http://www.ynjtt.com/Item/206892.aspx.

表 2-2　中越国际道路运输的有关法律文件

类别	名称	主体	时间	备注
多边运输协定	《大湄公河次区域便利货物及人员跨境运输协定》	中国、缅甸、老挝、泰国、柬埔寨、越南 6 国政府	1999 年 11 月 26 日先由老挝、泰国、越南三国政府签署，柬埔寨和中国、缅甸政府分别于 2001 年 11 月 29 日、2002 年 11 月 3 日、2003 年 9 月 19 日加入	含 17 个技术附件和 3 个议定书。2008 年 3 月 31 日在老挝首都万象举行的大湄公河次区域（GMS）第三次领导人会议上，中国政府与越南政府分别签署了《中越关于在河口—老街实施便运协定的谅解备忘录》和《中越关于在友谊关—友谊出入境站点及昆明—百色—南宁—友谊关—友谊—谅山—河内路线列入协定议定书—的谅解备忘录》
	《关于实施〈大湄公河次区域便利货物及人员跨境运输协定〉"早期收获"的谅解备忘录》（简称《早收备忘录》）	中国、缅甸、老挝、泰国、柬埔寨、越南 6 国政府	2018 年 3 月，GMS6 国政府共同签署	《早收备忘录》规定 GMS 国家车辆持 GMS 行车许可证和暂准入境单证（TAD），一年内进入柬埔寨、老挝、泰国、越南的次数不限
双边运输协定、议定书、协议	《中华人民共和国政府和越南社会主义共和国政府汽车运输协定》	中越两国政府	1994 年 11 月 22 日签署，自签订之日起生效	
	《中华人民共和国政府和越南社会主义共和国政府关于修改中越两国政府汽车运输协定的议定书》	中越两国政府	2011 年 10 月 11 日签署，2012 年 2 月 17 日生效	
	《中华人民共和国交通部和越南社会主义共和国交通运输部关于实施两国政府汽车运输协定的议定书》	中越两国交通运输部	1997 年 6 月 3 日签署，自签订之日起生效	2012 年 2 月 17 日终止
	《中华人民共和国政府和越南社会主义共和国政府关于实施中越两国政府汽车运输协定的议定书》	中越两国政府	2011 年 10 月 11 日签署，2012 年 2 月 17 日生效	
	《中华人民共和国交通运输部和越南社会主义共和国交通运输部关于建立国际汽车运输行车许可证制度的协议》	中越两国交通运输部	2012 年 5 月 30 日签署，自签字之日起生效	

注：根据有关资料整理。

目前，中国和越南已经开展国际道路运输合作，合作范围主要是在广西壮族自治区、云南省和越南北部的广宁省、谅山省、高平省、河江省、老街省、莱州省、海防市、河内市等省市。国际道路运输线路通过七对口岸出入境（见表2-3）。2018年9月，广东省深圳市也开通到越南河内的国际道路货物运输线路。

表2-3　现有中越国际道路运输车辆通行口岸

序号	中国口岸	越南口岸
1	（广西壮族自治区）东兴	（广宁省）芒街
2	（广西壮族自治区）友谊关	（谅山省）友谊
3	（广西壮族自治区）龙邦	（高平省）茶岭
4	（广西壮族自治区）水口	（高平省）驮隆
5	（云南省）金水河	（莱州省）马鹿塘
6	（云南省）天保	（河江省）清水
7	（云南省）河口	（老街省）老街

从1999年开始，中国广西就与越南开展国际道路运输交流与合作。2000年，广西与越南谅山、高平、广宁三省之间的双边出入境汽车客货运输正式开启。2000年1月18日，广西第一条跨国客运班线——中国凭祥—越南谅山客运班线正式开通。2012年2月中越两国对《中越汽车运输协定》进行修订和补充，新的汽车运输协定生效实施，从制度上解决了长期以来中越运输车辆只能在边境口岸货场接驳和换装转运的问题，实现了双方客货运车辆直接驶入对方腹地的点对点直达运输，降低了物流运输成本，提高了物流运输的效率。为贯彻落实好中越汽车运输两议定书精神，2012年8月20日，广西壮族自治区人民政府制定下发《关于印发贯彻落实中越汽车运输两议定书工作方案的通知》（桂政办发〔2012〕187号），制定出台《中国广西与越南汽车运输实施办法》等五项工作措施，以协调解决广西在执行中越汽车运输"两议定书"过程中遇到的有关问题。2012年8月22日，开行南宁至越南河内直达客运班车；2013年6月9日，开行中越公务车及货运直达车辆，实现了中越汽车运输点到点直达运输方式；2013年6月，百色到越南高平的客运线正式运营，凭祥至谅山、桂林到河内的旅游线路也可以通过包车形式实现直达运输（见表2-4）。2016年以来，广西协同越方先后开通了中国东兴—越南芒街、中国桂林—越南下龙、中国南

宁—崇左—越南谅山跨境自驾旅游线路。

表2-4　广西至越南河内主要公路路线

通道路线	里程／千米			口岸	境内道路	境外道路
	合计	境内	境外			
中国南宁—友谊关—越南谅山—河内	380	210	170	中国友谊关—越南同登	高速公路	高速公路、二级
中国南宁—东兴—越南芒街—下龙湾—河内	530	220	310	中国东兴—越南芒街	高速公路、一级公路	高速公路、三级
中国南宁—龙州—水口—越南高平—河内	500	210	290	中国水口—越南驮隆	高速公路	三级
中国百色—靖西—龙邦—越南高平—河内	481	161	320	中国龙邦—越南茶岭	高速公路	三级

注：根据公开资料整理。

目前，广西开放国际汽车运输业务的口岸共有东兴、友谊关、水口、龙邦4个，在这4个口岸都设有国际道路运输管理机构。从1999年至今，广西经中国交通运输部、广西壮族自治区人民政府批准与越南开行的国际道路运输线路共28条，其中客运线路15条，货运线路13条（见表2-5）。经中越双方共同确认的国际道路运输线路共20条，其中客运线路12条，货运线路8条，尚有3条客运线路、5条货运线路未经中越双方共同确认。截至2019年12月底，实际开通的国际道路运输线路有14条，其中客运线路9条，货运线路5条。广西取得国际汽车运输经营资质的企业共27家。目前，已经开行的汽车运输线路有南宁至越南下龙、南宁至越南河内、北海至越南下龙、桂林至越南下龙、崇左至越南高平、龙州至越南高平、凭祥至越南谅山、百色至越南高平等15条国际汽车客货直达运输线路。广西对越边境口岸出入境车辆总数逐年增长，由2009年的8.09万辆增长至2015年的42.03万辆（艘、架、列），增长了4倍多；边境各口岸货物进出口总量达357.11万吨，同比增长11.9%。[①]2020年，广西跨境陆路运输频次不断加密，常态化开行广西至越南、泰国、老挝、柬埔寨4条

---

① 资料来源：历年《中国口岸年鉴》。

跨境公路班车运输线路,即使受到新冠肺炎疫情影响,仅凭祥友谊关口岸出入境货物达 325 万吨,同比增长 17.28%。[①]2019 年 5 月,在昆明、南宁分别举行了大湄公河次区域(GMS)国际道路运输(中国—老挝—越南)启动仪式,广西开通了 GMS 国际道路运输线路,实现了中国南宁—越南—老挝—泰国的跨境运输。2019 年 10 月,为落实《中国(广西)自由贸易试验区总体方案》提出的畅通国际大通道,加快推进跨境运输便利化,新增经平孟、爱店两个口岸的国际道路运输线路,以缓解友谊关口岸通关压力,同时,推动经友谊关口岸的中越直通车范围延伸至重庆、成都等西部重要节点城市。

表 2-5 经批准开行的广西与越南国际道路运输线路

序号	国际运输线路	客运/货运	途经口岸	线路全长(千米)
1	防城港—先安	客、货	东兴—芒街	150
2	凭祥—谅山	客、货	友谊关—友谊	34
3	龙州—高平	客、货	水口—驮隆	112
4	桂林—下龙	客、货	东兴—芒街	780
5	北海—下龙	客	东兴—芒街	420
6	南宁—下龙	客	东兴—芒街	370
7	崇左—高平	客、货*	水口—驮隆	188
8	崇左—谅山	客*、货*	友谊关—友谊	113
9	崇左—下龙	客、货	友谊关—友谊	293
10	南宁—河内	客、货	友谊关—友谊	380
11	南宁—河内	客*、货*	东兴—芒街	530
12	北海—河内	客*、货*	东兴—芒街	570
13	百色—高平	客、货	龙邦—茶岭	260
14	南宁—海防	客、货	东兴—芒街	450
15	桂林—河内	客、货	友谊关—友谊	791

资料来源:广西道路运输管理局。带*的线路系未经中越双方共同确认的线路。

云南省也积极开展中越国际道路运输合作。中越两国交通运输部批准开通了 9 条中国云南到越南的国际道路客货运输线路,覆盖了滇越边境线上的主要城市。云南省与越南老街、莱州、河江、海防、宣光、广宁省 5 省开展国际道路运输合作,并建立滇越国际道路运输会谈机制。滇越之间主要的国际道路运输线路是昆明至河内线路,昆明至河内全长 664 千米,其中云南境内 400 千米,

---

① 广西至泰国等 4 条跨境公路运输线常态化开行 [EB/OL]. (2021-01-23). https://www.chinanews.com/sh/2021/01-23/9394606.shtml.

越南境内264千米，全程高速公路，途经老街、安沛、富寿、永福和河内5个省市。

目前，滇越之间开放的公路口岸共有3个，共开通中国河口至越南老街、昆明至河内、昆明至海防、昆明至莱州、昆明至越南宣州、云南文山至越南宣光、云南个旧—老街沙巴等9条中越国际道路客货运输线路。2017年，滇越完成国际道路运输货运量300.3万吨，同比增长12.7%。[①]

二、中国与东盟国家铁路互联互通现状

截至2019年年底，中国与东盟仅有中越两国之间有铁路互联互通。"十二五"以来，中缅铁路、中越铁路和中老铁路出境铁路相继纳入泛亚铁路和中国《国家中长期铁路发展规划》。中国与东盟国家铁路互联互通正在稳步推进。

（一）中越铁路互联互通情况

中国与越南已经有两条铁路互联互通。一条是广西至越南河内的套轨铁路（中国境内为标准轨，越南境内为米轨和标准轨组成的复合轨道，可运行米轨列车和标准轨列车）；另一条是云南昆明至越南河内的米轨铁路（中国境内昆明至河口原为米轨，现已经改造为标准轨，越南境内仍为米轨）。中越铁路通道昆明—河口—海防（米轨全长776.66千米，其中昆明至河口段405.66千米）属泛亚铁路东线，云南境内段昆明至河口已全线建成通车。

中越铁路（泛亚铁路东线）从昆明经河口口岸出境直达越南河内，与越南铁路网相连。其中中国云南境内昆明—河口标准轨全长390千米，截至2014年年底昆明—玉溪南段、玉溪至蒙自段、蒙自至河口段相继开通运营，形成昆明—河口/老街—河内—海防西南跨国出海大通道，其中，中国境内为准轨铁路，越南境内为米轨铁路。

中越铁路广西方向从凭祥、东兴和龙邦口岸直达中越边境。截至2019年年底，广西境内与越南连接的铁路通道已初步形成东、中、西三条通道，走向基本与广西与越南公路一致。东线从南宁—钦州—防城港—东兴，通过东兴口岸出境连接越南海防—河内，其中，南宁至防城铁路段已建成通车，防城港—东

① 云南与越南5省深化国际道路运输合作[EB/OL]. http://www.mot.gov.cn/jiaotongyaowen/201804/.html.

兴铁路预计 2021 年 12 月 31 日全线开通运营，越南境内的河内—下龙湾铁路已经建成通车，下龙湾至芒街铁路还在规划建设中。中线通道从南宁经凭祥出境到越南同登，南下直达越南首都河内，已全线贯通；中国境内里程为 188 千米，为 Ⅱ 级单线准轨铁路。越南境内为套轨（准轨和米轨共轨），南宁—凭祥—河内铁路修建于 1937 年，修建时间早，为单线内燃铁路，最高限制速度仅为 85 千米 / 小时，部分最低限速只有 60 千米 / 小时，线路技术标准低，最小曲线半径仅为 215 米，设备简陋，运输能力受限。西线通道从南宁到百色，经靖西龙邦出境到越南，截至 2019 年年底，南宁至靖西准轨铁路均已建成通车，靖西至龙邦路段前期工作正抓紧实施。2017 年，南宁—凭祥铁路开行旅客列车 3 对 / 日，年货运量 68 万吨，在综合交通运输中的市场份额较低。

南宁—凭祥铁路是河内—北京—莫斯科国际铁路联运的必经之路。目前，中越之间开行 Z5/6 和 T8701/8702 次两趟国际联运特快列车。Z5/6 次列车自 1955 年 8 月 2 日起开行，现由中国铁路南宁局集团有限公司南宁客运段负责客运任务，是中国与越南之间开行的首趟国际联运列车。北京开往越南河内的 Z5 次为国际联运，全程 2891 千米，是中国铁路运行于中国北京经南宁至越南河内之间的国际联运特快列车，每星期四、星期日始发，Z5/6 次列车到南宁后，使用南宁至同登 T8701/8702 次，至越南同登，又使用同登至嘉林 MR1/MR2 次。

南宁至越南河内（嘉林）T8701/2 国际联运特快列车，自 2009 年 1 月 1 日起开行。这是继 Z5/6 之后连接中国与越南的第二趟国际联运列车，南宁成为除北京外第二个有国际列车始发的城市。南宁至河内嘉林站全程 396 千米，单程运行时间约 12 个小时。截至 2019 年 1 月 1 日，中国南宁—越南河内（嘉林）中越国际列车运行满十周年，列车安全运行了 285.1 万千米，已接待了来自 110 多个国家的 40 万名旅客。[①] 因铁路等级低，速度慢耗时长，造成客运流失，中越 T8701/2 次国际列车运营仍然处于亏损状态。

中越国际铁路通道正在发挥越来越大的作用。2017 年 11 月 28 日，纳入中欧班列运行图的首趟中国南宁到越南河内的跨境集装箱直通班列开通，运行时间在 20 小时内。这是中国首条联通东盟国家和中亚、欧洲的跨境集装箱直通列

---

① 运送旅客超 40 万人次 成为国际交流"绿色通道" [EB/OL]. 南宁市政府网站，http://www.nanning.gov.cn/ywzx/nnyw/2019nzwdt/t1573031.html.

车,大大加快了南宁到河内的国际物流速度。2017年12月,中欧班列(中国南宁—越南河内)跨境集装箱直通班列实现双向对开,每周2列常态化运营,打通了由中国中西部地区经凭祥对接东盟的铁路运输大通道。新开通青岛—凭祥—越南、广州—河内等国际班列专线,拓展中国与东盟国家的陆铁空"多式联运",打造多式联运跨境运输新通道。

昆明—河口—河内—海防铁路是中越之间最早的跨国铁路。由于昆明—河口米轨铁路已经不适应现代铁路交通运输的需要,1988年,云南省就筹备建设昆(昆明)玉(玉溪)河(河口)准轨铁路,分昆玉铁路、玉蒙铁路、蒙河铁路三段建设。其中,昆玉铁路正线全长55.4千米,1993年12月22日昆玉铁路全线贯通,属地方一级铁路;玉蒙铁路起点为云南省玉溪南站,经通海、建水至蒙自,全长141千米,设计标准为国铁I级电气化铁路,速度目标值为每小时120千米,2005年9月正式开工建设,2012年9月26日玉蒙铁路开通运营;蒙河铁路全长140余千米,建设标准为国家I级电气化单线铁路,设计时速为120千米,2014年12月1日新建电气化复线的昆(昆明)玉(玉溪)河(河口)准轨铁路的蒙(蒙自)河(河口)铁路段改造完工,全线货运通车。2014年12月10日,昆玉河铁路全线开行客运列车。

昆玉河铁路2014年12月开通运营以来,中国铁路昆明局集团依托河口口岸地缘优势和中越米轨铁路运力优势,在中国开远与越南海防之间以班列化形式开行中亚米轨国际货运班列,打通了中南半岛运输通道。河口北站先后创新推出了米轨直通、准米轨换装、集装箱国际联运和公铁国际联运等4种跨境铁路运输服务,铁路货运量以每年13%的增幅快速上升。2017年,河口口岸进出口货运量更实现历史性突破,达640.4万吨,比上年增长106.8%,当年通过昆玉河铁路运输货物达319.69万吨,占河口口岸进出口货运总量的一半。[①]

2019年10月,首批2.7万吨印尼煤炭通过海运抵达越南海防港,煤炭均通过中越米轨铁路运至中国河口口岸山腰国境站,最终配送至国内各地[②],开创

---

① 中越国际通道昆玉河铁路开行3000吨级货物列车 [EB/OL]. (2018–04–17). http://www.cnr.cn/yn/tp/20180417/t20180417_524201765.shtml.

② 首批印尼煤炭经中越米轨铁路运往 [EB/OL]. (2019–10–16). http://yn.yunnan.cn/system/2019/10/ 16/030400380.shtml.

了水铁国际联运印尼煤炭的先河。

（二）中国与东盟国家铁路建设合作现状

目前，中国与东盟国家的铁路建设合作主要有中国与印尼的雅万高铁、中缅铁路、中老铁路、中马的东海岸铁路、中泰的曼谷—呵叻府高铁和中越的老街—海防铁路升级改造项目。

1. 雅万高铁——中印尼铁路合作的旗舰项目

雅万高铁是中国投资国外高铁建设的先河。2015 年 3 月，中国国家发展和改革委员会与印尼国企部分别签署了关于雅万高铁项目合作建设的谅解备忘录和框架安排。2015 年 10 月，中国铁路总公司与印尼四家国有企业签署协议成立合资企业，共同出资组成印尼中高铁公司 KCIC。

雅加达至万隆高速铁路全长 142 千米，最高设计时速 350 千米，是印尼规划建设的雅加达—泗水高铁的第一段。途中将设四个车站，分别为雅加达的哈林地区（Halim）、加拉璜（Karawang）、瓦利尼（Walini）和万隆的特卡尔鲁瓦（Tegalluar）。雅加达—万隆高铁总投资 55 亿美元，预定在 2021 年通车，届时，雅加达到万隆间的旅行时间，将由现在的 3 个多小时缩短至 40 分钟以内。雅万高铁是中国高速铁路从技术标准、勘察设计、工程施工、装备制造、物资供应，到运营管理、人才培训、沿线综合开发等全方位整体"走出去"的第一个项目，实现了"中国高铁走出去"全产业链输出的历史性突破。

2. 中老铁路项目

中老铁路是始于昆明、终于老挝万象的标准轨铁路，由中老两国共同投资建设和合作运营，完全采用中国铁路技术标准建设。其中云南段昆明至磨憨全长 610 千米，昆明—玉溪南段已建成，玉溪至磨憨铁路预计 2021 年通车。老挝境内段磨丁口岸至万象铁路全长 414 千米，向南依次经过老挝境内的孟赛、琅勃拉邦、万荣，至老挝首都万象，其中 60% 以上路段为桥梁和隧道。这是一条兼具国际旅游功能、促进地方资源开发的客货共线铁路，是支撑老挝从"陆锁国"转变为"陆联国"最有力的交通基础设施项目，将帮助老挝加强与周边国家的互联互通。

中老铁路是云南昆明至新加坡的泛亚铁路的重要组成部分。2010 年 4 月，中老两国第一次就合资建设、共同经营中老铁路达成共识，两国签署了《关于铁路合作的谅解备忘录》。2012年10月18日老挝在万象召开了第七届国会特别会议，会议审议通过老挝政府向中国政府全额贷款70亿美元，修建中老边境至老挝万象铁路项目。中老铁路（磨丁至万象）为一级电气化客货混运单轨铁路，建设总工期为5年，铁路客运时速为160千米，货运时速为120千米。2015年11月，中老两国政府正式签署《关于铁路基础设施合作开发和中老铁路项目的协定》，中老双方合资建设。2016年12月25日中老铁路项目全线开工建设，计划于2021年12月建成。

3. 中马铁路合作项目

中马铁路建设合作在波折中发展。目前，中国在马来西亚有两个大型铁路合作项目。

（1）马来西亚南部铁路改造项目。该项目是马来西亚金马士—新山段米轨铁路升级改造为双线电气化铁路，正线全长191.14千米，设计客运时速160千米，货运时速90千米。2016年10月28日，马来西亚交通部向"中国铁建—中国中铁—中国交建联合体"颁发《马来西亚南部铁路项目授标函》，包括金马士—新山双线电气化铁路设计、施工、供应、安装、竣工、测试、试运行及维护工程，项目合同额89亿马币，是中资企业在马来西亚中标的第一个大型铁路项目。

（2）中马东海岸铁路合作项目。中马合作的另有一条在建铁路项目是全长640千米的"东海岸衔接铁道"（East Coast Rail Link, ECRL），这条铁路线将把西马来西亚的东北部与马六甲海峡附近的马来西亚主要港口巴生港连接起来。

东海岸铁路起点为吉隆坡北部的Gombak，终点为吉兰丹州的瓦卡巴鲁（Wakaf Baru），采用中国国家一级客货两用标准电气化铁路建设，客运设计时速为160千米，货运设计时速为80千米。马来西亚前总理纳吉布任内中马两国签署了东海岸铁路项目，2017年8月9日，中马两国合作建设的马来西亚东海岸铁路项目在关丹正式开工建设，项目贷款的大部分由中国进出口银行提供融资贷款建设，由中国交通建设集团承建。2018年5月初，马来西亚希望联盟政府上台执政之后，对上届政府签署的多项大型项目进行重新检视，新政府以项目造成马来西亚负债过重为由停止在建的东铁项目施工。2019年7月，东海岸铁路重启建设。

4. 中缅铁路合作项目

中缅铁路是泛亚铁路网的重要组成部分。目前，中缅铁路项目还在规划阶段，将贯穿缅甸中部（经过若开邦、麻圭省、曼德勒省及掸邦），然后直达昆明。中缅铁路预计与中缅经济走廊走向吻合，形成"人字型"铁路线，铁路始于昆明，经大理至瑞丽，与缅甸的木姐—曼德勒—内比都—仰光形成一条铁路线，另一条铁路线将从曼德勒分出直达皎漂港。该项目原计划投资200亿美元，大部分资金由中方负责。2019年11月，中国轨道交通集团有限公司（CREC）及缅甸运输与通讯部已经合作完成了曼德勒—木姐铁路项目工程铁路线实地检测工作。实地检测按照国际标准开展环境影响评估与社会影响评估等前期工作。由于缅甸国内政治形势复杂，中缅铁路项目多年来断断续续缓慢推进，一波三折。

5. 中泰铁路合作项目

中泰铁路是两国政府务实合作的旗舰项目，也是两国在"一带一路"框架下重要的互联互通项目。2014年7月，泰国批准了两条高铁线路的规划，按照计划，两条最终将连接中国南部的高速铁路。这两条线路分别为从中部大城府到北部清莱府，以及从中部罗勇府经沙拉武里到东北部廊开府，在万象接中老铁路。该项目将采取中国高速铁路技术标准进行建设。

中泰铁路是泰国首条标准轨高速铁路，使用中国技术建设运营。为推进中泰铁路项目，两国成立了中泰铁路合作联委会，二十几次就中泰铁路合作进行磋商，达成多项共识，并签署了会议纪要。2015年12月19日中泰铁路合作项目启动。2017年12月21日，中泰铁路合作项目一期工程曼谷—呵叻段在呵叻府巴冲县正式开工，分14段分包建设。一期工程连接首都曼谷与东北部的呵叻府，全长约252千米，设计最高时速250千米，沿线设有6个车站。中方将为中泰铁路一期曼谷—呵叻段建设提供轨道工程、供电系统工程、机车、运行列车、人员培训等合作与服务。

中泰铁路合作项目二期工程呵叻至廊开将延伸至与老挝首都万象仅一河之隔的廊开府，计划将在第一座泰老友谊大桥附近修建一座连接廊开到万象的铁路桥，实现与中老铁路万象至磨丁段的连接，延伸至中国昆明，形成曼谷—廊开—万象—磨丁—昆明的中泰铁路大通道。

2019年4月，泰国、中国和老挝签署了老挝廊开至万象铁路线的合作备忘录。2019年11月，中国国务院总理李克强对泰国进行正式访问时发布了联合新闻声明，双方同意将中泰铁路打造为两国高质量共建"一带一路"合作的成功典范。

中老铁路和中泰铁路相继开工并采用中国技术和装备，不仅促进了中国铁路技术和装备国际化，也将大大加快了中国与东盟铁路互联互通的步伐。

6. 中越铁路建设合作项目

中越铁路互联互通建设正在推进。面向中南半岛的南宁经崇左至凭祥城际铁路和防城港至东兴市铁路于 2017 年开工建设。中越铁路建设合作项目主要是帮助越南开展老街—河内—海防标准轨铁路项目建设可行性研究报告和规划合作。2007 年 4 月，越南政府总理批准了越南至 2020 年铁路基础设施的投资项目并确定了至 2010 年铁路建设的目标，其中包括河内市安园—老街铁路改造项目和全长 398 千米的老街—河内—海防标准轨铁路项目。

2017 年 6 月，中铁第五勘察设计院集团有限公司成功中标越南老街—河内—海防标准轨铁路线路规划项目，负责开展线路方案、相关铁路枢纽的研究工作，并编制老街—河内—海防标准轨铁路线路规划报告，其中包括越南老街至中国河口连接线，确定越南—中国铁路新接轨点以及连接河内、海防港枢纽铁路线路。[①]

三、中国与东盟国家水路互联互通现状

中国与东盟国家的水路互联互通有海洋运输和河运合作。河运互联互通主要是澜沧江—湄公河国际水运合作。中越之间红河、平而河等也有国际水运合作，但都是小吨位小船的短途运输。

（一）湄公河国际航运合作

澜沧江—湄公河是亚洲唯一的一江连六国的国际河流，全长 4880 千米，中国内河 2130 千米，中缅界河 31 千米，老缅界河 234 千米，老泰界河 976 千米，老挝内河 777 千米，柬埔寨内河 502 千米，越南内河 230 千米。2002—2004 年，由中国政府出资对澜沧江—湄公河航道实施了初步整治（一期），中缅 243 号界碑至老挝会晒的航道得到改善，同时对老挝、缅甸境内湄公河航道进行整治疏通，中国境内段景洪以下基本达到国家五级航道、通航 300 吨级船舶的标准。随着季节变化，湄公河的水位在 1.5~7 米。每年 2—5 月是枯水季节，在景洪至泰国清盛间仅能通行 150~200 吨级的货船。到 6—8 月丰水季节时，可通行 250

---

① 铁五院中标商务部援越南老街—河内—海防标准轨铁路线路规划项目 [EB/OL]．（2017–06–21）．http://www.crcc.cn/art/2017/6/21/art_104_44817.html.

吨级的货船，从中国关累港到泰国清盛港行船约 11 个小时，从清盛逆流而上，约需 1 天。

1989 年，中国云南省与老挝政府签订了中老联合考察和开发上湄公河国际航运的协定，拉开了开发澜沧江—湄公河国际航运的序幕。1994 年、1997 年，中国相继与老挝、缅甸两国签订了《澜沧江—湄公河客货运输协定》。在此基础上，2000 年 4 月 20 日，中、老、缅、泰四国政府代表在缅甸大其力签订了《澜沧江—湄公河商船通航协定》，为中老缅泰澜沧江—湄公河跨国航运提供了法律保障。

《澜沧江—湄公河商船通航协定》生效之后，明确四国间相互开放的港口、码头共 14 个。中、老、缅、泰国四国船舶均可在中国思茅港至老挝琅勃拉邦港之间 886 千米河段自由航行。2001 年 6 月，中、老、缅、泰四国在中国云南景洪举行澜沧江—湄公河商船正式通航典礼，澜沧江—湄公河航运驶入发展的"快车道"。

目前，四国国际航运主要在中国关累港至泰国清盛港之间共 265 千米长的国际航道开展。景洪港是国家一类对外开放口岸，是澜沧江—湄公河国际航线上的重要港口之一。景洪港下辖景洪港区、关累港区、勐罕港区。景洪港区位于景洪市，分别有一个货运泊位和一个客运泊位，设计货物吞吐量 40 万吨，旅客吞吐量 40 万人次。关累港区上距离景洪市 84 千米，下距"金三角"251 千米，是澜沧江中国航运出境的最后一个码头和国外旅客入境的第一个码头。港区建有洪水、中水、枯水及集装箱 4 个泊位，设计年货物吞吐量 15 万吨，旅客吞吐量 10 万人次，集装箱吞吐能力 1.5 万标箱。[①] 清盛港的吞吐能力年均 600 万吨，但是，目前的货运量还远远没有达到设计的吞吐能力。2009 年，景洪港（包含思茅和关累码头）货物吞吐量曾达到 20 万吨，受 2011 年"10·5"湄公河惨案的影响，以及 2014 年昆曼公路全线通车，大量易腐货物改走陆路通道，湄公河航运急转直下，到 2014 年，景洪港货物吞吐量下降到 15.6 万吨，2015 年景洪港货物吞吐量又降至 7.1 万吨。[②] 2017 年，景洪港口旅客吐量达 150 万人次，港口货物吞吐量达 10 万吨。目前，景洪港货物吞吐量徘徊在 10 万吨左右（见表 2-6）。随着中国"一带一路"倡议深入实施，大湄公河次区域国家之间的不同

---

① 云南省港口概况 [EB/OL].（2014–06–23）. http://www.ynhy.gov.cn/html/ynhw/out/hyxx/ynhw/gh/2014/0623/7de26f146c1bf5a.html。

② 这条航线"静悄悄"[N]. 中国水运报，2016-10-28.

领域沟通交流日益增多，澜湄河国际航道航班呈"公交化"趋势，湄公河航道持续升级，原始河道日渐变成繁荣的"黄金水道"，同时，经过整治和加强管理，湄公河航运安全得到了保障，航运业与旅游业得到融合发展。

表2-6　2017年云南省澜沧江—湄公河港口吞吐量统计表

	吞吐量（万吨）		旅客吞吐量（万人次）	
	合计	其中：出港	合计	其中：出港
大理港	22.96	11.48	410.16	205.08
临沧港	79.52	39.76	89.60	44.80
思茅港	98.02	20.30	51.30	25.65
景洪港	20.50	6.61	207.50	103.87
澜湄水系合计	300.37	117.83	855.31	205.08

资料来源：《云南省统计年鉴2018》。

2014年，中老缅泰四国共同编制了《澜沧江—湄公河国际航运发展规划》，明确澜沧江—湄公河国际航运发展目标："到2025年将建成从中国云南思茅港南得坝至老挝琅勃拉邦890千米，通航500吨级船舶的国际航道，并在沿岸布设一批客运港口和货运港口。"2016年年初启动澜沧江—湄公河航道二期整治前期工作，2018年9月，中老缅泰四国澜沧江—湄公河航道二期整治工程前期工作报告联合审查会议在武汉召开，二期整治前期工作自启动以来，已完成外业勘测、设计研究等阶段性工作，目前已经转入环境和社会影响评价。

（二）中缅陆水多式联运新通道启动

2016年5月，章凤（中国）至八莫（缅甸）公路建设正式签约，中缅伊洛瓦底江陆水联运项目开始推进，章八公路工程项目包括章凤至八莫公路项目，八莫至新康码头公路项目，以及新康深水港项目，将成为云南省通过陆水联运进入印度洋的新通道。

（三）中越国际河流航运合作

中国与中南半岛国家之间流淌着不少跨境河流。一是中越之间的跨境河流，其中可以通航的河流主要是红河、奇穷河—平而河、水口河、北仑河，限于航道太浅，这些河流仅能开行几十吨重的货船。目前，这些航运多用于边境贸易的短途运输，货运量并不大。红河发源于云南巍山和大理之间，全长约1200千米，其中中国云南省境内约692千米，纵贯滇西南，是中国通往越南的最大河流。

红河航运历史悠久，从秦汉时期到民国初年，红河航运屡屡呈现出繁荣景象。红河是云南乃至大西南进入东南亚、太平洋地区最便捷的出海口，但由于沿河水土流失严重，航道条件日益恶化，加上缺乏对航道的正规开发与维护，红河基本断航。目前，红河国际航运仅云南省河口县和越南老街小范围之间有小吨位船只承担水运业务。据云南省航运管理局预测，未来经水路运输的货物可达300万吨。但是，中越红河航运建设合作仍停留在倡议阶段。

（四）中国与东盟国家海洋运输合作

1. 中国沿海地区与东盟国家港口物流合作密切

中国沿海地区从最北部的丹东港到最西南部的防城港，分布着环渤海港口群、长三角港口群、东南沿海港口群、珠三角港口群和西南沿海港口群。这些港口群距离东盟国家的港口都不是太远（见表2-7），都有海运航线航班直达东盟国家港口。便利的海运也是中国沿海地区经济和贸易发达的重要条件，以至于中国中西部地区与东盟国家的贸易基本都要通过沿海地区才能完成贸易物流。

表2-7 中国港口与东盟国家主要港口里程表 （单位：海里）

	马尼拉	曼谷	新加坡	雅加达	巴生港
大连港	1557	2697	2615	2950	2826
营口港	1718	2858	2776	3111	2987
秦皇岛港	1662	2802	2720	3055	2931
天津港	1699	2839	2757	3092	2968
烟台港	1525	2665	2583	2918	2794
青岛港	1417	2556	2463	2809	2674
连云港	1419	2539	2446	2811	2657
上海吴淞	1117	2256	2172	2509	2383
宁波北仑港	1021	2169	2091	2422	2302
温州港	913	2037	1960	2290	2171
福州马尾	787	1899	1825	2152	2036
厦门	677	1732	1650	1985	1861
香港	632	1503	1438	1784	1649
深圳蛇口	765	1513	1470	1793	1681
广州黄埔港	703	1551	1508	1831	1219
湛江港	736	1399	1326	1678	1537
北海港	838	1440	1369	1721	1580
防城港港	866	1439	1368	1720	1579

资料来源：中国交通运输部网站。

中国与东盟国家的贸易主要集中在沿海地区省（区、市），2016年沿海地区10个省（区、市）与东盟国家的贸易高达3745.36亿美元，占全国的比重达82.83%（见表2-8），达到峰值，2017年的比重降为78.66%，但是比重仍然很高。尤其是处于长江出海口的上海市、江苏省、浙江省，珠江出海口的广东省，不仅是出口的货源地，还是中西部地区江海联运出口货物的中转地。发达的港口物流是中国与东盟国家之间最主要的国际物流方式，预计沿海地区在相当长时期内仍然占据着中国与东盟国家贸易的主导地位。

表2-8　2014—2018年中国沿海地区与东盟国家的贸易额　（单位：亿美元、亿人民币）

省（区、市）	2014年	2015年	2016年	2017年	2018年
辽宁	114.75	91.45	75.09	70.05	N/A
河北	60.43	55.12	51.84	43.67	N/A
天津	144.96	138.41	790.75CNY	775.09CNY	N/A
山东	313.4	305.8	275.7	318.1	N/A
江苏	593.2	596.5	586.7	681.6	N/A
上海	648.23	636.16	605.36	699.78	N/A
浙江	331.96	2057.23CNY	2200.78CNY	2579.08CNY	N/A
福建	250.88	246.13	247.86	176.69	182.73
广东	1122.86	1133.83	1157.14	1282.13	1442.78
广西	198.26	290.13	295.29	1893.85CNY	2061.49CNY
合计	3778.93	3823.83	3745.36	4049.30	N/A
全国	4803.9	4721.6	4522	5148	5878.7
占比（%）	78.66	80.99	82.83	78.66	N/A

　　资料来源：根据各省区统计年鉴整理。2016年人民币与美元平均汇率按当年国家外汇管理局提供的每日汇价进行加权平均计算而得出的当年年平均汇价。2018年人民币平均汇率为1美元兑6.6174元；2017年人民币平均汇率为1美元兑6.7518元人民币；2016年美元兑人民币平均汇率为6.6423；2015年美元兑人民币平均汇率为6.2284。辽宁省与东盟国家贸易数据只包含印尼、马来西亚、菲律宾、新加坡和泰国；上海关区与东盟国家贸易数据只包含马来西亚、菲律宾、新加坡和泰国；河北省与东盟国家贸易按照石家庄关区的数据计算；天津市与东盟国家贸易数据只包含印尼、马来西亚、菲律宾、新加坡、泰国和越南；福建省2017年和2018年与东盟国家贸易数据只包含马来西亚、菲律宾、新加坡、泰国。

海运航线航班数量与两国之间的贸易量大小有关，也与港口在区域中的地位有极大的关系。越南、马来西亚、新加坡是中国在东盟国家中的前三大贸易伙伴，所以，中国与这三个国家的海运航线航班较多。新加坡港和巴生港处于马六甲海峡主航道，区位重要，是中国许多货物的中转港，因此，中国大多数

海港都与新加坡港、巴生港、丹戎帕拉帕斯港对接，广州港、深圳港、上海港
与这些港口都有几十条航线，每天都有航班往来（见表2-9）。

表2-9　中国主要港口与东盟国家主要港口直达航线表

	航线（条）	主要港口
大连港		新加坡港、马尼拉港、雅加达港、巴生港
秦皇岛港		新加坡港、马尼拉港、雅加达港、巴生港
天津港		新加坡港、马尼拉港、雅加达港、林查班港、胡志明港、巴生港
烟台港		新加坡港、巴生港、雅加达港
青岛港		新加坡港、马尼拉港、雅加达港、巴生港
连云港	8	新加坡港、马尼拉港、雅加达港、巴生港、胡志明港
上海港		新加坡港、胡志明港、巴生港、马尼拉港、雅加达港、林查班港
宁波舟山港	6	新加坡港、马尼拉港、雅加达港、巴生港
福州港		新加坡港、海防港、马尼拉港、雅加达港、曼谷港
厦门港		新加坡港、胡志明港、巴生港、马尼拉港、宿务港、雅加达港、林查班港
香港		新加坡港、海防港、胡志明港、巴生港、马尼拉港、雅加达港、泗水港、曼谷港、林查班港
深圳港		新加坡港、海防港、胡志明港、巴生港、马尼拉港、雅加达港、曼谷港、林查班港
广州港	9	新加坡港、海防港、胡志明港、巴生港、马尼拉港、雅加达港、曼谷港、林查班港
广西北部湾港		新加坡港、海防港、胡志明港、巴生港、关丹港、雅加达港

资料来源：2017 年、2018 年中国港口年鉴。

2. 海上航线规模不断扩大

中国从北部的大连港到西南部的广西北部湾港、三亚港等所有的对外开放
港口都有海上航线与东盟国家的主要港口对接。中国至东盟国家的海上航线主
要集中在长三角、珠三角和北部湾地区。据不完全统计，目前中国港口至东盟
国家港口的班轮航线超过 150 条。

长三角是中国的经济中心，与东盟国家的经贸合作密切。依托长江经济带
的广阔腹地，长三角与东盟的海上物流航线互联互通带动了长江经济带与东盟
国家的开放合作。长三角与东盟国家海上互联互通主要是以上海港和宁波港为
龙头，对接的航线主要有上海港 / 宁波港——新加坡、上海港 / 宁波港——马尼拉、

上海港 / 宁波港—巴生港、上海港 / 宁波港—新加坡—仰光港、上海港 / 宁波港—西哈努克港、上海港 / 宁波港—曼谷港、上海港 / 宁波港—胡志明港、上海港 / 宁波港—雅加达港等，货物走海运到东南亚地区，时间都在 7~10 天。同时，上海港 / 宁波港—香港—东南亚国家也是历史悠久的海上航线。

珠三角是中国对外开放的先行区，与东盟国家的海上互联互通基础好、发展快。广东着力建设广州港和深圳港为珠三角国际航运中心，依托发达的经济重点打造广州港和深圳港国际集装箱航线，推进与东盟国家海港的互联互通。广州港以南沙港区为核心，不断加快港口基础设施建设，提升和优化港口服务功能。盐田港已建设成为华南地区唯一能停靠 20 万吨级集装箱船舶的港口，是全球超大型集装箱船舶首选港。目前广州港开辟的国际集装箱班轮航线近 300 条，覆盖包括东盟国家在内的全球主要贸易区。深圳港则积极打造成连接"一带一路"的国际航运中心，截至 2018 年上半年，深圳港已开辟国际班轮航线 245 条，通往 100 多个国家和地区的 300 多个港口，三大联盟班轮航线挂靠深圳港的数量超过 100 条，位居全球港口首位。[1] 目前，广东省重点推动与东南亚国家的港口建立友好港关系，发展新航线，同时推进合资建港，鼓励港口在内地设立内陆港，引导企业参与云南、贵州、湖南、江西、四川、重庆等地的"无水港"建设。深圳港还形成了强大的腹地经济，拥有发达的海铁联运和水水联运的集疏运体系，已成为泛珠三角对外开放的重要门户。目前，深圳港正在创新海铁联运运营模式，积极推进广东东莞多式联运基地与深圳东西部港区的海铁联运业务，利用粤新欧、粤蒙俄等国际班列，逐步形成通往"一带一路"沿线国家及内陆省区的集疏运通道。

广西北部湾港是中国西南地区最便捷的出海通道，现已基本形成"一港、三域、八区、多港点"的港口布局体系。钦州、北海、防城港三市港口泊位和深水航道建设加快推进。随着中国—东盟港口城市合作网络和国际陆海贸易新通道的加快建设，广西北部湾港与东盟国家的 47 个港口签署了合作协议，与多个国家签署了港口合作备忘录和港航物流合作协议。中国—东盟港口物流信息中心一期工程正式启用，海上互联互通发展加快。至 2018 年年底，广西北部湾

---

① 深圳港已开辟 245 条国际班轮航线　位居全球港口首位 [EB/OL].（2018—10—12）. http://news.sznews.com/content/2018—10/12/content_21137480.htm.

港港口货物吞吐能力达到 2.49 亿吨，万吨级以上泊位 88 个，集装箱吞吐能力达 423 万标箱。到 2019 年上半年北部湾港完成货物吞吐量 11986 万吨，排名全国港口第 13 位。[①] 截至 2019 年 12 月，北部湾港已开通集装箱航线 46 条，其中外贸 26 条、内贸 20 条，航线已基本覆盖国内沿海、东南亚及东北亚主要港口，已开通至越南、柬埔寨、菲律宾、泰国、马来西亚、新加坡等国家或地区主要港口的直航航线，如钦州港—仁川—平泽—雅加达—林查班—越南、北部湾港—缅甸—马来西亚、防城港—巴生—新加坡—曼谷集装箱直航班轮航线、防城港—香港—蛇口—海防集装箱班轮航线等[②]（见表 2-10），开通首条跨洋航线"广西钦州—南美"航线；集装箱班轮航线已覆盖东南亚、东北亚和中东、印度等，与马来西亚巴生港、文莱穆拉港、柬埔寨西哈努克港、印尼雅加达港、菲律宾马尼拉港、新加坡港、泰国曼谷港、越南海防港和胡志明港等 8 个国家的港口，成为中国与东盟地区海上互联互通、开放合作的国际航运枢纽港。

表 2-10 广西北部湾港集装箱外贸航线一览表

序号	船公司	航线挂靠信息	班期
1	穆勒亚洲航运（MCC）	钦州—归仁—丹戎帕拉帕斯—新加坡—海防	周四
2	宏海箱运（RCL）	钦州—中国香港—新加坡—仰光—帕西古当—新加坡—帕西古当—海防	周六
3	阳明海运（YML）	钦州—中国香港—新加坡—仰光—帕西古当—新加坡—帕西古当—海防	周六
4	地中海航运（MSC）	钦州—中国香港—福州/汕头—中国香港—海防	周二
5	太平船务（PIL）	钦州—岘港—归仁—新加坡—海防	周四
6	以星综合航运（ZIM）	钦州—中国香港—深圳大铲湾—海防	周六
7	东方海外货运（OOCL）	钦州—深圳大铲湾—中国香港—海防	周五

[①] 广西北部湾港开通菲律宾首条集装箱班轮直航航线 [N]. 广西日报，2019-08-30.

[②] 广西：聚力打好"组合拳"助推"向海经济"再提速 [EB/OL]. （2019-12-06）. http://www.gxnews.com.cn/staticpages/20191206/newgx5dea2964.shtml.

续表

序号	船公司	航线挂靠信息	班期
8	德翔航运（TSL）	钦州—蛇口—中国香港—东京—横滨—名古屋—大阪—神户—基隆—台中—高雄—香港—蛇口—海防	周三
9	万海航运（WHL）	钦州—中国香港—南沙—巴生—海防	周五
10	达飞轮船（CMA）	钦州—岘港—归仁—关丹—巴生—新加坡—胡志明—海防	周二
11	伊朗国航(HDS LINE)	厦门—深圳大铲湾—钦州—新加坡—巴生—杰贝阿里（阿联酋）—阿巴斯（伊朗）	不定班
12	南洋船务（NYS）	钦州—香港	周三、周五
13	上海新海丰集运（SITC）	钦州—海防—厦门—仁川—平泽—曼谷—林查班—胡志明	周二
14	中国远洋海运（China COSCO Shipping）	钦州—杨浦—湛江—高栏—盐田—蛇口—胡志明—新加坡—海防	周日
15	香港永丰船务（Ever—Harcest）	钦州—香港	周二、四、六
16	广州市恒富物流（Hengfu）	钦州—香港	周五
17	上海新海丰集运（SITC）	防城港—钦州—海防—蛇口—厦门—仁川—平泽—青岛—上海—中国香港—雅加达—林查班—胡志明	周四
18	长海船务	防城港—越南其河（三协港）	不定班
19	香港永丰船务（Ever—Harcest）	防城港—香港	周班
20	广州市恒富物流（Hengfu）	防城港—香港	周班
21	南洋船务（NYS）	防城港—香港	周班
22	香港永丰船务（Ever—Harcest）	北海—香港	周三、周日
23	五洲航运	北海—香港	双周班
24	南阳船务（NYS）	北海—香港	2班/周

序号	船公司	航线挂靠信息	班期
25	北海昊辰国际物流	北海—香港	不定班
26	厦门大达海运	北海—香港	周班
27	北海凯宏船务	北海—香港	周班
28	广西中远国际货运	北海—香港	周五
29	新海丰	钦州—中国香港—马尼拉港	周三

资料来源：广西钦州保税港区提供。

3. 中国与东盟港口合作机制已经形成

中国与东盟国家构建了中国—东盟港口城市合作网络，该项目作为海上互联互通重点项目被纳入首批中国—东盟海上合作基金项目，现已成为中国—东盟海洋合作的新平台。

2013 年 9 月 3 日，国务院总理李克强在第十届中国—东盟商务与投资峰会上宣布成立中国—东盟港口城市合作网络，同时在中国—东盟港口城市合作网络论坛[①]上通过了《中国—东盟港口城市合作网络论坛宣言》。按照合作办法，中国与东盟各成员国将以平等自愿、循序渐进、开放合作、互利共赢为合作原则，在增开班轮航线、搭建本区域港口公共物流信息平台、促进港口相互投资与建设、深化临港产业合作、推动通关便利化合作、扩大友好港口城市交流、加强人员交流和培训等诸多领域开展合作。2016 年 5 月 27 日，中国—东盟港口城市合作网络正式启用，主要包括"2+4+1"项目（各项目的基本情况和进展详见表 2-11）。目前，马来西亚的巴生港、马六甲、槟榔屿、柔佛、关丹、民都鲁 6 个港口城市，以及柬埔寨西哈努克港、缅甸仰光港等东盟国家港口和中国的大连、上海、宁波、钦州、广州、福州、厦门、深圳、海南和太仓 10 个港口城市已经建立港口联盟，现已初步形成了以钦州为基地，覆盖 47 个东盟国家港口

---

① 该论坛由交通运输部、广西壮族自治区人民政府主办，中国—东盟商务与投资峰会秘书处、广西壮族自治区钦州市人民政府承办，是第十届中国—东盟商务与投资峰会的重要活动之一。

城市的合作网络。2016年5月26日,作为第九届泛北部湾经济合作论坛暨中国—中南半岛经济走廊发展论坛重要议程之一的中国—东盟港口城市合作网络工作会议在广西南宁举行。来自中国及马来西亚、印度尼西亚、柬埔寨、缅甸、越南、泰国、新加坡等东盟国家的高官、港口城市的港口管理部门、港口运营商,国际航运企业代表等出席会议。会议讨论了《中国—东盟港口城市合作网络合作办法》《中国—东盟港口城市合作网络愿景与行动》,成立了合作网络中方秘书处,标志着这一国际组织进入正式运行新阶段。截至2020年10月,合作网络的成员已发展到39家,覆盖了中国—东盟的主要港口机构。中国—东盟港口物流信息中心已经运行,平台已成功接入包括中国北部湾港、马来西亚巴生港在内的中国、东亚、欧洲、东盟国家共23个港口的船期、集装箱数据,初步实现了中国与东盟港口之间的物流信息共享。①

表2-11　中国—东盟港口城市合作网络项目建设情况一览表

	具体项目	建设内容	建设进展
主要项目	中国—东盟港口物流信息中心项目	中国—东盟港口物流信息中心一期相关硬件设备及软件开发系统	正式启用
	中国—东盟主要国家港口航线及航线服务项目	总投资3000多万元,支持开通钦州港至东盟新航线	正式启用
配套子项目	中国—东盟水上训练基地	标准游泳池、跳水训练池、培训楼、模拟高级消防舱、游艇和各种救生艇避风港池、两个客货运输码头、堆场、训练场及道路景观配套工程	2018年建成
	中国—东盟海洋气象监测预警基地	数字化天气雷达、多要素标准区域气象站、气象信息资料数据网及配套的基础工程设施	已建成
	中国—东盟海上搜救分中心	海上搜救装备和信息化建设,三墩VTS雷达服务站、茅尾海海事搜救码头、中国—东盟海上搜救分中心钦州三娘湾基地等	已建成
	中国—东盟海事法庭	中国—东盟海事法庭	已建成
机制建设	中国东盟港口城市合作网络机制建设	合作网络工作会议和秘书处	已组建

注:根据有关资料整理。

①　中国—东盟港口城市合作网络:已发展39家成员 覆盖主要港口机构 [EB/OL].（2019-10-14）. http://www.gxzf.gov.cn/gxyw/20191014-772568.shtml.

4. 中国与东盟邮轮旅游合作基础好

中国与东盟国家具有发展邮轮旅游的基础。广西壮族自治区、海南省、广东省在 20 世纪 90 年代就开通了到越南下龙湾的邮轮旅游线路。广西北海、防城港已经建成邮轮码头并运营，海南省已经运营三亚和海口邮轮码头；广东省拥有深圳和广州南沙邮轮码头，南沙港邮轮母港出入境邮轮已跃居全国第二位；上海、天津和厦门都已经建成国际邮轮母港，国际邮轮旅游排在全国前列；福建省开通了厦门—菲律宾宿务—印度尼西亚巴厘岛、厦门—菲律宾马尼拉—苏比克湾的邮轮旅游航线。越南的下龙湾、岘港、芽庄和胡志明市也建成运营邮轮码头；泰国、菲律宾、印度尼西亚、马来西亚、泰国都有多年运营邮轮旅游的经验，新加坡邮轮港拥有东盟国家中最大的邮轮母港，并与马来西亚、泰国、印度尼西亚形成密切的邮轮旅游网络。随着南海争端尤其是中菲南海争端趋于平静，一些新的邮轮旅游航线逐步开通，2017 年 11 月广州南沙港首航开通前往菲律宾和越南的三条国际航线：广州南沙—菲律宾马尼拉—长滩岛、广州南沙—菲律宾马尼拉—科隆岛、广州南沙—越南胡志明市—芽庄。随着越来越多邮轮旅游航线的开通，以及邮轮旅游航线的延伸，中国—东盟的邮轮旅游网络将逐步发展壮大。上海虽然距离东南亚国家较远，但是依托强大的客源腹地，也开通到东盟国家或经东盟国家的邮轮航线。目前，已经开通上海—中国香港—岘港—胡志明市—新加坡、上海—中国香港—金兰湾—胡志明市—新加坡—达尔文—布里斯班、上海—中国香港—下龙湾—岘港—胡志明市—新加坡—曼谷、上海—中国香港—芽庄—胡志明市—新加坡—雅加达—巴厘岛—达尔文—悉尼，以及经菲律宾、印度尼西亚、马来西亚和新加坡的环球邮轮旅游航线。

北部湾地区是中国与东盟国家之间邮轮旅游比较成熟的区域。海南作为中国首批 4 省市邮轮运输试点地之一，目前已经建成 2 个邮轮港：海口秀英港邮轮码头、三亚凤凰岛国际邮轮码头。目前海南三亚凤凰岛国际邮轮码头已成功通航运营的 10 万吨级国际邮轮港，是中国在运营的最大的国际邮轮港。海南还在建设的凤凰岛国际邮轮港二期，将建设 3 万吨级和 10 万吨泊位各 1 个、15 万吨泊位 2 个和 22.5 万吨泊位 1 个。5 个泊位建成以后，可同时停靠 6 艘 3 万至 25 万吨级的国际邮轮，三亚有可能成为亚洲最大的邮轮母港，将跻身全球前十位的中国最大的国际邮轮母港。海南省充分发挥国家级国际旅游岛和自由贸易港的政策优势，将发展邮轮产业放在突出位置，以海南国际旅游岛和海南自由贸易港为平台，重点开辟到东盟国家的国际邮轮航线。2013年11月，邮轮边境游异地办证政策落地海南，邮轮边境游得到了重大突破。目前，海南省已经争取到世界前三大邮轮公司开通海南三亚航线，开通了三亚至越南的三条邮轮航线和以海口秀英港为母港的海口至越南的邮轮航线。另外，还有日本等几家邮轮公司也已开通三亚航线。广西北部湾港的国际邮轮旅游也运营多年，已开通了北海至越南下龙湾、防城港至下龙湾—岘港的海上旅游航线，以及北海经下龙湾、芽庄到马来西亚关丹港的邮轮旅游线路。这些航线已经成为西南地区的国际邮轮旅游的热点线路。预计，随着"一带一路"的推进，中国与东盟国家之间将开辟更多的邮轮旅游线路。

新加坡丽星邮轮于1993年成立，是一家以邮轮旅游为主营业务的公司，是目前世界三大邮轮公司之一，在亚太区邮轮业的发展上，一直担任着领导角色。丽星邮轮集团总部位于香港，在世界各地20多个地方设有办事处，公司把新加坡和中国香港发展为海陆空豪华游的枢纽，这为中国与东盟开展邮轮旅游合作打下了基础。

5. 中国与东盟国家的港口建设投资合作

中国较早就投资并运营东盟国家的港口。2003年10月，中远太平洋与新加坡港务集团（PSA）通过建立合资公司投资经营新加坡巴西班让港区（Pasir Panjiang）的2个泊位，成为中远太平洋在海外投资的第一个码头项目。新的泊位码头可以靠泊1.8万至2万TEU的超大型集装箱船，并实现全自动化运行。

近年来，中国企业有投资建设马来西亚的皇京港、西哈努克深水港。广西北部湾国际港务集团还分别在马来西亚关丹港、文莱摩拉港进行了投资，投资关丹港首个15万吨级泊位建成运行，推动港口向现代综合物流港升级；引进新加坡国际港务集团（PSA）、新加坡太平船务合资经营管理北部湾钦州国际集装箱码头，新加坡港参股了4个10万吨级集装箱码头建设，实现了北部湾港集装箱作业效率的大幅提升。中国与东盟国家的港口合作越来越密切。

四、中国与东盟国家航空互联互通现状

中国与东盟国家的航空市场相对开放。双边航空互联互通已经有了较好的基础。

（一）中国与东盟航空互联互通的国际法基础

中国与东盟签订了首个区域性的航空运输协定。2010 年 11 月，在文莱举行的第九届东盟—中国交通部部长会议上，中国与东盟国家签订了《中国—东盟航空运输协定》（AC—ATA）及其关于"缔约双方之间任何地点的第三和第四航权不受限制"的第一号议定书并于 2011 年 8 月 9 日生效。自中国—东盟开放第三和第四航权以来，贸易往来和人员流动大大增加。2014 年 11 月完成《关于"缔约双方之间的第五种自由运输权"的 AC—ATA 协议 2》，已批准该协议的中国、马来西亚、缅甸、泰国和新加坡之间于 2015 年 9 月 8 日生效。2018 年 11 月，《中国—东盟战略伙伴关系 2030 年愿景》发布，重申"致力于鼓励东盟国家和中国航空公司挖掘潜力，用好《中国—东盟航空运输协定》及其第一、第二议定书，实现区域更大范围联通，努力实现中国和东盟航空服务全面自由化的终极目标"。

（二）中国与东盟国家的客运航空合作

东南亚一直是中国出境旅游的主要目的地。随着中国与东盟航空市场的进一步开放，推动了东盟各国与中国之间的航空运输的自由化和市场化，双边之间互相开放的机场越来越多（见表 2-12），中国与东盟国家之间航空市场航班量大幅增长，开辟的航线航班也越来越多，双边的航空运输合作更加紧密。

表 2-12　中国与东盟国家互相开放的机场清单

国家	机场	主要航线
中国	北京、上海、广州、昆明、南宁、深圳、长沙、重庆、成都、杭州、福州、西安、贵阳、郑州、合肥、太原、哈尔滨、武汉、沈阳、桂林	北京 / 上海 / 广州 / 昆明 / 南宁—新加坡 / 金边 / 仰光 / 河内 / 曼谷 / 吉隆坡 / 马尼拉 / 雅加达 / 万象 / 胡志明市；深圳 / 长沙 / 重庆 / 成都 / 杭州 / 福州 / 西安 / 贵阳 / 郑州 / 合肥 / 太原 / 哈尔滨 / 武汉 / 沈阳 / 桂林—曼谷 / 新加坡等
文莱	斯里巴加湾	斯里巴加湾—北京 / 上海 / 广州 / 昆明 / 南宁等
柬埔寨	金边、暹粒、西哈努克	金边—北京 / 广州 / 上海 / 南宁 / 昆明 / 重庆；暹粒—昆明 / 广州 / 南宁；西哈努克—南宁等
印尼	苏加诺哈达机场（珍加冷）、哈沙努汀（锡江）、乌拉莱（登巴刹）、汝安达（泗水）、波罗尼亚（棉兰）、巴厘岛	雅加达—北京 / 广州 / 上海 / 南宁 / 昆明 / 深圳 / 长沙 / 重庆 / 成都 / 杭州 / 福州 / 西安；巴厘岛—北京 / 上海 / 广州 / 昆明 / 杭州等

续表

国家	机场	主要航线
老挝	万象瓦岱机场、琅勃拉邦机场	万象—北京/广州/上海/南宁/昆明；琅勃拉邦—昆明等
马来西亚	吉隆坡、兰卡威、槟城、亚庇（沙巴）	吉隆坡—北京/上海/广州/昆明/南宁/深圳/长沙/重庆/成都/杭州；昆明—槟城等
缅甸	仰光、曼德勒、内比都	仰光—北京/昆明/上海/南宁；曼德勒—昆明等
菲律宾	马尼拉、宿务、长滩岛	马尼拉—北京/上海/广州/昆明/南宁；宿务—广州/昆明/南宁/杭州；昆明—长滩岛等
新加坡	樟宜机场	新加坡—北京/上海/广州/昆明/南宁/深圳/长沙/重庆/成都/杭州/福州/西安/贵阳/郑州/合肥/太原/哈尔滨/武汉/沈阳/桂林等
泰国	曼谷素万那普机场、廊曼机场、普吉机场、清迈机场	曼谷/普吉岛—北京/上海/广州/昆明/南宁/深圳/长沙/重庆/成都/杭州/福州/西安/贵阳/郑州/合肥/太原/哈尔滨/武汉/沈阳/桂林等
越南	河内内排机场、胡志明市新山一机场、岘港机场、芽庄机场、富国岛机场	河内—北京/上海/广州/昆明/重庆；胡志明市—北京/上海/广州/昆明/深圳/南宁/重庆；芽庄—昆明/深圳/长沙/重庆/成都/杭州/西安等

资料来源：根据有关资料整理。

2018 年，最受中国游客欢迎的前十大国际旅游目的地中就有七国是东盟国家，依次是泰国、越南、新加坡、印尼、马来西亚、柬埔寨、菲律宾。2006 年仅有中国的 20 个城市与东盟的 22 个城市之间开通定期客、货运航线，每周运营航班 644 班；到 2018 年中国与东盟国家双方人员来往达到 5700 万人次，每周有近 4000 个航班往返于中国和东盟各国之间。

2018 年中国直飞"一带一路"沿线国家中，东南亚运力规模最大，实际出港航班 16.2 万班次，共有运力 3164.7 万座；运力同比增加 525.6 万座，同比增长 19.9%；线数净增 54 条。直飞东南亚国家的运力占沿线国家总运力的 60.2%。其中，泰国运力稳居第一位，柬埔寨运力增长迅速。

2018 年"一带一路"沿线运力排名前十位国家中，东盟国家有七个。其中，国内机场直飞泰国、新加坡最高，分别为 1342.1 万座、430.9 万座。2018 年国内机场直飞泰国航线 211 条，新开直飞泰国航线 42 条，直飞泰国运力同比增加 21.4%。

2018 年"一带一路"沿线国家运力排名前二十位的国家中，运力增速最快的是柬埔寨、印尼、老挝三个国家，分别增长 64.5%、35.7%、26.0%。其中，直飞柬埔寨运力 211.0 万座，同比增加 82.8 万座；运力增长主要来自深圳航空、柬埔寨景成航空、澜湄航空（柬埔寨），运力投放分别同比增加 17.0 万座、15.3 万座、14.7 万座。[①]

作为中国与东盟国家的前沿城市，昆明与南宁的航线已经全部覆盖东盟国家。截至 2018 年年底，昆明国际航线已覆盖东盟 10 国、南亚 5 国，南亚、东南亚客运通航城市 34 个，排名全国第一，已基本通航南亚、东南亚国家首都及重要旅游城市；南宁吴圩国际机场的东盟航线已覆盖 25 个东盟城市，实现了东盟 10 国首都全部通航。

五、中国—中南半岛经济走廊建设逐步推进

中国与东盟国家已经就经济走廊建设达成共识，主要是合作打造南宁—新加坡经济走廊（简称南新走廊）、GMS 南北经济走廊和中越"两廊一圈"。沿线国家都不同程度地开展交通互联互通建设，合作机制初步形成，为建设经济走廊打下了较好的基础。

（一）合作机制初步形成

中国与东盟国家已经建立了一些促进经济走廊发展的合作机制。国际性的合作机制有澜湄合作、大湄公河次区域合作（GMS）、孟中印缅经济走廊、湄公河合作委员会、缅泰老越东西走廊合作、中越"两廊一圈"合作、中国广西与越南边境四省区联合工作委员会、中国云南省与越南边境四省联合工作组等合作组织，这些合作机制都可以从不同领域推动经济走廊建设。

（二）合作基础较好

1. 经济走廊的交通互联互通已有较好基础

目前，经济走廊沿线的跨国公路和铁路大通道已将中国西南地区与中南半岛国家连接起来。中越老泰四国之间的国际道路运输也已经开通；昆明—河口—

---

① 2018 年"一带一路"民航发展报告 [EB/OL]. (2019-08-05). https://www.useit.com.cn/thread-23205-1-1.html.

河内—海防铁路已互联互通，北京—河内、南宁—河内（嘉林）国际客运列车已经开通运营，中老铁路、中缅铁路（国内段）、中泰高速铁路正在加快建设，中缅铁路（缅甸段）已经开始筹建工作。澜沧江—湄公河的国际水运已营运多年并正在升级航道建设。中缅油气管道已建成投产；云南、广西的高压输电线路向老挝、缅甸、越南的边境地区供电。

2. 沿线国家交通发展规划基本对接

中越两国正在合作推进"一带一路"与"两廊一圈"发展战略对接。越南政府发布的《越南北部经济区交通运输发展规划（2020—2030 年）》提出建设的"广宁—海防—河内铁路、高速公路"不仅是中越"两廊一圈"交通互联互通的组成部分，也是中国南宁—新加坡经济走廊建设的重要项目。老挝提出变"陆锁国"为"陆联国"的发展战略，就是通过与周边国家互联互通使老挝成为国际性的交通枢纽，特别是成为中国与东盟地区互联互通的一个重要枢纽。缅甸也对与邻国互联互通持积极态度。澜湄合作机制六国发表的《三亚宣言》已经表明中国、越南、老挝、泰国和缅甸在政治上扫除了交通互联互通的障碍，这为经济走廊交通基础设施建设打下了合作的基础。

（三）经济走廊建设取得较大进展

南北经济走廊、南新经济走廊和中越"两廊一圈"是较早提出和建设的经济走廊，这些经济走廊建设已经取得沿线国家的共识并取得较大的进展。

1. 南宁—新加坡经济走廊

南新经济走廊在"一带一路"建设和中国—东盟自由贸易区建设中具有重要的地位和作用。2005 年 7 月，广西正式加入了 GMS，成为中方新成员，在GMS 合作中发挥了良好区位优势的作用。南宁—河内—海防经济走廊作为南新经济走廊的重要一段，成为 GMS 连接中国东部发达地区最便捷的陆路大动脉，对推动南新经济走廊建设提供了有利条件、发挥了积极作用。

南宁—新加坡经济走廊是以南宁为起点，通过越南河内经老挝、柬埔寨、泰国，再南下马来西亚到新加坡，形成南新经济走廊。南新经济走廊北段是沟通大湄公河次区域与中国发达的华东、华南地区的便捷通道。

南宁—新加坡经济走廊将以沿线的铁路、高速公路为基础，通过交通线将沿线国家连接起来促进区域贸易和产业合作，构建跨国产业链、供应链和价值链的发展走廊。目前，南宁至新加坡的公路交通网络设施已经建成并不断完善，南宁—凭祥、谅山省—河内—宁平高速公路已经建成通车，成为国际陆海贸易新通道的重要延伸。经济走廊沿线的防城港、北海港、钦州港，越南的盖邻港、鸿基港、海防港、岘港港、胡志明港，柬埔寨的西哈努克港，泰国的曼谷港，马来西亚的宋卡港、槟城港、巴生港，以及新加坡的新加坡港，这些港口大多有现成的铁路或高等级公路与南宁—新加坡交通走廊连接，构成一幅中国与东盟国家的铁路、公路和港口互联互通、互为腹地的立体交通网络。

南新经济走廊是国际陆海贸易新通道的组成部分。"渝桂新"国际联运通道是中新（重庆）战略性互联互通项目"南向通道（国际陆海贸易新通道）"的重要组成部分。[①]2017 年 5 月，"渝桂新"国际联运通道成功实施，重庆通过铁路货运至北部湾港通关后直达新加坡，"渝桂新"铁海联运大通道实现双向贯通。

目前，在南新经济走廊陆路通道方面，中越友谊关口岸和东兴—芒街口岸的现代化和通关便利化取得很大的进展。QIC 即检疫检验、出入境和海关通关制度在口岸实行国际贸易"单一窗口"制度下已经实现规范化和便利化。

作为中国—东盟博览会的永久举办地和南新经济走廊的起点，南宁在南新经济走廊中区位优势明显，在商贸、物流和信息基础设施建设方面不断完善。中国—东盟信息港已经为中国与东盟国家发展数字经济提供平台服务。中国面向东盟的重要铁路枢纽、服务国际陆海贸易新通道的南宁铁路枢纽站已经建成投运，为南新经济走廊建设提供越来越多的国际贸易、国际物流服务。

2.GMS 南北经济走廊

南北经济走廊是以昆明为起点，经云南省勐腊、老挝会晒、泰国清孔至曼谷的经济走廊。GMS 南北经济走廊作为中国与东盟国家最早实施建设的经济走廊，是《GMS 南北经济走廊发展战略和行动计划》中中国与老挝、泰国互联互通的经济走廊，其中昆曼公路和昆明—新加坡铁路是经济走廊建设的核心内容。

经过多年的努力，南北经济走廊已经取得较大的进展。昆曼公路已经全线贯通，中国境内段已经全线建成高速公路，极大地促进了沿线国家的贸易、旅

---

① 王洁，沈庆."渝桂新"首趟试运班列抵达北部湾即将出海 [EB/OL].（2017-05-12）. http://news.cctv.com/2017/05/12/ARTI6d3ZBeviVBqG8GN9NFmT170512.shtml.

游和投资。中国已经成为老挝最大的外资来源国，重点投资了老挝的电力、产业园区等重大项目，产业集聚初具雏形。通过昆曼公路，中老国际道路运输也实现了预期目标。2018 年，中国成为老挝第一大国际旅客来源地，与老挝双边旅游往来促进了老挝旅游产业的繁荣。为推进南北经济走廊建设，中国已经加快推进国内段铁路建设，同时，加强与老挝合作建设泛亚铁路老挝段。目前，云南段昆明至磨憨全长 610 千米，昆明—玉溪南段已建成，正在进行扩能。规划新建玉溪—磨憨段 503 千米，正在与中老铁路老挝段同步建设。中老铁路、中泰铁路正在建设之中，预计 2021 年建成通车。

3. 中越"两廊一圈"建设

"两廊一圈"是昆明—老街—河内—海防—广宁" "南宁—谅山—河内—海防—广宁"经济走廊和环北部湾经济圈的总称，涉及中国广西、广东、云南、海南及越南 10 多个省区市。

中越已就合作建设"两廊一圈"达成共识，中越两国领导人已作出的战略决策，将"两廊一圈"与"一带一路"发展战略对接共同推进。中越"两廊一圈"不仅是南新经济走廊的重要组成部分，也是"一带一路"建设的重要内容。

中越"两廊一圈"合作已经取得较大的进展。越南对于"两廊一圈"已经制定了较完整的规划，包括越南《2020 年谅山—河内—海防—广宁经济走廊发展规划》《2020 年北部湾经济圈发展规划》《至 2020 年，展望 2025 年谅山—河内—海防—广宁经济走廊工业发展规划》及《至 2020 年，展望 2030 年老街—河内—海防—广宁经济走廊工业发展规划》都已经规划实施。中国的"一带一路"倡议，以及《广西北部湾经济区发展规划》《珠江—西江经济带发展规划》《北部湾城市群发展规划》《海南国际旅游岛建设发展规划纲要》等都与"两廊一圈"关系密切，两国都从国家层面推动中越"两廊一圈"发展规划的对接，使两国有关"两廊一圈"发展规划相互衔接已经成为"两廊一圈"合作的关键一步。

中越两国积极推进"一带一路"同"两廊一圈"对接，重点在基础设施建设、产能、跨境经济合作区等重点领域开展合作，并不断拓展人文交流的广度和深度。2016 年 4 月，越南启动老街—河内—海防标准轨铁路项目可行性研究。该项目属于越南"两廊一圈"战略规划的重点项目，将成为打通海防港连接中国、中亚、欧洲等区域的贸易大通道。未来"两廊一圈"繁荣发展大有可期。

六、中国与东盟交通互联互通的基本评价

目前，对于中国与东盟国家交通互联互通现状的总体评价还很难用一两个指标来定性或定量评价。总体上，交通互联互通顺畅，国家之间的物流效率就高。这里选取物流绩效指数（LPI）和海运班轮运输联通性指数来评价中国与东盟国家交通互联互通的现状，也仅仅只能从一个侧面反映交通互联互通的大致情况。

（一）中国与东盟国家的物流绩效指数比较

物流绩效指数（LPI）是基于对跨国货运代理商和快递承运商的绩效调研得出的一系列数据指标，用以衡量世界各经济体物流发展水平的指标体系，对海关绩效、基础设施质量、货运及时性等若干贸易指标进行全球性调查。该指数描述了被调查国家的贸易物流情况，并且指出是哪些因素导致了不同国家之间物流表现的巨大差异。

自2007年以来，世界银行集团每两年编写一期《物流绩效指数（LPI）》报告，根据2016年和2018年的《世界银行物流绩效指数报告》，中国和东盟国家的LPI排名可以分为三个层次：新加坡、中国香港属于处于第一梯队的国家和地区，中国、马来西亚、泰国属于区域内物流绩效指数处于第二梯队的国家，印度尼西亚、越南、文莱、菲律宾、柬埔寨处于第三层次，属于LPI中等偏下的国家，缅甸和老挝处于第四层次，是物流绩效指数靠后的国家。但是，比较2016年和2018年的报告，可以发现，2018年老挝、越南、印度尼西亚、泰国和菲律宾的LPI都有大幅度提升，其中老挝从第152位上升到第82位，成为东盟国家中排名上升最多的国家。而其他东盟国家的LPI都有所下降，其中新加坡从第5位下降到第7位，马来西亚从第32位下降到第41位，缅甸从第113位下降到第137位，成为东盟国家中排名最靠后的国家。中国的排名则上升1位，排在第26位，但是与新加坡的差距仍然比较大（见表2-13）。

表2-13　2016年、2018年中国与东盟物流绩效指数（LPI）排名与得分

国家或地区	2016年			2018年		
	得分	最佳绩效国家的百分比（％）	排名	得分	最佳绩效国家的百分比（％）	排名
新加坡	4.14	97.4	5	4.0	93.45	7
中国香港	4.07	95.1	9	3.92	91.21	12
中国	3.66	82.5	27	3.61	81.37	26

续表

国家或地区	2016 年			2018 年		
	得分	最佳绩效国家的百分比（%）	排名	得分	最佳绩效国家的百分比（%）	排名
马来西亚	3.43	75.2	32	3.22	69.37	41
泰国	3.26	69.9	45	3.41	75.31	32
印尼	2.98	61.5	63	3.15	67.16	46
越南	2.98	61.3	64	3.27	71.03	39
文莱	2.87	58.0	70	2.71	53.31	80
菲律宾	2.86	57.5	71	2.90	59.46	60
柬埔寨	2.80	55.8	73	2.58	49.31	98
缅甸	2.46	45.2	113	2.30	40.54	137
老挝	2.07	33.6	152	2.70	53.11	82

注：LPI 指数的评分采用 5 分制，1 分最差，5 分最佳，得分越高表明一个国家的贸易成本较低。2016 年德国得 4.23 分，排名第一，2018 年德国得 4.20 分，排名第一，为最佳绩效国家。

资料来源：《世界银行物流绩效指数报告》（2016、2018）。

通关效率和基础设施好坏是影响国际物流效率的重要因素。在中国和东盟国家中，东盟各国的通关效率相差很大，新加坡进入世界前列，而柬埔寨和缅甸则滑落到第 100 名之后，中国海关的通关效率仅次于新加坡，但是与新加坡的差距也比较大。基础设施方面，除了新加坡，中国都好于其他东盟国家，其中马来西亚和泰国的基础设施比较接近中国，其他东盟国家的基础设施与中国相比则差距较大，其中老挝的基础设施得分排名最低。可见，东盟国家的交通基础设施建设仍然有很大的提升空间（见表 2-14）。

表 2-14　2018 年中国与东盟的国际 LPI 指数

序号	国家或地区	海关		基础设施		国际货运		物流质量与竞争力		追踪与追溯		及时性	
		排名	评分	排名	评分	排名	评分	排名	评分	排名	评分	排名	评分
1	新加坡	6	3.89	6	4.06	15	3.58	3	4.10	8	4.08	6	4.32
2	中国香港	9	3.81	15	3.97	8	3.77	12	3.93	15	3.92	15	4.14
3	中国	31	3.29	20	3.75	18	3.54	27	3.59	27	3.65	27	3.84
4	泰国	36	3.14	41	3.14	25	3.46	32	3.41	33	3.47	28	3.81
5	越南	41	2.59	47	3.01	49	3.16	33	3.40	34	3.45	40	3.67
6	马来西亚	43	2.90	40	3.15	32	3.35	36	3.30	47	3.15	53	3.46
7	印尼	62	2.67	54	2.90	42	3.23	44	3.10	39	3.30	41	3.67
8	菲律宾	85	2.53	67	2.73	37	3.29	69	2.78	57	3.06	100	2.98
9	文莱	73	2.62	89	2.46	113	2.51	77	2.71	88	2.75	80	3.17

续表

序号	国家	海关		基础设施		国际货运		物流质量与竞争力		追踪与追溯		及时性	
		排名	评分	排名	评分	排名	评分	排名	评分	排名	评分	排名	评分
10	老挝	74	2.61	91	2.44	85	2.72	83	2.65	69	2.91	117	2.84
11	柬埔寨	109	2.37	130	2.14	71	2.79	111	2.41	111	2.52	84	3.16
12	缅甸	131	2.17	143	1.99	144	2.20	128	2.28	143	2.20	108	2.91

注：LPI 指数是指对物流绩效的多维度评估，范围从 1（最差）—5（最高）。LPI 调查获得的 6 项核心要素由受访者进行打分，范围为 1—5，其中 1 表示非常低或非常困难，5 表示非常高或非常容易。

资料来源：《2016 年世界银行物流绩效指数报告》。

国内进出口物流方面，中国与东盟国家互有优势，但是，总体上，中国比大多数东盟国家的物流效率要高（见表 2-15）。

表 2-15　中国与东盟的国内 LPI 指数（2018 年时间与成本数据）

国家或地区	出口时间和费用				进口时间与成本			
	港口或机场供应链（a）		陆路供应链（b）		港口或机场供应链（c）		陆路供应链（d）	
	距离（千米）	交付周期（天）	距离（千米）	交付周期（天）	距离（千米）	交付周期（天）	距离（千米）	交付周期（天）
新加坡	30	2	33	1	29	2	33	2
中国香港	N/A	N/A	300	2	750	2	474	2
中国	337	2	707	6	328	6	784	4
马来西亚	75	2	75	4	43	2	75	4
泰国	300	4	300	18	300	5	300	18
印尼	171	2	297	3	277	4	277	4
越南	43	2	477	9	56	3	131	5
文莱	25	1	25	1	25	1	25	1
菲律宾	36	1	N/A	N/A	25	2	N/A	N/A
柬埔寨	N/A	N/A	N/A	N/A	N/A	N/A	N/A	N/A
缅甸	88	3	683	4	106	4	579	5
老挝	25	2	750	3	25	2	750	3

注（表 2-17 同）：a——表示从原地（销售方工厂，通常位于首都或最大商业中心）到装卸的港口（港口或机场），不包括国际货运（EXW—FOB）；

b——表示从原地（销售方工厂，通常位于首都或最大商业中心）到购买者的仓库（港口或机场）（EXW—DDP）；

c——表示从卸货港口到购买者的仓库（港口或机场）（EXW—DDP）；

d——表示港口和机场距离的总和。

资料来源：《2018 年世界银行物流绩效指数报告》。

对于通关手续和清关时间，中国与东盟国家也有较大的差别，表现在进出口商品的监管上，中国、柬埔寨、老挝、缅甸、菲律宾、越南等需要填写较多的表格，这就容易造成清关时间较长。在清关时间方面，中国比新加坡、泰国等国还要长一些（见表2-16）。

表2-16 2018年国内LPI结果

国家或地区	满足质量标准的货物百分比	机构数量（个）		表格数量（种）		清关时间（天）		实物检查	多重检查
	货物百分比（%）	出口	进口	出口	进口	无实物检查	有实物检查	进口货运百分比（%）	进行实物检查的货运百分比（%）
中国	81	3	3	4	4	1	2	3	1
中国香港	95	3	3	4	3	1	2	75	1
文莱	88	1	1	1	1	N/A	1	6	18
柬埔寨	N/A	N/A	N/A	N/A	N/A	N/A	N/A	N/A	N/A
印尼	73	4	3	5	3	1	7	8	2
马来西亚	69	2	2	2	2	N/A	1	4	1
菲律宾	87	4	4	6	6	2	2	30	1
新加坡	94	2	1	1	1	N/A	1	2	2
泰国	93	3	3	2	2	1	1	35	35
越南	83	3	2	3	2	1	3	10	3
缅甸	66	4	4	6	6	2	3	28	6
老挝	93	3	3	4	4	2	3	18	1

注（表2-19同）：N/A——表示数据未提供；
a——表示已接受的海关与清关通告之间的时间间隔。
资料来源：《2018年世界银行物流绩效指数报告》。

（二）中国与东盟海运班轮运输联通性指数情况

班轮运输联通性指数（LSCI）是根据全球集装箱船舶部署数据计算得出的，它是表示一个国家在全球班轮运输网络中地位的指标。根据联合国贸易和发展会议（UNCTAD）中的班轮运输联通性指数，2014年以来中国的海运全球连接度持续位居全球首位。中国与东盟各国的贸易发展不平衡，与各国的海上物流互联互通也相差很大，反映在中国与东盟各国的海运班轮运输联通性指数上也有较大的差距（见表2-17）。总体上，中国与马来西亚和新加坡的海运班轮运输联通性指数最高，表明海上互联互通最密切，其次是越南和泰国。菲律宾、印尼和柬埔寨属于第三层次。中国与缅甸的海域相距遥远，陆路贸易更为便利，而与文莱的贸易量很小，因此，中国与缅甸、文莱的海上互联互通指数在东盟国家中处于最低水平。

表2-17　中国与东盟各国班轮运输联通性指数（LSCI）

国家	2016 年	2017 年	2018 年	2019 年	2020 年
新加坡	0.761	0.761	0.854	0.835	0.847
马来西亚	0.677	0.662	0.660	0.678	0.715
越南	0.466	0.464	0.463	0.491	0.477
泰国	0.392	0.382	0.336	0.368	0.361
菲律宾	0.280	0.301	0.322	0.317	0.304
印尼	0.259	0.278	0.289	0.279	0.293
柬埔寨	0.198	0.196	0.187	0.190	0.185
缅甸	0.169	0.168	0.174	0.173	0.182
文莱	0.161	0.163	0.163	0.178	0.174
老挝	—	—	—	—	—

注：资料来源于 UNCTAD 的 *Liner shipping bilateral connectivity index*。根据集装箱船的配置、集装箱沉载能力、船队配置、班轮服务航线、船舶和船队规模等信息计算而得，LSCI 数据越大说明联系越紧密。老挝为内陆国家所以数据缺失。

第二节　中国与东盟国家交通互联互通存在的问题

伴随着"一带一路"倡议、中国东盟自由贸易区升级版和 RCEP 的推进，中国与东盟互联互通取得了明显成效，但不容忽视的是，总体上双边交通"联而不通、通而不畅"的现象仍然存在，推进中国与东盟之间交通互联互通仍旧面临着部分东盟国家对中国的信任不足、国家政局变化、国内协作薄弱，以及资金和技术瓶颈等问题。

一、交通基础设施建设不协调发展影响互联互通

交通基础设施建设是互联互通的基础，然而仅有交通基础设施却缺乏必要的通关便利化措施并不能实现真正意义上的互联互通。目前，中国和东盟国家

的交通基础设施建设、口岸管理制度、运输标准和金融服务存在许多不协调因素，影响互联互通的发展。

（一）铁路建设不同步，一些沿线国家铁路建设进展缓慢

铁路是跨国长途快速运输的高效节能的交通工具，但是，目前中国与东盟国家之间互联互通的铁路系统还没有建成，部分关键路段项目尚未连通。如泛亚铁路已经提出 20 多年，但是泛亚铁路东线关键路段项目崇左—凭祥铁路扩能改造尚未动工，越南胡志明—平福（Binh Phuoc）禄宁（Loc Ninh）铁路、禄宁—金边铁路建设也遥遥无期，成为泛亚铁路东线互联互通的瓶颈。目前，泛亚铁路缺失路段柬埔寨金边至越南胡志明市一直没有修通，原因主要有三个：一是投资巨大，金边至胡志明市铁路里程约 385 千米，其中，柬埔寨境内 255 千米，越南境内约 130 千米，如果由柬埔寨出资 30 多亿美元修建这段铁路显然力不从心；二是由于柬埔寨向南有铁路直达西哈努克港，到胡志明市有湄公河航运，显然，从货运方面，柬埔寨并不需要建设这段铁路，投入产出并不经济，越南亦然；三是修建标准轨铁路还是米轨铁路也是一个纠结，中南半岛国家大部分铁路是老旧的米轨，修建米轨铁路显然运能有限，效益不好，修建标准轨铁路，又与周边国家的铁路标准不一致，运营起来也面临很多困难。缅泰之间缺失路段大体也是如此。1995 年 12 月第 5 次东盟首脑会议就提出了新加坡—昆明铁路旗舰项目。当时，柬埔寨、老挝、马来西亚、缅甸、泰国和越南 6 国境内仍然有 4069 千米路段缺失或需要重建。但是，至 2019 年 10 月，这些缺失路段仍然没有完成，仅柬埔寨境内诗梳风市到波贝市段修好，其余规划路段都没有修建，新加坡至昆明的铁路仍然没有实现互联互通（见表 2-18）。

表2-18　新加坡—昆明铁路网缺失路段

缺失路段	距离（千米）	计划完成	备注
万象（老）—他曲（老）—木架（越）	466	2020 年	未建
木架（老）—丹阿（越）—永安（越）	119	2020 年	未建
波贝（柬）—诗梳风（柬）	48	2013 年	2018 年通车
金边（柬）—禄宁（越）	255	2015 年	未建
禄宁（越）—胡志明市（越）	129	2020 年	未建
丹标扎亚（缅）—三塔关（泰）	111	2020 年	未建
三塔关（泰）—南卓（泰）	153	2020 年	未建

资料来源：《东盟战略交通计划（2011—2015 年）》。

（二）中国中西部地区与东盟国家之间物流还不够畅通

虽然中国与东盟国家山水相连、隔海相望，但是，由于中国地域辽阔，沿海地区和沿边地区与毗邻国家的跨国物流相比中国内陆地区要便利很多，中国各地与东盟国家的物流便利化方面很不平衡。港口物流带给中国与东盟国家贸易极大的便利，但是，中国中西部省（区、市）与东盟国家的贸易很不方便，缺乏便利的交通条件成为制约中国中西部地区与东盟国家贸易的主要因素。中西部地区必须通过铁路、公路、河运等方式与沿海地区港口或边境口岸对接，然后才能与东盟国家开展贸易合作。因此，对于中国中西部地区，建设通往沿海港口、边境口岸的铁路、公路、河运等交通基础设施极为重要。

随着国际产业转移的加快和西部大开发政策的实施，沿海地区的一些外向型产业向中西部地区转移，以及一些大型国际企业加大对中西部地区的投资，中西部地区的电子信息产业、机械工业、装备制造业等产业快速发展，成为国际产业链的重要一环。近年来，四川、重庆、贵州、陕西、河南、云南、广西等中西部地区与东盟国家的贸易快速发展。可是，除了云南和广西，中国中西部地区与东盟国家之间的物流都不太便利，国际物流成为中西部地区与东盟国家贸易发展的瓶颈。中西部地区出口东盟国家的传统物流通道有五条通道：西部地区—陇海兰新线—连云港—东盟国家、西部省（区、市）—长江—上海港/宁波舟山港、中西部地区—铁路/珠江—广州港/深圳港/香港—东盟国家、中西部地区—铁路/公路—广西北部湾港—东盟国家、中西部地区—铁路/公路—广西/云南边境口岸—东盟国家（见表2-19）。但是，不管走那条通道，都需要长距离的水水联运、铁海联运和海公联运才能到达东盟国家，不同的物流通道各有自己的优缺点。目前，美国、日本等发达国家物流总费用占GDP的比率在8%左右[①]，而2020年中国社会物流总费用与GDP的比率为14.7%，高于美国、日本还7个百分点，高于全球平均水平4个百分点，而中西部地区又高于沿海地区的物流成本。因此，便捷顺畅的物流通道对中西部地区发展尤为重要，建设通往东盟国家低成本、时间短的物流通道成为中西部地区的强烈愿望。

---

① 中国物流与采购联合会.中国物流重点课题报告[R].2016：12.

表2-19　中国中西部地区与东盟国家的主要贸易通道比较

序号	物流通道	优点	缺点
1	西部地区—陇海兰新线—连云港—东盟国家	铁海联运便利	距离远、时间长、物流成本较高
2	西部省（区、市）—长江—上海港/宁波舟山港	往来东南亚海运航线航班多	距离远、时间长、三峡船闸满负荷运行、候船时间长
3	中西部地区—铁路/珠江—广州港/深圳港/香港—东盟国家	往来东南亚海运航线航班多	陆路距离稍远、陆路物流成本稍高
4	中西部地区—铁路/公路—广西北部湾港—东盟国家	陆路、海运距离短	往来东南亚海运航线航班少、港口多式联运设施较差
5	中西部地区—铁路/公路—广西/云南边境口岸—东盟国家	陆路运输点对点服务、路程短	仅能与缅甸、老挝、越南贸易，物流成本高

（三）东盟国家的现代综合交通枢纽建设滞后

东盟国家中，新加坡的现代交通系统最为发达，樟宜国际机场、新加坡港、高速公路和地铁构成了新加坡现代综合交通枢纽。其次是马来西亚的吉隆坡和泰国的曼谷，也拥有较发达的航空港、高速公路、地铁、铁路和港口等综合交通网络，印尼的雅加达、菲律宾的马尼拉、越南的河内和胡志明市，也都具备航空港、铁路、高速公路和港口，但是城市交通尤其是城市轨道交通相对落后，各种不同交通方式互联互通不便利，影响了各种交通工具协同发挥作用。最能体现这些国家城市是否具备现代综合交通枢纽的功能的重要标志之一就是一个城市是否拥有集国际机场、轨道交通、港口、汽车站等于一体的综合交通枢纽，或者是城市轨道交通系统是否能够把机场、港口、火车站、汽车站等场站连接起来。目前，在东盟国家中，新加坡、吉隆坡和曼谷具备了这些条件，其中新加坡的综合交通枢纽最为发达。

东盟国家中，现代综合交通枢纽最欠缺的是城市轨道交通系统。目前，新加坡的地铁最为发达。1987年，新加坡就开通了地铁，又称大众捷运系统（简称MRT），当前设有113个地铁车站，148.9千米的标准轨距线路；其次是吉隆坡轨道交通，也称巴生谷轻快铁，目前运营中的线路包括6条城市轨道交通线路——2条轻轨铁路LRT（安邦线、格拉那再也线）、1条机场快线、1条高架单轨铁路和2条电动火车，其中，电动火车KTM将吉隆坡和巴生港连接起来。曼谷的地铁有BTS轻轨、MRT地铁、机场快线3种。这3种地铁分别属于不同的公司经营，票也不互通。仅 2004 年 7 月启用的曼谷 MRT 为地下铁路，全程 20 千米。尽管马尼拉 LRT 是东南亚最早建成的轻轨系统，但是，目前仅有 LRT1、LRT2 和 MRT3 共 3 条轻轨，全长不到 50 千米。2019 年 4 月，印尼第一条地铁——雅加达地铁南北线一期才正式投运。越南河内正在修建第一条轻轨，胡志明市正在修建第一条地铁。其他东盟国家还没有城市轨道交通。

其他东盟国家不是城市规模小，就是城市交通基础设施欠发达。文莱的斯里巴加湾，虽然城市基础设施建设好、交通也相对便利，但是，城市规模小；柬埔寨的金边、老挝的万象、缅甸的仰光，城市交通基础设施仍然比较落后，这些城市在较长的时间内，在区域中还不能发挥国际综合交通枢纽的作用，最多只能在所在国起到综合交通枢纽的功能。

可见，中国与东盟国家的交通互联互通对接中，综合交通枢纽条件好的城市当然是中国开展双边交通互联互通的优先方向，也是双边交通互联互通对接效率高的前提。所以，从区域发展角度看，当然是综合交通枢纽条件好的城市优先对接、密切对接，以此带动区域经济发展，综合交通枢纽条件较差的城市要加强城市综合交通基础设施建设，逐步改善这交通基础设施，逐步推进区域内交通互联互通合作。

二、多式联运基础设施建设依然滞后

中国与东盟各国的多式联运设施发展很不平衡，总体上，航空港和新铁路货场的多式联运设施较完善，旧铁路货场设施较差，一些港口由于多式联运设施落后，货船滞港时间过长时有发生。

（一）中国多式联运设施发展不平衡

十几年来，随着进出口贸易的快速增长，中国的多式联运设施发展日新月异，从早期小规模的海（港）铁（路）联运、海（港）公（路）联运、公（路）铁（路）联运发展到大规模的海铁公联运、铁海联运等，但是国内各地多式联运发展不太平衡。

1. 陆路边境地区的多式联运设施仍然落后

目前，中国与东盟国家陆路边境地区的跨境运输有公路运输、铁路运输和内河水运三种方式，但是，铁公联运设施和水公联运设施较差。

（1）沿边地区的铁公联运设施较差。目前，中国有湘桂铁路延长线、昆河铁路两条铁路线与越南铁路系统互联互通，其中凭祥至越南河内安园站的铁路是套轨铁路（越南米轨与中国标准轨共轨），昆明至越南海防有米轨铁路，也有新修建的昆明至河口标准轨铁路。

凭祥火车站是湘桂铁路最靠近中越边境的车站，仅是三等站，归南宁铁路局管理，也是国家一类口岸，可办理普通客运乘降、货物运输，并办理联运货物出境。但是，由于凭祥火车站建于 20 世纪 50 年代，货场的规模较小，当时也没有配套建设铁公联运换装设施、集装箱装卸设施、冷链设施。随着凭祥火车站与凭祥（铁路）口岸接待中外过境旅客及承接的进出口运输量急剧增加，原有设施已难以适应新时代开放发展的需要。

河口站（老火车站）位于云南省红河哈尼族彝族自治州，是滇越铁路最靠近中越边境的火车站，始建于 1908 年，由于年代久远，昆河米轨铁路已经不堪重负。1998 年至 2014 年，我国分阶段新建昆明至河口标准轨铁路。昆明铁路局将河口北准轨火车站和山腰米轨火车站连接起来，并全面改造提升河口北站物流基地，建设 5 条准轨铁路货物线，2 条米轨铁路货物线，8 个雨棚、仓库及堆场，铁公联运设施基本建成，形成了年吞吐量达 800 万吨的中越国际货运市场，基本满足未来较长的一段时间内中越进出口贸易跨境铁路运输的需要。

除了正在建设的中老泰铁路以外，仅有中越两国之间有铁路互联互通，也就是目前只有中越两国可以开展公铁联运，中欧班列（中国南宁—越南河内）跨境集装箱直通运输班列已经开通，南宁南站作为该班列的集疏港，集装箱公铁联运设施基本完善，但是凭祥站公铁联运设施还有待改善，集装箱装卸功能、散杂货堆场和装卸设备需要更新改造昆明—河口—河内的滇越铁路，由于中国已经建成启用境内的标准轨而越南仍然在使用米轨铁路，造成多式联运衔接不畅，中越的集装箱仍然需要在河口站换装以后，才能重新发运，河口北站为新建使用的新站，公铁联运设施较好，但是河口站公铁联运设施已经老旧，需要升级改造才能满足新时代中越跨境物流不断增长的需要。即使是已经签订了跨境运输便利化合作协议、开通了中越国际道路运输线路，在便利化跨境运输方面仍然存在很多细节问题，而不仅仅是硬件设施问题。

（2）水公联运设施仍然落后。至于中老缅泰的湄公河跨境水运，港公联运设施建设仍然滞后，目前，中国境内有思茅港、景洪港（含关累港区）三个港区可以装卸进出口货物，但是由于码头堆场、装卸设施及集装箱船缺乏，港口的集装箱联运、散杂货联运设施都落后，装卸设施的不完善，造成部分散杂货装卸还依靠人工肩挑人扛。多式联运设施落后仍然是跨境物流成本高、效率低的重要原因。

2. 沿海一些港口缺乏海铁多式联运设施

到目前为止，全球港口发展大体经历了四个阶段，正向第五代港口转型（见表 2-20）。中国的港口大多处于第三代港口和第四代港口阶段，1999 年，联合国贸易与发展委员会（UNCTAD）认为第四代港口包括前三代港口功能，主要处理的是集装箱，其发展策略是港航联盟和港际联盟，其生产特性是整合性物流，处理过程高度信息化、网络化、智能化，[①] 而第五代港口预计要到 2030 年左右到来，其主要特征就是效率、绿色、低碳。目前，中国的沿海港口发展很不平衡，港口之间的多式联运设施建设也有很大的差别。总体上，沿海港口的集装箱、油气液体类多式联运设施现代化、自动化程度较高，散杂货类多式联运设施的现代化程度较低；集装箱海铁联运所占的港口集装箱吞吐量很低，绝大多数港口集装箱码头以海公联运为主，低碳的集装箱海铁联运还有很大的发展空间。

表 2-20　全球港口行业发展阶段

时期	发展阶段	主要特征
1950 年以前	第一代港口	海运货物转运、临时存储及货物的收发，港口作为海洋运输同内陆运输之间的转运接口
20 世纪 50—80 年代	第二代港口	除了第一代港口的功能外，增加了运输装卸和为工商业务服务的场所的功能。港口经营逐步扩张业务，服务范围不断扩大
20 世纪 80—90 年代	第三代港口	除了第一代、第二代港口的功能外，加强与所在城市以及用户之间的联系，使港口的服务超出以往的界限，增添运输、贸易的信息服务与货物配送等综合服务，港口成为物流中心
20 世纪 90—2010 年	第四代港口	为港航之间联盟与港际之间合作联盟的信息化、柔性化港口。第四代港口包括前三代港口功能，并且主要是建立在港航之间的联盟与港际之间合作联盟基础上，处理的货物主要是大型化、高度信息化、网络化，同时还能满足市场柔性需要，具有生产精细化、智慧化
2010 年到 2030 年	第五代港口	第五代港口是指绿色港口或低碳港口，预计到 2030 年左右实现。新一代港口除了低碳、智能化，还密切与港城、港镇的结合，表现高效、绿色、低碳的特征，侧重于港口的生态功能和港口的可持续发展

资料来源：根据前瞻产业研究院资料整理。

① The UNCTAD Secretariat（联合国贸易与发展委员会秘书处）. *PORTS NEWSLETTER*（《港口通讯》1999 年 9 月第 19 期），The Fourth-Generation Port（《技术说明：第四代港口》），p.9.

散杂货码头的多式联运设施仍然有较大的提升空间。虽然国际物流集装箱化是发展趋势，集装箱码头的现代化程度是港口发展水平的重要标志，但是，煤炭、矿石、大豆等之类的散杂货贸易仍将长期存在，数量依然庞大。中国仍然是散杂货类商品的进出口大国，因此，沿海港口的散杂货类多式联运设施仍然十分需要。这种量大价低的大宗商品最需要便利的多式联运设施以降低跨国物流成本，而海铁联运是港口多式联运最好的方式。目前，中国大部分沿海港口都建设有集疏港铁路，但是，仍然有小部分港口没有集疏港铁路，有些港口的集疏港铁路就差最后一公里。早期建设的集疏港铁路也不适应新时代货物进出口大进大出的需要。虽然2017年以后，中国采取措施对煤炭水陆联运鼓励"公转铁"的海铁联运政策，但是，总体上，海铁联运在中国的散杂货运输中所占的比例也很小。因此，根据预测未来港口运量，建设集疏港铁路和对原有的海铁联运设施进行改造成为中国沿海港口散杂货码头的多式联运急需解决的重点。

（二）东盟国家的多式联运设施建设有待加强

东盟国家之间经济发展水平参差不齐，交通发展也不同步，多式联运设施有先进、发达的，也有很落后的。总体上，大多数国家的多式联运设施依然落后。

1. 陆路多式联运设施较差

中南半岛7个国家是与中国可以实现陆路交通互联互通的国家，除了新加坡、马来西亚和泰国公路、公路物流园较发达以外，其余四国柬埔寨、老挝、缅甸和越南的公路及依托公路的物流设施仍然落后，表现为大多数公路等级低，公路网络不完善。同时，中南半岛国家的铁路大多数为老旧的米轨铁路，缅泰铁路、柬埔寨的铁路系统还受到战争破坏而没有得到完全恢复，原先设计的火车站货场都是针对散货运输，缺乏当代的集装箱多式联运设施。火车站货场都比较小、铁公联运设施的功能不齐全，不适应现代国际物流量大、品种多和集装箱运输的需要，这是东南亚国家铁公联运普遍存在的问题。

2. 多数东盟国家港口多式联运设施有待完善

东盟国家港口的多式联运发展很不平衡，以集装箱码头发展水平作为港口现代化程度来衡量，新加坡是亚太地区重要的国际航运中心，港口的多式联运设施最完善；其次是马来西亚、泰国较为完善，如马来西亚的巴生港和泰国的曼谷港、林查班港的铁海联运多式联运设施还是比较完善的；印尼、菲律宾和越南处于第三层次，虽然有一些港口如印尼的雅加达港、菲律宾的马尼拉港和越南的海防港、岘港港和胡志明港具有多式联运设施，但是，规模仍然较小，满足不了港口吞吐量增长的需要，大多数港口还是缺乏海铁联运多式联运设施；而缅甸、柬埔寨的港口的多式联运设施就很不完善。

三、口岸基础设施建设跟不上交通互联互通发展需要

尽管中国—东盟自由贸易区升级版已经实施，但是中国与东盟国家之间的口岸互联互通仍然存在不少制约因素。

（一）边境地区的陆路口岸基础设施建设仍然落后

中国—中南半岛经济走廊上的陆路口岸，除了中越东兴—芒街口岸、友谊关—友谊口岸、河口—老街口岸通道的基础设施较好以外，其他口岸要么两国对应的口岸基础设施都落后，要么就是一边的口岸基础设施较好，另一边对应的口岸又落后，形成口岸基础设施建设功能不对称的问题，通往边境口岸的境内和境外道路多为二级路或者更低等级的公路，难以满足大批量物流、人流的需求，形成口岸进出口"肠梗阻"，通关便利化大打折扣。如中国那坡县平孟口岸和越南高平省河广县朔江口岸、宁明县爱店口岸和峙马口岸、中国孟定口岸和缅甸清水河口岸、中国凭祥铁路口岸和越南同登铁路口岸、越南老街铁路口岸的基础设施都比较落后；中国龙邦口岸、磨憨口岸、瑞丽口岸的基础设施稍好，而对应的越南茶岭口岸、老挝磨丁口岸、缅甸木姐口岸的基础设施建设还很落后。这就造成了口岸过货能力差，通关效率低的问题。

（二）云南和广西的交通基础设施建设滞后

云南省和广西沿边地区自然条件差、环境复杂，基础设施建设成本高，经济发展仍然比较落后，当地投入无法满足高效口岸发展的需要。尽管两省区边境地区的跨境交通实现了"通"和"达"，但离"快速""便捷"还有很大差距。基础设施互联互通建设滞后，交通、通信、电力和城市建设等起步晚、发展慢。如获批国家双边性口岸、正处于建设期的大新硕龙口岸、云南都龙口岸尚无高速公路直达，沿边公路尚未达到一级公路标准。通往硕龙口岸的快捷通道尚未形成。而越方连接硕龙口岸的公路等级只相当于中国四级路，大中型货运车辆

通行困难。口岸基础设施较差，缺乏相应的通关检验检疫设施和手段，车辆到了越方境内后通关速度很慢，即使过了越方口岸，由于公路等级低，通行效率仍然很低。直达运输很困难，大大增加了通行成本。

由于广西港口、航空、铁路、公路等口岸基础设施建设不足，投入资金相对较少，口岸设施相对落后，难以承受人流、物流、货流快速增长的需要，导致西南、中南地区很多货物进出口都舍近求远，迂回至上海、广东等地港口进出。

（三）国内外口岸基础设施建设不同步

毗邻国家只有同步推进口岸基础设施建设，口岸基础设施互联互通才能发挥作用。从目前来看，中国与东盟国家，即使在有关边境口岸建立了不同层次和不同领域的对话交流机制，但双边的互相了解还不够全面和深入。由于政策、观念等方面的差异，双方对于口岸建设的理解并不一致，同时，一个口岸建设给各方带来的利益不一致，这就往往造成双边口岸建设不同步。中国的一些口岸基础设施已经建设好，而外方并没有行动，这些现象在中越、中缅边境地区并不少见。因此，在口岸建设时，双方存在较大的认知差距，导致口岸建设、通关等协议的签订或修订缓慢，许多协调措施难以落实。受限于各方面的原因，一些即使是两国中央政府间达成了协议也迟迟得不到落实，不仅造成口岸基础设施建设滞后，而且一些与口岸相关的合作投资项目、金融制度、海关监管等机制等也难以落实。

（四）口岸管理的体制机制不顺畅

中央与地方管理事权之间的协调仍待完善。第一，国家和地方之间的事权和财权的协调性仍待完善。如中国口岸的设立和批准都由地方政府申报、国家口岸办统一审批，每开设一个口岸，就要配备相应的基础设施建设，需要邀请海关、边防等联检部门入驻并开展口岸的运行业务。这些所涉的海关监管、外交外事、边防边检等部门属于中央直属部门管理，而口岸建设又由地方负责，地方政府没有涉外、关税的权力，统筹协调各部门的任务繁重，口岸协调工作效率相对较低，建设一个口岸所花费的协调时间相当长。第二，收益权的国家性和投入上的地方性的协调仍待完善。口岸是"国家的口岸"，相关税费收入归国家所有，地方政府对于口岸的基础设施建设需要投入大量的配套资金，但收益分配时地方只占较小比例,造成地方政府缺乏财力完善口岸基础设施建设。第三,中央部门和地方政府部门的一些权限、职能协调仍待完善。口岸事务涉及外交、外事、商务、交通、海关、边防、公安、金融等多个部门,有些属于中央管理,有些则属于地方管理。这些部门之间有时候存在着上下不衔接的问题,如口岸办在中央挂靠海关,而在地方却归口商务部门,且口岸诸多事务还需要通过外交途径来协调。历年出台的围绕外贸展开的金融、财政、基础设施等优惠政策不成体系,一些政策已经过时而没有及时修改完善,民族工作、边贸发展、财税补贴、人民币结算等政策内容交织在一起也没有及时理顺,在运行中存在管理真空和协调不畅的问题。

四、通关便利化制约跨国物流发展

中国与东盟国家在通关便利化方面相差较大,这对中国与东盟交通互联互通建设同步发展无形中形成相互制约。

(一)通关便利化不同步影响互联互通发展

目前,中国与东盟国家的通关便利化程度差别较大。根据世界海关组织2018—2019 年度报告,总体上,从电子申报率、发放进出口许可证数量、连接单一窗口系统数量、关税和海关收取的收入税收来看,2018 年新加坡的通关现代化和便利化程度最高,而柬埔寨的通关便利化程度最低。中国连接国际贸易单一窗口系统数量比印度尼西亚、马来西亚、菲律宾和泰国的数量还要少(见表 2-21),说明中国在推进国际贸易单一窗口建设方面还落后于一些东盟国家。

表 2-21 2018 年中国—东盟国家大通关数据情况

		中国	文莱	柬埔寨	印度尼西亚	老挝	马来西亚	菲律宾	新加坡	泰国	越南
WCO 仪器		HS; RKC; SAFE	HS; SAFE	HS; RKC; SAFE	HS; RKC; SAFE	RKC; SAFE	HS; RKC; SAFE	HS;RKC; SAFE	HS; SAFE	HS; RKC; SAFE	HS; RKC; SAFE
申报单总量	进口	23559854	N/A	144471	1469282	N/A	5180929	2626395	5538609	7626562	6240280
	出口	55715444	N/A	265289	2237841		6260210	364428	3687070	9848040	6022200
其中:电子申报数量	进口	23559854	N/A	144471	1469282	N/A	5180929	1764491	5538609	3814208	6110000
	出口	55715444	N/A	265289	2237841		6142142	182214	3687070	4925741	5990000

续表

		中国	文莱	柬埔寨	印度尼西亚	老挝	马来西亚	菲律宾	新加坡	泰国	越南
电子申报率	进口	100%	N/A	100%	100%	N/A	100%	67%	100%	50%	98%
	出口	100%	N/A	100%	100%	N/A	98%	50%	100%	50%	99%
发放进出口许可证数量		14	N/A	9	21	N/A	27	30	11	32	12
连接单一窗口系统数量		14	N/A	2	21	N/A	27	19	11	31	11
税收关税	%	3.3	N/A	10	3	N/A	2.6	3	0	4.1	5.6
海关收取的收入税收	%	23.1	N/A	52	29.7	N/A	23.6	22.3	13.1	22.3	22.8

注：1.越南的单一窗口数量、税收关税和海关收取的收入为2017年的数据；菲律宾的发放进出口许可证数量和连接单一窗口系统数量为2017年的数据。

2.缅甸为WCO非成员国，没有数据。

资料来源：WCO ANNUAL REPORT（2017—2018）和WCO ANNUAL REPORT（2018—2019）。

中国货物出入境手续繁杂，跨境物流中间环节依然较多、周转期较长，清关和商检的时间也较长，物流总成本依然高于大多数发达国家。但是中国的通关效率、货物及时性、跨境运输价格等又好于大多东盟国家。即使在 GMS 框架下，区域内已经开展国际道路运输合作，但是目前中国与越南的国际道路跨境运输手续仍然较繁杂，致使点对点的国际道路运输很难开展，导致中越口岸进出口通关环节依然较多、通关成本偏高、通关总体效能相对较低，通关便利化仍然面临许多困难，影响跨境物流互联互通发展。

（二）物流设施联通不同步影响区域交通互联互通

经济发展水平、基础设施、商品流通强度等方面的差异，导致各国的物流设施联通水平的差异性很大。物流绩效指数（LPI）是反映一个国家"设施联通"的重要指标之一。世界银行公布的物流绩效指数报告显示，在全球 160 个国家中，中国与东盟国家的物流绩效指数差距较大。2018 年，新加坡的物流绩效指数在区域内最高，且远优于区域内国家。中国是区域内 LPI 仅次于新加坡的国家，说明中国还是具有较高的物流效率。东盟国家有 7 个国家在世界平均水平前 80 名里，其中，缅甸、柬埔寨和老挝的物流绩效指数较低，均在世界平均水平以下（见表 2-22）。所以，区域内 LPI 差异较大，国家之间的"物流鸿沟"仍然存在，这样对区域内交通互联互通和跨国物流对接存在不同步现象和较大的不协调性。

表 2-22　2010—2018 年中国与东盟国家物流绩效指数表

国家	2018 年		2016 年		2014 年		2012 年		2010 年	
	分数	排名	分数	排名	分数	排名	分数	排名	分数	排名
中国	3.61	26	3.66	27	3.53	28	3.52	26	3.49	27
新加坡	4.00	7	4.14	5	4.00	5	4.13	1	4.09	2
泰国	3.41	32	3.26	45	3.43	35	3.18	38	3.29	35
越南	3.27	39	2.98	64	3.15	48	3.00	53	2.96	53
马来西亚	3.22	41	3.43	32	3.59	25	3.49	29	3.44	29
印尼	3.15	46	2.98	63	3.08	53	2.94	59	2.76	75
菲律宾	2.90	60	2.86	71	3.00	57	3.02	52	3.14	44
文莱	2.71	80	2.87	70	—	—	—	—	—	—
老挝	2.70	82	2.07	152	2.39	131	2.50	109	2.46	118
柬埔寨	2.58	98	2.80	73	2.74	83	2.56	101	2.37	129
缅甸	2.30	137	2.46	113	2.25	145	2.37	129	2.33	133

资料来源：世界银行。

区域内国家之间经济发展水平、基础设施、商品流通强度等方面的差异，导致各国的物流设施联通水平的差异性很大。除了新加坡的物流绩效指数各项指标高于中国以外，中国的海关、基础设施、国际货运、优质物流服务、物流跟踪和追踪的指标都优于其他东盟国家（见表 2-23）。表明中国在通关便利化方面还是大大优于除新加坡以外的其他东盟国家。

表 2-23　2018 年中国与东盟国家物流绩效指数主要指标表

国家	海关		基础设施		国际货运		优质物流服务		跟踪和追踪	
	分数	排名	分数	排名	分数	排名	分数	排名	分数	排名
中国	3.29	31	3.75	20	3.54	18	3.59	27	3.65	27
新加坡	3.89	6	4.06	6	3.58	15	4.10	3	4.08	8
泰国	3.14	36	3.14	41	3.46	25	3.41	32	3.47	33
越南	2.95	41	3.01	47	3.16	49	3.40	33	3.45	34
马来西亚	2.90	43	3.15	40	3.35	32	3.30	36	3.15	47
印尼	2.67	62	2.90	54	3.23	42	3.10	44	3.30	39
文莱	2.62	73	2.46	89	2.51	113	2.71	77	2.75	88
老挝	2.61	74	2.44	91	2.72	85	2.65	83	2.91	69
菲律宾	2.53	85	2.73	67	3.29	37	2.78	69	3.06	57
柬埔寨	2.37	109	214	1.30	2.79	71	2.41	111	2.52	111
缅甸	2.17	131	1.99	143	2.20	144	2.28	128	2.20	143

资料来源：世界银行。

（三）跨国物流技术水平和信息水平有待提升

目前，处于中国与东盟前沿的云南和广西在跨境物流覆盖面、跨境物流配送模式以及效率、跨境物流信息化建设、供应链集成管理等方面仍存在很多不足，跨境电商和跨境物流的发展迫切需要建立大数据平台和跨国智能物流协同系统来解决这些问题。目前，阿里巴巴速卖通、中国—东盟中小企业贸易促进平台等只是解决跨境电商问题，"货帮主 App""货车帮 App"较好地解决了国内物流信息不对称问题，但是还不能解决跨境物流信息问题。就当前云南和广西跨境物流业来说，一方面跨境物流的信息技术水平较低，大多数跨境物流企业还无法做到对国际道路运输跨境物流中物品的运输状况进行全程跟踪，物流运输信息不能实时查询，另一方面缺乏完善的跨境物流信息管理系统，在收集运输物品的信息和运输信息尤其是进口货物信息方面都不够完善。中国—东盟港口物流信息中心和中国—东盟信息港的建设还处于基础阶段，在区域内货物发送中转、储存等很多环节在电子信息服务方面跟不上，跨境物流电子信息管理水平低。

五、中国和东盟国家在全球港航中的实力与地位不对称

总体上，中国和东盟国家的港口规模和吞吐能力位居世界前列，但是，船运公司的运力仍然比较落后，运力与港口吞吐能力不匹配，在世界航运市场中缺乏话语权。

截至 2018 年，世界排名前 50 位的集装箱港口中，中国和东盟共有 24 港口，近乎占全球的一半，其中中国有 16 港口（含高雄港和香港港），东盟国家有新加坡、马来西亚、印度尼西亚、泰国、菲律宾和越南共 8 个港口位列其中（见表 2-24）。这些港口都属于东盟国家中的发达经济体或经济大国或经济发展迅速的国家，也是中国与东盟国家开展海运互联互通的主力港口。这些国家与中国的贸易总额占东盟与中国贸易总额的 90% 以上。中国与东盟国家海运互联互通，重点是这些中国港口与东盟港口之间的对接。环渤海地区以天津港、大连港和青岛港，长三角以上海港、宁波舟山港，东南沿海以厦门港，珠三角以深圳港、广州港，北部湾以广西北部湾港、湛江港、海口港为枢纽港，分别与东盟国家的新加坡港、马来西亚巴生港、印尼雅加达港、菲律宾马尼拉港、泰国林查班港、越南盖梅港和胡志明港开展点对点航线对接，形成中国—东盟海洋

物流网络。

表2-24 进入世界前50的中国和东盟国家集装箱港排名表 （单位：百万标箱）

排名	港口	2018年	2017年	2016年	2015年	2014年
1	上海港	42.01	40.23	37.13	36.54	35.29
2	新加坡港	36.60	33.67	30.90	30.92	33.87
3	深圳港	27.74	25.21	23.97	24.20	24.03
4	宁波—舟山港	26.35	24.61	21.60	20.63	19.45
5	广州港	21.87	20.37	18.85	17.22	16.16
7	香港港	19.60	20.76	19.81	20.07	22.23
8	青岛港	18.26	18.30	18.01	17.47	16.62
9	天津港	16.00	15.07	14.49	14.11	14.05
12	巴生港（马来西亚）	12.32	13.73	13.20	11.89	10.95
14	高雄港	10.45	10.27	10.46	10.26	10.59
15	厦门港	10.00	10.38	9.61	9.18	10.13
16	大连港	9.77	9.70	9.61	9.45	10.13
18	丹戎帕拉帕斯港（马来西亚）	8.96	8.38	8.28	9.10	8.50
21	林查班港（泰国）	8.07	7.78	7.22	6.82	6.58
22	雅加达丹绒不碌港（印尼）	7.64	6.09	5.51	5.20	5.77
25	营口港	6.50	6.28	6.08	5.92	5.77
26	胡志明港（越南）	6.33	6.16	5.99	5.31	6.39
28	马尼拉港（菲律宾）	5.05	4.82	4.52	4.23	3.65
32	连云港	4.75	4.72	4.70	5.01	5.01
38	日照港	4.00	3.24	3.01	—	—
42	东莞港	3.50	3.91	3.64	—	—
47	福州港	3.34	3.01	2.66	—	—
49	南京港	3.23	3.17	3.08	2.94	—
50	盖梅港（越南）	3.20	3.07	2.56		

来源数据：《美国商务杂志》年度世界集装箱港口50强，《劳埃德清单》年度港口100强，AAPA世界港口排名，德鲁里世界集装箱运输港口处理和单个港口网站，《美国运输杂志》排名前100位的港口。见https://www.ajot.com/premium/ajot—ajots—top—100—containerports—a—to—z/P0。

在21世纪，班轮船服务的供应链不再是港口对港口，而是班轮船上运载的所有货物必须能够及时在世界各地的港口设施中卸货。2017年世界前八大贸易航线中，始发港在亚洲的航线就占了5条（见表2-25），可见，亚洲尤其是东亚是世界海运货源始发港最集中的地区，无论是国际港口和国际航线都处于世界前列。

表 2-25　2017 年贸易航线前 8 排名（按集装箱发货）

航线	西行	东行	北行	南行	总共
亚洲—北美	7490000	19482000			26572000
亚洲—北欧	9924000	5139000			15063000
亚洲—地中海	5504000	2409000			7913000
亚洲—中东	3340000	1400000			
北欧—北美	3284000	2120000			5404000
亚洲—南美东海岸			730000	1344000	2074000
北欧地中海—南美东海岸			830000	850000	1680000
北美—南美东海岸			794000	474000	1268000

资料来源：World Shipping Council，http://www.worldshipping.org/about-the-industry/global-trade/trade-routes.

　　虽然中国和东盟国家在世界港口吞吐量排名中处于领先地位，但是，在海运方面的运力却与自身的港口地位不相适应，在港口航线航班设置、港航合作发展等方面处于不利的地位。据 Alphaliner 最新运力数据显示，截至 2019 年 6 月 20 日，全球班轮公司运力前 10 名保持不变。目前全球在运营集装箱船总数为 6099 艘、总运力 23112759 万 TEU，折合 2.80361847 亿载重吨（见表 2-26）。可见，世界二十大航运公司中，中国和东盟国家的企业并不多，且排名靠后的多，在世界航运界的话语权比较弱。

表 2-26　全球 20 大集装箱船公司运力排名（截至 2019 年 6 月 20 日）

排名	航运公司	现有运力		自有运力		租赁运力		占现有运力比例（%）
		载重量（TEU）	船舶数量（艘）	载重量（TEU）	船舶数量（艘）	载重量（TEU）	船舶数量（艘）	
1	A.P. 穆勒—马士基	4152693	718	2356278	317	1796415	410	43.3
2	地中海航运	3380592	533	1055410	180	2325182	353	68.8
3	中远海运集运	2890876	472	1506859	172	1384017	300	47.9
4	达飞轮船	2685848	521	1036252	130	1649996	391	61.4
5	赫伯罗特	1702384	236	1043628	111	658756	125	38.7
6	ONE	1543266	215	541934	74	1001332	141	64.9

续表

排名	航运公司	现有运力		自有运力		租赁运力		
		载重量（TEU）	船舶数量（艘）	载重量（TEU）	船舶数量（艘）	载重量（TEU）	船舶数量（艘）	占现有运力比例（%）
7	长荣海运	1281094	206	580708	114	700386	92	54.7
8	阳明海运	647474	97	187835	41	459639	56	71.0
9	现代商船	423842	70	129439	14	294403	56	69.5
10	太平船务	396544	121	161318	71	235226	50	59.3
11	以星航运	293707	61	9242	2	284465	59	96.9
12	万海航运	264453	93	163124	68	101329	25	38.3
13	高丽海运	156065	69	62431	30	93634	39	60.0
14	伊朗航运	154415	50	96383	46	58032	4	37.6
15	安通控股	148279	123	112884	62	35395	61	23.9
16	中谷物流	137513	97	89622	34	47891	63	34.8
17	X—Press	120858	79	32698	23	88130	56	72.9
18	海丰国际	112858	80	80075	60	32783	20	29.0
19	森罗商船	75356	18	58920	13	16436	5	218
20	德翔航运	74881	35	9555	5	65326	30	87.2

资料来源：Alphaliner 航运咨询公司；《集装箱化》总 335 期。

六、建设资金筹资困难大

交通基础设施建设需要大量的资金，大多数东盟国家建设资金短缺仍然是互联互通建设面临的最大问题之一。截至目前，中国云南和广西基本都完成了对接东盟国家的出境公路和铁路，但中南半岛国家规划中的道路并没有完善，甚至没有修建，无法实现交通基础设施对接。要形成中国与东盟各国交通互通互联网络，还需新建和改造不少路段，尤其是东盟国家的交通网络。交通基础设施项目投资大、工期长，跨境的大型基础设施建设项目更是如此。东盟国家中多为发展中国家，经济实力有限，其中柬埔寨、老挝和缅甸还刚刚摆脱最不发达国家行列，根本没有能力投入巨资修建本国境内的公路、铁路。同时，私营部门进入相关国家的交通基础设施建设领域又受到一定限制，交通基础设施建设严重依赖有限的国家财政。由于互联互通项目具有高度的对外性，在基础设施项目的权衡中，各国必然会优先支持本国境内的基础设施建设，并将互联互通融资置于本国基础设施项目之后，形成国内基础设施对互联互通基础设施的挤出效应，限制了互联互通项目的总投资规模。同时，大多数东盟国家经济发展水平不高，财政金融的国际信用等级低，在国际融资市场上的融资能力受限，一些国际金融机构对中国与东盟国家之间互联互通项目融资的积极性也不高，造成中国与东盟国家的互联互通项目建设严重依赖中国资金支持。为了区域互联互通建设大局，中国也在一些项目融资上做出让步，中老铁路、中泰铁路、雅万高铁均是如此。虽然中国拥有目前世界上最大的外汇储备，但长此以往也无力单方承受。东盟国家资金不足和融资方式不成熟严重制约了基础设施建设的发展，各国建设资金筹资困难仍然制约交通互联互通发展。

第三章　中国与东盟国家的能源互联互通合作现状

第一节　中国与东盟国家能源互联互通概况

在中国与东盟国家的共同努力下，双边建立了能源对话与合作机制，能源互联互通取得了较大发展，能源管网建设合作不断推进。十几年来，中国能源企业在 GMS 国家参与开发建设了众多的能源项目，中电投、华能、大唐、华电、国电等众多中国电力企业已与柬埔寨、老挝、缅甸、泰国、越南等国家合作开发电力资源，如以 BOT 方式在柬埔寨、老挝、越南建设水电站、光伏发电、煤电厂，与缅甸合作建成了中缅油气管道，在能源项目投资建设和电能跨境贸易合作中积累了丰富的经验。

目前,中国与部分东盟国家在电力、原油和天然气的能源设施实现互联互通。其中中国与老挝、越南和缅甸等中南半岛国家在电网联网和电力输送方面的合作得到稳步发展，云南与越南、老挝、缅甸三国已实现电力联网并分别开展了送电、购电和跨国抄表等业务，实现了双向贸易。中老、中缅和中越电力联网被誉为中国与东盟的"第四条经济大通道"。缅甸是目前唯一与中国在原油管道和天然气管道方面实现互联互通的东盟国家，是中国与东盟国家在能源领域实现互联互通最多的国家（见表 3-1）。

表 3-1　中国与东盟国家能源设施互联互通一览表

东盟国家	中国		
	电力	原油管道	天然气管道
文莱	无	无	无
柬埔寨	无	无	无
印尼	无	无	无
老挝	直接联网	无	无

续表

东盟国家	中国		
	电力	原油管道	天然气管道
马来西亚	无	无	无
缅甸	直接联网	直接联网	直接联网
菲律宾	无	无	无
新加坡	无	无	无
泰国	间接联网	无	无
越南	直接联网	无	无

一、中国与东盟国家电力互联互通现状

（一）中缅电力互联互通概况

缅甸拥有丰富的水力资源，在萨尔温江、伊洛瓦底江等多条河流上能够建设大型水电站。据亚洲开发银行分析，缅甸的水力发电潜能将超过 10 万兆瓦装机容量，丰富的水能储量使缅甸在水电开发上具有得天独厚的优势。按照缅甸 2014 年制定的《国家电力发展规划》，到 2030 年缅甸电力总装机容量将达到 28784 兆瓦。要实现这一目标，必须年均增长约 1700 兆瓦，困难颇多。[1] 因此，为了满足缅甸本国国民经济发展对电力的需求，引入外资加强电力基础设施建设对于缅甸而言势在必行。缅甸统计数据显示，缅甸吸引外资最多行业是油气行业和电力行业，分别占其外资累计总量的 31% 和 29%，这两个行业吸引的外资占缅甸外资总量的一半以上。[2] 目前，中国是缅甸最大的外资来源国。[3] 从 20 世纪 80 年代以来，中国企业加快对缅甸水电项目的投资，其装机容量及投资项目呈不断增长态势，投资规模持续扩大。中国企业在缅甸拥有多个大型电力基础设施投资项目，投资金额巨大（见表 3-2）。2005 年，由云南机械设备进出口有限公司帮助建设的邦朗电站正式竣工，这是缅甸最大的水电站，总装机容量达 280 兆瓦，约占缅甸国家电网总容量的 1/4，被称为缅甸的"三峡工程"。

---

① 缅甸规划 2030 年电力总装机容量 28784 兆瓦 [EB/OL].（2017–02–10）. http://www.mofcom.gov.cn/article/i/jyjl/j/201702/20170202513346.shtml.

② 聂飞. 中国企业对缅甸电力基础设施直接投资的风险研究 [D]. 南宁：广西大学，2018.

③ 中国仍是缅甸外资最大来源国 [EB/OL].（2016–03–18）. http://mm.mofcom.gov.cn/article/jmxw/201603/20160301277869.shtml.

2005年，中国企业与缅甸企业共同签署了缅甸瑞江一级水电站开发运营合资协议。该项目是中国第一个对外投资的水电BOT项目，其电站装机容量为600兆瓦，2008年9月已经投产发电并向中国和缅甸国内送电，实现了中缅两国电力合作的互利共赢。

表3-2 中国企业在缅甸部分电力项目情况

项目名称	装机容量（兆瓦）	投产时间
照济1级/2级	18/12	1995/2000
德畔塞水电站	30	2002
孟恩水电站	75	2004
邦朗水电站	280	2005
瑞丽1级/2级/3级水电站	600/460/360	2009（1级）
密松水电站	600	（搁置）
耶涯水电站	790	2010
太平江水电站	240	2011
上邦朗水电站	140	2014
迪吉燃煤发电站	120	2017
羌达风电项目	30	（在建）
缅北230千伏主干网连通输电项目		2017
达吉达燃气电厂	106	2017

资料来源：根据缅甸电力部相关资料整理（截至2019年12月）。

（二）中老电力互联互通概况

老挝水电资源丰富，且与中国、泰国、缅甸、越南等国家接壤，具备电力进出口良好的条件。尽管水力资源丰沛，但老挝存在严重的季节性缺电，加上落后的交通和电力基建能力，使得目前老挝国内的装机量无法满足全国的用电需求，每年不得不从周边国家进口电力。目前，泰国、越南和中国是老挝主要电力进口国。2005—2015年，随着经济社会发展对电力需求的上升，老挝从中国、泰国和越南进口电力呈现较快增长态势。2015年，老挝从中国进口电量达到2049.82吉瓦·时，合计电价9924万美元，为历年最高。从2016年以来，随着南欧江流域梯级项目一期电站等大型水电工程的陆续发电，老挝国家电力公司（EDL）的电力出口实现重大突破，出口电量大幅增加，进口电量快速减少。2017年，老挝从中国、泰国和越南进口总电量仅为499.01吉瓦·时，其中约85%来自泰国，10%来自中国，5%来自越南（见表3-3）。

表 3-3　2005—2017 年老挝从周边国家电力进口情况

年份	泰国		越南		中国		合计	
	电量 吉瓦·时	价格 百万美元	电量 吉瓦·时	价格 百万美元	电量 吉瓦·时	价格 百万美元	电量 吉瓦·时	价格 百万美元
2005	310.72	12.88	14.91	0.89	4.53	0.27	330.16	14.05
2006	609.09	40.77	17.15	1.03	4.87	0.31	631.11	42.11
2007	759.27	44.08	19.63	1.18	14.55	1.13	793.45	46.39
2008	804.14	48.83	22.59	1.36	17.78	1.47	844.51	51.66
2009	1128.16	65.52	25.39	1.5	21.58	2.46	1175.13	69.48
2010	1102.68	62.64	31.72	1.9	75.3	4.94	1209.7	69.48
2011	757.84	38.18	33.96	2.04	112.46	7.31	904.26	47.53
2012	1179.90	55.63	36.50	2.18	112.69	7.54	1329.09	65.35
2013	1025.74	51.05	27.20	1.99	218.72	14.8	1271.66	67.84
2014	1286.11	60.02	34.83	2.65	238.2	16.29	1559.14	78.96
2015	1748.01	78.01	47.63	3.89	254.18	17.34	2049.82	99.24
2016	347.52	36.98	34.96	3.72	70.39	7.49	452.87	48.19
2017	424.61	47.66	26.32	2.18	48.08	3.26	499.01	53.1

资料来源：李恒.老挝水电站建设中的外商投资风险研究 [D].济南：山东大学，2019：35-36.

随着打造"东南亚蓄电池"目标的提出，老挝不断加强与周边国家的电力合作。近年来，老泰两国能源领域合作不断加强，泰国成为老挝水电项目合作最多的国家。早在 1993 年，泰国就在老挝投资水电项目并为泰国输送电力，Theun-Hinboun 水电站建设及扩建项目共有 22000 兆瓦装机容量，并签署 25 年及 27 年输送电力合同。2017 年老挝向泰国出口电力 3801 兆瓦，预计到 2021 年将增加到 9000 兆瓦。[①]

老挝与中国等其他国家的电力合作也在不断加深。近年来，中国企业对老挝投资不断增加。根据老挝计划与投资部的年度报告，2016 年中国超过了越南，成为老挝的最大投资国。中国在老挝的重要投资项目涉及经济合作区、铁路、电网、水电站等多个领域。2018 年，中国在老挝累计投资 777 个项目，总额超

① 老泰进一步加强务实交流和合作 [EB/OL].（2018-06-05）. http://la.mofcom.gov.cn/article/ztdy/201806/20180602752182.shtml.

过 110 亿美元，双边贸易额达到了 30 亿美元，同比增长 17%。[①] 在电力行业投资方面，2001 年以来，中国在老挝投资建设输电线路，并积极参与老挝水电资源开发。截至 2019 年年底，中国已有 14 家公司先后进入老挝从事水电行业的工程承包、投资，以及输电、配电项目建设，投资项目规模呈不断增长趋势。泰国还通过老挝购买云南的电力。

（三）中越电力互联互通概况

中国云南和广西与越南接壤，两省（区）与越南在电网联网和电力输送方面的合作深入。云南电网最早以边贸形式的 10 千伏小规模向越南送电。2004 年，云南河口至越南老街 110 千伏联网工程顺利投产，成为中国第一个对越送电项目；2005 年，云南又开通了 110 千伏对越送电第二通道；2005 年 6 月，开通了 110 千伏猫猫跳—河江单回线路，从中国文山向越南河江省送电；2006 年 9 月，220 千伏新桥—老街双回线路正式投产，实现 220 千伏国际联网；2007 年 4 月，云南文山—越南河江 220 千伏联网工程投入运行。广西从 2005 年 4 月开始，通过东兴—芒街 110 千伏跨境电缆向越南送电。云南电网通过 3 回 220 千伏线路开展对越送电，最大送电能力 80 万千瓦，自 2004 年开始实施送电以来，已连续 15 年对越南安全供电，累计送电量超 370 亿千瓦·时。截至 2019 年 10 月底，云南电网对越南售电累计达 17.73 亿千瓦·时，同比增长 44.78%，超过 2018 年全年售电量。[②]

2016 年，南方电网公司授权南方电网云南国际有限责任公司，与老挝国家电力公司、老挝彭萨塔瑞集团、越南河内—万象电力公司在昆明共同签署了《中国经老挝向越南特高压送电项目谅解备忘录》，并初步达成 2021 年至 2025 年期间中国经老挝向越南送电 500 万千瓦至 600 万千瓦的意向。[③] 这成为中国第一个跨境第三国电网互联互通项目，标志了中老越电网互联互通取得实质性进展。

---

① 葛宽斋·马力占西，周佳.老挝—中国关系蓬勃发展 [J]. 中国投资（中英文），2019（19）：64.

② 云南电网对越送电创新高　前 10 月送电量超 2018 年全年累计值 [EB/OL].（2019–11–27）. http://www.cec.org.cn/zdlhuiyuandongtai/dianwang/2019–11–27/195974.html.

③ 中国老挝越南电网互联互通取得实质性进展 [EB/OL].（2017–09–19）. http://www.nea.gov.cn/2017–09/19/c_136620970.htm.

二、中国与东盟国家油气管道互联互通概况

目前，中缅原油管道是中国与东盟国家唯一互联互通的油气合作项目，由中缅原油管道、中缅天然气管道和马德岛 30 万吨原油码头组成。缅甸若开邦的皎漂港，是一处天然避风避浪良港，自然水深约 25 米，可航行、停泊 25 万至 30 万吨级远洋轮船。

中缅油气管道是中国继中亚油气管道、中俄原油管道、海上通道之后的第四大能源进口通道，包括中缅原油管道工程与中缅天然气管道工程。中缅油气管道是"一带一路"倡议在缅甸开展实施的先导项目，按照规划，中缅油气管道采取油气双线并行的方式建设，经缅甸若开邦、马圭省、曼德勒省、掸邦，从瑞丽进入中国。原油管道将延伸至中国重庆，天然气管道终点在广西贵港。天然气管道输送缅甸的海底天然气到中国，而原油管道则输送中东、非洲原油，就是将中东、非洲原油海运至皎漂港海边的马德岛，再由管道将原油输送至中国。这是中国经马六甲海峡海上运输石油线路之外，另一条直接从中东向中国输送石油的管线通道。

中缅油气管道建设也经历了漫长的过程。2006 年 11 月，中缅两国代表签署了《缅甸联邦能源部和中国石油天然股份有限公司关于共同开发缅甸境内天然气项目合作的谅解备忘录》，奠定了双方天然气合作的基础。2009 年 3 月，中缅两国能源部门领导人在缅甸签署《关于建设中缅原油和天然气管道的政府协议》，明确中缅油气管道码头建设等重要事项。同年 6 月，中缅两国代表签署了《中国石油天然气集团公司与缅甸联邦能源部关于开发、运营和管理中缅原油管道项目的谅解备忘录》，按照有关协议约定，中缅油气管道每年将为缅甸带来包括税收、投资分红、路权费、过境费、培训基金以及社会经济援助资金等巨大的直接收益，并带来大量的就业机会。中缅油气管道是中缅两国的示范性工程，为中缅两国油气需求提供了有效供给。

原油管道起点在缅甸西海岸的马德岛，途径若开邦马德岛、马圭省、曼德勒、掸邦，经瑞丽口岸入境中国，石油管道终点为中国云南昆明，中缅石油管道输送的原油主要送往云南省的新石油炼化厂，在长期规划中，石油管道还将向北延伸至中国重庆。缅甸境内段全长 771 千米，中国境内全长 1600 余千米，全线采用常温密闭输送工艺。管道缅甸境内设计输量为每天 44 万桶、每年 2200 万吨，

由中石油集团和缅甸国家油气公司两家合资建设，输油管线的日输油能力为40万桶，相当于中国日石油进口总量的5%，除去缅甸每年从中缅原油管道下载200万吨原油，其余都输送到中国。2010年6月，中缅油气管道工程正式开工建设，2015年1月，中缅原油管道工程在缅甸皎漂马德岛举行试运行仪式，马德岛港成功开港投运接卸第一船来自中东的原油。2017年4月11日，中国石油天然气集团公司董事长王宜林与缅甸驻华大使帝林翁代表在北京签署了《中缅原油管道运输协议》，同日，中缅原油管道工程在缅甸马德岛正式投运[①]。2017年5月2日开始输送原油。中缅原油管道配合建设云南石化1000万吨炼油等项目，缓解了中国西南地区缺油少气的局面。这样，中国购买的中东、非洲的部分石油就无须再绕过马六甲海峡，节省了原油运输成本和时间。中缅石油管道启用后，经过竞标，青岛港的项目团队取得了负责原油码头的操作运营管理。

中缅天然气管道起于缅甸若开邦皎漂兰里岛，敷设22千米后与原油管道并行或同沟敷设，从南坎进入中国境内的云南省瑞丽市，经贵阳市、南宁市到达贵港市，全长2520千米，其中缅甸段793千米，中国段1727千米，每年可向沿线地区输送120亿立方米天然气，除去缅甸每年从中缅天然气管道下载20亿立方米天然气，每年可向国内供应100亿立方米天然气。天然气资源主要来自缅甸境内气田。2013年7月28日，中缅天然气管道工程正式投产向中国通气，9月7日开始为缅甸分输。中缅天然气管道还与中国石化广西管道在钦州、来宾两处进行连通，两处连通后，管道将具备每日800万立方米的双向供气能力。由中国石油西南管道公司具体实施。据测算，中缅天然气管道每年输送的120亿立方米天然气可替代煤炭3072万吨，减少二氧化碳等排放5283万吨。[②]

第二节　中国与东盟国家能源贸易合作现状

目前，中国与东盟国家开展的能源贸易合作主要是油气产品、石化产品以

---

① 中缅原油管道工程投运　缓解对马六甲海峡依赖 [N]. 上海证券报，2017-04-12.

② 中缅天然气管道将为中缅两国带来哪些好处？ [EB/OL]. （2013-10-20）. http://www.cnpc.com.cn/cnpc/mtjj/201311f.shtml.

及电力贸易等方面贸易合作。

一、中国与东盟油气贸易概况

中国与东盟国家的能源贸易有逐年增加的态势，总体上，中国对东盟国家的能源贸易处于逆差状态（见表3-4）。

表3-4　中国与东盟能源贸易总额表　　　　（单位：亿美元）

年份	双边能源贸易总额	中国进口东盟能源总额	中国出口能源总额	中国能源贸易逆差
2010	292.216	210.832	81.383	129.449
2013	378.732	273.618	105.113	168.505
2014	362.860	250.377	112.483	137.895
2015	288.699	208.688	80.011	128.676
2016	293.743	204.632	89.110	115.521
2017	419.209	287.769	131.440	156.329

资料来源：根据田春荣《2017年中国石油进出口状况分析》（载于《国际石油经济》2018年第3期）整理而来。

中国与东盟双边主要以天然气、煤炭、原油和成品油为主，双边之间互有进出。电力贸易以中国出口到老挝、越南为主，与缅甸的电力贸易互有进出。其中，中国与印尼的能源贸易额最大，其次是新加坡和马来西亚，与老挝的能源贸易额最小，其次是柬埔寨（见表3-5）。

表3-5　中国与东盟国别能源贸易表　　　　（单位：亿美元）

年份	文莱	柬埔寨	印尼	老挝	马来西亚	缅甸	菲律宾	新加坡	泰国	越南
2010	6.225	0.130	93.623	0.093	48.923	2.130	7.161	77.507	15.994	40.429
2013	0.699	0.153	142.326	0.250	64.941	4.405	11.276	86.615	27.756	40.309
2014	1.423	0.254	108.031	0.344	66.595	16.755	17.761	87.982	17.526	46.189
2015	0.567	0.289	75.696	0.346	64.229	18.438	16.723	67.985	13.118	31.307
2016	1.607	0.072	84.428	0.226	51.060	15.087	20.463	71.228	13.823	35.748
2017	3.018	0.206	103.225	0.087	100.960	13.814	27.453	114.707	17.617	38.121
均值	2.600	0.178	97.605	0.174	55.919	7.807	12.917	76.802	17.867	39.130

资料来源：根据田春荣的《2017年中国石油进出口状况分析》（载于《国际石油经济》2018年第3期）整理而来。

田春荣的《2017年中国石油进出口状况分析》数据显示，2008—2017年十年间，中国与东盟国家原油进出口并不稳定。从中国进口东盟原油情况来看，

2017 年，中国从东盟进口原油 1184 万吨，为近十年最高，同比增长 9.9%，主要从印尼、越南、马来西亚、泰国和文莱等国家进口，其中从马来西亚进口最多，为 658.83 万吨，占从东盟国家原油进口总量的 55.64%。从中国出口原油到东盟的情况来看，2017 年，中国出口原油到东盟的总数为 139.39 万吨，占中国出口原油总量的 28.7%，主要是马来西亚、泰国、菲律宾、新加坡和印度尼西亚这 5 国[①]（见表 3-6）。

表 3-6　2008—2017 年中国从东盟原油进口来源结构　　（单位：万吨）

年份	印尼	越南	马来西亚	泰国	文莱	菲律宾	缅甸	新加坡	合计
2008	139.22	84.24	82.97	76.53	7.91	0	0	4.13	401.3
2009	323.44	102.59	222.94	60.71	52.62	0	4.31	0	766.62
2010	139.24	68.25	207.94	23.13	102.43	0	0	0	541
2011	71.72	85.35	171.5	33.38	61.19	3.57	0	0	426.7
2012	54.82	74.46	111.44	72.20	40.53	0	0	0	353.46
2013	68.44	64.71	60.3	58.90	7.90	6.8	0	0	267.05
2014	37.51	148.29	21.73	0	8.19	0	0	0	215.73
2015	161.55	211.66	27.14	0	15.95	0	0	0	416.29
2016	284.85	426.65	240.76	88.98	35.93	0	0	0	1077.17
2017	148.57	236.06	658.83	81.23	59.31	0	0	0	1184
合计	1429.36	1502.26	1805.55	495.06	391.96	10.37	4.31	4.13	5649.32

资料来源：根据田春荣的《2017 年中国石油进出口状况分析》（载于《国际石油经济》2018 年第 3 期）整理而来。

中国是东盟国家主要的原油出口市场。中国从 2014 年第六位的出口市场快速提升到 2016 年的第二位，但是，到 2017 年降到第三位，2019 年又降到第四位（见表 3-7）。

表 3-7　2016—2019 年东盟主要出口原油市场表　　（单位：百万美元）

排序	国家	2016 年	排序	国家	2017 年	排序	国家	2018 年	排序	国家	2019 年
1	东盟	6047.7	1	东盟	7475.1	1	东盟	8030.5	1	东盟	6461.4
2	中国	2628.3	2	澳大利亚	3015.5	2	澳大利亚	4561.8	2	澳大利亚	2683.2

---

① 田春荣.2017 年中国石油进出口状况分析 [J].国际石油经济，2018（3）.

续表

排序	国家	2016 年	排序	国家	2017 年	排序	国家	2018 年	排序	国家	2019 年
3	澳大利亚	2530.4	3	中国	2290.4	3	印度	2461.4	3	印度	2324.3
4	印度	2027.0	4	印度	1852.8	4	中国	1359.5	4	中国	1030.7
5	日本	1284.4	5	日本	1290.5	5	日本	1201.2	5	日本	833.3
6	韩国	644.4	6	韩国	975.2	6	韩国	1101.1	6	韩国	588.8

资料来源：《2020 年东盟统计年鉴》。

在进口东盟国家原油的同时，中国也向东盟国家出口原油，其中向马来西亚出口数量最大（见表 3-8），向泰国出口原油数量较稳定。

表 3-8　2017 年中国向东盟国家出口原油情况　　　　　　（单位：万吨）

国家（地区）	2010 年	2015 年	2016 年	2017 年	2017 年比上年增长	2017 年份额
马来西亚	11.75	5.89	—	41.73		8.6%
泰国	24.43	20.47	20.47	32.77	60.1%	6.7%
菲律宾	4.10	—	—	28.17		5.8%
新加坡	7.60	25.54	23.25	19.92	−14.3%	4.1%
印度尼西亚	8.26		—	16.78		3.5%

资料来源：中华人民共和国海关总署网站。

由于中国巨大的炼化产能，在炼油能力持续过剩的新常态下，出口已成为中国一些沿海炼厂扩大油品销路的重要手段，大多数东盟国家成为中国成品油、液化石油气的市场（见表 3-9）。

表 3-9　2017 年中国向东盟国家出口石化产品情况　　　　　（单位：万吨）

国家	液化石油气		车用汽油		轻柴油	
	2016 年	2017 年	2016 年	2017 年	2016 年	2017 年
马来西亚	0.99	0.54	146.98	226.76	54.11	54.11
泰国	—	—			14.56	11.89
菲律宾	38.43	31.82	17.04	29.03	242.95	340.10
新加坡	0.40	0.35	529.83	626.11	392.52	449.31
印度尼西亚	—	—	81.29	87.81	—	—
缅甸	0.51	0.44	—	—	16.07	17.42
越南	47.19	55.41	32.36	32.36	19.89	12.75

资料来源：中华人民共和国海关总署网站。

二、中国与东盟煤炭贸易概况

中国是一个煤炭资源丰富而石油资源相对贫乏的国家，这样的能源禀赋和经济发展阶段决定了一段时期内煤炭在中国能源消费结构中仍然占据重要地位。2017 年，在中国一次能源消费中，煤炭占比 65.2%，其次是石油占 20.2%，天然气占 7.5%，水电等其他能源占 7.1%。目前，中国是一个煤炭生产大国，也是煤炭消费大国。随着国民经济社会快速发展，对包括煤炭在内的能源需求日益增加，煤炭生产难以满足现实需要，煤炭需求缺口不断扩大，亟须进口煤炭。2008 年中国还出口煤炭 4543 万吨，到 2009 年进口煤炭猛增到 12583 万吨，成为煤炭净进口国，到 2020 年进口煤炭 30399 万吨，同比增长 1.5%，煤炭进口呈增加趋势。

印度尼西亚和越南是中国煤炭进口的重要来源地。2004 年，越南超过澳大利亚成为中国最大的煤炭进口来源地。此后，来自印度尼西亚的煤炭进口量大幅增加，2010 年取代越南成为中国最大的煤炭进口来源地。2018 年，中国进口煤炭达到 28079 万吨，比上年增长了 3.8%。从煤炭来源上看，中国煤炭进口主要来自印度尼西亚（12562 万吨）、澳大利亚（8094 万吨）、蒙古（3624 万吨）和俄罗斯（2616 万吨），这四国合计占全国煤炭进口总量的 95.7%。印度尼西亚成为中国进口煤炭第一来源国家，占煤炭进口总量的 44.74%。[①]2020 年，中国累计进口煤炭达到 30399 万吨，同比增长了 1.5%。

印度尼西亚和越南成为东盟国家中对中国出口煤炭的两个重要国家，一方面是因为两国拥有巨大的煤炭储量，另一方面，两国的煤矿开采成本较低。例如，印度尼西亚的煤矿多为露天矿，开采条件较好，因而出口价格低廉。此外，两国出口煤矿距离海岸线很近，具有铁路运距近和内陆水运便利等优越条件。中国东南沿海城市从印度尼西亚进口煤炭具有海运距离短、航线安全、有煤炭专用码头进行装卸的优点。事实上，广东、云南、广西等省区从越南进口煤炭的运输成本，要比从中国北方采购煤炭的运输成本低，这使得中国南方地区大量从印度尼西亚和越南进口煤炭。

---

① 王方超 . 2019 年煤炭国内供应宽松 进口政策或将有所收紧 [EB/OL]. https://finance.ifeng.com/c/7klAvP4Mpl8.

三、中国与东盟国家电力贸易概况

中国与东盟电力贸易以中国出口电力到老挝、越南为主，与缅甸的电力贸易互有进出。近年来，随着电力合作机制、送电通道和电源点建设不断加强，广西和云南依托资源优势和区位优势，积极与周边国家开展电力贸易合作。截至 2018 年 8 月，中国南方电网公司已经建成了 13 回 110 千伏及以上线路与越南、老挝、缅甸电网相联，累计共完成电力交易 531 亿千瓦·时。[①]

中国与越南电力贸易方面，中国南方电网公司积极推进与越南电网互联互通。2016 年，中国通过 220 千伏、110 千伏两个电压等级、5 回输电线路实现了与越南电网互联，成功给越南边境 7 个省提供安全和稳定的供电。至 2018 年年底，南方电网公司与越南的电力交易额累计近 368 亿千瓦·时。根据中越电力联网第三商业运行阶段购售电合同，2016—2020 年，南方电网向越南累计送电 75 亿千瓦·时。[②]

中国与老挝电力合作取得较快进展。2001 年，云南电网通过多条 10 千伏和 35 千伏线路向与老挝相邻省份地区送电。2009 年南方电网开始通过 115 千伏勐腊—那磨线对老挝送电。2010 年，扩大了老挝送电范围到琅南塔、乌多姆赛、沙耶武里和琅勃拉邦等省。至 2017 年，南方电网累计共向老挝送电 6.93 亿千瓦·时。中国一直通过老挝北部的中老 115 千伏及 220 千伏线路向老挝出口电力，累进出口电力超过 10 亿千瓦·时。[③]

十多年来，中国与缅甸的电力贸易发展较快。2008 年 12 月，缅甸瑞丽江一级水电站并入云南电网运行；2010 年 8 月，太平江一级水电站并入云南电网运行。目前，云南电网通过 220 千伏输电线由缅甸瑞丽江一级水电站、太平江一级水电站进口电力。2008 年 12 月起，云南电网公司从缅甸瑞丽江电站开始购电，2011 年 1 月全部并入云南电网，通过 500 千伏缅甸太平江一级至中国大

① 南方电网：开展电力贸易 电网互联互通 [EB/OL].（2018–08–13）. http://www.cec.org.cn/zhuanti/2018nianzhuanti/2018niandianlizhutiri/2018–08–13/183615.html.

② 南方电网与越南电力贸易公司签署"十三五"售电合同 [EB/OL].（2016–07–27）. http://www.cec.org.cn/zdlhuiyuandongtai/dianwang/2016–07–27/156187.html.

③ 王虹，赵众卜，曾荣 . 老挝电力市场发展建议 [J]. 国际工程与劳务，2019（1）：42–45.

盈江四级单回线路向中国回送电力，日均回送电量约为 300 万千瓦·时。

第三节　中国与东盟国家能源领域投资和工程承包合作

长期以来，东盟国家一直是中国对外能源投资和工程承包的合作伙伴。总体上，由于双方的资金、能源技术和设备制造能力等方面差别较大，中国与东盟国家的能源投资和工程承包合作以中国向东盟国家投资和开展工程承包为主，鲜见东盟国家在中国进行能源投资和工程承包。

一、中国与文莱的能源投资和工程承包合作

文莱的石油和天然气储量较为丰富，虽然中国企业对文莱能源的投资项目较少，但是规模较大。较大的项目主要是水坝工程和石油炼化项目。

2010 年，中国水电建工集团与文莱发展部就文莱都东水坝项目签署了合同，合同金额达 4.37 亿元。该项目是中国水电集团进入文莱市场的第一个项目，也是文莱近年来建设的最大的水坝工程项目。目前，该项目已经竣工投运。2013 年，浙江恒逸集团投资文莱 PMB 石油化工项目，该项目位于文莱东面的大摩拉岛，是以原油、凝析油为原料的千万吨炼油化工一体化项目。2019 年 11 月，恒逸文莱 PMB 项目全面投产运营。该项目是文莱国内最大的实业投资项目，促进了文莱实现油气资源本地产业化。该项目也是中国"一带一路"倡议的第一个民营炼化项目，推动了中国石化技术标准走出国门。

二、中国与柬埔寨的能源投资和工程承包合作

一直以来，中柬两国的能源投资和工程承包合作领域不断拓宽。自 1994 年以来，中国成为柬埔寨最大的外来投资国，主要涉及能源、交通、旅游等领域。在能源方面，中国对柬埔寨的投资主要集中在水电投资。甘再水电站是中国水利水电建设集团在海外第一个以 BOT 方式投资开发的水电站，2006 年 4 月开始建设，2011 年 12 月开始发电，2012 年 8 月进入商业运行，是柬埔寨最早实现并网发电的大型水电项目，成为柬埔寨政府政绩和改善民生的标志性项目，给

柬埔寨政府和中国企业带来了引领示范作用。此后，柬埔寨政府一再采用甘再水电站合作模式，先后启动了基里隆水电站、达岱水电站、阿代河水电站、额勒赛河下游水电站、西山河水电站等大型水电站工程建设。这些水电站大都由中国企业投资建设，带动中国水电技术、中国水电标准、中国水电设备、中国电力文化"走出去"。[①] 目前，柬埔寨已经投运的 7 个水电站中，只有上丁省的桑河二水电站由中国、柬埔寨和越南公司合资，其他 6 个水电站都是中国公司独资建设的。

截至 2018 年年底，中国企业在柬埔寨共投资 10 座水电站和 1 座火电站，装机总量 1733 兆瓦，占柬埔寨国内常规装机的 93%。[②] 目前，中国企业在柬埔寨主要投资的大型水电站项目，根据总装机容量来看，分别是桑河二级水电站（400 兆瓦）、额勒赛河下游水电站项目（338 兆瓦）、达岱水电站项目（246 兆瓦）、斯登沃代水电站项目（120 兆瓦）、甘再水电站（193.2 兆瓦）、基里隆 3 号水电站项目（18 兆瓦）、基里隆一级水电站（12 兆瓦）。其中桑河二级水电站是中柬合作的最大水电项目，该水电站大坝全长 6500 米，被誉为亚洲第一长坝。桑河二级水电站的总装机容量达 40 万千瓦，占柬埔寨全国总装机容量的近 20%，是目前柬装机容量最大的水电站，年发电量可以达到 19.7 亿千瓦·时（见表 3–10）。

表 3–10　中柬电力主要合作项目情况

项目名称	投资方（国）	项目情况
基里隆一级水电站	中国电力技术进出口公司	总装机容量 12 兆瓦，年发电量 6419 万千瓦·时
甘再水电站	中国水利水电建设集团	总装机容量 193.2 兆瓦，年发电量 4.98 亿千瓦·时
基里隆 3 号水电站	中国国网新源电力投资公司	总装机容量 18 兆瓦，年发电 7668 万千瓦·时

---

① 甘甜如饴　再创辉煌——记集团首个海外 BOT 电站甘再水电站 [EB/OL].（2017–09–08）. http://pr.powerchina.cn/g163/s996/t5470.aspx.

② 中国为柬埔寨建水电站，这个细节很暖心 [EB/OL].（2019–10–27）. http://mil.news.sina.com.cn/2019–10–27/doc–iicezzrr5219739.shtml.

项目名称	投资方（国）	项目情况
斯登沃代水电站	中国大唐集团公司、云南国际经济技术合作公司和云南藤云西创投资实业有限公司	总装机容量 120 兆瓦，年发电量 4.65 亿千瓦·时
额勒赛河下游水电站	中国华电集团	总装机容量 338 兆瓦，年发电量 10.2 亿千瓦·时
达岱水电站	中国重型机械总公司	总装机容量 246 兆瓦，年发电量 8.49 亿千瓦·时
桑河二级水电站	中国、越南、柬埔寨三国联合投资	总装机容量 400 兆瓦，年发电量 19.7 亿千瓦·时

资料来源：根据有关资料整理。

三、中国与印度尼西亚的能源投资和工程承包合作

印度尼西亚是中国企业对外开展能源投资较多的国家之一。早在 2002 年 3 月，中国与印度尼西亚两国正式签署《关于成立能源论坛的谅解备忘录》，双方全面展开在能源领域的交流与合作。根据 AIDDATA 数据显示，2000—2014 年，中国对印度尼西亚的财政援助共有 86 例，其中能源领域的援助 19 例，总援助金额达 58.248 亿美元（见表 3–11）。

表 3–11 2000—2014 年中国政府对印度尼西亚能源领域的财政援助情况 （单位：亿美元）

年份	项目	资金援助机构	项目执行方	金额
2003	芝拉扎电站	中国银行	PT Sumber Segara Primadaya、Geo Dipa Energi、中国成达工程有限公司	4.08
2004	南苏风港电站	（未明）	中国机械设备进出口公司、Perusahaan Listrik Negara	1.82
2005	巴比巴卢电站	（未明）	印度尼西亚国营电力公司	0.935
2005	贾蒂格德大坝	（未明）	中国水电建设集团国际工程有限公司	1.69
2008	万丹苏拉拉亚电站	中国进出口银行	中国电建集团山东电力建设有限公司、	3.308
2008	东爪哇百通电站	中国进出口银行	中国哈尔滨电力工程有限公司	3.3
2008	南安由电站	中国进出口银行、中国出口信用保险公司	中国机械设备进出口公司、中国电力工程有限公司	5.92

续表

年份	项目	资金援助机构	项目执行方	金额
2009	万丹隆达尔电站	中国银行	中国东方电气集团有限公司、印度尼西亚 PT Dalle Energy	4.55
2009	公主港电站	中国进出口银行	中国上海电气集团股份有限公司	4.81
2009	亚齐电站	中国进出口银行	中国水电建设集团国际工程有限公司	1.24
2009	巴芝丹电站	中国进出口银行	中国东方电气集团有限公司	2.93
2009	阿瓦—阿瓦电站	中国银行	中国电力工程有限公司、	3.715
2011	巴比巴卢项目再贷款	中国进出口银行	中国机械设备进出口公司、印度尼西亚 PT Penta Adi Samudra	1.33
2012	南苏 5 号电站	中国国家开发银行	中国电力工程有限公司	3.18
2013	芝拉扎电站扩充项目	中国国家开发银行	印度尼西亚 PT Sumbe rSegara Primadaya	7
2013	贾蒂格德大坝再贷款	中国进出口银行	中国水电建设集团国际工程有限公司	1.3
2013	东努沙登加拉、Raknamo 大坝、Kolhua 大坝、Mbay 大坝	中国进出口银行	未明	1
2014	庞卡兰苏苏电站	中国进出口银行	中国水电建设集团国际工程有限公司	3.73
2014	塔卡拉电站	中国进出口银行	中国葛洲坝集团有限公司	2.41

资料来源：耿伟伟，宋秀琚．中国—印度尼西亚能源合作：进展、动因及挑战 [J]．东南亚纵横，2019（3）．

　　印尼的亚投资统筹机构统计显示，中国成为印度尼西亚重要的外资来源国。2017 年上半年，中国对印度尼西亚实现投资 20 亿美元，仅次于新加坡和日本，排名第三。2005—2017 年，中国企业在印度尼西亚成功投资 84 起，投资总额达 392.8 亿美元，其中在能源领域投资 223.3 亿美元，占比 56.85%。在中国对印尼的能源投资中，主要集中为电力投资。2005—2017 年，中国企业对印度尼西亚能源领域投资总共 40 起，其中在火电、水电和可再生能源发电方面的 34 起，金额高达 201.5 亿美元，占能源领域总投资金额的 90%[1]（见表 3–12）。

---

① 耿伟伟，宋秀琚．中国—印度尼西亚能源合作：进展、动因及挑战 [J]．东南亚纵横，2019（3）．

表 3-12 2005—2017 年中国企业对印度尼西亚能源领域的投资情况

投资领域	直接投资			建造合同		
	次数	金额（亿美元）	资金比重（%）	次数	金额（亿美元）	资金比重（%）
电力领域	7	52.5	83	27	149	93
其他能源领域	4	10.525	17	2	11.3	7

四、中国与老挝的能源投资和工程承包合作

老挝的能源资源禀赋严重失衡，水电资源丰富而煤炭、石油、天然气资源严重缺乏，水电开发进展较大而电网建设滞后，电力生产和电网建设发展不平衡。老挝国内仍有 1/6 的农村地区不通电。很多外商投资老挝水电站项目，已开发的水电站中，有 70%~80% 由中国开发商投资建设，成了老挝外商投资水电领域最多的国家。近年来，中国企业更加积极参与老挝电力市场投资或者工程承包，投资项目规模呈不断增长趋势（见表 3-13）。

2008 年，老挝南俄 5 号水电站项目开工建设。该项目是中国水电建设集团以 BOT 方式对老挝进行投资开发的水电站项目，电站总装机 12 万千瓦，年发电量 5.07 亿千瓦·时，项目总投资金额将近 2 亿美元，其中中国水电建设集团持股 85%，老挝国家电力公司持股 15%。南欧江流域按"一库七级"共分两期开发，总装机容量为 1272 兆瓦，年发电量约 50 亿千瓦·时，总投资约为 28 亿美元。2012 年，中国电力建设集团与老挝国家政府签署了南欧江流域一期项目的电价谅解备忘录，项目一期主体开工建设，2016 年年底项目完工，2017 年年初项目商业运行。2016 年，项目二期主体工程开工建设，2020 年 12 月 12 日，南欧江二期项目三级水电站最后一台机组成功并网发电。[①] 南欧江流域梯级电站建设，成为老挝建设"东南亚蓄电池"国家战略目标的骨干电源，是中老电力合作的典范。

---

① 公司投资建设的老挝南欧江二期项目实现"一年九投" [EB/OL].（2020-12-14）. https://www.powerchina.cn/art/2020/12/14/art_7440_926710.html.

表 3-13　近年来中国企业在老挝电力行业部分重大投资或承包项目情况

合同签署日期	公司名称	项目名称	项目总投资金额
2021 年	南方电网公司	老挝国家输电网公司（EDLT）特许权	
2016 年	中国重型机械有限公司	色贡煤电一体化项目 EPC 合同	21 亿美元
2015 年	中国电力技术装备有限公司	500/230 千伏万象环网输变电项目总承包合同	2.39 亿美元
2015 年	中国机械装备工程股份有限公司	Kohing—Naphia 和 Namxam HPP—Houamuang 输电线路及配套变电站	4.84 亿美元
2015 年	中国电力建设集团	南欧江流域梯级水电站（二期）项目	17 亿美元
2015 年	中国电力建设集团国际工程有限公司	南俄 3 号水电站	12.9 亿美元
2014 年	北方国际合作股份有限公司	南湃水电站	2.1 亿美元
2014 年	浙富水电国际工程有限公司	XePianXeNamnoy 水电站项目	4.6 亿元人民币
2013 年	南方电网国际有限责任公司	南塔河 1 号水电站项目	27 亿元人民币
2012 年	中国电力建设集团	南欧江流域梯级水电站（一期）项目	10.35 亿美元
2011 年	中国水利电力对外公司	南椰 2 号水电项目	3.45 亿美元
2011 年	中国水利水电建设集团	南乌江水电项目开发	20 亿美元
2009 年	中国水电集团	南槛 2 号、南槛 3 号水电站和 230 千伏欣和—琅勃拉邦输变电线路项目	5.59 亿美元
2009 年	中国葛洲坝集团有限公司	会兰庞雅电站项目以及北方农村电网改造项目	
2009 年	中国电力工程有限公司	洪沙 3×626 兆瓦燃煤电站项目	16.8 亿美元
2008 年	中国水电建设集团国际工程有限公司	南俄 5 号水电站项目	1.9975 亿美元
2007 年	中国水利电力对外公司	南立 1—2 号水电站项目	1.49 亿美元

资料来源：根据有关资料整理。

电网建设合作也取得新进展。中国南方电网公司是中老电网建设合作的主力军。2015 年 11 月，中国和老挝首个成功合作的电网项目——230 千伏老挝北部电网工程在老挝琅勃拉邦举行通电移交仪式。该项目由老挝国家电力公司投资、南方电网云南国际公司总承包。项目横跨老挝北部4省，包括4条230千伏线路和4座变电站，合同金额达3.02亿美元。工程于2014年开工建设，投产运营后，形成了老挝全国统一的230千伏骨干网架。[①]2015年11月，老挝国家电力公司还与南方电网云南国际公司签署了500千伏老挝那磨—勐晖输变电工程EPC框架协议。目前，中方正在积极推进500千伏中老电力联网前期工作。2018年8月，中国南方电网公司及老挝国家电力公司签署了《关于开发建设老挝国家输电网可行性研究谅解备忘录》，中老合作助力老挝加快建成一体化骨干输电网，促进老挝与周边国家电网互联互通。[②]2019年4月30日，在中国国家主席习近平和老挝国家主席本扬·沃拉吉见证下，南方电网与老挝国家电力公司共同签署了《关于中老铁路供电项目的股东协议》。该项目是老挝首个电网BOT项目。中老铁路供电项目初期将新建10座牵引变电所并接入老挝电网，新建约268千米115千伏输电线路。2019年11月8日，中国南方电网与老挝国家电力公司共同出资在老挝万象成立老中电力投资有限责任公司，将负责中老铁路老挝段供电项目的投资建设及运行维护，为中老铁路2021年12月建成通车提供坚强电力保障。2021年3月11日，南方电网公司与老挝政府签署了老挝国家输电网公司（EDLT）特许权协议，旨在建立贯通老挝南北的输电网络并与周边国家联通，为老挝国内大型工业提供稳定可靠的电力供给，并有利于电源企业将电力出口至周边及次区域国家。[③]中老电网建设合作将迈上新台阶。

此外，2019年1月，中国海洋航空集团公司与老挝电力公司签署萨拉康115千伏输变电项目合作协议。该项目主要是新建80千米115千伏双回输电线路一条，新建115千伏/22千伏变电站一座等项目，旨在提高万象省电网的可靠性。

---

① "一带一路"中国老挝首个电网合作项目正式投产 [EB/OL].（2015-11-30）. http://energy.people.com.cn/n/2015/1130/c71661-27872639.html.

② 中老"一带一路"电力合作空间巨大 [EB/OL].（2019-11-27）. http://www.cpnn.com.cn/zdyw/201911/t20191127_1176860.html.

③ 中老输电网合作为澜湄电力互联互通架起高速路 [EB/OL].（2021-03-16）. http://la.mofcom.gov.cn/article/jmxw/202103/20210303044550.shtml.

五、中国与马来西亚的能源投资和工程承包合作

马来西亚与中国的经贸关系日益紧密，已成为中国投资者投资的热点。马来西亚的水电资源比较丰富，是中国对外投资水电开发的重要国家。

近年来，中国企业通过参股、BOT、BT 等模式，不断拓展马来西亚水电投资领域，并积极进入火电、风电等其他开发领域。在中国投入万亿元在马来西亚的十大项目中，能源项目就有 4 个，分别为巴贡水电站、基都绒燃气循环电站、曼绒燃煤电站和沐若水电站。巴贡水电站位于沙捞越州巴卢伊河上，被誉为东南亚的"三峡工程"，是马来西亚目前最大的水电项目，也是中国水电在海外承建的最大装机容量水电站项目和最大库容水电站项目。巴贡水电站装机总容量 240 万千瓦，年均发电量约为 170 亿千瓦·时，投资资金全部由马来西亚政府提供，其主体土建项目由中国水电集团承建。基都绒燃气循环电站位于马来西亚东马沙捞越州民都鲁市，是马来西亚政府投资建设，由中国、瑞士和马来西亚公司的企业组成的联营体实施建设，该项目为在原电厂基础上扩建的 40 万千瓦燃气循环电站，建成后将充分利用当地的燃气资源来提高其发电能力。曼绒燃煤电站是东盟地区高效的燃煤发电厂，其效率（40%）超过了世界的平均水平（33%）。中国机械进出口集团参与承揽了曼绒电厂四期 100 万千瓦超超临界燃煤电站项目，成为中国公司在海外承包的第一个单机容量百万千瓦的项目。沐若水电站位于马来西亚的沙捞越州上，是中国三峡总公司在海外承包的首个项目，总装机容量 94.4 万千瓦，成为马来西亚的水电示范项目。

六、中国与缅甸的能源投资和工程承包合作

中国与缅甸的能源投资合作主要是水电站投资和工程承包合作，同时，油气资源开发也是越来越多中国企业参与的领域。

（一）电力投资合作

水电站建设是中国在缅甸能源合作的重点领域。中国和缅甸的电力合作已经有 20 多年的历史，2008 年以前，中国就约有 45 个公司参与了缅甸 63 个水电项目开发，主要是以水电工程建设承包为主。中缅较早合作建设的水电站是耶涯水电站，2001 年开始建设，2010 年 12 月投产发电，是目前缅甸最大的水电站，有四台发电机组，总装机容量为 79 万千瓦，为缅甸全国电力供应提供了

25%的电量。2010—2012年由中方的团队来负责运营，2012年全部由缅方的团队进行生产运营。截至2018年12月，该水电站总发电量达到220.56亿千瓦·时。

缅甸的一些水电站建设也采用中国政府优惠买方信贷，为中国企业开拓缅甸水电工程建设承包市场提供了便利条件。2010年1月，道耶卡（2）水电站设备采购合同就是利用中国政府优惠买方信贷采购的中国设备。中国机械设备进出口公司为项目总承包商。

瑞丽江一级水电站首创中国企业投资建设缅甸水电站的先河。缅甸瑞丽江一级（Shweli）水电站位于缅甸北部掸邦南坎县境内的瑞丽江干流上，是中国首个对外投资水电BOT项目。2005年，缅甸政府兴建的瑞丽江一级水电项目因资金困难停工。缅方找到中国华能集团公司（下称华能）合作开发该项目，将总装机量扩至60万千瓦。中国华能云南联合电力开发有限公司与缅甸电力一部水电实施司组建合资公司——瑞丽江一级电站有限公司。云南联合电力开发有限公司占80%股份，全面负责瑞丽江水电站项目的开发、运营和管理工作。2008年9月5日，第一台机组投入发电，2009年4月29日，最后一台机组投运。电力通过230千伏及220千伏输电线路向缅甸及中国送电。电站投产后将由合资公司运营40年后再移交给缅甸政府。华能与缅方签订购售电协议（PPA），瑞丽江一级水电站的电力销售分配为：15%的电量送缅甸，其余85%电量送回中国销售，送中缅两国电网的电价统一。缅甸政府的收入来自免费获得的15%电厂发电、20%的水电站利润以及中方上交的各种税费。2009年11月，中国华能澜沧江水电有限公司又与缅甸电力一部水电规划司在缅甸首都内比都共同签署瑞丽江二级水电项目开发权谅解备忘录。合作开发的装机容量为460兆瓦的瑞丽江二级水电站、装机容量为360兆瓦的瑞丽江三级水电站。项目仍然由中缅双方按BOT方式投资开发。

太平江一级水电站是中缅水电开发合作的又一成功项目。太平江水电站位于缅甸东北克钦邦境内，紧邻中缅边境，离中缅边境约15千米。太平江电站规划总装机容量40万千瓦，分两期建设。第一期开工建4台6万千瓦机组，设计年发电量10.7亿千瓦·时，总投资约17亿元，90%以上的电量回送中国南方电网。项目由中国大唐集团公司投资控股，华中电力国际经贸有限责任公司和江西省水利规划设计院参与投资建设，①为中方投资建设的 BOT 项目。2007 年 12 月，中国水电建设集团总承包开工建设太平江水电站工程，2009 年 9 月首台机组发电，2010 年 6 月第一期项目全部建成。

紧随瑞丽江一级水电站和太平江一级成功合作之后，中国电力企业陆续进入缅甸投资建设水电站，如大唐的太平江水电项目、中电投的伊洛瓦底江水电项目、中国汉能控股集团的滚弄水电项目、中资联合控股的萨尔温江水电项目。2006 年 10 月，缅甸政府在第三届中国—东盟博览会上向中电投发出邀请；2009 年 3 月，中缅两国政府签署《关于合作开发缅甸水电资源的框架协议》。此后，中电投伊江上游水电开发全面推进。缅甸电力部、中电投云南国际和缅甸亚洲世界公司组成伊江上游水电有限责任公司，共同开发伊江上游水电项目。其中，亚洲世界公司为缅甸政府指定的合作伙伴。该项目采用 BOT（即建设—经营—转让）方式开发建设，特许经营期 50 年后无偿移交缅甸。按照建设合约，伊江电力将在伊洛瓦底江上游，密支那以上流域规划建设密松、其培、乌托、匹撒、广朗普、腊撒、耶南 7 级流域梯级电站和 1 座施工电源电站，总装机容量约 20000 兆瓦，年均发电量约 1000 亿千瓦·时，总投资约 300 亿美元。②

达吉达天然气联合循环电厂项目由云南能投联合外经股份有限公司与缅甸电力部合资建设，规划容量为 500 兆瓦，其中一期 106 兆瓦，特许经营期 30 年。2016 年 10 开始土建一期项目，2018 年 1 月 28 日提前实现联合循环汽轮机冲转一次成功。投运后，每年向缅甸国家电网提供不少于 7.2 亿千瓦·时电力，约占仰光上网销售电量的 20%，大大减轻缅甸为实现 2030 年全民通电目标的压力。

中国和缅甸也开展电网建设合作。2017 年 11 月，中国国家电网公司缅甸 230 千伏主干网联通输电工程开工。该项目位于缅甸实皆省，包括新建两条总长约 300 千米的 230 千伏输电线路、新建 1 座 230 千伏变电站和扩建 1 座 230 千伏变电站，设计和设备标准均采用中国标准。建成后该项目年输电能力约 30 万千瓦。中国国家电网公司所属中国电力技术装备有限公司（中电装备公司）

---

① 水电集团总承包的缅甸太平江水电站主体工程开工 [EB/OL].（2017–12–25）. http://www.sasac.gov.cn/n2588025/n2588124/c4031162/content.html.

② 密松水电站搁置五年　揭秘究竟谁在反对这个项目 [EB/OL].（2016–08–19）. http://news.bjx.com.cn/html/20160819/.shtm.

以 EPC 工程总承包模式实施。[①]

中国企业在缅甸开展能源项目投资合作也受到挫折。目前中国企业在缅甸的水电站投资项目也仅有瑞丽江一级水电站和太平江一级成功发电，截至 2019 年 5 月，瑞丽江一级水电站多年平均发电量为 40.33 亿千瓦·时，年利用小时为 6722 小时，保证出力可达 17.4 万千瓦。[②] 密松水电站、其培水电站、塔山水电站都在建设过程中被搁置。

典型的能源合作项目就是密松水电站建设中断事件。密松水电站本是商业合作项目，虽然得到两国同意，并经过完整的审批程序，2009 年 12 月开工建设，但是由于域外大国力量的介入，还有缅甸国内的民族情绪，加之密松水电站所在的克钦邦纷繁复杂的各派势力博弈，以及缅甸国内利益分配的矛盾，项目于 2011 年 9 月被缅甸方面喊停，搁置至今仍无复工迹象。

太平江电站运营期间也曾遭到波折。2011 年 6 月，因缅甸政府军与克钦独立武装在太平江电站周边持续发生军事冲突，电站机组被迫全部停运，中止对国内送电。2013 年 4 月，缅甸太平江一级水电站才恢复对中国国内的送电。

（二）油气投资合作

中国企业也在缅甸打下油气投资合作的基础。最成功的合作项目是中缅油气管道项目，其中中缅原油管道项目由中国石油天然气集团公司和缅甸国家油气公司两家共同投资建设，中缅双方分别持股 50.9% 和 49.1%。[③] 中缅天然气管道起点在皎漂港，管道终点为广西贵港市，在缅甸境内长 770 千米，投资约 15 亿美元。中缅天然气管道工程由中国、缅甸、韩国、印度 4 个国家的 6 个股东共同出资建设，其中缅甸公司是最大股东。

缅甸是世界第十大天然气储藏国。目前缅甸已发现并投入开采储藏量在 9 万亿立方英尺以上的天然气田至少有 4 个。中国企业也参与了缅甸的油气资源

[①] 中缅两国电力能源领域合作又取得重大进展 [EB/OL].（2017–11–11）. http://world.people. com.cn/n1/2017/1111/c1002–29640093.html.

[②] 华能瑞丽江一级水电站 [EB/OL].（2019–05–28）. http://yn.xinhuanet.com/marketing/2019– 05/28/c_138096657.htm.

[③] 中国石油和缅方签署中缅原油管道运输协议 [EB/OL].（2017–04–11）. http://www.cnpc. com.cn/cnpc/jtxw/201704/9747992f4e06431ea25f408fb6816e54.shtml.

开发。近年来加大了在缅甸的能源投资，作为中国主要石油公司的中石油、中石化和中海油在缅甸海上和陆上投资的石油和天然气项目达 21 个。

近年来，中海油在缅甸已经取得三个近海油气区块（A—4、M—2、M—10）、三个陆地区块（PSC—C1、PSC—C2、PSC—M）的勘探开发权，总面积约 4 万平方千米，并与泰国石油天然气总局达成在缅甸进一步换股合作开发的战略协议。

中石油则与缅甸合作改造老油田，在缅甸取得 IOR—3、RSF—2、RSF—3、IOR—4 等四区块，合作开发北部深海区块，瞄准目标国际级 A—1、A—3 油气田附近海域，签下 AD—1、AD—6、AD—8 等三个深海区块，面积达 1 万多平方千米。

中石化则在中北部签订 PSC—D 区块，面积达 1 万多平方千米。[①]

七、中国与菲律宾的能源投资和工程承包合作

与其他东盟国家相比，中国对菲律宾的能源合作，无论是传统化石能源还是新能源，均比较少。在电力合作方面，2009 年中国国家电网获得菲律宾国家输电网 25 年特许经营权。菲律宾国家电网公司是由中国国家电网公司与菲律宾蒙特罗电网资源公司、卡拉卡高电公司共同出资设立的合资企业，其中中国国家电网公司占股 40%。该项目成为目前中国在菲律宾的最大能源投资项目。中国还与菲律宾探索合作开发南海油气资源，2004 年，中国海洋石油总公司和菲律宾国家石油公司签署了《联合海洋勘探谅解备忘录》；2005 年 3 月，中国、菲律宾和越南三方签署了《在南海协议区三方联合海洋地震工作协议》。中国愿意在最终解决南海争端之前，按照"搁置争议，共同开发"的原则，与有关各方在能源领域开展务实合作。2017 年 2 月，中菲两国政府同意成立企业联合工作组，负责起草南海联合油气勘探框架，制定联合研究、勘探、开发和使用南海油气资源的建议。2018 年 11 月，中国国家主席习近平访问菲律宾，期间，两国签订了《中菲油气合作勘探谅解备忘录》。中菲开始在菲律宾以西的南海区域联合开发石油和天然气资源合作。

---

① 中石化首次在缅甸发现大型油气田 [EB/OL].（2011–01–06）. http://money.163.com/11/0106/15/6PNN8MAM002524SO.html.

八、中国与新加坡的能源投资和工程承包合作

新加坡是世界第三大炼油中心，也是石油贸易枢纽之一，还是亚洲石油产品定价中心。根据《对外投资合作国别（地区）指南（新加坡）》，新加坡的日原油加工能力超过 130 万桶。2017 年，其石化工业产值为 795.85 亿新元。①在中新能源领域合作上，中国对新加坡投资以并购为主，绿地投资较少，主要项目有华能国际收购新加坡大马士能源、中石油投资修建油库和收购新加坡石油公司等项目。

1997 年，中航油（新加坡）公司在新成立。2001 年中航油在新加坡上市。2004 年，中航油与 ENOC 公司签署了备忘录，标志着中国公司首次大规模进入国际石油储运市场。除了中航油外，中石油、中石油、中艺华海、中国化工进出口公司等国内主要的石油生产、加工及贸易企业纷纷到新加坡设立分公司或者分支机构，从事石油贸易活动。2008 年，中国华能集团成功全资收购新加坡淡马锡全资子公司大马士能源公司股份，成为中国电力企业在海外进行的最大收购案。2009 年，中石油收购吉宝集团下属全资子公司的 45.51% 股权。2010 年，中石化润滑油分公司在新加坡投资建设润滑油脂项目获得批准。

同时，相对于其他东盟国家而言，新加坡经济较为发达，对中国的能源投资较多。2011 年，新加坡兴隆集团在湄洲湾投资 50 亿元建设亚洲规模最大的石油仓储基地等项目。同年，新加坡的洛杉矶石油集团到重庆建设高档润滑油基地。

九、中国与泰国的能源投资和工程承包合作

在传统化石能源方面，由于泰国拥有较为丰富的油气资源，中国对泰国化石能源投资不断加强。2005 年，中海油公司与泰国国家石油公司、泰国石油勘探开发有限公司签署了合作备忘录。2010 年，中国延长石油集团与泰国签署了天然气项目特许权开发合同。2011 年年底，中石油旗下的两家泰国分公司与泰国企业签署了关于在泰国共同寻找石油勘探权合同。

在电力能源方面，2008 年，中国水电建设集团和泰国意大利泰（ITD）公

---

① 《对外投资合作国别（地区）指南—新加坡（2018 年版）》，商务部国际贸易经济合作研究院、国驻新加坡大使馆经济商务参赞处商务部对外投资和经济合作司编制。

司联营体中标，在差纳府湄南河上承建泰国乔比雅水电站。该项目是中国水电在泰国中标承建的第一个小水电项目。2011 年年底，该项目正式竣工。2012 年，广西建工集团与泰国国家地方电网总公司在南宁签订《关于泰国智能电网集控系统项目和泰国海滩滩涂风力发电项目的合作协议》。

在新能源方面，中国积极对泰国太阳能产业进行投资。2009 年，泰国促进投资委员会修改了太阳能电池生产企业投资条件，有利于吸引外资企业投资。同时，中泰两国在曼谷共同发表了《中泰关系发展远景规划》。在政策激励下，中国建材集团、江苏辉伦科技公司、无锡尚德太阳能电力公司等中国企业与泰国相关部门就太阳能产业建设方面达成合作意向或者签署投标协议。

十、中国与越南的能源投资和工程承包合作

在传统化石能源方面，2006 年年底，中石油旗下公司与越南公司签署越南宁平煤头化肥项目的总承包工程合同，合同金额约 4.32 亿美元。2008 年，中石化与越南公司共同斥资 45 亿美元，在越兴建包括炼油厂在内的合资企业，该炼油厂原料加工能力可达到每年 1000 万吨原油。

在电力能源方面，十几年来，越南经济发展较快，电力供应日趋紧张。根据 BP 统计数据显示，2008—2017 年越南一次能源消费量从 3860 万吨油当量增长到 7530 万吨油当量，年均增长率为 7.7%。未来越南的电力需求仍将持续增加。

中越两国之间的电力合作历史悠久。早在 20 世纪 60 年代，中国政府援助越南建设了一批电站项目。近年来，中越电力合作发展提速。据绿色创新发展中心（GreenID）的一份报告显示，越南许多燃煤火电厂都由中国投资或工程承包。截至 2016 年年底，越南全国共有 27 座燃煤热电厂，其中有 14 座是中国承包商以 EPC 方式负责建设的。目前，中越电力合作最具代表性的项目是永新燃煤一期发电厂。该项目位于越南平顺省，由中国南方电网、中国电力国际公司及越煤电力公司共同投资建设，建设规模为两台 60 万千瓦级超临界火电机组，这是迄今中国企业在越南投资规模最大的电厂项目，也是中国企业在越南第一次采用 BOT 模式投资的电力项目。2015 年该项目开工建设，2018 年 11 月正式

投入商业运行，比 BOT 合同规定工期提前了 6.5 个月。[①]

在新能源方面，越南是东盟地区太阳能及风能资源较为丰富的国家。在面临化石燃料陷入枯竭的背景下，越南政府近年来大力推广以太阳能为代表的新能源产业。2014 年起，越南加快了风电及太阳能能源发展，中国也加强与越南在清洁能源方面的合作，中国水电工程顾问集团投资的越南富呦风电场一期 EPC 项目、中国南方电网国际公司投资的西原风电项目等建成投运。2017 年 1 月，中国光伏企业天合光能控股的太阳能电池组件工厂在越南北江省云中工业园区正式投产，成为目前越南国内最大规模的电池制造商。越来越多的中国光伏企业将越南作为在"一带一路"国家对外投资的重要目的地。

第四节　中国与东盟国家的能源生产和消费发展趋势预测

由于能源资源禀赋和经济发展水平的差异，中国和东盟各国的能源生产、消费及其发展趋势有较大的差别。为了便于比较，本节以《2019 年 BP 世界能源统计年鉴》数据为基础进行分析。

一、中国能源生产现状和消费发展趋势预测

中国是世界上人口最多的国家，也是最大的发展中国家，经济发展在未来较长的时间内仍然保持较高的增长速度，可以预见，中国将保持能源生产和能源消费大国地位。

（一）中国的能源生产现状

中国的煤炭产量、电力产量世界第一。2018 年天然气产量达 1620 亿立方米，增长 8.3%；非化石能源中，太阳能发电增长 51%，其次是风能增长 24%，生物质能及地热能增长 14%，水电增长 3.2%，核能发电量增长 19%，全球核能发电增量的 74% 来自中国（见表 3-14）。

---

① 南方电网公司 2019 年越南春茗会在河内成功举办 [EB/OL].（2019-03-08）. http://csgi. csg.cn/xwzx/gsxw/201903/t20190308_176252.html.

表 3-14 中国一次能源产量表

	一次能源产量			占比（%）		
	2008 年	2017 年	2018 年	2008 年	2017 年	2018 年
发电量（太瓦·时）						
总计	3496	6604	7112	100	100	100
石油	19	11	11	0.5	0.2	0.2
天然气	35	203	224	1.0	3.1	3.1
煤炭	2709	2445	4732	77	67	67
核能	68	248	294	2.0	3.8	4.1
水电	637	1165	1202	18	18	17
可再生能源（发电）	28	492	643	0.8	7.5	8.9
产量						
石油（百万桶/日）	3.8	3.8	3.8			
生物燃料（百万桶/日）	28	40	58			
天然气（十亿立方米）	81	149	162			
煤炭（百万吨油当量）	1492	1747	1829			
二氧化碳排放量（百万吨）						
排放量	7379	9230	9429			

从表 3-14 可以看出，中国的一次能源产量巨大，煤炭仍然是能源产量最大的品种。近十年，煤炭在能源产量中所占的比重下降了 10 个百分点，同时，核能、水电等清洁能源和可再生能源产量快速增加，这表明中国的能源生产正在向绿色能源的方向发展。截至 2020 年 8 月底，水电、风电、光伏发电累计装机容量分别达 3.6 亿千瓦、2.2 亿千瓦、2.2 亿千瓦，均居世界首位。截至 2019 年年底，我国在运在建核电装机容量 6593 万千瓦，居世界第二。[①] 到 2020 年年末，全国发电装机容量 220058 万千瓦，比上年末增长 9.5%，人均装机突破 1.5 千瓦。其中，火电装机容量 124517 万千瓦，增长 4.7%；水电装机容量 37016 万千瓦，增长 3.4%；核电装机容量 4989 万千瓦，增长 2.4%；并网风电装机容量 28153 万千瓦，增长 34.6%；并网太阳能发电装机容量 25343 万千瓦，增长 24.1%。[②] 全国电源新增装机容量 19087 万千瓦，其中水电 1323 万千瓦、风电 7167 万千瓦、太阳能发电 4820 万千瓦。

---

① 让电更"绿"[EB/OL].（2021-02-03）. http://www.nea.gov.cn/2021—02/03/c_139717609. htm.

② 国家统计局：《中华人民共和国 2020 年国民经济和社会发展统计公报》。

（二）中国能源消费现状

据《2019 年 BP 世界能源统计年鉴》公布，2018 年，中国能源消费为 3273 百万吨油当量，增速由 2017 年的 3.3% 增长至 4.3%，过去十年的平均增速为 3.9%。中国仍然是世界上最大的能源消费国，占全球能源消费量的 24% 和全球能源消费增长的 34%。同时，中国的化石能源消费结构也在改变，天然气快速增长 18%，石油消费平稳增长 5.0%，煤炭消费低速增长 0.9%；虽然煤炭消费低速增长，但是，煤炭消费量依旧巨大，仍然是中国能源消费中的主要燃料。煤炭在中国一次能源结构中的占比由十年前的 72% 和 2017 年的 60% 下降至 2018 年的 58%（见表 3-15），国内巨大能源需求，中国连续第二年扩大煤炭进口规模。可再生能源消费增长 29%，占全球增长的 45%；中国成为全球第一大油气进口国，2018 年，石油对外依存度达 72%，为近 50 年来最高；天然气对外依存度为 43%。能源安全风险较高。

表 3-15　中国一次能源消费结构表

	一次能源消费量（百万吨油当量）			占比（%）		
	2008 年	2017 年	2018 年	2008 年	2017 年	2018 年
总量	2230	3139	3273	100	100	100
石油	385	611	641	17	19	20
天然气	70	207	243	3.2	6.6	7.4
煤炭	1609	1890	1907	72	60	58
核能	15	56	67	0.7	1.8	2.0
水电	144	264	272	6.5	8.4	8.3
可再生能源（发电）	6.4	111	144	0.3	3.5	4.4
风能	3.0	67	83	0.1	2.1	2.5
太阳能	0	27	40	0	0.8	1.2
生物质能和地热能	3.4	18	21	0.2	0.6	0.6

从表 3-15 可以看出，中国的能源消费量是巨大的，煤炭仍然是能源消费的主体。近十年来，煤炭在一次能源消费中仅从 72% 下降到 2020 年的 56.8%，下降 15 个多百分点。为弥补国内能源生产的不足，满足不断增长的能源消费，中国每年都需要进口大量的能源商品，并且原油进口数量逐年快速增长（见表 3-16）。

表 3-16　2015—2020 年中国主要能源商品进口数量及其增长速度

年度	煤（包括褐煤）		原油		成品油		天然气	
	数量（万吨）	同比增长（%）	数量（万吨）	同比增长（%）	数量（万吨）	同比增长(%)	数量（万吨）	同比增长(%)
2015	20406	−29.9	33550	8.8	2990	−0.3	—	—
2016	25551	25.2	38101	13.6	2784	−6.5	—	—
2017	27090	6.1	41957	10.1	2964	6.4	—	—
2018	28123	3.9	46190	10.1	3348	13.0	9039	31.9
2019	29967	6.3	50572	9.5	3056	−8.7	9656	6.9
2020	30399	1.5	54239	7.3	2835	−7.2	10166	5.3

注：2017 年以前，国民经济和社会发展统计公报还无天然气进口数据。

资料来源：中华人民共和国 2013—2020 年国民经济和社会发展统计公报。

初步核算，2020 年中国全年能源消费总量为 49.8 亿吨标准煤，比上年增长 2.2%。煤炭消费量占能源消费总量的 56.8%，比上年下降 0.9 个百分点；天然气、水电、核电、风电等清洁能源消费量占能源消费总量的 24.3%，上升 1.0 个百分点。[①] 全社会用电量 75110 亿千瓦·时，同比增长 3.1%，人均用电量 5300 千瓦·时左右，接近中等发达国家水平。

（三）中国能源需求预测

《能源技术革命创新行动计划（2016—2030 年）》提出中国到 2020 年的能源发展的主要目标，全面启动能源革命体系布局，推动化石能源清洁化。能源消费总量控制在 50 亿吨标准煤以内，煤炭消费比重进一步降低，非化石能源占比为 15%，清洁能源成为能源增量主体；单位国内生产总值二氧化碳排放量比 2015 年下降 18%；能源开发利用效率大幅提高，单位国内生产总值能耗比 2015 年下降 15%；能源自给能力保持在 80% 以上，基本形成比较完善的能源安全保障体系。

2021—2030 年，可再生能源、天然气和核能利用持续增长，高碳化石能源利用大幅减少。能源消费总量控制在 60 亿吨标准煤以内，非化石能源占能源消费总量比重达到 20% 左右，天然气占比达到 15% 左右，新增能源需求主要依靠清洁能源满足；单位国内生产总值二氧化碳排放比 2005 年下降 60%~65%，二氧化碳排放 2030 年左右达到峰值并争取尽早达峰；单位国内生产总值能耗（现价）达到目前世界平均水平；能源自给能力保持在较高水平，更好地利用国际能源资源。

---

① 国家统计局：《中华人民共和国 2020 年国民经济和社会发展统计公报》。

展望 2050 年，能源消费总量基本稳定，非化石能源占比超过一半，建成能源文明消费型社会。[①] 在这一能源政策指导下，国际能源署对中国的能源生产和一次能源需求进行了预测，预测结果显示：从 2000 年起，中国就是一个能源净进口国，2016—2040 年，中国的能源总需求年均增长率 1.0%，而能源总供应仅年均增长 0.9%；2016 年，中国的能源净贸易占总需求仅 3%，而到 2040 年，能源净贸易占总需求达 24%（见表 3-17）。可见，中国能源消费对能源贸易的依赖性越来越高，能源安全将成为中国经济安全乃至国家安全的重大问题。

表 3-17　新政策情景下的中国能源生产和一次能源需求

	单位	2000 年	2016 年	2025 年	2030 年	2040 年	2016-2040 年	
							变化	CAAGR
石油生产	Mb/d	3.3	4.0	3.5	3.3	3.1	-0.9	-1.1%
	Mtoe	163	203	173	156	144	-59	-1.45%
石油需求	Mb/d	4.7	11.5	14.5	15.4	15.5	4.1	1.3%
净进口	Mb/d	1.6	7.9	11.5	12.5	13.0	5.1	2.1%
原油进口	Mb/d	1.9	7.6	9.2	10.4	11.3	3.7	1.7%
天然气生产	bcm	27	137	222	261	336	199	3.8%
	Mtoe	23	113	165	191	243	130	3.2%
天然气需求	bcm	28	210	397	482	610	401	4.6%
管道气	bcm	1	73	177	224	278	206	5.8%
液化天然气	bcm	—	41	95	114	145	107	5.5%
煤炭生产	Mtce	1019	2516	2592	2575	2367	-149	-0.3%
	Mtoe	714	1761	1814	1802	1657	-104	-0.3%
煤炭需求	Mtce	955	2796	2726	2676	2437	-358	-0.6 %
净进口	Mtce	58	-196	-134	-102	-70	126	-4.2%
核能	Mtoe	4	56	166	218	287	232	7.1%
可再生能源	Mtoe	220	269	379	453	618	349	3.5%
1. 水电	Mtoe	19	102	108	117	130	28	1.0%
2. 生物能源	Mtoe	198	112	130	148	190	79	2.3%
3. 其他	Mtoe	3	55	141	189	297	242	7.3%
总产量	Mtoe	1124	2401	2697	2821	2949	547	0.9%
总需求	Mtoe	1154	3039	3480	3679	3858	819	1.0%
净贸易	Mtoe	-30	-638	-783	-858	-909		
净贸易比例	%	-3	-21	-23	-23	-24		

注：CAAGR ＝年平均复合增长率。** 考虑到船用燃料（国际海运和航空）的需求以及在炼油过程中获得的加工收益。对于核能和可再生能源，供应等于需求。mb/d ＝每天百万桶；bcm ＝10 亿立方米；Mtce ＝百万吨煤当量；Mtoe ＝百万吨油当量。

资料来源：国际能源署《世界能源展望 2017 中国特别报告》

---

① 《能源技术革命创新行动计划（2016—2030 年）》。

随着人民全面进入小康社会，乡镇用电量将有很大的增长空间，全社会用电量将继续保持较快增长，电力生产将保持同步增长。中国社会科学院与国际能源署对中国的能源生产和一次能源需求进行的预测稍有不同，其发布的《中国能源前景2018—2050》研究报告认为：未来30年，随着工业化、城市化进程的结束，高耗能商品需求下降，电力需求也将呈现下降态势，预计将从2017年的约6.4万亿千瓦·时下降到2050年的4.47万亿千瓦·时。预测中国将出现电力产能过剩。

目前，中国东北、环渤海、西南地区已经出现电力过剩，未来随着新常态的持续，电力过剩几乎是肯定的。

据预测，在21世纪30年代初，中国将成为全球最大的石油消费国，成为全球能源需求增长的引擎；到2040年，世界的能源供应结构几乎由四个相等的部分组成，即石油、天然气、煤炭和低碳能源（IEA，WEO 2014）。预计低碳能源在中国能源消费量中所占的比重越来越大，但是，化石能源的消费量仍然占主导地位。未来30年，中国的天然气消费仍将呈现持续快速增长。预计到2050年天然气消费需求有望增长至超过8000亿立方米，届时天然气在一次能源消费中的比重将提高至超过25%。基于此需求预测，未来30年，中国的能源进口需求也将从以油为主逐步过渡到以天然气为主，预计到2050年进口天然气将增至超过6300亿立方米，进口依存度达到78.5%。[①]

（四）中国能源投资需求预测

国际能源署对中国的未来中长期生产和需求预测，提出了未来中国为满足能源供应所需要的投资，表明2017—2040年，中国能源投资需要63960亿美元，其中2/3以上用于电力行业投资（见表3-18）。

表3-18 新政策情景下2017—2040年间中国能源供应投资 （单位：亿美元）

	年平均值			累积值
	2010—2016年	2017—2025年	2026—2040年	2017—2040年
电力行业	1710	1970	1800	44670
煤炭	350	120	40	1710

---

① 仝晓波，李玲. 中国社科院发布《中国能源前景2018—2050》[N]. 中国能源报，2018-06-27.

续表

	年平均值			累积值
	2010—2016 年	2017—2025 年	2026—2040 年	2017—2040 年
天然气	30	50	30	820
核能	70	160	110	3040
水能	320	210	210	5000
其他可再生能源	450	630	640	15250
输电与配电	490	790	780	18820
石油行业	580	330	280	7200
上游	400	200	220	5090
运输/炼化	180	130	60	2110
天然气	200	290	390	7960
上游	140	200	240	5400
运输	60	100	110	2560
煤炭	330	130	170	3820
采矿	200	110	170	3530
基础设施	140	20	10	290
生物燃料	10	10	20	320
全部供应	2830	2730	2620	63960

资料来源：IEA《世界能源展望 2017 中国特别报告》。

二、东盟国家的能源生产现状和消费发展趋势预测

东盟国家中有新加坡这样的发达国家，也有柬埔寨、老挝、缅甸这样的低收入国家，国家间经济发展很不平衡，各国能源生产和消费差别很大。

（一）东盟国家的能源生产现状

总体上，除了太阳能，东盟国家其他能源分布很不平衡。印尼、文莱和越南的石油储存量排在前三位，天然气依次是印尼、马来西亚和文莱，印尼的煤炭储存量最大，其次是越南，水电资源以缅甸的水能蕴藏量最丰富，其次是印尼和越南，地热仅印尼和菲律宾有大规模开发价值。与此相对应，东盟国家的能源生产以石油、天然气和煤炭开发以及电力生产为主。石油和天然气生产以印尼、越南、文莱、马来西亚为主，煤炭以印尼、越南的产量最大。2017 年文莱的石油产量为 113 千桶/日，天然气产量为 120 亿立方米；2017 年马来西亚石油产量为 697 千桶/天，天然气产量为 784 亿立方米；2017 年泰国石油产量

为 465 千桶 / 天，天然气产量为 387 亿立方米，[①] 而泰国电力主要靠天然气发电，发电成本较高。2017 年越南石油产量为 1551.8 万吨，天然气产量为 98.7 亿立方米，煤炭产量为 3823.7 万吨。[②] 2018 年印度尼西亚原油产量为 2.83 亿桶（77.8 万桶 / 日），煤炭产量为 5.57 亿吨，出口 3.57 亿吨，天然气产量为 821.16 亿立方米，天然气净出口 339.8 亿立方米。[③] 印尼是东盟的原油生产大国，曾经是 OPEC 成员国。其次是马来西亚。东盟国家原油生产已经满足不了自身的消费需求，虽然东盟原油有进有出，但是，随着经济的发展、石油消费的增加，东盟原油出口呈现出下降的趋势（见表 3-19）。自 2005 年以来，东盟已经从原油出口地区变成为原油净进口地区。2019 年东盟国家净进口 524.9 亿美元的原油，净进口 327.3 亿美元的成品油（见表 3-20）。

表 3-19　东盟国家原油出口价值表　　（单位：百万美元）

年份	2014	2015	2016	2017	2018	2019
文莱	4417.5	2369.7	2405.7	1906.0	2699.6	2854.0
柬埔寨	—	—	—	—	—	—
印尼	9215.0	6457.0	5196.7	5237.6	5151.9	1717.4
老挝	—	—	—	—	—	—
马来西亚	10535.3	6854.7	5650.6	6954.0	9457.0	7029.4
缅甸	—	61.1	51.8	112.0	59.5	77.7
菲律宾	1047.2	289.7	173.6	194.9	202.7	170.1
新加坡	0.1	16.4	0.2	69.8	51.2	0
泰国	421.0	64.0	501.1	695.5	781.9	663.9
越南	5889.7	3630.4	2378.1	2830.8	2146.7	1892.6
东盟	31525.8	19743.0	16357.8	18000.7	20550.5	14405.0

资料来源：《2020 年东盟统计年鉴》。

表 3-20　2014—2019 年东盟原油和成品油净进口价值表　　（单位：百万美元）

	2014 年	2015 年	2016 年	2017 年	2018 年	2019 年
原油						
出口	31525.8	19743.0	16357.8	18000.7	20550.5	14405.0
进口	95160.0	53258.1	42890.1	56705.9	74380.7	66894.8
净出口	−63634.2	−33515.1	−26532.4	−38705.1	−53830.2	−52489.8

[①]　BP Statistical Review of World Energy, June 2018.

[②]　《越南统计年鉴 2017》。

[③]　Indonesia Energy Outlook（IEO）2019.

续表

	2014 年	2015 年	2016 年	2017 年	2018 年	2019 年
出口／进口	0.3	0.4	0.4	0.3	0.3	0.2
成品油						
出口	97238.0	61256.5	53427.7	68266.3	78973.7	70129.3
进口	144805.9	87289.3	71062.5	99706.8	118793.4	102855.8
净出口	−47567.9	−26032.7	−17634.7	−31440.5	−39819.8	−32726.5
出口／进口	0.7	0.7	0.8	0.7	0.7	0.7

资料来源：《2020 年东盟统计年鉴》。

在电力部门，东盟历来依赖化石燃料发电厂。2014 年，东盟地区总发电量的 76% 由化石燃料产生，其中以石油、煤炭和天然气为基础的发电厂分别达到 15.75 吉瓦、54.73 吉瓦和 73.52 吉瓦。其中，最大的煤电来源于印度尼西亚，其次是马来西亚和越南，而印度尼西亚、马来西亚和泰国是天然气发电前三位。[①] 2017 年，东盟发电以天然气（84 吉瓦）为主，其次是煤炭（73 吉瓦）和石油（16 吉瓦），这些化石燃料合起来占发电总量的 73.9%。除了水电（占电力结构的 19.7%）外，其他可再生能源发电量仍然微不足道。根据东盟能源中心（ACE）和德国国际能源组织（GIZ）发布的《ASEAN's hydropower capacity surged 135.2% to 46GW in 2006—2017》报告，东盟 10 个成员国的水电总装机容量从 2006 年的 19839 兆瓦增加到 2017 年的 46661 兆瓦。其中，马来西亚的水力发电占总发电量 56%，而菲律宾的水电仅占 15.5%。老挝的水电开发进展很快，截至 2018 年年底，电力装机容量从 2010 年的 2520 兆瓦增加至 7207 兆瓦，增长约 286%，已投产运营电站达到 61 座，其中大中型水电站 32 座、15 兆瓦以下小型水电站 21 座，近 70% 发电量用于出口。[②] 到 2040 年，水力发电将增加并在电力结构中获得更大的份额，但是其他可再生能源，如太阳能、风能、地热和生物质能，仍然占有最小的份额。

东盟地区拥有巨大的可再生能源发展潜力。尽管东盟国家非化石能源使用量还在不断增加，但是，在多种能源组合中，可再生能源的作用将变得更加重

---

① Aloysius Damar Pranadi. What is the Status of Energy Infrastructure in ASEAN Power Sector?[EB/OL].（2017–03–07）. http://www.aseanenergy.org.

② 2019 年老挝将建成 12 座水电站 [EB/OL].（2019–01–02）. http://la.mofcom.gov.cn/article/ztdy/201901/20190102822444.shtml.

要。印度尼西亚和菲律宾具有巨大的地热潜力，而印度尼西亚、马来西亚和泰国的生物质能以及柬埔寨、老挝、缅甸和越南的水电潜力也很大。印度尼西亚、菲律宾、泰国和越南等东盟成员国（AMS）已确定了发展风电并已开始投资建设。可再生能源发电已经成为东盟国家重点开发的能源领域，东盟成员国同意到2025年将发电厂的可再生能源（RE）份额提高到一次能源总供应量的23%，将其在东盟装机容量中的份额提高到35%。此外，还致力于降低能源强度，到2025年将增长32%。

（二）东盟国家的能源消费现状

经济全球化和区域经济一体化推动了国际产业转移，给东盟经济带来了发展机遇，同时，也面临能源需求快速增长而能源产能不足、结构不合理、电力短缺等严峻挑战。2007年东盟共同体成立以来，东盟的年均GDP增长率为5.3%，区域经济增长率一直保持在全球平均水平之上。到2015年，东盟经济总量已排亚洲第三位，成为世界第六大经济体，已发展成为一个充满活力的经济共同体。东盟的人均国内生产总值从2000年的约2300美元增加到2019年的4818.8美元，其经济和人口的持续增长意味着能源消耗还将不断增加。

2013年，东盟一次能源消耗为0.703吨油当量/人，不仅低于中国1.929吨油当量/人，也低于世界平均水平为1.317吨油当量/人。到2014年也仅增加到0.715吨油当量/人，也大大低于中国的水平。2018年东盟人均能源消耗也有了很大的提高，总体上，除了新加坡、马来西亚、泰国，东盟国家的一次能源人均消费量仍然很低（见表3-21）。可见，东盟国家的人均能源消费量偏低，同时，各国之间人均能源消费量差别很大。未来能源开发还有很大的发展空间。

表3-21　2018年东盟国家人均能源消耗　（单位：吨油当量/人）

文莱	柬埔寨	印尼	老挝	马来西亚	缅甸	菲律宾	新加坡	泰国	越南
10.62	0.314	0.746	1.52	3.0	0.284	0.45	16.56	1.98	0.97

资料来源：https://www.eia.gov/international/overview/country/IDN.

电力消费是衡量一个地区能源消费的重要指标，目前，东盟地区的电力消费有了很大的提高（见表3-22）。自2000年以来，东盟地区家庭能源使用量翻了一番以上。尽管城市和农村之间仍然存在较大的差距，用上电力的人口已经从 2000 年 79.3% 增加到 2018 年的 95.5%。文莱、新加坡较早以前就已经实现了 100% 的电气化率,泰国、越南和马来西亚在 2000—2010 年实现了用电普及,随后,印度尼西亚也实现了这一目标。柬埔寨的电力接入率从 2000 年的 17% 跃升至 2018 年的 92%。同期,老挝的电气化率从 43% 提高到 98%,缅甸和菲律宾也取得了稳步进展。[①]2017 年,缅甸的电气化率为 42%,菲律宾电力供应占人口的 93%。

表 3-22　东盟的人均电力消耗　　（单位：千瓦·时 / 人）

	文莱	印尼	柬埔寨	老挝	马来西亚	缅甸	菲律宾	新加坡	泰国	越南
2016	8369.5	812.1	356.1	756.3	4303.7	268.4	739.4	7953.7	2735.5	1475.7
2018	8247	822	424	724	4636	317	741.5	8797	2779	1809

注：文莱、柬埔寨、缅甸、菲律宾为 2017 年数据。
资料来源：东盟能源网，https://aeds.aseanenergy.org/country/vietnam/.

2015 年联合国气候变化框架公约（UNFCCC）会议巴黎缔约方大会（COP21）为达成应对气候变化的国际协议设定了目标。《公约》缔约方作出了许多旨在解决气候变化问题的承诺。东盟国家都是《公约》缔约方，也要落实这一承诺，在持续使用化石燃料的同时，大量增加新能源和可再生能源在能源消费结构中的比重将成为东盟未来能源消费的趋势。印尼作为东盟能源消费大国，尽管国内的煤炭消费量和进口石油产品不断增加，但印度尼西亚已经开始在其能源结构中增加使用更多的可再生能源。老挝则大力开发水电资源。马来西亚、菲律宾、泰国和越南等能源消费量大的国家也在积极开发太阳能、风能、地热等可再生能源。

（三）东盟国家的能源需求趋势预测

东盟经济共同体（AEC）成立于 2015 年年末，2017 年东盟地区人口约 6.3 亿人，国内生产总值 2.4 万亿美元，是世界上增长最快的地区之一。在 2010—2017 年中,东盟的年均 GDP 增长率为 5.3%,一直超过全球平均增长速度。2015 年,

---

① The United Nations Economic and Social Commission for Asia and the Pacific （ESCAP）[R]. Regional Energy Trends Report. 2020.

130

东盟是世界第六大经济体，预计到 2040 年将升至第四位。[①] 同时，东盟对于能源的需求也将随着经济增长而同步增长。

对于东盟地区能源需求的发展趋势预测，不同机构预测的数据有所不同，但是对需求趋势预期基本一致。东盟的能源需求与经济发展同步增长，东盟自身的能源生产满足不了需求，需要进口能源，化石能源消费量仍然继续增长，虽然在能源消费中的比重有所下降，但是仍然占据主导地位；可再生能源产量快速增长，但在能源消费中的比重仍然不大。

受经济发展的驱动，《第五届东盟能源展望》（AEO5）认为在 2007—2015 年间东盟一次能源需求年均增长 3.6%，预计在 2016—2025 年间将以每年 3.9% 的速度增长，到 2040 年的能源需求将增长 2.3 倍，继续超过全球平均增长水平。[②] 据东盟能源中心预测，预计东盟地区的总最终能源消耗（TFEC）从 2017 年的 375 百万吨油当量增加到 2040 年的 922 百万吨油当量，将增长 146%。如果没有政策干预，化石燃料将继续占主导地位。天然气在整个预测期内增长最快，年均增长率为 5.7%，其次是电力（5%）和石油（4%）。然而，尽管增长率较低，但石油和电力仍占 TFEC 的最大份额。预计到 2040 年，石油将占 TFEC 的 47.1%，其次是电力（25.7%）、天然气（10.6%）和煤炭（7.6%），其中，工业和交通运输耗能占 TFEC 的比例分别为 41.2% 和 37.1%。到 2040 年，工业能源需求的 58%、约为 222 百万吨油当量将依靠化石燃料实现；运输行业的石油需求占石油总消费的比重将从 2017 年的 70% 左右上升到 2040 年的 76%。[③]

多年以来，东盟已发展成为全球制造业的重点地区，在经济迅速发展的同时，所有成员国面临的最紧迫的问题之一是电力发展。未来 25 年，电力行业将是东盟地区基础设施建设的主要投资领域。煤炭在东盟电力结构中仍然占据重要地位。预计从 2025 年到 2040 年，燃煤电厂装机发电容量将以 3.8% 的年均速度继续增长。到 2040 年，东盟的燃煤发电量预计将达到 259 吉瓦，远高于 2018 年的 79 吉瓦。非水电可再生装机容量预计到 2025 年将达到 54 吉瓦，到 2040 年

[①] 50 Years of ASEAN: Meeting the Energy Challenges[EB/OL]. (2017–11–27). http://www.aseanenergy.org/blog/50–years–of–asean–meeting–the–energy–challenges/.

[②] 同上。

[③] The ASEAN Centre for Energy (ACE): 《The 6th ASEAN Energy Outlook 2017—2040》。

将达到 110 吉瓦。尽管可再生能源年均增长 5%，但到 2040 年，东盟的可再生能源装机容量仍将不到燃煤装机容量的一半。[①] 这种能源结构将继续保持相当长一段时间。在未来 30 年中，交通运输将成为最耗油的行业，东盟的石油需求将急剧增加，将进口大量石油。预计从 2019 年后 30 年，每年将花费超过 3000 亿美元用于能源进口，其中，石油占化石燃料进口的 70% 以上。东盟地区预计将在 2027 年左右成为天然气净进口国，2035 年左右成为煤炭净进口国。[②]

据经济合作与发展组织（OECD）和国际能源署（IEA）对东盟国家能源市场发展趋势的评估，在新政策情况下，到 2040 年，东南亚的能源供求动态将发生很大的变化。随着石油产量的下降和对所有化石燃料需求的强劲增长，以及石油进口需求快速增加，东南亚将从长期以来一直的能源净出口国成为主要的净进口国（见表 3-23）。从表中可以看出，东盟国家的能源总需求在 2025 年前就超过了能源总产量，成为能源的净进口地区，其中，2000 年前，石油总需求超过总产量，2025—2030 年之间，天然气生产满足不了总需求，2030—2040 年某一年，煤炭总需求高于总产量。东盟国家只能通过贸易来满足能源需求。预计，2025 年，东盟国家将进口 179 百万吨油当量的能源。

表 3-23　新政策情景下的东盟能源生产和燃料一次能源需求

	单位	2000 年	2016 年	2025 年	2030 年	2040 年	2016—2040 年	
							变化	CAAGR
石油生产	Mtoe	140	118	100	94	79	−39	−1.7%
	Mb/d	2.9	2.5	2.1	2.0	1.7	−0.8	−1.6%
石油需求	Mtoe	156	220	270	288	308	88	1.4%
	Mb/d	3.1	4.7	5.8	6.2	6.6	1.8	1.4%
天然气生产	Mtoe	135	188	167	172	185	−4	−0.1%
	bcm	159	223	198	204	217	−6	−0.1%
天然气需求	Mtoe	74	141	162	180	225	84	2.0%
	bcm	88	170	195	216	269	99	1.9%
煤炭生产	Mtoe	58	278	276	263	262	−16	−0.2%
	Mtce	83	397	394	376	375	−23	−0.2%

---

① The ASEAN Centre for Energy（ACE）：《The 6th ASEAN Energy Outlook 2017—2040》。

② Dr. Nuki Agya Utama,Paving Way to ASEAN Energy Sovereignty[EB/OL].（2019-11-04）. http://www.aseanenergy.org/blog/paving-way-to-asean-energy-sovereignty/.

续表

	单位	2000 年	2016 年	2025 年	2030 年	2040 年	2016-2040 年 变化	CAAGR
煤炭需求	Mtoe	32	112	176	208	271	159	3.7%
	Mtce	45	161	252	297	387	227	3.7%
核能	Mtoe	0	0	0	0	4	4	n.a.
可再生能源	Mtoe	123	169	197	217	253	85	1.7%
1. 水电	Mtoe	4	11	17	23	30	19	4.4%
2. 生物能源	Mtoe	101	129	132	132	136	6	0.2%
3. 其他	Mtoe	18	28	49	62	88	59	4.8%
总产量	Mtoe	456	753	741	746	783	30	0.2%
总需求	Mtoe	414	708	890	988	1186	478	2.2%
净贸易	Mtoe	43	45	-149	-242	-403	N/A	N/A
净贸易比例	%	9	6	-17	-24	-34	N/A	N/A

注：CAAGR = 复合平均年增长率。** 考虑到船用燃料（国际海运和航空）的需求。对于核能和可再生能源，供应等于需求。mb/d = 每天百万桶；bcm = 10 亿立方米；Mtce = 百万吨煤当量；Mtoe = 百万吨油当量。

资料来源：OECD/IEA《World Energy Outlook 2017》。

（四）东盟国家能源投资需求预测

国际能源署帮助东盟研究制定了一个能源革命方案，这个方案主要是发展可再生能源，促进能源可持续发展，减少化石能源尤其是煤炭和石油的使用，还可以节省投资。但是，即使这样的方案，也需要巨额的投资。在这一新政策情况下，东盟能源供应的基础设施建设需要累计总投资额约为 2.1 万亿美元，其中电力部门占一半以上（见表 3-24）。每年平均投资需求约为 870 亿美元，约占该地区 2016 年 GDP 的 3%。

表 3-24　新政策情景下东盟能源供应的累计投资　　（单位：亿美元）

	2017—2025 年	2026—2040 年	2017—2040 年	2017—2040 年（每年平均）
原油	1460	2060	3520	150
天然气	1200	3030	4230	180
煤炭	140	250	390	20
电力	3870	8550	12420	520
其中：化石燃料	820	1490	2310	100
核能	—	90	90	0
水电	460	990	1450	60
生物质能源	110	210	320	10
风能	90	340	440	20

续表

	2017—2025年	2026—2040年	2017—2040年	2017—2040年（每年平均）
地热	70	100	170	10
光伏发电	260	620	880	40
输电和配电	2070	4700	6770	280
生物燃料	70	180	250	10
能源供应总量	6740	14070	20810	870

资料来源：OECD/IEA《World Energy Outlook 2017》。

《东盟互联互通总体规划 2025》提出在可持续基础设施建设方面，东盟每年至少需要 1100 亿美元的基础设施投资以支持未来增长（见表 3-25）。但是，东盟成员国之间的基础设施质量和覆盖范围明显不同。有些国家如文莱和新加坡过去已经进行了大量投资，基础设施建设已经比较完善，而其他国家尤其是柬埔寨、印度尼西亚、老挝、缅甸、越南等的基础设施投资不足，需要继续投资以确保提供足够数量的基础设施以支持经济增长并满足需求快速增长。《东盟能源合作行动计划（APAEC）》制定 2016—2025 年的战略是"加强东盟的能源联通性和市场整合，以实现所有人的能源安全、可及性、可承受性和可持续性"，目标是每年能源投资需求为 270 亿 ~290 亿美元，占该地区 GDP 的 1%。[①]

表 3-25　2015—2025 年东盟每年的基础设施投资需求　　（单位：亿美元）

评估机构	ADB—ADBI（2009）	McKinsey全球学院（2013）	KPMG（2014a）	Bhattacharyay Et al.（2012）	Goldman Sachs（2013）	UNCTAD estimate
预测值	600	1330	1460	1000	690	1100
覆盖行业	电力、运输、通信、WSS	电力、运输、通信、WSS	—	电力、运输、通信、WSS	电力、运输	电力、运输、通信、WSS
时期	2010—2020	2013—2030	2013—2030	2013—2030	2013—2030	2015—2025
覆盖国家	除文莱外其他国家	东盟 10 国	除文莱外其他国家	除文莱外其他国家	印度尼西亚和马来西亚	东盟 10 国

注：WSS——供水与卫生（water supply and sanitation）。

资料来源：《ASEAN Investment Report 2015》。

---

① 50 Years of ASEAN：Meeting the Energy Challenges[EB/OL]．（2017-11-27）．http://www.aseanenergy.org/blog/50-years-of-asean-meeting-the-energy-challenges/．

第五节　中国与东盟国家能源互联互通合作的前景

相对于发达国家，中国和东盟国家的能源消费水平仍然很低。即使这样，虽然中国的人均能源消费水平并不高，但是，东盟国家要赶上中国的人均能源消费水平仍然需要增加能源生产或贸易。这也表明了东盟国家的能源需求还有很大的增长空间，电力等能源基础设施建设的市场需求依然很大。中国和东盟国家在能源贸易、基础设施建设、技术、装备等方面合作前景广阔。

一、中国与东盟国家能源生产和消费的比较

中国是全球性的大国，人口众多，从能源生产和消费总量上看，东盟国家是没有可比性，从人均水平方面进行比较更为科学。虽然《2019年BP世界能源统计年鉴》缺少文莱、柬埔寨、老挝、缅甸的数据，但是，文莱是人口很少的国家，柬埔寨、老挝和缅甸是低收入国家，能源生产和消费人均水平远小于中国，缺乏这些数据并不影响中国与东盟能源比较的宏观分析的结果（见表3-26）。

表3-26　2018年中国和东盟国家的能源生产和消费比较总表

	原油			天然气			煤炭			电力发电量	一次能源人均消费量
	探明储量	生产	消费	探明储量	生产	消费	探明储量	生产	消费		
中国	3500	189.1	641.2	6100	161.5	283.0	1388.2	1828.8	1906.7	7111.8	96.9
东盟	1550	106.7	308.8	6400	223.4	156.2	414.2	350.4	152.7	978.9	
文莱	100	5.4	—	300	12.6	—	—	—	—	—	—
柬埔寨	—										
印尼	400	39.5	83.4	2800	73.2	39.0	370	323.3	61.6	267.3	29.1
老挝	—										
马来西亚	400	31.5	36.9	2400	72.5	41.3	—	—	21.1	168.4	129.7
缅甸	—	—	—	1200	17.8	—	—	—	—	—	—
菲律宾	—	—	22.0	—	—	4.1	—	—	16.3	99.8	18.5
泰国	50	17.3	65.8	200	37.7	49.9	10.6	3.8	18.5	177.6	80.5

续表

| | 原油 | | | 天然气 | | | 煤炭 | | | 电力 | 一次能 |
	探明储量	生产	消费	探明储量	生产	消费	探明储量	生产	消费	发电量	源人均消费量
新加坡	—	—	75.8	—	—	12.3	—	—	0.9	52.9	633.0
越南	600	13.0	24.9	600	9.6	9.6	33.6	23.3	34.3	212.9	37.5

注：石油探明储量、石油产量的单位是百万吨，石油消费量是百万吨油当量；天然气单位是十亿立方米；一次能源人均消费量单位为吉焦／人；煤炭探明储量单位为亿吨、煤炭生产量和消费量单位为百万吨油当量；发电量的单位是太时·瓦。

资料来源：《2019 年 BP 世界能源统计年鉴》。

（一）中国与东盟国家的能源生产比较

石油、煤炭和电力是现代社会中必不可少的主要能源。从表 3-27 可以看出，在能源探明储量方面，中国的石油和煤炭的探明储量分别达到 35 亿吨、1828.8 亿吨，要远远大于东盟国家同类指标；而天然气探明储量，东盟国家达 6.5 万亿立方米，高于中国 6.1 万亿立方米。从能源生产方面来看，中国的原油产量、煤炭、发电量也远远大于东盟国家，尤其是发电量方面，除了石油和天然气发电量高于中国，核能、水电、可再生能源等清洁能源发电方面，中国远远大于东盟国家，东盟国家核能还处于空白状态。虽然东盟国家也有丰富的水力资源，但是水电发电量仅相当于中国的 1/9，可再生能源发电量仅相当于中国 1/19，总发电量相当于中国的 1/7。

表 3-27　中国与东盟国家的分类发电量　　（单位：太瓦·时）

年份	2017 年							2018 年						
	石油	天然气	煤炭	核能	水电	可再生能源	总计	石油	天然气	煤炭	核能	水电	可再生能源	总计
中国	10.7	202.8	4445.5	248.1	1165.1	492.4	6604.5	10.7	223.6	4732.4	294.4	1202.4	634.2	7111.8
东盟	24.9	286.2	327.4	—	117.3	29.9	932.7	23.4	286.6	353	—	128.9	34.6	978.9
印尼	18.9	55.7	148.0		18.6	13.4	254.6	20.2	59.6	156.4		16.4	14.8	267.3
马来西亚	5.0	65.1	67.7	—	23.1	1.3	162.3	2.3	66.4	74.1	—	24.2	1.5	168.4
菲律宾	—	—	—	—	—	—	94.4	—	—	—	—	—	—	99.8
新加坡	—	—	—	—	—	—	52.2	—	—	—	—	—	—	52.9

续表

年份	2017							2018						
	石油	天然气	煤炭	核能	水电	可再生能源	总计	石油	天然气	煤炭	核能	水电	可再生能源	总计
泰国	0.3	121.0	35.7	—	4.7	14.9	176.7	0.2	116.3	35.8	—	7.6	17.8	177.6
越南	0.7	44.4	76.1	—	70.9	0.3	192.5	0.7	44.3	86.7	—	80.7	0.5	212.9

资料来源：《2019 年 BP 世界能源统计年鉴》。

　　中国的原油加工能力也处于世界前列。从表 3-28 可见，东盟国家的炼油产能大约是中国的 1/3，但是原油加工量是中国的 68%。说明中国的炼油产能利用率低于东盟国家，或者说中国闲置了较多的炼油产能。

表3-28　中国与东盟国家的炼油产能和原油加工量情况　　　（单位: 千桶／日）

年份	炼油产能		原油加工量	
	2017	2018	2017	2018
中国	15231	15655	11656	12441
东盟	4923	5128	8125	8431
印尼	1111	1116	5010	5154
马来西亚	625	625	599	596
菲律宾	271	271	211	237
新加坡	1514	1514	1068	1047
泰国	1235	1235	1093	1131
越南	167	367	144	266

资料来源：《2019 年 BP 世界能源统计年鉴》。

　　虽然中国是原油进口大国，但是中国也大量出口成品油。2018 年，中国出口成品油 5570 万吨，其中出口到新加坡 1490 万吨，出口到其他亚太国家 2340 万吨，出口非洲 220 万吨、中东地区 200 万吨、印度 90 万吨。天然气方面，2018 年，东盟国家的产量 2234 亿立方米，大于中国的 1615 亿立方米，而东盟国家天然气消费量仅约 1562 亿立方米，少于中国的 2830 亿立方米。文莱、印尼和马来西亚都有富余的天然气出口（见表 3-29），因此，中国从文莱、印尼和马来西亚进口液化天然气（见表 3-30），从缅甸进口管道天然气（见表 3-31）。可见，东盟国家天然气生产远大于消费量，而中国的天然气产量远小于消费量。中国与东盟国家在成品油和天然气贸易方面互补性强，合作前景很大。

表 3-29 中国与东盟国家石油天然气出口情况

（天然气单位：十亿立方米，原油单位：百万吨）

年份	LNG		石油	
	2017	2018	2017	2018
中国	—	—	3.8	2.7
文莱	9.1	8.8	—	—
马来西亚	36.1	33.0	—	—
印尼	21.7	20.8	—	—

资料来源：《2019 年 BP 世界能源统计年鉴》。

表 3-30 2018 年中国与东盟液化天然气贸易情况

进口国 / 出口国	印尼	文莱	马来西亚
中国	67 亿立方米	3 亿立方米	79 亿立方米
马来西亚	—	6 亿立方米	—
新加坡	2 亿立方米	—	—
泰国	3 亿立方米	3 亿立方米	7 亿立方米

资料来源：《2019 年 BP 世界能源统计年鉴》。

表 3-31 2018 年中国与东盟国家的管道天然气贸易情况

进口国 / 出口国	印度尼西亚	缅甸
中国	—	29 亿立方米
马来西亚	6 亿立方米	—
新加坡	70 亿立方米	—
泰国	—	79 亿立方米

资料来源：《2019 年 BP 世界能源统计年鉴》。

（二）中国与东盟国家的能源消费比较

除了新加坡和马来西亚，其他东盟国家的一次能源人均消费量都低于中国（见表 3-32）。柬埔寨、老挝和缅甸三个低收入国家更远低于中国的一次能源人均消费水平。

表 3-32 2018 年中国与东盟国家一次能源人均消费量表 （单位：吉焦 / 人）

中国	文莱	印尼	马来西亚	菲律宾	泰国	新加坡	越南
96.9	—	29.1	129.7	18.5	80.5	633.0	37.5

资料来源：《2019 年 BP 世界能源统计年鉴》。

电力是能源消费中最广泛的能源。2000—2018 年间中国电力需求年均增长 10%，2019 年由于工业用电需求放缓，仅增长了 4.5%，但仍占全球用电量的 28%。2018 年中国的总发电量达 7111.8 太瓦·时，而东盟国家的发电量仅为 978.9 太瓦·时，相当于中国的 1/7。从人均用电量也可以发现，中国的能源消费水平高于东盟国家的平均水平。2013 年中国人均用电量 3911 为千瓦·时，全球人均平均电力消耗为 2824 千瓦·时。2016 年，中国人均用电量为 4018.2 千瓦·时，2017 年增加到 4589 千瓦·时，2018 年人均用电量达 4889 千瓦·时。2013 年，东盟人均电力消耗为 1178 千瓦·时，到 2018 年，东盟国家人口约 6.54 亿人，人均用电量为 1500 千瓦·时，不到中国的 1/3。可见，中国的人均用电量是东盟国家人均水平的 3 倍，人均能源消费水平大约也是东盟国家的 3 倍。东盟人均用电量仅为世界人均用电量的一半。推进中国与东盟国家的电网互联互通，可以帮助有关国家有效消除无电人口，提升民生保障和发展质量。

二、中国与东盟能源互联互通合作前景

中国和东盟国家的能源资源禀赋各有优势。中国在煤炭、水电资源、太阳能、风能等资源方面较东盟国家丰富，而东盟国家已探明的天然气储量、地热资源较中国丰富，其中印度尼西亚、马来西亚的天然气储量排在东盟国家前列。东盟国家的水电、太阳能、风能和地热等可再生能源的开发潜力大，但国家间的可再生能源资源结构和分布很不平衡，印度尼西亚、老挝和缅甸的水能资源丰富但是开发程度仍然很低，印度尼西亚和菲律宾的地热资源位于世界前列但仅小部分得到开发，而整个东盟地区的太阳能和风能资源丰富但仅有少数国家开始小规模开发。总体上，东盟国家的水能、太阳能、风能等可再生能源资源丰富而化石能源资源相对贫乏，而可再生能源还没有得到很好开发。横跨缅甸、老挝、泰国、柬埔寨和越南的大湄公河地区的水力发电潜力为 248 吉瓦。

中国的总发电量位于世界第一位，电力装机容量和电力生产规模巨大，电力生产能力已经超过电力需求，但是，电力资源分布不平衡，水电生产多分布于西南地区，光伏发电、风电和煤电多集中于西北、华北地区，而生产和生活用电多集中于中东部地区。随着中国推动重点工业领域节能降碳和绿色转型，高耗能产业将逐步减少，电力富余将常态化。而大部分包括能源资源丰富的东盟国家，随着产业发展和人民生活水平的提高，用电需求将越来越大，而大多

数东盟国家电力生产不足的问题依然存在。中国具有丰富的能源开发技术和对外投资经验，尤其是在能源装备制造、水电站建设施工、煤炭清洁应用技术、光伏发电、风能发电、特高压输电、超临界和超超临界等方面的技术处于世界一流水平，这是东盟国家能源开发中所需要的技术和投资，将为中国与东盟国家的新能源设备贸易、工程承包和产能合作提供很大的机遇。

东盟国家都是《巴黎协定》的签署国，碳减排是各国的共同使命，但是又面临着经济发展与碳减排和能源供应不足的难题，既要寻找安全的能源供应、提供不断增长的能源需求，又要实现碳减排目标，这对东盟国家确实是一个"两难选择"。"APAEC2016—2025"提出解决这个"困境"的办法，就是在2016—2020年着重加强东盟的能源联通性和市场整合，以实现所有人的能源安全、可及性、可负担性和可持续性。2020年9月，中国政府在第七十五届联合国大会上提出："中国将采取更加有力的政策和措施，二氧化碳排放力争于2030年前达到峰值，努力争取2060年前实现碳中和。"《能源生产和消费革命战略（2016—2030年）》提出要"畅通'一带一路'能源大通道。巩固油气既有战略进口通道，加快新建能源通道，有效提高中国和沿线国家能源供应能力，全面提升能源供应互补互济水平。完善能源通道布局，加强陆海内外联动、东西双向开放，加快推进'一带一路'国家和地区能源互联互通，加快能源通道建设，提高陆上通道运输能力。推动周边国家电力基础网络互联互通"。这为中国与东盟国家能源互联互通建设合作指明了方向。

目前，中国是原油、天然气和煤炭净进口国；东盟是石油净进口地区，2025—2030年间，东盟国家天然气生产将满足不了总需求，大部分东盟国家都需要进口原油、煤炭和天然气，也将成为原油、天然气净进口地区。在东盟地区没有重大石油发现和资源开采的情况下，预计进口石油将随着需求增长而增加。到2025年，东盟的石油进口量将超过出口量约304百万吨油当量，才能满足其基本需求；到2040年，石油需求将达到574百万吨油当量。预计到2024年左右，东盟地区对天然气的需求将超过当地的产量。[①]此后，东盟成为天然气的净进口地区。因此，随着对化石燃料进口的日益依赖，到2040年，东盟可能会面临严峻的能源安全挑战。

---

① The ASEAN Centre for Energy（ACE）：《The 6th ASEAN Energy Outlook 2017—2040》。

中国和东盟国家的原油和天然气的主要进口来源国基本相同，都是来自中亚、中东地区和非洲国家，可见，中国与东盟国家在原油和天然气进口通道上也面临同样的能源安全问题和安全利益。因此，以区域能源集体安全观和区域能源命运共同体的理念推进中国与东盟的能源互联互通合作，构建中国—东盟跨国油气管道网和覆盖中国和东盟国家的区域智能电网，形成中国—东盟能源互联互通网络和中国—东盟能源利益共同体，实现区域能源安全，具有广阔的合作前景。

中国和东盟国家都需要从中亚、中东地区和非洲进口原油、天然气，在很大程度上有着共同的能源安全利益。中国西南地区水电资源蕴藏量丰富且还有很大的开发潜力，目前西南地区的水电、西北地区的光伏发电出现电力富余且面临消纳和外输困难问题，而这些地区毗邻中南半岛，电力互联互通合作比较便利。目前，柬埔寨、印度尼西亚、老挝、缅甸、菲律宾、泰国、越南等国家都因为电力短缺而影响经济发展。可见，中国与东盟能源互联互通合作的互补性很强，而中国能源领域的技术优势、装备优势、人才优势和资金优势与东盟国家的能源资源优势相结合，推进以油气管道、电力互联互通为重点的能源互联互通合作具有很大的发展前景。

第四章 中国与东盟交通和能源互联互通 SWOT 分析

当前，世界经济发展环境不断变化，贸易保护主义抬头，尤其是美国出于遏制中国的目的，对中国大打贸易战和科技战，在中国周边国家煽风点火。但是，经济全球化和区域经济一体化是时代潮流，RCEP 就是逆境而生，即使发展过程中有一些波折，也阻挡不了中国—东盟经济一体化的发展趋势。交通和能源互联互通是中国与东盟经济一体化的必然，本章运用 SWOT 分析框架，从区域优势和劣势、面临的机遇与挑战等视角，深入分析中国—东盟交通和能源互联互通的内外部环境，有助于把握中国—东盟交通和能源互联互通建设的发展方向。

第一节 优势分析

中国与东盟开展交通和能源互联互通合作具有一些特殊优势，主要体现在地缘上的区位优势、产业互补优势、多种多样的合作机制和平台以及民心相通等方面有利于推进互联互通建设。

一、区位优势明显

东盟在全球政治、经济博弈中具有特殊的地位，是各大国和区域组织都努力争取的合作伙伴。相比于东亚的日本、韩国、美国、欧盟、中国与东盟海陆相连，具有明显的地缘区位优势。陆路上，中国西南地区的广西壮族自治区和云南省与中南半岛国家陆地相连、河流相通，有公路和铁路互通，是中国通往东盟必经的、便捷的国际大通道；海路上，广西、海南和广东与南海周边国家隔海相望，北部湾一湾连接着东盟 8 国。从全球地理位置看，中国与东盟处于欧亚大陆东部、太平洋西岸、印度洋东岸。中国位于欧亚大陆桥起点，印度尼西亚与大洋洲隔海相望，与马来西亚、新加坡和泰国扼马六甲海峡咽喉，中国南部和中南半岛国家是沟通太平洋和印度洋的重要陆路通道。从中国—东盟区域来看，中国是东盟国家通往中亚、俄罗斯和欧洲最便捷的陆路通道，越南是中国中东部地区进入中南半岛最便捷的陆路通道，老挝是中国西南地区对接中南半岛最便捷的陆路通道，而缅甸是中国进入印度洋距离最短的陆路通道。而东盟国家是中国通往印度洋、非洲、欧洲和大洋洲重要的海洋通道，菲律宾、印度尼西亚位于南海的东部和南部，是中国南部地区海运往美洲、南太平洋必经的海上通道，马六甲海峡是东亚赴印度洋、欧洲和非洲的海上必经之路。从 RCEP 区域来看，中国—东盟处于区域的中心，是澳大利亚、新西兰与日本、韩国等东亚地区双向往来的必经之道，也是日韩等东亚地区与印度等南亚地区相互往来的必经之路；中国是东盟国家、日本、韩国到中亚、中东欧距离最短的陆海联运物流通道。从历史角度看，秦朝时期，中国与东南亚地区即有贸易往来，西汉时期，中国商人就从合浦（今广西合浦县）、徐闻（今广东徐闻县）、日南（今属越南北部）出发，经北部湾沿岸南下，越过马来半岛，经泰国、马来西亚和缅甸，过孟加拉湾，到达印度南部和斯里兰卡，形成了海上丝绸之路。依托这一区位优势和历史文化基础，中国与东盟可以方便地开展交通和能源互联互通建设合作，互为通道，并在此基础上开展跨国产业合作，推进区域经济一体化。

二、水陆空互联互通基础较好

中国与东盟国家的水陆空交通已经全面对接，初步形成了水陆空互联互通的格局。

（一）水路互联互通不断扩大

一是海上航线规模不断拓展。中国从北部的大连港到西南部的广西北部湾港、三亚港等所有的对外开放港口都有海上航线与东盟国家的主要港口对接。中国至东盟国家的海上航线主要集中在长三角、珠三角和北部湾地区。截至

2017 年 9 月，中国港口至东盟国家港口的班轮航线超过 150 条。[①]

中国—东盟港口城市合作网络和国际陆海贸易新通道正在加快建设。"十三五"期间，广西北部湾港就新开通 41 条至东盟国家港口的班轮航线，目前，已与 7 个东盟国家、47 个港口建立密切的运输往来合作，开通定期集装箱班轮航线 47 条。[②] 中国—东盟港口物流信息中心一期工程正式启用，海上互联互通发展加快。广西北部湾港成为中国与东盟地区海上互联互通、开放合作的前沿。

二是海铁联运通道基本形成。国际陆海贸易新通道推动海铁联运、跨境运输实现常态化运营，构建起一条以重庆为基点，向北连接丝绸之路经济带，向南通过广西北部湾港连接海上东盟国家，形成丝绸之路经济带与 21 世纪海上丝绸之路有机衔接、纵贯西部至南部的国际联运大动脉。

三是跨境河运互联互通不断完善。横跨中老缅泰柬越六国的澜沧江—湄公河，经过一期疏浚以后，《四国通航协定》规定中国思茅港至老挝琅勃拉邦为国际开放水域，全程 786 千米。在枯水期，在景洪至泰国清盛间仅能通行 150~200 吨级的货船，到 6—8 月丰水季节时，可通行 250 吨级的货船。2016 年 4 月，澜沧江—湄公河航道二期整治工程前期工作开始启动。中缅陆水多式联运新通道启动。

（二）国际道路运输日渐增多

《大湄公河次区域（GMS）便利货物及人员跨境运输协定》始于 1999 年。2018 年 3 月 GMS 六国政府共同签署的《关于实施〈大湄公河次区域便利货物及人员跨境运输协定〉"早期收获"的谅解备忘录》规定：GMS 国家车辆持GMS 行车许可证和暂准入境单证（TAD）一年内进入柬埔寨、老挝、泰国、越南的次数不限。2019 年 3 月，大湄公河次区域（GMS）国家便利运输委员会联合委员审议通过了《关于扩大〈GMS 便运协定〉线路方案的谅解备忘录》。根据该谅解备忘录，《GMS 便运协定》将在原有线路基础上新增 11 条线路，与中国相关线路有 4 条，可实现南宁—越南—老挝—泰国的跨境运输。2019 年 5月 27 日，大湄公河次区域（GMS）国际道路运输（中国—老挝—越南）启动。

---

① 中国—东盟务实推进港口城市合作网络助力区域互联互通 [EB/OL].（2017-09-14）. https://news.china.com/domesticgd/10000159/20170914/31404387.html.

② 广西 5 年新增至东盟班轮航线 41 条 [N]. 广西日报，2021-01-06.

国际道路运输不断发展壮大。

（三）铁路互联互通取得新进展

除了中国广西至越南河内的套轨铁路和中国云南至越南河内的铁路，中国与中南半岛国家之间正在合作新建一批互联互通的新铁路，包括南宁至崇左城际铁路、防城港至东兴市铁路。中老铁路玉溪至磨憨、磨憨至万象全线开工，中缅铁路大理至瑞丽段开工建设，中国境内昆明经玉溪至河口已经新建了标准轨。越南境内正在规划建设老街—河内—海防准轨铁路，同时升级改造米轨铁路。

（四）航空互联互通基本实现全覆盖

中国与东盟国家的航空市场相对互相开放。东盟是中国签订的首个区域性航空运输协定的区域组织。中国与东盟国家的航线不受到航权和运力的限制。目前，航线网络覆盖了中国与东盟各国的主要城市。航线的快速增加为中国与东盟双边的人员往来提供了支持。

广西作为面向东盟的航空门户枢纽，近年来，依托南宁和桂林两大门户枢纽机场拓展东盟航线航班。2019 年，广西可通达东盟 10 国的 22 个城市，仅南宁机场东盟航线旅客吞吐量突破百万人次。[①]

三、能源互联互通有基础

由于地缘优势，中国与中南半岛国家能源基础设施互联互通建设开展比较早，成果也比较大，成为中国与东盟国家能源互联互通建设合作的先行区。

（一）电网互联互通和电力贸易初具规模

1.GMS 国家实现电力部分联网

中国与中南半岛国家接壤，是中国与东盟尤其是大湄公河次区域国家（GMS）电力互联互通最便利的区域。中国南方电网公司是中国政府授权的大湄公河次区域电力合作中方执行单位，一直以来致力于推动澜湄区域各国电网互联互通。目前，南方电网与缅甸、老挝、越南等国家的电网已经互联互通，其中云南与越南、

---

① 广西加密连接东盟国家客货运航线 [EB/OL].（2020—01—19）. http://www.chinanews.com/cj/2020/01—19/9064596.shtml.

老挝、缅甸三国已实现电力部分联网，并分别开展了送电、购电和跨国抄表等业务，并通过老挝电网向泰国输送云南的电力；南方电网广西公司也通过东兴市向越南芒街送电。目前南方电网已有 3 条 220 千伏、4 条 110 千伏送电通道向越南北部八省送电。截至 2018 年 10 月，南方电网云南公司累计向越南、缅甸、老挝等境外送电 363 亿千瓦·时。[①] 同时，缅甸也向中国输电，2008 年 10 月，缅甸目前最大的水电 BOT 项目——瑞丽江一级水电站 6 台 10 万千瓦机组并入中国南方电网向中国送电。电力贸易逐渐成为中国与 GMS 国家贸易的新增长点。

2. 电源投资合作深化发展

近几年，中国电力企业在东盟国家开展电力项目投资建设合作积累了丰富的经验。中电投、华能、大唐、华电、国电、三峡等众多中国电力企业已与越南、老挝、缅甸、印尼、泰国、菲律宾等国家合作开发电力资源，以 BOT 方式在老挝、越南建设水电站、燃煤电厂，合作运营菲律宾电网。中国水电第一个在境外以 BOT 方式投资开发柬埔寨甘再水电站；中广核（CGN）以 23 亿美元收购 1MDB 旗下 Edra 能源资产，成为马来西亚最大宗企业并购交易；中国能源建设集团收购马来西亚捷硕能源集团的越南海阳热电厂 BOT 项目（投资总额 18 亿美元，总装机为 120 万千瓦）50% 股权、中国南方电网公司和中电国际以 BOT 方式共同投资总功率为 120 万千瓦的越南永新燃煤电厂一期项目于 2018 年全面投入商业运营。2018 年 10 月，由南方电网国际公司与老挝电力公司以 BOT 方式、按照 80%：20% 的股比共同投资的老挝南塔河一号水电站正式投产发电。

（二）践行合作共赢理念

照顾各方关切和利益的互利合作共赢是互联互通建设成功的前提，中国始终以开放的姿态欢迎各国参与中国与东盟的互联互通建设。中缅油气管道是中国在缅甸投资最大的国际化大型能源合作项目，也是中国与东盟国家第一条跨境油气管道，是中国与东盟国家能源互联互通多方成功合作的范例。中缅天然气管道缅甸境内管道由中国、缅甸、印度和韩国四国能源公司合资建设，涉及中石油、缅甸油气公司、韩国大宇集团、韩国天然气公司、印度石油天然气公司和印度国营天然气输送公司六家公司，管道的运营将为参与各方带来收益。

---

① 云南电网公司助力云南打造世界一流"绿色能源牌" [N]. 南方电网报，2018-12-18.

作为我国第四大能源进口通道，中缅油气管道的建成投运也开辟了缅甸油气进出口新通道。据测算，中缅天然气管道每年输送的 120 亿立方米天然气，可替代煤炭 3072 万吨，减少二氧化碳等排放 5283 万吨。[1] 截至 2020 年 6 月，中缅天然气管道自 2013 年投产已安全平稳运行超过 2500 天，累计向中国输送天然气 265.58 亿立方米，为缅甸下载天然气 46.76 亿立方米；中缅原油管道自 2017 年投产已安全平稳运行超过 1300 天，马德岛港已靠泊大型油轮 123 艘，累计接卸原油 3136.2 万吨，向中国输油超过 3000 万吨。按照股东协议，中缅油气管道建成投产后，每年可在缅甸境内下载 200 万吨原油和占管输量 20% 的天然气，用于推动缅甸经济发展及改善人民生活质量。同时，项目迄今还为缅甸带来包括国家税收、投资分红、路权费、过境费、培训基金等在内的直接经济收益逾 5 亿美元[2]，带动了当地经济、社会和就业的发展，实现了中缅能源互联互通的合作共赢。

四、合作机制日趋完善

中国与东盟交通和能源互联互通的合作机制已经有了较好的基础。至 2018 年 11 月，中国—东盟交通部部长会议已经连续举行了 17 次，在 2016 年 11 月的第 15 次中国—东盟交通部部长会议上，会议审议通过了《中国—东盟交通合作战略规划（修订版）》和《中国—东盟交通运输科技合作战略》；在第 16 次中国—东盟交通部部长会议上，各国愿意在《中国—东盟交通合作战略规划（修订版）》的框架下，研究制定落实战略规划的行动方案，建设完善泛亚铁路网、亚洲公路网和海上、空中联通网络，并继续推动海运协定、航空运输协定、交通运输科技合作战略、海事教育培训发展战略等重要合作文件的实施[3]，推进中国—东盟交通各领域互联互通建设。同样，东盟 +3 能源部长会议机制也已经建立，至 2017 年，东盟 +3 能源部长会议已经举行了 14 届，东亚峰会能源部长会议举办了 11 届。这些部长级会议是推进中国与东盟国家交通和能源互联互通建设合作的重要机制。

---

① 中缅天然气管道将为中缅两国带来哪些好处？[EB/OL].（2013-10-21）. http://www.cnpc.com.cn/cnpc/mtjj/201311f.shtml.

② 中缅油气管道：互利共赢十年行 [N]. 光明日报，2020-06-08.

③ 戴东昌出席并主持第 17 次中国—东盟交通部长会议 [EB/OL].（2018-11-10）. http://www.mot.gov.cn/jiaotongyaowen/201811/t20181110_3126915.html.

次区域合作机制是推动中国—东盟交通和能源互联互通建设的重要抓手。大湄公河次区域领导人会议—大湄公河次区域（GMS）经济走廊论坛合作机制是一个成功的次区域合作机制。大湄公河次区域领导人会议是决策机制，而大湄公河次区域（GMS）经济走廊论坛是落实领导人会议成果的合作机制。因此，大湄公河次区域的合作机制比较完善，合作成果多。

中国—东盟博览会和中国—东盟商务与投资峰会同样是中国与东盟国家交通和能源互联互通建设的重要合作机制。每年中国—东盟博览会期间，在南宁多次举办了中国—东盟电力（或能源）合作论坛、中国—东盟交通合作论坛或中国—中南半岛经济走廊合作论坛。这些论坛是各方协调推进交通和能源互联互通建设的重要机制。至 2020 年 9 月，中国—东盟博览会已在广西南宁成功举办了 17 届，由博览会促进形成的"南宁渠道"为中国—东盟提供一个促进交通和能源互联互通建设合作的平台，使各方能充分地沟通交流，寻找共同感兴趣的合作领域和合作项目。在历届中国—东盟博览会上，都展示了众多的中国与东盟国家交通和能源合作的成果，并针对铁路、港口、物流、电力、新能源、海关、金融等相关领域举办一系列高层次会议、论坛及相关活动。通过中国和东盟领导人会见，部长级磋商，各种高级别圆桌会、对话会和推介会，已达成了相关领域的《南宁共识》《南宁宣言》及《南宁倡议》等多项合作成果（见表 4-1）。

表 4-1　中国—东盟交通和能源互联互通合作机制相关成果

	合作内容
合作协议	中国与东盟已签署了《中国—东盟交通合作谅解备忘录》《东盟互联互通总体规划》《中国—东盟港口发展与合作联合声明》《中国—东盟海运协定》《中国与东盟航空合作框架》等，合作制定了《中国—东盟交通合作战略规划（修订版）》《中国—东盟交通运输科技合作战略》《大湄公河次区域贸易投资便利化战略行动框架》《泛北部湾经济合作可行性研究报告》《泛北合作路线图》等
合作机制	中国—东盟领导人会议 澜沧江—湄公河合作机制 中国—东盟博览会与中国—东盟商务与投资峰会 中国—东盟互联互通合作委员会 中国—东盟交通部长会议 中国—东盟港口城市合作网络 东盟—中日韩（10+3）能源部长会议 东亚峰会能源部长会议

资料来源：根据有关资料整理。

五、产业合作基础较好

产业和贸易是交通和能源互联互通的基础，交通和能源互联互通可促进产业和贸易发展。目前，在中国—东盟自由贸易区的框架下，中国与东盟国家已经务实推进产业合作，各方积极构建产业合作平台、高新技术产业、国际物流和贸易合作机制等方面的平台和合作机制（见表 4-2）。中国有实力的企业积极"走出去"投资东盟国家，重点投资纺织业、制衣业、农业、农林产品加工业、轨道交通、机械机电、发电厂、电子电器、汽车制造等领域，区域内国家互惠互利、优势互补的国际产业链和供应链逐步形成。

表 4-2　中国与东盟的产业合作基础

	基本内容
产业合作基础	十年来，中国与东盟通过多种模式推进产业合作园区建设，主要有：一是境外经济合作区。中国与越南、柬埔寨、泰国、印尼分别设立了 5 个境外经济合作区：越南龙江工业园、柬埔寨西哈努克经济特区、泰国泰中罗勇工业园、中国越南（深圳—海防）经贸合作区和中国—印尼经贸合作区。二是跨境经济合作区。中国已经在靠近缅甸、老挝和越南的云南、广西边境地区设立了 6 个国家级边境经济合作区，在此基础上建立了中国凭祥—越南同登、中国东兴—越南芒街、中国龙邦—越南茶岭、中国河口—越南老街、中国瑞丽—缅甸木姐、中国磨憨—老挝磨丁等 6 个跨境经济合作区。三是两国双园合作模式，主要有中马钦州产业园和马中关丹产业园区，此外，还有两国共建的产业园区，主要有马六甲工业园区，以及中国和新加坡政府共建的中新苏州工业园区、中新天津生态城和中新国际陆海贸易新通道

资料来源：根据有关资料整理。

除了共建中马钦州产业园和马中关丹产业园"两国双园"新模式，广西地方政府还积极投资建立中国（广西）印尼经贸合作区、中国（广西）—文莱经济走廊等，发展汽车制造、制衣业、水产品养殖，以及淀粉、甘蔗、林产品等加工业。以钦州为基地的中国—东盟港口城市合作网络加快推进，中国—东盟物流信息中心、中国—东盟航线和航线服务项目及水上训练基地等 3 个合作项目已经建成。这些平台成为促进中国与东盟交通和能源互联互通建设合作的重要推手和合作平台。

六、民心相通基础好

近年来，中国与东盟文化交流的内容丰富、形式多样，增加了双方人民的互信。中国尤其是云南、广西、广东、重庆、海南、福建、贵州和浙江等省（区、市），利用地缘、语缘、亲缘、侨缘上的优势，不断在文化、旅游、教育、医疗卫生等方面与东盟国家开展合作。

中国与东南亚国家的人文交往历史悠久。广西与东盟陆海相连，文化相融、习俗相通、语言相似、人缘相亲，具有较高的文化认同感和地缘亲近感。历史上，云南和广西通过陆路的茶马古道与东南亚国家有密切的贸易往来。广西的北海、钦州，广东的徐闻、广州，以及福建泉州等均是古代海上丝绸之路的始发港之一，这些地区与东南亚国家通过古代海上丝绸之路进行了长期的人文交流。如广西防城港东兴市京族与越南京族更是语言相通，京族"哈节"与越南"歌节"一脉相承。目前，广西壮族自治区和云南省是中国与东盟人文交流的重要桥梁，具有民心相通的优势，这为中国与东盟交通和能源互联互通建设合作奠定了扎实的人文和民意基础。

教育交流合作深入发展，青少年文化交流合作人员众多，中国与东盟国家的人文交流后继有人。至 2018 年 7 月，中国—东盟教育交流周在贵阳已经举办了十一届，东盟国家来华留学生人数从 2010 年的 49580 人增长到 2016 年超过 8 万人，中国赴东盟国家的留学生人数从 2010 年的 16947 人增长到 2016 年的 4 万多人。[①] 2016 年 2 月，厦门大学马来西亚分校建成开学，这是中国公立大学在海外开办的第一所具有独立法人资格的分校。2016 年起，天津的高校开始在印尼、柬埔寨、泰国等地设立"鲁班工坊"，通过学历教育和职业培训等方式为东盟国家培养职业技术人才。为培养更多的东盟国家人才，中国政府设立了"中国—东盟海上丝绸之路奖学金"，合作打造"中国—东盟双十万学生流动计划升级版"，争取到 2025 年达到 30 万人双方学生流动的目标。

广西是中国与东盟教育交流合作的主要省区。多年来，广西加强与柬埔寨、印度尼西亚、老挝、马来西亚、泰国、越南等东盟国家教育部门的交流，双向留学生人数超过 1 万人。5 年来，东盟国家派往广西留学的留学生人数近 4 万人，其中，2016 年广西招收的东盟国家留学生达 9061 人，2017 年来广西学习的东盟国家留学生约 9500 人，比十年前增长了三倍多，同年，广西赴东盟国家留学 2740 人。广西成为东盟国家来华留学首选的热门省区之一，是全国接受东盟国

---

① 十年教育同携手 "一带一路"谱新篇 [N]. 中国教育报，2017-07-28.

家留学生人数最多的省区之一。广西高校发起成立了"中国—东盟大学智库联盟""中国—东盟旅游教育联盟""中国—东盟艺术高校联盟""中国—东盟边境职业教育联盟"等合作机制，促进了联盟内教育资源合作共享。广西大学、广西师范大学等一批高校与越南、老挝、泰国、印尼等东南亚国家的多所大学签订了"2+2""3+1"等合作培养学生协议，建立了互派留学生、互派教师学者的交流机制。鼓励高校吸纳东盟国家优秀人才赴广西任教和开展科研活动，2018 年广西高校有近 60 位来自东盟国家的外籍教师。广西大学等高校在印度尼西亚、老挝、泰国、越南建立 7 所孔子学院，开展形式多样的汉语教学和文化交流活动。2017 年开设各类汉语班 1900 多班次，学员人数达 8 万余人，举办各类文化活动 480 多场，吸引了 15 万名当地民众参与。有些高校协同企业"走出去"，为东盟国家培养技术技能型人才，柳州铁道职业技术学院在泰国合作建立轨道交通学院，在印度尼西亚合作建立轨道交通培训基地和汽车技术服务培训基地，并牵头成立中国—东盟轨道交通职业教育集团，吸引中外 68 家职业院校、轨道交通企业、行业协会加入，合作培养铁路运输、城市轨道交通及工程建设专业人才。[1] 广西高校在这些国家的声誉得到迅速提升，与东盟国家教育交流合作形成了新局面。中国与东盟国家的教育合作为构建理念共通、命运与共、互利共赢、繁荣共享、责任共担、同舟共济的中国—东盟命运共同体奠定了互信的民意基础。

第二节　劣势分析

中国—东盟交通和能源互联互通建设固然有很多优势，但是，一些劣势因素也不能忽视。

一、区域内大多数国家经济发展水平较低

中国—东盟区域内，除了新加坡和文莱这两个总人口不到 800 万人的小国

---

[1]　教育部 . 广西壮族自治区发挥区位优势　着力打造面向东盟教育合作交流新高地 [EB/OL]．（2018–12–27）. http://www.moe.gov.cn/jyb_xwfb/s3165/201812/t20181227_365124.html.

属于高收入国家之外，其他国家都是新兴工业国家和发展中国家，而柬埔寨、老挝和缅甸刚刚走出最不发达国家的行列。各国的经济发展水平、增长速度差别很大，经济社会发展参差不齐。大多数国家基础设施普遍较差，而财政收入又少，缺乏资金投入。而高速公路、轨道交通、化石能源勘探开采、电站、新能源开发等交通和能源项目建设周期长，建设投资、设备维护和技术改造等都需要投入大量资金。除了作为国际金融中心的新加坡和中国香港以及作为世界第二大经济体的中国以外，区域内其他国家和地区普遍缺乏交通和能源基础设施建设资金。如缅甸因泰国融资迟迟不到位，土瓦经济特区搁置了近20年，因此，大多数国家都需要引进资金发展经济和改善基础设施。由于区域内各国经济发展水平的差异较大，各国面临的经济问题各不相同，需要优先建设的交通和能源基础设施项目也不一样，对中国与东盟的交通和能源互联互通合作的需求也各有不同，有的国家需要优先建设铁路，有的国家需要优先建设高速公路，有的国家需要优先建设港口或机场，有些国家需要优先建设电源设施，有些国家需要优先开采石油、天然气，有些国家需要优先建设输电线路以便对外输电，这就需要区域内各国统筹兼顾。中国和新加坡可以在区域交通和能源互联互通建设中发挥投融资的作用，引导区域交通和能源互联互通协调发展。

二、中国与东盟接壤地区地形复杂

中国与东盟国家的陆地边境地区处于云贵高原的边缘，云南省的国境线长4060千米，与3个国家接壤：西面是缅甸，中缅边境地区的滇西横断山脉纵谷地带，由巍峨高耸的山脉与深邃湍急的江河构成，有切割很深的怒江、澜沧江、独龙江三大峡谷的山区，地势北高南低，交通不便；南面是老挝，中老边境地区地处横断山脉的南延部分，怒江、澜沧江、金沙江褶皱系的末端，地势北高南低，两侧高，中间低，山地丘陵约占90%以上，地处中老边境地区的云南西双版纳州内最高点在勐海东北部的滑竹梁子，海拔为2429.5米，最低点在勐腊县良各脚西南的澜沧江河谷，海拔470米[①]；东南方是越南，与云南省红河哈尼族彝族自治州，广西壮族自治区百色市、崇左市和防城港市接壤。红河州与越

---

① 西双版纳旅游轨道交通规划环境影响报告书(简本)[R].西双版纳傣族自治州人民政府，2018–11–26.

南的国境线长 848 千米,地势是西北高东南低,地形分为山脉、岩溶高原、盆地(坝子)、河谷 4 部分。主要山脉为横断山脉南段澜沧江东侧的云岭南延东部分支哀牢山。红河大裂谷把境内地形分为南北两部分,南部为哀牢山余脉,哀牢山沿红河南岸蜿蜒伸展到越南境内,山高谷深坡陡,地形错综复杂,红河州最高处为金平县西南部西隆山,海拔 3074.3 米;最低处在河口县红河与南溪河汇合处,海拔 76.4 米。

广西百色的中越边境地区与红河州相似,也是云贵高原的南边缘,那坡县的沿边地区为山地地形地貌,靖西市的沿边地区为丘陵和喀斯特地形地貌,口岸多在峡谷、山坳之中,即使是龙邦、平孟两个国家一类口岸,口岸通道也处于狭窄的山谷之间,缺乏足够的场地建设仓储装卸配套设施。崇左市和防城港市的中越边境地区的地形地貌多为丘陵和喀斯特地形地貌,地势较为平缓。

中国和东盟国家接壤地区这种落差巨大的高原—山地—丘陵地形地貌,给交通和能源互联互通建设带来了巨大困难,难以找到一块开阔平坦的平地用于建设一个功能齐备的口岸,大大增加了投资成本。但是,这种独特的资源禀赋也为中国—东盟能源尤其是电源基地建设提供了丰富的水电资源。

三、能源资源结构差别大

中国和东盟国家的能源资源相对丰富,但是区域内各国能源资源结构有很大的差别,各国的优势能源资源相差很大。煤炭主要集中在中国、印度尼西亚和越南,石油分布在中国、印度尼西亚、越南、马来西亚和文莱,天然气分布在中国、印度尼西亚、马来西亚、泰国、越南、缅甸和文莱,水能主要分布在中国、缅甸、老挝和印度尼西亚。中国的石油、天然气、水能资源虽然储藏量较大,但是,人均能源资源却不多。文莱的石油和天然气总储量不算大,但是,人均能源资源却很高。区域内各国的能源需求结构也不一样,老挝电力充足而电网落后,缺乏石油和天然气;印尼天然气和煤炭产量高,但是电力缺乏;越南石油和天然气有较大的产量,但是加工能力不足;中国是区域内能源生产大国,国内能源消费也大,同时,能源生产不平衡。正因为区域能源结构不平衡,国家之间能源互补性很强,需要各国加强能源互联互通合作,但是,要合理开发利用区域内能源资源并满足各国的能源需求面临很多困难。

四、基础设施建设与发展不平衡

由于各国经济发展水平不同,区域内各国的交通和能源发展水平也不平衡。中国和新加坡是区域内交通基础设施发达的国家,港口和航空基础设施建设处于世界的先进水平。中国的高速铁路更走在世界的前列,高铁建设技术达到世界一流,拥有了跨越各种地形和不同的气候区的高铁网络,运营总里程达到世界高铁总里程一半以上,成为世界上唯一高铁成网运行的国家;高速公路四通八达,到 2019 年年末,全国公路总里程达到 501.25 万千米,铁路营运里程达 13.5 万千米,其中高铁总里程 3.5 万千米,高速公路和高铁通车里程均为世界第一,形成了"五纵七横"的高速公路国道主干线网络,同时,国家电网公司还建成了以 "九纵九横两环"高速公路为骨干网架的高速公路快充网络;水运基础设施建设日趋完善,全国内河航道通航里程达 12.73 万千米,内河港口万吨级及以上泊位 444 个,初步建成"两横一纵两网十八线"为主体的内河航道体系;全国沿海港口万吨级及以上泊位 2076 个,沿海港口向现代化、自动化和智能化发展,2019 年,在全球港口货物吞吐量和集装箱吞吐量排名前十名的港口中,中国港口占有七席,全国港口完成集装箱铁水联运量 516 万标准箱,占全国港口集装箱吞吐量比重 1.97%;民用航空机场 238 个。[①] 文莱、马来西亚、泰国、菲律宾和印尼的机场和港口的基础设施较好,高速公路和电力网络已经基本形成,石油、天然气的开采和加工的基础设施已经具有较大的规模。柬埔寨、老挝、缅甸和越南的交通和能源的基础设施建设还比较落后,除机场外,其他交通基础设施都比较差,电力网络还没有覆盖全国,而整个东盟国家的铁路系统已经老旧和落后。截至 2020 年 12 月,柬埔寨、缅甸还没有高速公路,东盟国家还没有一条高速铁路,铁路系统基本上还是西方殖民时代建造的铁路设施,经修修补补后使用至今,时速大多在 80 千米以下,不仅运行速度低、运能小,而且安全性差。

五、技术人才缺乏

技术人才是推进中国与东盟交通和能源互联互通建设的重要支撑。当前,

---

① 2019 年全国公路总里程达 501.25 万千米 [EB/OL]. (2020–05–13). http://www.chinahighway.com/article/65383185.html.

区域内各国的交通和能源发展水平及其高等教育的人才培养制度不同，各国的交通和能源技术人才结构有很大的差别。除了中国的交通和能源基础设施建设的规模效应推动了交通和能源领域高等教育形成门类齐全的专业学科以外，东盟国家的高等教育集中于基础科学，工程类和工科类的专业比较少，缺乏交通和能源专业学科齐全的高等教育体系，如东盟国家没有核能源专业、高铁建设和运营等专业。总体上，东盟国家的交通和能源专业设置不完整、专业技术教育落后，造成交通和能源专业技术人才不足。因此，东盟国家的大型交通和能源基础设施建设项目，如高速公路、铁路、发电厂、海上石油天然气勘探开采、大型港口、大型桥梁等项目，大多采用国际工程承包建设和引进国外的技术设备的方法建设，缺乏独立建设的技术力量。即使是中国的高等教育专业技术学科比较齐全，但是，随着"一带一路"建设的推进，交通和能源建设的国际化人才仍然匮乏，影响海外交通和能源合作项目的推进与管理，尤其是缺乏既熟悉一门以上外语、懂得国际通行规则，又熟悉或精通专业技术领域的复合型人才。国际化复合型人才包括创新型高级经营管理人才、国际项目咨询人才、高级工程技术人才、资本运作人才、国际化外贸人才，精通东盟国家语言的技术人才缺乏，影响了中国与东盟国家之间的交通和能源领域的技术交流和合作。

第三节　机遇分析

中国与东盟交通和能源互联互通建设是"一带一路"建议、中国—东盟自由贸易区和中国—东盟命运共同体建设的重要组成部分，符合中国与东盟国家的共同利益。推进双边交通和能源互联互通建设面临诸多发展机遇。

一、"一带一路"建设不断深化带来的发展机遇

站在推动全球经济发展和人类社会发展的普世价值，2013 年 9 月和 10 月，中国国家主席习近平高瞻远瞩地提出了"一带一路"倡议和构建人类命运共同体的理论，为人类社会发展指明了方向。同年 11 月，《中共中央关于全面深化改革若干重大问题的决定》指出全面推进丝绸之路经济带建设，共同构建海上

丝绸之路，深化改革开放，扩大开放格局。"一带一路"建设是构建人类命运共同体的重大举措，是中国提供给国际社会重要的国际公共产品，是中国同有关国家进行合作的重要平台，顺应了世界多极化、经济全球化、文化多样化、社会信息化的潮流，体现了开放的区域合作精神，是维护全球自由贸易体系和开放型世界经济的利益共同体。而推进国家间交通和能源互联互通是"一带一路"建设的重要基础。实践证明，"一带一路"倡议已得到大多数沿线国家的响应与支持。截至 2021 年 1 月底，通过加强政策沟通，中国已累计与 171 个国家和国际组织签署了 205 份"一带一路"合作文件。2020 年中国与"一带一路"沿线国家货物贸易额达 1.35 万亿美元，同比增长 0.7%，占我国总体外贸的比重达到 29.1%。全年开行中欧班列超过 1.2 万列，同比上升 50%，通达境外 21 个国家的 92 个城市，比 2019 年年底增加了 37 个。[①]

当前，以美国为首的一些欧美国家企图推行国际单边主义和逆全球化倾向，加上全球新冠肺炎疫情的冲击，世界经济复苏乏力，发展不平衡、不平稳，但经济全球化的历史潮流不会发生根本改变。中国将坚定不移地维护贸易自由化、推进经济全球化。共建"一带一路"倡议既是维护开放型世界经济体系，实现多元、自主、平衡和可持续发展的中国方案，也是深化区域合作，加强文明交流互鉴，维护世界和平稳定的中国主张。"一带一路"建设不仅是中国和东盟国家互联互通建设的发展机遇，也是抵制国际单边主义、加快中国—东盟命运共同体建设共同行动。

二、中国—东盟自由贸易区升级版顺利推进带来新机遇

东盟是"一带一路"沿线国家中与中国关系最密切的区域经济集团。2015年 11 月，中国与东盟十国正式签署中国—东盟自贸区升级谈判成果文件——《中华人民共和国与东南亚国家联盟关于修订〈中国—东盟全面经济合作框架协议〉及项下部分协议的议定书》，双方同意在农业、渔业、林业、信息技术产业、旅游、交通、知识产权、人力资源开发、中小企业和环境等 10 多个领域开展合作。要完成这些领域的合作，需要加强中国与东盟的交通和能源互联互通建设。同时，《议定书》签订以来，中国与东盟的贸易加速发展，2019 年东盟超过美国成为

---

① 我国已签署共建"一带一路"合作文件 205 份 [N]. 经济日报，2021-01-30.

中国第二大贸易伙伴；2020 年 2 月，东盟超过欧盟，成为中国第一大贸易伙伴。贸易合作的深化需要交通互联互通的支撑。中国与东盟交通和能源互联互通是落实中国—东盟自由贸易区升级版，推进澜湄合作、泛北合作和东盟共同体、粤港澳大湾区、北部湾城市群建设的需要。因此，打造中国—东盟自贸区升级版为中国—东盟互联互通建设提供了重要推力和发展机遇。

三、共建中国—东盟命运共同体带来的发展机遇

中国与东盟合作关系的深化发展是从相识、相知、相处、相信、相伴，到共命运的过程。2018 年 11 月中国与东盟发表了《中国—东盟战略伙伴关系 2030 年愿景》，"东盟赞赏中国致力于促进更紧密的中国—东盟合作，包括构建中国—东盟命运共同体的愿景"，愿意推动"一带一路"倡议与《东盟愿景 2025》深入对接，建设更为紧密的中国—东盟命运共同体，将中国—东盟"2+7 合作框架"升级为"3+X 合作框架"，构建以政治安全、经贸、人文交流三大支柱为主线，多领域合作为支撑的合作新框架，规划"构建中国—东盟命运共同体"为双方关系未来发展的方向。共建中国—东盟命运共同体将促进中国与东盟交通和能源互联互通建设，促进双边经贸、社会人文融合交流。"实现到 2020 年双向贸易额 1 万亿美元、投资额 1500 亿美元的目标，期待到 2030 年取得更多贸易投资成果"[①]。

四、RCEP 建成带来新的发展机遇

2011 年，东盟国家提出 RCEP 的构想。2020 年 11 月，15 个成员经贸部部长正式签署了《区域全面经济伙伴关系协定》（RCEP）。中国已经完成 RCEP 协定的核准，成为率先批准协定的国家。该协定的签署标志着世界上人口数量最多、成员结构最多元、发展潜力最大的东亚自贸区建设成功启动。各成员整体上相互削减约 90% 税目商品的关税，由于取消关税和非关税壁垒，成本大大减少，协议各国都会从中获益，将激发区域各国贸易投资增长的潜力。根据域内比较优势形成供应链和价值链，加速商品流动、技术流动、服务流动、资本

---

① 中国—东盟战略伙伴关系 2030 年愿景 [EB/OL].（2018-11-15）. https://www.fmprc.gov.cn/web/zyxw/t16133.shtml.

流动，形成"贸易创造"效应。根据统计，在 RCEP 中，中国制造业占 65%，人口占 64%，经济体量占 55%，远大于 RCEP 中的其他任何一个国家，中国与各成员的贸易和投资将大幅度增加，在 RCEP 中处于重要地位。预计 RCEP 将会围绕中国进行产业链和供应链分工合作，这将为中国与东盟交通和能源互联互通建设、促进中国—东盟区域经济一体化提供千载难逢的发展机遇。

第四节　挑战分析

世界正处于百年未有之大变局，在推进中国与东盟交通和能源互联互通建设中，不仅受到区域内部因素，还有许多域外干扰因素影响，面临着严峻、复杂的挑战。

一、国际政治干扰的挑战

国际政治对中国与东盟国家交通和能源互联互通的挑战是十分复杂的，有域外国家的干扰，也有东盟国家内部政治斗争的纷扰。

（一）域外国家的干扰

在当前的国际格局下，东盟丰富的资源和重要的地缘战略地位决定了中国与周边国家的互联互通建设不可能不触动到某些大国的既有利益和潜在利益。作为世界第二大经济体和最大的发展中国家，中国的一举一动都可能对区域和全球政治经济格局产生影响。中国与东盟国家的互联互通难免牵动到利益相关国的神经，甚至引发竞争和阻挠。南海是中国与东盟一些国家悬而未决的主要矛盾，也是域外国家遏制中国发展的主要筹码，以美、英、澳、日为首的西方国家围堵中国的野心从来就没有停止过。

美国为对抗中国，总是不遗余力、不择手段地炮制种种莫须有罪名和各种"中国威胁论"和"中国债务陷阱"，以"唯恐天下不乱"的心态赤裸裸地威胁和挑拨中国和周边国家的关系，抹黑中国的对外投资、打压中国公司在周边的正当发展和合作的权利，并一味对中国周边国家施压，恩威并重，离间东盟国家与中国的关系，或逼东盟国家在中国和美国之间选边站，限制中国高技术公司在周边国家的发展，一方面妄想阻止中国—东盟经济一体化的发展，另一方面企图在中国与东盟国家之间制造矛盾和混乱，造成不利于中国发展的周边环境。如美国出于围堵中国的地缘战略、封锁中国进入印度洋的需要，不断干扰中缅皎漂港合作项目，造成缅甸担心所谓的"债务陷阱"，皎漂港由最初的计划建造大约 10 个泊位调整为 2 个泊位。① 美国曾大力支持菲律宾阿基诺政府在南海问题上对抗中国，鼓励支持菲律宾将中菲争端提交国际仲裁。2019 年年初，原美国国务卿蓬佩奥在菲律宾访问时又大放厥词称"各国应当看到中国在南海地区造成的威胁"，并誓言美国将在有主权争议的南海保卫菲律宾对抗"武装攻击"，又警告菲律宾政府不要与中国电信公司华为做交易或签合同。② 这是美国对东盟国家与中国友好关系的赤裸裸的干涉。

美国、日本等国家为了自身的利益和压缩中国的国际发展空间，在抵制中国提出的区域互联互通发展愿景的同时，不断给中国与东盟的互联互通设置障碍。拜登上台后，变本加厉继续特朗普政府打压中国的政策，对我国的贸易战、科技战、舆论战等愈演愈烈，还试图拉拢西方国家从政治、经济、军事、科技、外交和意识形态等多方面施压中国、制裁中国，竭尽全力遏制中国发展。美国国会参议院外交委员会还于 2021 年 4 月审议通过了"2021 年战略竞争法案"，这是美国国会对拜登政府对华政策的强化与规制。美国、日本等国或明或暗地干扰中国推进中老、中缅、中泰、中越铁路建设。美国通过实施亚太再平衡战略或印太战略加强在东盟地区的存在，不仅加强了与泰国、菲律宾传统盟国的联系，也强化了对缅甸、印度尼西亚、越南等国的关系和影响。日本在大湄公河次区域的巨大投入也可以说日本与中国在东盟国家竞争市场和影响力。印度从 20 世纪 90 年代初开始实施具有很强的地缘政治图谋的"东向政策"，积极发展与东盟国家的全面合作关系，在拓展战略空间的同时，也试图削弱中国在东南亚的影响。

西方国家还善于利用非政府组织或工会破坏中国与一些东盟国家的关系。

---

① 中缅签署皎漂深水港项目框架协议　缅方占股 30%[EB/OL]. (2018-11-09). https://www.yidaiyilu.gov.cn/xwzx/hwxw/71146.htm.

② 外交部回应蓬佩奥涉南海言论：域外国家不要无事生非兴风作浪 [EB/OL]. (2019-03-01). https://baijiahao.baidu.com/s?id=1626796017628667433&wfr=spider&for=pc.

美国已或明或暗地支持越南、缅甸、柬埔寨等国的反对派、非政府组织、工会打着"民主""人权"的旗号施压本国政府，妄图恶化当事国与中国之间的友好关系。通过组织一系列的抗议罢工活动，丑化中国企业的形象，抹黑中国与东盟国家的合作项目，不仅破坏中国在东盟国家投资建设项目，更破坏了中国与东盟国家之间的互信关系，使中国企业蒙受巨大损失。许多中国在东盟国家的投资项目一波三折，背后大都有西方国家的黑手。2013 年 5 月发生在越南的中资企业被打砸抢烧赶的暴力反华事件以及 2014 年中国承建的柬埔寨柴阿润水电站项目受到外部环境影响延期开工，就是西方势力抹黑中国投资、背后操纵的结果。同时，西方国家还培养支持东盟国家的独立媒体，控制舆论导向、煽动民族主义和民粹主义，试图通过媒体并改变这些国家民众的对华认知，削弱中国与东盟国家合作的基础。由于西方拥有话语主导权，在许多问题上都可以对一些东盟国家的政府决策产生影响。

（二）在世界能源市场中仍然缺乏话语权

根据 BP 能源统计，2017 年，中国一次能源消费量为 3132.2 百万吨油当量，比上年增长 3.1%，占全球总量的 23.2%，位居世界首位；石油产量为 19151 万吨，日产量 3846 千桶，占全球总量的 4.2%，世界排名第八；天然气产量为 1492 亿立方米，占全球总量的 4.1%，世界排名第六；煤炭产量为 35.2 亿吨（1747.2 百万吨油当量），占全球总量的 46.4%，世界排名第一。东盟地区是全世界重要的油气产地，也是国际成品油的主要需求市场，独特的地理位置使其在亚太地区乃至世界能源运输中具有重要地位。尽管如此，中国和东盟国家在国际能源市场上尚未获得与此相适应的地位。由于中国和东盟国家参与的国际能源组织较少，缺乏对国际能源价格的影响力和话语权。虽然中国在全球性的国际能源组织（世界能源理事会、世界石油大会等）中是成员，在区域层面的能源合作组织（亚太经合组织）中是观察员或者重要成员，但是中国参与全球层面能源合作程度有待提高，而且被排除在主要能源组织（国际能源署、欧佩克等）之外，全球能源话语权不高。而东盟国家在全球能源领域的话语权更低。因此，中国和东盟国家在国际能源市场中的地位还不高，在全球能源领域中缺少有利的外部环境，不利于双方能源合作。

（三）域内国家互信不足

政治上的互信是中国与东盟国家互联互通合作项目能否顺利推进的重要前提。大部分东盟国家是发展中国家，经济和社会发展客观上要求在改善本国交通和能源基础设施建设的同时加强与区域内国家的互联互通，以便更好地参与区域经济合作。改革开放以来，中国的经济保持高速发展，整体国力不断上升。面对中国的和平崛起，东盟国家心态复杂，对加强与中国的互联互通既有期盼，又犹豫不决。一方面，中国作为东盟的重要贸易伙伴和地区经济增长引擎，互联互通建设将为东盟国家的经济和社会发展提供巨大推动力，东盟国家普遍希望搭乘中国经济发展的顺风车，借与中国建设互联互通之机改善其国内的交通和能源基础设施，扩大与中国的经贸往来，加速自身的整体发展。另一方面，东盟国家自身经济规模远逊于中国，加之一些历史遗留问题和现实利益的纷争，对中国推动互联互通建设的初衷心存疑虑，战略互信不足。如缺乏信任是中越合作的最主要障碍[①]。

区域内的情况也相对复杂。在政治领域，受"中国威胁论"的不良影响，不仅一些与中国存在南海争端的东盟国家与中国政治互信不足，而且属于一个经济共同体内的东盟国家之间也存在领土和领海争端，柬埔寨与老挝、柬埔寨与越南、柬埔寨与泰国、缅甸与泰国、马来西亚与新加坡、马来西亚与菲律宾、马来西亚与印度尼西亚等国之间都有领土或领海争端。加上东盟国家之间存在一些跨国宗教、跨国民族，也经常产生宗教矛盾、民族矛盾，还有来自本区域外部因素的干扰与制约，导致区域内国家之间在政治上互信不足。这对区域内交通和能源互联互通建设形成了挑战。

目前，一些东盟国家有些人有亲美亲日厌华现象。有些"走出去"的中国企业的社会责任感不强，对项目建设的民生诉求关注不够，投资项目征地拆迁补偿安置标准、环境治理与当地民众和政府诉求相差甚远；一些假冒低劣产品价廉进入东盟各国，售后服务缺失，严重影响中国商品形象，造成当地民众抵制华货。日本、美国及东盟国家一些媒体、NGO 恶意炒作"中国威胁论"、项目建设严重影响环境等不实言论，歪曲事实负面报道中国，严重损害中国在东

---

① 全毅，王春丽．"一带一路"倡议与中国沿边开发开放新格局[J]．边界与海洋研究，2019（3）．

盟国家项目建设合作的国际形象。即使官方积极表态愿意与中国合作，但由于一些不怀好意的人士操弄民意，造成政治上缺乏信任，在个别东盟国家，"中国威胁论"还有一定市场，因而对中国境外投资合作、文化交流及中国商品输入都存在不同程度的不满、抵触和抵制，当然也对双边交通和能源互联互通造成不利的影响。

（四）政权与政策变动的风险

近年来，中国企业在东盟国家投资合作所面临的政治政策变动风险有所增加，这与有些东盟国家相对动荡的政治环境有很大的关系。东盟国家多为发展中国家，各国政治体制不相同，政治稳定性差异较大。[①]各届政府通常采用不同的经济政策，频繁更迭的政府导致经济政策、能源政策难以稳定延续，对投资东盟的外资企业造成经济损失或者难以达到预期投资目标。长期以来，能源投资成为中国和东盟国家投资合作的重要领域，而能源基础设施建设本身具有周期长、资金投入大、融资风险高等特点，更需要稳定的政治环境。政策变动可能造成外来投资者财产被政府征收、投资项目被迫搁置、关税负担加重等风险，造成投资者的合法权益受到侵害。《中国企业全球化报告（2016）》显示，在对海外投资企业调查中，中国企业投资东南亚国家的意向最强，占比达 10%，但企业认为政治风险是其面临的最高风险，占 32%。

政策多变带来很大的风险，境外项目建设和运转缺乏政策保障。东盟一些国家新上台的领导人对前任签订的大型合作项目任意重新审查乃至中断合作，政策的连续性得不到保证，导致中国在东盟国家境内参与实施的互联互通项目不时出现因东道国政策调整而被延期，或者顺利施工得不到有力保障的问题。近几年中国企业在缅甸的多个项目受到干扰，密松水电站被叫停，莱比塘铜矿项目建设受阻，中缅天然气管道贯通延后。2011 年 3 月，缅甸以"轨距问题"叫停了木姐—腊戍铁路的开工、马来西亚油气输送管道工程项目终止和马来西

---

① 目前，东盟国家政治最稳定的是新加坡；政治较稳定的包括马来西亚、文莱、老挝、越南、柬埔寨、印度尼西亚等六个国家；政治最不稳定的是菲律宾、泰国、缅甸等国家。菲律宾长期以来派别斗争、宗教矛盾、地区分裂以及恐怖活动；泰国近年来党派林立，不同派别之间利益冲突激烈，造成军事政变频繁；缅甸政治动荡、军队执政、少数民族武装力量和民盟三股政治力量的相互矛盾冲突。

亚东海岸铁路建设波折等。2021 年 2 月，缅甸军方发动政变，扣押了缅甸总统温敏、国务资政昂山素季及一些民盟高级官员，宣布实施为期一年的紧急状态，造成了社会动荡，仰光多个工业区的十多家工厂遭遇纵火和打砸，涉及企业多数为中资企业或中缅合资企业。这些政治乃至政策变动给中方投资企业造成了很大的损失。

（五）周边国家对中国的竞争压力较大

近年来，随着东盟地区整体实力的持续上升，国际影响力也日益增大，东盟成了大国间竞相争夺的能源市场。日本、韩国、印度等国家加强与东盟地区的能源合作，给中国与东盟的能源合作带来了较大的竞争压力。2017 年，日本石油消费量仅次于美国、中国和印度，位居全球第四；天然气消费量则在全球排名第五，但日本油气资源缺乏，几乎所有的石油和天然气均来自进口。2007 年，日本和印度尼西亚签署的《关于日本—印尼加强在气候变化、环境和能源问题方面合作的共同声明》约定：若未来印度尼西亚有新的限制能源出口规定，印尼方也将确保对日本的液化天然气不间断供应；日本则积极支持企业投资印尼能源发展项目。目前，东盟地区的印度尼西亚是日本最大的天然气供应国，日本 30% 的天然气从印尼进口，年均约 1200 万吨。日本也是文莱最大的能源贸易伙伴，文莱 27% 的原油和 90% 的液化天然气都出口到日本。日本和中国在东盟地区争夺油气资源，除了经济利益，也有政治因素的考量。作为发展中国家的印度，随着经济快速发展，对能源的需求量也是不断增长。2017 年，印度石油进口量 2.2 亿吨，位列美国和中国之后，排在世界第三位，2019 年印度原油进口量达到 440 万桶 / 日。[①] 近年来，印度大大改善与缅甸的关系，不断加强印缅油气资源合作。2010 年 3 月，印度能源部声明，将由国有印度石油公司和天然气公司共同投资 13.5 亿美元开发缅甸油气资源，其中出资 11 亿美元获得缅甸境内两个区块的天然气开发权，出资 2.5 亿美元参与中缅天然气管道修建，并获得输送管道 12.5% 的股权。[②] 在此背景下，印度在缅甸油气合作上对中国

[①]　Country Analysis Executive Summary: India[EB/OL].（2020–09–30）. 美国能源信息署 (EIA)，https://www.eia.gov/international/content/analysis/countries_long/India/india.pdf.

[②]　印度将投资 13.5 亿美元在缅甸开发天然气田 [EB/OL].（2010–03–04）. 中国新闻网，http://www.chinanews.com/gj/gj–gjzj/news/2010/03–04/2152459.shtml.

构成了有力的竞争态势。

二、南海争端复杂化

南海是南中国海（地理水域）、中国南海（中国领海）的简称。九段线内海域为中国领海，自然海域面积约 350 万平方千米，按国际海洋法规定属于中国领海总面积约 210 万平方千米。南海自古以来就是中国的固有领海，近代，由于南海航道具有重要的战略意义，同时拥有丰富的油气资源和渔业资源，引起周边国家的觊觎和侵占。自 20 世纪 70 年代始，马来西亚、菲律宾、越南等国相继侵占了南沙部分岛礁，加快了蚕食南海和开发南海油气资源的步伐，各方声明南海界线互相重复，所占岛屿所形成的犬牙交错局面，异常复杂，使得彼此间的利益难以协调，从而引发南海争端。目前，南海问题争议方多达 7 个，包括中国大陆、中国台湾、文莱、印度尼西亚、马来西亚、菲律宾和越南，形成了当前"六国七方"对峙和角逐的局面，其中，"四国五方"军事占领。同时，南海周边一些国家出于增强抗衡中国的力量，还试图将南海问题由争议双方变成东盟与中国之间的问题。此外，美日澳印等区域外大国出于全球和区域战略布局需要，借口南海通航安全不断介入，不断强化在南海地区的政治和军事影响力，使得原来通过双边谈判即可解决的南海问题变成了更复杂的国际问题，南海问题的国际化倾向也日益凸显。

由于南海争端涉及太多的国际利益，不仅是油气资源和渔业资源开发争端，还有海运航道安全争端，不仅涉及周边国家，而且美、日、印、澳等域外国家也插手干预，短期内还看不到争端解决的前景。虽然中国与东盟国家签署了《南海各方行为宣言》，同时正在推进《南海行为准则》磋商，但是，这些《宣言》或《准则》对各国的法律效力和约束力有限。这就给中国与东盟交通和能源互联互通建设合作带来了严峻的挑战。

三、一些国家内乱和恐怖活动时有发生

目前，一些东盟国家还有一些国内政治、宗教和民族问题引起的民族冲突、分离主义活动乃至恐怖主义组织暴恐活动，造成局部不稳，这些题或多或少都影响到区域互联互通建设。缅甸政府与缅甸少数民族地方武装（简称"民地武"）已经持续长达数十年的武装冲突，缅甸东部和北部的冲突尤为激烈，

现在又蔓延到西南部孟加拉湾的若开邦。据不完全统计，缅甸共有"民地武"力量 29 支，总人数超过 4 万人。而缅甸政府与各民地武还没有全部签署全国停火协议（NCA），各武装组织不时为某些利益发生武装冲突，不仅缅甸政府军与民地武发生武装冲突，不同武装组织之间也有冲突现象，近年来，若开邦尤为混乱，而若开邦就在孟加拉湾沿岸，是中国与东盟交通和能源互联互通的重要节点。菲律宾南部地区也比较动荡，自 20 世纪 70 年代以来，由于历史、宗教、族群等矛盾的交织，经济与社会发展落后等问题长期存在，菲律宾南部爆发了声势浩大的摩洛人分离运动，加之域外极端势力不断渗透，菲律宾南部地区经常发生具有武装叛乱性质的恐怖袭击。[①]印度尼西亚也不时发生恐怖袭击，2002—2018 年，印度尼西亚在巴厘岛、雅加达万豪酒店、澳大利亚驻印尼大使馆、丽兹·卡尔顿酒店、万隆、泗水等地发生恐怖爆炸袭击事件，对印度尼西亚经济社会 发展造成较大的冲击。泰国南部也存在民族分裂势力的威胁，反政府武装组织长期以来在当地进行民族主义分离运动。近年来，泰国南部发生一些暴力活动乃至恐怖袭击活动，严重威胁泰国国家稳定和安全。此外，东南亚地区的恐怖活动还有跨国联动的倾向。2016 年 1 月发生在印尼雅加达的暴恐袭击，凸显了东南亚地区恐怖极端分子的跨国联动，这些恐怖活动多发生在中国与东盟交通和能源互联互通的关键节点上，不仅威胁所在国的国家安全和地区稳定，也将对中国与东盟互联互通建设带来挑战。

四、法规差异带来的挑战

总体上，中国和东盟国家对于交通和能源的外来投资采取鼓励性的法律法规，但是，各国的法律法规也存在不少差别，主要体现在对投资准入、投资范围、投资比例和形式、履行要求和审批程序等方面的差异。各国在交通和能源方面的法律法规方面的差异，对区域内的互联互通建设形成了一定的制约。

（一）一些法规条文对区域交通和能源互联互通造成制约

交通和能源合作在中国—东盟自由贸易区（CAFTA）中占有重要的地位。与 WTO 相似，中国与东盟国家的能源贸易、能源和交通项目投资依然在

---

① 刘中民，任华. 菲律宾恐怖袭击事件透视 [J]. 当代世界，2017（7）：56–59.

CAFTA 货物贸易协定、投资协定和服务贸易协定的调整范围之内。虽然中国与东盟各国都签订了《投资保护协定》，但是由于《投资保护协定》规定外国投资要按照投资所在国的法律法规框架下进行，因此，外国投资主要受到投资所在国法律法规的限制。

区域内交通互联互通方面的法律制约因素较复杂。首先是具有国际法性质的法律法规在走国内的法律程序时太复杂，费时多。如为了推动 GMS 区域内货物和人员跨境运输便利化，1999 年老挝、泰国、越南、柬埔寨、中国、缅甸 GMS 六国就开始商签《大湄公河次区域（GMS）便利货物及人员跨境运输协定》（简称《便运协定》），到 2003 年所有缔约国才正式批准了此项协定，直到 2015 年，GMS 六国才完成了《便运协定》17 个附件和 3 个议定书的国内批准程序，前后花了 16 年时间。目前，《便运协定》仅限于中国的云南省和广西壮族自治区、老挝、泰国、越南、柬埔寨、缅甸；其次是，区域内各国的交通规则不一致，中国、柬埔寨、老挝、菲律宾和越南的道路交通行车规则是车辆左舵靠右行驶，文莱、印度尼西亚、泰国、马来西亚、新加坡等国家则是车辆右舵靠左行驶，缅甸则是一个右舵右行的国家。这在一定程度上威胁到国际道路运输的车辆和人员安全；第三，各国对道路运输的车辆标准、载重量及其他车辆违法违规的处理规定也不一致，造成国际道路运输执法乱象，不利于跨境运输的发展。

能源方面的合作也存在一些法律制约因素。文莱对石油天然气出口实行控制，同时，对石油生产税特别立法，石油税相当高，规定对扣除王室分成、政府发出及各项成本后的石油净收入按照 55% 征收石油税，[1] 这远远高于柬埔寨的自然资源和油气资源类税率（柬埔寨为 30%），也高于越南的国内外石油、天然气勘探开采企业的基准税率（越南为 50%，贫困地区为 40%，优惠税率最低为 32%）。[2] 新加坡则对石油、柴油或汽油进口实行管制，必须向新加坡民防部队提交许可证申请并获得批准才能进口。老挝对石油、能源、邮电和交通实行政府专控管理，对进口燃油和天然气也实行许可证制度。马来西亚对原油

---

[1] 商务部国际贸易经济合作研究院、中国驻东盟各国大使馆经济商务参赞处、商务部对外投资和经济合作司. 对外投资合作国别（地区）指南（2018 年版）——文莱。

[2] 商务部国际贸易经济合作研究院、中国驻东盟各国大使馆经济商务参赞处、商务部对外投资和经济合作司. 对外投资合作国别（地区）指南（2018 年版）——越南。

出口征收出口税，从价征收的出口税的税率范围为 0%~20%。

缅甸的资本利得税也很高。根据 2018 年《缅甸联邦税法》的规定，在缅甸石油和天然气领域投资经营的公司：①若获得 1000 亿缅元以内的利润，须缴纳 40% 的资本利得税；②若获得 1000.01 亿缅元至 1500 亿缅元的利润，须缴纳 45% 的资本利得税；③若获得 1500.01 亿缅元以上的利润，须缴纳 50% 的资本利得税。[①] 高于马来西亚对从事石油领域上游行业的企业的石油所得税（税率为 38%）。

根据《缅甸投资法》有关规定，缅甸制定一些限制外国人投资的行业：航空交通服务、电力系统管理、电力项目监管等项目只允许国营经营投资，浅层油井钻探则禁止外商投资。铁路建设及运营需经交通与通讯部批准才能投资。

柬埔寨《投资法》第十二条规定，基础设施及能源属于政府鼓励投资的重点领域，但是对于交通和能源基础设施建设项目的投资准入有一定的限制，即矿产及自然资源的勘探与开发，以及基础设施项目，包括 BOT、BOOT、BOO 和 BLT 项目，需提交内阁办公厅批准。使用外国进口废料加工发电属于禁止投资的领域。[②]

印度尼西亚 2012 年颁布的第 24 号政府条例——《关于执行矿产和煤炭企业活动的政府条例》，规定外国矿业公司必须在投产后的 5 年至 10 年分阶段向印度尼西亚政府或本地合作伙伴转让至少 51% 的股权。这种规定属于强制参股或强制代理行为，对于该立法生效之前已进入该国或者投资合同中载有稳定条款的外国投资者而言，均不排除构成间接征收的可能性。2007 年年底，印尼贸易部宣布了进出口单一窗口制度，大大简化了进出口管理程序，但是，根据印尼贸易部颁布的 2015 年第 48 号贸易部部长条例，石油与天然气属于受监视的出口货物，列车铁轨或木轨属于严禁出口的货物。同时，印尼的《外资法》还限制外国企业在政府基础设施工程的投资，以保护国内企业市场份额。

泰国《外籍人经商法》规定，建筑业和工程服务业为限制外籍人从事的行业，

①　商务部国际贸易经济合作研究院、中国驻东盟各国大使馆经济商务参赞处、商务部对外投资和经济合作司.对外投资合作国别（地区）指南（2018 年版）——缅甸。

②　商务部国际贸易经济合作研究院、中国驻东盟各国大使馆经济商务参赞处、商务部对外投资和经济合作司.对外投资合作国别（地区）指南（2018 年版）——柬埔寨。

外籍人只有与泰籍人组成合资公司或联合体才能承揽泰国的工程项目，且外籍人在合资公司或联合体中投资所占比例不得超过 49%。[①] 总体上，建筑承包工程行业属于泰国非鼓励外籍公司从事的行业。

越南对能源行业征收环保费。根据 2016 年 2 月越南政府颁布的关于矿产资源开发环境保护费的第 12 号决定（12/2016/ND—CP），原油环境保护费收取的幅度为 10 万越南盾 / 吨；天然气、煤气收费幅度为 50 越南盾 / 立方米，开发原油（天然气）过程中的天然气收费为 35 越南盾 / 立方米。石油和天然气、煤气开发环境保护费归国家财政所有，100% 上缴中央。[②]

可见，各国对于能源合作的法律法规的差异，影响了区域内能源互联互通建设投资的积极性。

（二）有关交通和能源区域合作法律法规的局限性

中国与东盟国家已经签订了不少与交通和能源有关的协议，但是，除了《中国—东盟海运协定（2007）》《中国与东盟航空运输协定（2010）》以外，再没有其他覆盖整个区域的行业合作协议。总体上，中国与东盟在交通和能源合作领域缺乏具有基础性地位的制度安排，尚未形成总体性框架协议。有关交通和能源合作的法律法规，要么分散在双边投资协定中涉及能源合作的相关条款和能源贸易与投资专项协定，要么分散在《中国与东盟全面经济合作框架协议》（CAFTA）之中，如第 7 条第 2 款明确规定，中国与东盟成员国的合作应扩展到其他领域，其中就包括"矿业、能源"领域。在 CAFTA 货物贸易协议中的关税减让表，以及在 CAFTA 服务贸易协议的承诺清单中，能源产品的进口关税和与能源相关服务部门的市场开放，均受到一定的限制，包括《CAFTA 升级议定书》有关能源、交通的规定也同样如此。更多的法律法规体现在次区域交通和能源合作中（见表 4-3），而这些法律覆盖性不广。目前调整中国与东盟国家间交通和能源法律关系和规范合作的主要法律制度大多就是这些包括条约、协定、议定书等负有权利义务条款的所谓"硬法"，其他包括宣言、框架协议、备忘录

---

① 商务部国际贸易经济合作研究院、中国驻东盟各国大使馆经济商务参赞处、商务部对外投资和经济合作司. 对外投资合作国别（地区）指南（2018 年版）——泰国。

② 商务部国际贸易经济合作研究院、中国驻东盟各国大使馆经济商务参赞处、商务部对外投资和经济合作司. 对外投资合作国别（地区）指南（2018 年版）——越南。

等"软法"的交通和能源合作形式虽然涵盖领域较广，但法律效力层级较低。

表4-3　中国与东盟国家签订的有关交通和能源合作的部分协议

序号	国际条约名称	参加的国家或地区
一	交通	
1	GMS 便利货物及人员跨境运输协定	中国云南、广西，柬埔寨、老挝、泰国、越南
2	《便运协定》17 个附件和 3 个议定书	中国云南、广西，柬埔寨、老挝、泰国、越南
3	大湄公河次区域贸易投资便利化战略行动框架	中国云南、广西，柬埔寨、老挝、泰国、越南
4	东盟—湄公河流域开发合作基本框架协议（1996）	东盟 10 国 + 中国、日本、韩国
5	澜沧江—湄公河商船通航协议	中国、老挝、缅甸、泰国
6	中越两国政府关于将友谊关—友谊出入境站点及昆明—百色—南宁—友谊关—友谊—谅山—河内路线列入便运协定议定书一的谅解备忘录	中国、越南
7	中老关于在磨憨—磨丁实施《GMS 便利货物及人员跨境运输协定》的谅解备忘录	中国云南、老挝
8	中老关于澜沧江—湄公河客货运的协定	中国、老挝
9	中缅关于澜沧江—湄公河客货运协定	中国、缅甸
10	关于实施《大湄公河次区域（GMS）便利货物及人员跨境运输协定（CBTA）》"早期收获"的谅解备忘录（2018）	中国云南、广西，柬埔寨、老挝、泰国、越南
11	中国—东盟航空运输协议（2010）	中国 + 东盟 10 国
12	中国—东盟海运协定（2007）	中国 + 东盟 10 国
二	能源	
1	GMS 电力贸易政府间协定	中国云南、广西，老挝、缅甸、泰国、越南
2	GMS 电力贸易运营协议	中国云南、广西，老挝、缅甸、泰国、越南
3	实施 GMS 跨境电力贸易路线图的谅解备忘录	中国云南、广西，老挝、缅甸、泰国、越南
4	关于成立 GMS 电力协调中心的政府间谅解备忘录	中国云南、广西，老挝、缅甸、泰国、越南
5	中缅油气管道运输协议	中国、缅甸

资料来源：根据有关资料整理。

（三）技术标准差异大

中国与东盟铁路互联互通是泛亚铁路互联互通的重要一段。中国铁路系统是中亚、东亚、欧洲与东南亚铁路的必经之路。虽然欧洲和泛亚铁路网中的铁路设施大部分已经存在，但还面临着老旧、技术不统一等问题。从技术上讲，最大的障碍是亚洲国家之间的铁路轨距标准不同。东南亚国家绝大多数使用轨距为1000毫米的窄轨；中国、伊朗、土耳其的铁路是轨距1435毫米的标准轨；印度、巴基斯坦的铁路和孟加拉国的部分铁路，轨距为1676毫米，属于宽轨；俄罗斯和中亚的那些独联体国家，铁路也是宽轨，轨距是1520毫米。4种不同的轨道，有不同的技术标准，不同轨距间的铁路互联互通需要建设换轨站和转轨设施，在互相交接的地方必须换另一种列车，降低了铁路运输效率，增加了铁路运输成本（见表4-4）。

表4-4 中国—东盟及一些周边国家的铁路轨距标准

轨距类型	轨距标准	采用的国家
米轨	1000mm	老挝、缅甸、柬埔寨、泰国、马来西亚、新加坡、越南、印度、巴基斯坦、孟加拉国
窄轨	1067mm	菲律宾、印度尼西亚
标准轨	1435mm	中国、朝鲜、韩国、老挝、凭祥—河内段套轨
宽轨	1524mm	俄罗斯、蒙古国（1520mm）、斯洛伐克、波兰、乌克兰、哈萨克斯坦、吉尔吉斯斯坦、捷克、法国、英国
宽轨	1676mm	印度（70%）、巴基斯坦、孟加拉国

注：1937年国际铁路协会做出规定：1435毫米的轨距为国际通用的标准轨距，1520毫米以上的轨距是宽轨，1067毫米以下的轨距算作窄轨。

资料来源：根据有关资料整理。

中国与东盟国家交通系统采用不同的技术标准差异大，给区域互联互通对接造成了较大的障碍。铁路方面，一是铁路网络轨道轨距不统一。目前，泛亚铁路所经过的中国—中南半岛经济走廊沿线存在3种不同的轨距，中国标准规矩为1435毫米，中南半岛国家大多为1067毫米和1000毫米两种轨距，越南还有米轨和准轨共轨的套轨。泰国、马来西亚均为米轨，尚未与中国或越南的铁路网相连。二是铁路建设技术标准、铁路等级差异大。中南半岛国家的铁路大多数是英法殖民时期建造的，铁路老旧，虽然都是米轨铁路，各国多次修修补补，但是由于铁路建设技术陈旧，各国对旧铁路改造的标准不一致，铁路等级差别仍然存在，柬埔寨的火车时速仅 30 千米，泰国和越南的列车时速约 50~80 千米，马来西亚的时速可达 120~150 千米，等级低的状况仍然没有得到根本的改变。三是铁路运输设备标准不一致。中国的标准轨机车车头与越南的米轨机车车头不一样，中国的列车到达边境车站，不能直达越南内地，需换成越南的机车车头牵引，反之亦然。泰国的列车目前使用的是柴油发动机，也不能与马来西亚时速 150 千米的电动列车（ETS）相接应，这就大大限制了铁路跨国运输的效率。

国际道路运输方面，一是各国对于国际道路运输的管理法律和政策不一致，导致区域内国际道路运输标准不一致，形成政策和法律性障碍。2003 年，中国、柬埔寨、缅甸、老挝、泰国、越南 6 个湄公河沿岸国签定了《大湄公河次区域便利跨境客货运输协定》，内容包括通关一站式服务、基础设施建设、商务运输权转让、自由的人员及货物流通等，但是，至今各国汽车入境收费标准、车辆保险标准、入境程序等方面也不一致。二是各国的道路交通运输管理规则和法规也不同，中国、老挝和越南等国的公路交通实行右侧通行规则，泰国、马来西亚、新加坡和缅甸则采取左侧通行规则，给国际道路运输的交通管理和交通安全带来很大的隐患。

五、文化差异大造成沟通困难

中国—东盟区域内的政治、民族和宗教情况也很复杂，国家间的政治体制、文化、宗教、国家制度差异较大（见表 4-5）。一方面，在政治领域，各国的政治制度不一样，国家之间的行政管理制度差别很大，加上国家之间存在历史遗留的领土争端问题，各国不同的政治制度互认或多或少需要时间磨合，这可能阻碍或延缓了区域互联互通合作的推进；另一方面，在社会文化领域，区域内有不同的民族、宗教文化和社会管理模式，对同一件事情有不同的看法，同时，由于社会制度和社会发展水平的差异较大，区域内各国面临的社会问题各不相同，对交通和能源互联互通合作的优先需要也就各有不同。经济社会发展的不平衡决定了在区域内开展交通和能源互联互通合作面临复杂的社会、文化、族群和宗教等问题。正确处理这些问题是区域互联互通建设面临的很大挑战。

表4-5　中国—东盟民族与宗教分布表

国家	政治制度	民族	宗教
文莱	马来伊斯兰君主制	马来人、华人	伊斯兰教、佛教、基督教
柬埔寨	君主立宪制	高棉族、京族、傣族、汉族	上座部佛教
印度尼西亚	总统制	爪哇族、巽他族、马都拉族、马来族	伊斯兰教、基督教、天主教、印度教、佛教、原始拜物教
老挝	社会主义制度	老泰语族、孟—高棉语族、苗—瑶语族、汉等	上座部佛教
马来西亚	君主立宪联邦制	马来人、华人、印度人	伊斯兰教、佛教、印度教、基督教
缅甸	联邦制	缅族、克伦族、掸族、克钦族、钦族、克耶族、孟族和若开族等135个民族	上座部佛教、伊斯兰教、原始宗教
菲律宾	总统制	马来族、他加禄人、伊洛人、邦邦牙人、维萨亚人、比科尔人、比萨扬人、卡加延人、米南加保人、华人、阿拉伯人、印度人、西班牙人、美国人	天主教、伊斯兰教、独立教、基督教新教、佛教、原始宗教
新加坡	总统制	华人、马来人、印度人	佛教、印度教、伊斯兰教、道教、基督教、印度教
泰国	君主立宪制	泰族、老挝族、华族、马来族、高棉族、苗、瑶、桂、汶、克伦、掸、塞芒等	上座部佛教、伊斯兰教、基督教、天主教、印度教、锡克教
越南	社会主义制度	京族、岱依族、傣族、芒族、华人、侬族等54个民族	上座部佛教、大乘佛教、天主教、和好教、高台教
中国	社会主义制度	汉族、壮族、苗族、瑶族、藏族、回族、维吾尔族、蒙古族、黎族等56个民族	佛教、道教、基督教、天主教

资料来源：根据有关资料整理。

六、部分国家基营商环境欠佳

多数东盟国家为经济欠发达国家，虽然缅甸、老挝、柬埔寨等国家油气勘探开发较早，但是发展较为缓慢。这些国家经济落后，工业基础薄弱，基础设施建设不完善，一定程度制约了油气资源的勘探开发。此外，部分东盟国家投资经营环境欠佳，大多数国家整体工业化水平不高，政府不作为、法律不完善、腐败等现象时有发生，给中国能源投资合作项目带来阻力，增加经营成本。世界银行发布的《2019年全球营商环境报告》显示，利用商业法规和产权保护提供量化指标，对190个国家和地区的营商环境便利度进行比较，新加坡（第2）、马来西亚（第 15）和泰国（第 27）排名靠前，营商环境便利度较高；文莱（第55）、越南（第 69）和印度尼西亚（第 73）在前 100 名内，排名靠中；菲律宾（第 124）、柬埔寨（第 138）、老挝（第 154）、缅甸（第 171）排名靠后，尤其是缅甸排在第 171 名，总体营商环境不佳，经营风险较大（见表 4-6）。

表 4-6　2018 年东盟各国营商环境便利度分数及排名

国家	经营便利度分数	190 个国家 / 地区中的排名
新加坡	85.24	2
马来西亚	80.60	15
泰国	77.44	27
文莱	72.03	55
越南	67.93	69
印度尼西亚	67.96	73
菲律宾	57.68	124
柬埔寨	54.80	138
老挝	51.26	154
缅甸	44.72	171

资料来源：世界银行《2019 年全球营商环境报告》。

腐败也是影响对东盟国家投资的主要制约因素。随着东盟国家的法律法规逐步健全，东盟国家的腐败问题总体上得到逐步遏制，但是一些东盟国家的腐败仍然居高不下。近年来，中国加强了反腐败力度，明明暗暗的各种腐败现象在中国大幅度减少。根据总部位于柏林的非政府组织透明国际发布的"全球清廉指数"显示，如果以该指数相比较，2015—2017 年只有文莱、马来西亚和新加坡的清廉指数高于中国，其他国家的指数都低于中国，说明大部分东盟国家的腐败现象一直处在较高水平（见表 4-7）。即使像客货通关被收小费这样的腐败行为，也对投资者的对外投资有不良的影响，而腐败官员的受贿往往无从追究。研究表明，外资企业将"腐败"列为投资柬埔寨、老挝、缅甸等国家的最大障碍。

表 4-7　中国与东盟国家的世界清廉指数^①排名表

国家	2015 年	2016 年	2017 年
中国	83（37）	79（40）	77（41）
文莱	N/A	41（58）	32（62）
柬埔寨	150（21）	156（21）	161（21）
印度尼西亚	88（36）	90（37）	96（37）
老挝	139（25）	123（30）	135（29）
马来西亚	54（50）	55（49）	62（47）
缅甸	147（22）	136（28）	130（30）
菲律宾	95（35）	101（35）	111（34）
新加坡	8（85）	7（84）	6（84）
泰国	76（38）	101（35）	96（37）
越南	112（31）	113（33）	107（35）

注：表中括号（）里面数字为指数，贪腐程度越高，指数越低，100 代表绝对廉洁，0 则代表彻底贪腐。

---

① 全球清廉指数（Corruption Perceptions Index）是由世界著名非政府组织"透明国际"建立的清廉指数排行榜，反映的是全球各国商人、学者及风险分析人员对世界各国腐败状况的观察和感受。

第五章　中国与东盟国家交通和能源互联互通建设的总体构想与路径策略

《推动共建丝绸之路经济带和21世纪海上丝绸之路的愿景与行动》提出共同打造中国—中南半岛经济走廊，共同建设通畅安全高效的运输大通道。中国—中南半岛经济走廊是具有重要地缘经济意义的国际经济走廊，交通大通道建设是实现这一地缘经济的重要基础和载体。

第一节　总体构想

一、基本思路

中国与东盟国家处于欧亚大陆的东部，是大洋洲与东亚、大洋洲与中东欧、东亚与南亚、东亚与非洲的必经之路，是《区域全面经济伙伴关系协定》（RCEP）的核心区域，更是"一带一路"有机衔接的重要一环。本着建设中国—东盟命运共同体的目标，推进中国与东盟的交通和能源互联互通建设，打造中国—东盟成为RECP区域综合交通枢纽网络中心。

交通互联互通是国际区域合作的基础，交通一体化是中国—东盟交通互联互通的发展方向，从"一带一路"国际经济走廊建设出发，以构建云南"成为面向南亚、东南亚的辐射中心"和广西"成为'一带一路'有机衔接的重要门户"为发展目标，通过铁路、公路、水路、航空将中国的发达区域通过交通网络与东盟国家的经济区、重点城市、重要交通节点连接起来，重点建设三条纵贯中国与中南半岛国家南北向综合交通大通道（"三纵"包括西通道——成都—

昆明—磨憨—万象—曼谷—吉隆坡—新加坡的铁路和高速公路的综合交通大通道、中通道——兰州—西安—重庆—贵阳—南宁—北部湾港—新加坡西部陆海贸易新通道和东通道——郑州—武汉—长沙—南宁—凭祥—河内—胡志明市—金边—曼谷综合交通大通道)、两条横跨从太平洋西岸到印度洋孟加拉湾东西向的高速公路与铁路陆路综合交通大通道("两横"包括北通道——上海—南昌—长沙—贵阳—昆明—瑞丽—曼德勒—皎漂港陆路综合交通大通道和南通道——深圳—广州—茂名—钦州—防城港—越南芒街—河内—老挝琅勃拉邦 / 万象—泰国清迈—缅甸仰光—勃生港 / 皎漂港的陆路综合交通大通道),形成"三纵两横"国际干线综合陆路交通互联互通格局。同时,建设中国和东盟国家的港口、机场及其多式联运设施,修建连接各国之间的边境口岸、断头路,将区域内的水路与陆路通道连接起来,形成中国—东盟"四位一体"的综合交通网络。在此基础上,共同推进中国—东盟与亚洲公路网、欧洲公路网、泛亚铁路、欧洲铁路网区域外地区对接,构建中国—东盟成为 RECP 乃至全球性的综合交通枢纽网络中心。

能源互联互通方面,本着建设中国—东盟能源命运共同体为目标,加强区域能源合作,发挥各国的能源资源优势和区位优势,合作建设中国—东盟区域电源基地、特高压输电线路、油气加工基地和油气集散地,重点建设两条能源大通道(中国西南地区—老挝 / 缅甸—泰国—马来西亚—新加坡—印度尼西亚—菲律宾特高压电力通道和粤港澳大湾区—北部湾—孟加拉湾油气电力综合能源通道),通过特高压输电干线、油气管道将电力富集区与短缺区、油气集散地与加工区连接起来,形成以电力、石油、天然气为重点的能源互联互通的能源合作网络。同时,依托"三纵两横"交通走廊和能源走廊,推进中国与东盟国家的产业合作和供应链合作,打造各具特色的经济走廊,构建中国—中南半岛经济走廊网络。

二、互联互通路径:推动八大对接

中国与东盟国家的交通和能源互联互通建设需要从多角度、多领域、多层面推进合作才能久久为功,重点通过机制对接、发展战略对接、交通设施对接、能源设施对接、经济发展对接、技术标准对接、投资对接和法理对接等八大对接推进中国与东盟交通和能源互联互通建设。

第二节　机制对接：建立和完善合作机制

机制对接是推进中国与东盟交通和能源互联互通的组织制度保障。国家间尤其是多国之间的交通和能源互联互通建设涉及很多层面和领域，需要从高层统筹、低层面执行，高层、低层和各领域互动协调推进才能完成。因此，需要从不同层面和领域建立中国—东盟交通和能源互联互通合作机制，强化各层次之间的沟通交流和协调，从机制方面保障交通和能源互联互通合作项目的落实。

一、合作机制的类型

合作机制是由合作各方为达成共同的目标而联合制定和组织的一套行动方案、组织制度、执行制度和组织机构等的统称，由制度机制、执行机制和组织机制等组成。

（一）制度机制

制度机制也称合作的法律框架，相当于国际法，要求签约国遵守执行。在中国—东盟的区域合作中，主要表现为中国与东盟国家签订的法律框架、条约、协议、准则，以及经协商达成的共识，并要求各签约国必须遵守。如中国与东盟国家签订的《中国与东盟经济合作框架协议》《贸易协议》《投资协议》等。

（二）执行机制

执行机制是落实制度机制的组织制度。对于中国与东盟国家的交通和能源互联互通的合作机制，执行机制涉及除了各国的交通部、能源部（局）等行业管理部门外（见表5-1），还涉及外交部、发展改革委（投资部、工贸部）、商务部、旅游部等部门。为了保证合作协议的执行，必须有一个执行机构负责督促、执行合作协议，协调、化解合作纠纷。国内也涉及很多省（区、市），可以考虑成立省部联席会议制度，负责协调不同部委和省部之间的行动与政策，具体负责指导、监督及评估合作进展。国际合作可以考虑建立联合工作委员会、高官会、理事会、联盟等合作组织，协调各国之间的行动，并对合作出现的矛盾与纠纷进行磋商。联席会议或行业部长会议每年定期召开一次例会或不定期会议。

表5-1　中国东盟交通和能源主管部门

国家	交通主管部门	能源主管部门
中国	交通运输部	国家发展改革委能源局
文莱	交通部	首相府能源与工业部
柬埔寨	公共工程与运输部	矿产能源部
印度尼西亚	交通部	能源与矿产资源部
老挝	公共工程与运输部	能源与矿产部
马来西亚	交通部	能源、绿色科技及水务部
缅甸	交通和通讯部	电力和能源部
菲律宾	交通部	能源部
新加坡	交通部	贸工部
泰国	交通部	泰国能源管理委员会
越南	交通运输部	工贸部

资料来源：根据有关资料整理。

（三）日常组织机制

日常组织机制主要是具体日程联络与具体事务执行的机构，包括秘书处、联合专家组等。

二、建立交通合作机制

中国与东盟国家都有各自的交通建设和交通运输管理的体制机制，虽然各国之间会有一些差异，但是，可以在求同存异的基础上，从不同的层面建立完善交通合作机制。

（一）加强高层的战略沟通和合作

国家领导人的高层沟通是最高层次的合作机制。中国—东盟（10+1）领导人会议，一年一度的中国—东盟领导人会议应将交通互联互通作为年度议题之一，各方要尽可能在交通基础设施建设和运输管理中实行一致或者相似的政策，推动建立中国—东盟交通运输一体化建设，共同提升增强区域经济竞争力。

（二）强化交通行业合作机制建设

中国—东盟交通部部长会议是区域交通互联互通的最高层次的合作机制。截至 2020 年，中国—东盟交通部部长会议已经举办了 19 次，这一层次的合作机制以落实中国—东盟（10+1）领导人会议有关交通互联互通议题和推动中国—东盟交通互联互通发展为主，推动"一带一路"倡议与《东盟互联互通总体规划 2025》对接，指导编制和审议通过区域互联互通规划和重大项目建设，协调衔接各国间的交通发展规划；其次是中国—东盟交通高官会，这是交通互联互通建设具体操作层面的合作机制，高官会（副部长会议）每年根据合作需要和行动计划定期或不定期会晤 2~3 次，负责将中国—东盟（10+1）领导人会议和中国—东盟交通部长会议的决策具体化，为部长级会议的召开做准备，负责协调召开部长级会议的各项事宜，起草部长级会议的会议文件，具体就部长会议的各项合作的技术性事宜进行把关和审核，组织制定具有可操作性的互联互通建设规划。建议在中国—东盟交通高官会下建立常设的行业工作组，重点建立公路互联互通建设工作组、铁路互联互通建设工作组、水路互联互通建设工作组、航空互联互通建设工作组和便利化建设工作组。各工作组负责制定本行业互联互通建设规划，负责为中国—东盟交通部部长会议做议题和准备工作，会后积极将会议决策、规划细节逐一落实，切实将互联互通建设落到实处。

海洋运输是中国与东盟国家货物贸易和货物运输的主要方式，港口是海洋运输的主要节点，建议建立以港口合作为主要目标的中国—东盟港口战略联盟机制。各方通过建立更加完善的港口沟通协调机制和港口信息服务网络平台，实现差异化发展、优势互补，提升区域港口整体竞争力。港口合作机制的建立有利于整合港口资源，对港口功能进行差异化布局和分工，以提升港口效率，减少重复竞争。同时，通过合作联盟，开展港口、航运、海运、物流等诸多方面的信息交流和港口物流衔接，强化港口信息的互通有无，缩小服务标准和政策差异。

（三）建设完善次区域合作机制

次区域合作有助于促进次区域交通互联互通建设，是中国—东盟交通互联互通的重要组成部分。中国—东盟区域内建立了一些次区域合作机制，比较成熟的有 GMS 和澜湄合作机制。大湄公河次区域领导人会议—大湄公河次区域

（GMS）经济走廊论坛的合作机制模式既有决策机制，又有落实合作机制，合作机制比较完善。这些合作机制得到有关国家领导人的大力推动，成效显著，也是效率较高的合作机制。其次是东盟东部增长区、东盟南增长三角，中国广西壮族自治区与越南高平、谅山、广宁、河江四省区联合工作委员会，中国云南省与越南河江、老街、莱州、奠边省联合工作组会议等，这些合作机制运转正常，但还需要加强合作机制的功能建设，提高合作水平和效果。还有一种合作机制正处于推动建设之中，比较突出的就是泛北部湾经济合作和中越"两廊一圈"，以及中国—中南半岛经济走廊合作机制还没有建成。泛北部湾区域合作（以下简称"泛北合作"）只是每年召开一次泛北部湾经济合作论坛，合作机制建设还处于论坛研讨阶段，合作机制框架还没有搭建起来，建议以建设21世纪海上丝绸之路为目标，从国家层面推进泛北合作，借鉴澜湄合作机制建立泛北合作机制，重点建立泛北合作领导人会议机制，尽快明确泛北合作的核心内容，实施泛北合作早期收获项目，加快完善泛北合作机制的步伐。对于中越"两廊一圈"，建议从国家层面推进中越"两廊一圈"合作机制建设，将中越跨境经济合作区、跨国旅游合作区、跨国交通和能源基础设施互联互通等重大项目纳入中越"两廊一圈"合作的内容，两国统一行动，才能扎实推进两国交通互联互通建设。

建立中国—中南半岛经济走廊合作机制。随着"一带一路"建设的推进，中国—中南半岛经济走廊建设的重要性更加突出，建议利用澜湄合作等现有机制推进中国—中南半岛经济走廊建设，一是通过现有的澜湄合作、中国—东盟（10+1）、孟中印缅经济走廊、中越"两廊一圈"、中国—东盟博览会、中国—东盟商务与投资峰会、中国—南亚博览会、南宁渠道等机制和平台推动建立中国—中南半岛经济走廊合作机制；二是利用澜湄合作机制开展与环孟加拉湾经合组织对话交流，探讨建立粤港澳大湾区—北部湾—孟加拉湾经济走廊合作机制（简称"三湾走廊"）和长三角—长株潭城市群—滇中经济区—孟加拉湾经济走廊合作机制（YDBEC），将中国经济发达的珠三角、长三角纳入中国—中南半岛经济走廊合作机制之中。GMS是由亚洲开发银行（ADB）主导的区域经济合作组织，历史悠久，利用GMS机制与日本开展第三方市场合作模式，利用ADB对中国—中南半岛经济走廊的一些项目融资，推动三湾走廊和YDBEC建设。三湾走廊大部分在澜湄六国范围内，各国领导人容易达成共识，利用澜湄合作机制推进三湾走廊建设也是有效的措施。

（四）建立中国—东盟通关便利化合作机制

2007 年 3 月，中、老、缅等六国针对货物和人员跨境运输问题，签署了《大湄公河次区域便利货物和人员跨境运输协定》，其中涵盖附件和议定书，包含 17 个附件和 3 个议定书，是次区域专为便利客货跨境运输设计的多边法律法规文件。因此，可按照 GMS 通关便利化机制推进中国—中南半岛国家通关便利化。建议首先由中国—东盟便利化建设工作组制定中国—东盟客货运输便利化合作协议，确定双边合作的原则、目标、优先领域和具体的行动计划。协定应涵盖有关跨境运输便利化的各个方面：①一站式通关；②人员的跨境流动；③运输通行制度，包括免除海关检验等；④公路车辆需能跨境通行；⑤交换商业通行权利；⑥基础设施，公路标识与信号等。协议可在签约国选定的和相互同意的线路和出入点上采用。然后成立中国—东盟便利运输联合会，为中国—东盟区域物流运输一站式通关提供组织机制保障，不断地完善跨境便利运输的协议，消除环节壁垒和通关出现的新问题，优化通关环境，共同促进中国—东盟通关便利化发展。

三、能源合作机制

中国—东盟能源互联互通合作机制的建设和完善与中国—东盟交通互联互通合作机制相似，不同之处在于行业合作平台的不同。同样，中国—东盟（10+1）领导人会议是中国—东盟能源合作机制的最高层次，指引中国与东盟国家能源互联互通的发展方向。建议将区域能源互联互通和能源安全常设为年度中国—东盟领导人会议重要议题之一，双方尽可能在能源互联互通建设和能源安全政策方面进行协调，合作打造中国—东盟能源命运共同体。中国—东盟能源互联互通合作机制应以建立完善能源行业及其分行业合作机制为主、学术型交流为辅的能源合作机制体系。

（一）建立能源高层合作机制

中国—东盟能源部长会议是中国与东盟国家能源行业合作的最高层次的合作机制。目前，这一层次的合作机制还不够完善，表现在能源部长会议次数少，且通常在东盟（10+3）能源部长会议框架下举行，显示中国与东盟能源合作没有得到足够的重视。截至 2018 年，东盟能源部长会议已经连续举办了 36 届，东盟与中、日、韩（10+3）能源部长会议已经举办了 15 届，建议将中国—东盟能源部长会议常态化，在东盟能源部长会议或中、日、韩（10+3）能源部长期间套开中国—东盟能源部长会议，以落实中国—东盟（10+1）领导人会议有关能源互联互通、能源安全的议题和指导编制中国—东盟能源互联互通规划，协调各国能源发展规划和能源政策相互衔接。

（二）建立中国—东盟能源高官会

作为双边能源互联互通建设的具体操作层面的合作机制，高官会每年根据合作需要和行动计划定期或不定期举行 2~3 次协调会，负责将中国—东盟（10+1）领导人会议和中国—东盟能源部长会议的决策具体化，并为部长级会议的召开做准备，起草部长级会议的有关文件，以及会后决策的实施，组织制定具有可操作性的能源互联互通建设规划。建议在中国—东盟能源高官会下建立常设的能源行业工作组，主要是电力互联互通建设工作组、油气互联互通建设工作组、能源安全工作组和能源市场建设工作组。各工作组负责制定本领域互联互通建设规划，组织实施中国—东盟（10+1）领导人会议和中国—东盟能源部长会议的决策和规划。重点建立中国—东盟电力互联互通合作机制和中国—东盟油气互联互通合作机制。

（三）完善学术性能源合作机制

目前，中国与东盟国家之间定期或不定期召开一些学术性会议，主要有东盟"10+3"能源合作论坛、中国—东盟电力合作与发展论坛、中国—东盟太阳能开发利用国际科技合作论坛、中国—东盟新能源与可再生能源开发与应用合作论坛等，其中中国—东盟电力合作与发展论坛已经连续举办多年，这是一种学术性论坛，也是一种电力行业的合作机制。论坛在深化中国—东盟政府之间能源合作，推进能源合作协议签署，促进双方之间的能源信息技术交流、相互学习借鉴和能源合作具有积极作用。建议进一步完善学术性能源合作机制，重点是将中国—东盟电力合作与发展论坛常态化，建立论坛理事会，设置组织机构秘书处，在中国与东盟国家之间轮流举办。同时，建议建立中国—东盟能源论坛，设置秘书处为常设机构，将中国—东盟电力合作与发展论坛作为中国—东盟能源论坛的分论坛。其他学术性能源论坛可根据发展需要，由有意愿举办的国家或机构向中国—东盟能源论坛申报举办。

第三节　发展战略对接：互联互通的行动指南

中国和东盟国家各自拥有独立的交通、能源政策体系和发展战略，各国在交通和能源方面的发展重点和互联互通建设的重点有所不同，需要加强区域内国家的交通和能源发展战略对接。

一、重点加强与东盟的总体发展战略对接

东盟作为一个区域合作组织，其总体发展目标是构建以安全共同体、经济共同体和社会文化共同体为三大支柱的东盟共同体。为达到这一目标，东盟制定了许多基于东盟整体发展的战略，主要有《东盟交通战略计划（2011—2015）》《东盟交通战略规划2016—2025》《东盟愿景2025》《东盟互联互通总体规划2025》和《东盟能源合作行动计划（APAEC）2016—2025》等发展规划。这些发展规划也是基于各成员国的发展需求对东盟内部的经济发展、交通互联互通、能源发展等方面做的总体规划。同期，中国也发布了《"一带一路"愿景》《"十三五"现代综合交通运输体系发展规划》《中长期铁路网规划》《交通强国建设纲要》《能源发展战略行动计划（2014—2020年）》《能源发展"十三五"规划》和《能源生产和消费革命战略（2016—2030年）》等与交通和能源发展有关的规划或战略。因此，将中国相关的发展战略与东盟的总体发展战略进行对接具有宏观指导作用和战略意义。

中国与东盟已经签订了《中国与东盟交通合作谅解备忘录》《中国—东盟海运协定》《中国与东盟航空合作框架》《中国—东盟海关合作谅解备忘录》《中国—东盟航空运输协定》及其议定书等与交通和能源互联互通有关、具有国际法基础的合作文件。但是，要推进双边交通和能源互联互通，这些行业性的合作文件还需要从更高层次的顶层设计进行规划。中国与东盟已签署的《中国—

东盟战略伙伴关系 2030 年愿景》，提出了"加强物理和规制联通，依据《东盟互联互通总体规划 2025》战略目标促进市场紧密融合"，"在新版《中国—东盟清洁能源能力建设项目》以及'东盟清洁煤利用路线图研究'框架下，采取区域措施促进清洁能源发展"；"支持《中国—东盟航空运输协定》及其议定书早日顺利实施，加强中国和东盟全面民航合作；继续开展中国—东盟航空合作，以最终建立一个自由和稳固的航空服务框架，支持中国—东盟自贸协议升级"。[①] 同时，还围绕"3+X 合作框架"，即政治安全合作、经济合作、人文交流三大合作支柱，从政治安全合作、经济合作与社会文化合作三个方面对中国与东盟在宽领域、全方位合作进行了务实而细致的规划。这是双方领导人推动发展战略对接的重要指导性文件，也是推进中国与东盟交通和能源互联互通建设的有效举措。《落实中国—东盟面向和平与繁荣的战略伙伴关系联合宣言的行动计划（2016—2020 年）》也是中国与东盟交通互联互通顶层设计的重要文件，提出"使用现有中国—东盟合作资源，在海洋经济、海上互联互通、海洋科技推广应用、海上安全等领域开展合作项目；加强海上运输和海港开发合作，推进港口城市间的合作，完善中国和所有东盟成员国的互联互通"。

澜沧江—湄公河对话合作机制也是中国—东盟合作框架下的重要顶层设计。澜湄六国创建了机制框架，通过了合作概念文件，确定了政治安全、经济和可持续发展、社会人文三大支柱，以及互联互通、产能合作、跨境经济合作、水资源合作、农业和减贫合作作为五个优先推进方向。这是推进区域内国家发展战略对接、促进交通和能源互联互通的一种重要顶层设计。此外，中国—东盟领导人会议、高层领导人互访期间所发表的联合声明、宣言、联合公报、新闻公报、联合新闻稿等，也是推动中国与东盟国家双边或多边发展战略对接、合作的重要文件，表明各方对合作的立场，对互联互通建设也具有积极的推动作用。中国支持《东盟互联互通总体规划 2025》，将互联互通作为中国与东盟合作的优先领域，专门与东盟共同成立了中国—东盟互联互通合作委员会，致力于落实中国和东盟国家领导人关于促进中国与东盟互联互通合作的有关共识和倡议。在未来一段时间内，根据新形势的需要，中国与东盟还将签订更多的各类协议

---

① 《落实中国—东盟面向和平与繁荣的战略伙伴关系联合宣言的行动计划（2016—2020 年）》。

和成立相应的合作机构以促进双边的交通和能源发展战略对接（见表 5-2），以落实互联互通建设。

表 5-2 中国与东盟交通和能源发展战略对接表

东盟发展战略	双边战略对接支撑的内容和成果	中国发展战略
《东盟愿景 2025》 《东盟互联互通总体规划》 《东盟互联互通总体规划 2025》 《东盟交通战略计划（2011—2015）》（Brunei Action Plan） 《东盟交通战略规划 2016—2025》（Kuala Lumpur Transport Strategic Plan） 《东盟能源合作行动计划（APAEC）2016—2025》	《中国与东盟交通合作谅解备忘录》 《中国—东盟海运协定》 《中国与东盟航空合作框架》 《中国—东盟航空运输协定》及其议定书 《中国—东盟海关合作谅解备忘录》 《中国—东盟战略伙伴关系 2030 年愿景》的 "3+X 合作框架"。 《落实中国—东盟面向和平与繁荣的战略伙伴关系联合宣言行动计划（2016—2020）》有关交通互联互通和能源合作。 《中国—东盟交通合作战略规划》（修订版） 《中国—东盟关于进一步深化基础设施互联互通合作的联合声明》（2017） 《中国—东盟交通运输科技合作战略》 《中国—东盟清洁能源能力建设项目》	"一带一路" 倡议 《"十三五" 现代综合交通运输体系发展规划》 《中长期铁路网规划》 《西部陆海新通道总体规划》 《交通强国建设纲要》 《能源发展战略行动计划（2014—2020 年）》 《能源发展 "十三五" 规划》 《能源生产和消费革命战略（2016—2030 年）》

资料来源：根据有关资料整理。

二、精准对接东盟各国的发展战略

如果说中国与东盟的发展战略对接是 "大写意"，那么中国与其成员国之间的发展战略对接就是精谨细腻的 "工笔画"，画好工笔画，需要合作各方 "聚焦重点、精雕细琢"，要在项目建设上下功夫。东盟的《东盟互联互通总体规划 2025》已经对东盟内部的互联互通进行了总体规划，但是东盟各成员国的国情不同，对互联互通项目的轻重缓急的诉求不同，各国发展战略的重点、发展方向都有较大的差别（见表 5-3），且各国的发展战略常常处于优先发展的地位。因此，中国与东盟开展交通和能源互联互通合作时要区别对待，了解所在国的需求，急对方之所急，精准对接各国的发展战略，优先对接各国的发展战略重点和优先方向，大力推进区域内交通和能源项目以及能力建设合作，通过发展战略对接促进区域内交通和能源互联互通建设合作。

表 5-3　中国与东盟国家的发展战略对接一览表

国家	东盟主要的发展战略	重点对接项目	中国主要的发展战略
文莱	2035 宏愿、《文莱陆路交通总体规划》	穆拉港建设合作、恒逸文莱石化、广西—文莱经济走廊	"一带一路"倡议
柬埔寨	《2015—2025 年工业发展计划》、"四角发展战略"等	铁路公路建设合作、港口建设、工业园区、电力建设合作等	"一带一路"倡议、《能源发展战略行动计划（2014—2020 年）》等
印度尼西亚	全球海洋支点战略、"海上高速公路"战略等	雅加达至万隆高速铁路、轨道交通制造、泗水—马都拉大桥、加蒂格迪大坝、印尼第一期 1000 万千瓦电站和 3500 万千瓦电站项目、区域综合经济走廊等	"一带一路"倡议、《能源发展战略行动计划（2014—2020 年）》等
老挝	"陆锁国变为陆联国"战略、政府实施将"内陆国"转为"过境中心国"战略、《十年社会经济发展战略（2016—2025 年）》《"八五"规划》等	老挝电源中心、昆曼大通道、中老铁路、能源合作——水电站建设合作、中老输电线路建设、赛色塔开发区项目、磨丁—磨憨跨境经济合作区等	"一带一路"倡议、"十三五"规划、《能源发展战略行动计划（2014—2020 年）》《中长期铁路网规划》等
马来西亚	马来西亚 2020 宏愿、《第十一个马来西亚计划（2016—2020 年）》《2050 年国家转型计划》（TN50）等	东海岸铁路项目、两国双园、皇京港建设、轨道交通制造、伊斯干达开发区	"一带一路"倡议、《中长期铁路网规划》等
缅甸	《缅甸持续发展计划》《国家电力发展规划》《缅甸促进投资计划》《国家全面发展 20 年规划》等	能源合作——中缅油气管道；中缅经济走廊、皎漂经济特区项目、皎漂港建设、铁路公路对接、水电站建设	"一带一路"倡议、《中长期铁路网规划》《能源发展战略行动计划（2014—2020 年）》等
菲律宾	"大建特建"基础设施规划《菲律宾 2040 愿景》《2017—2022 年菲律宾发展规划（PDP）》等	铁路建设、南海油气合作开发等	"一带一路"倡议、《中国制造 2025》等
泰国	《2015—2022 年交通基础设施战略规划》《二十年国家战略规划》《4.0 发展战略》《十二五总体经济发展规划》《东部经济走廊计划》	东部经济走廊（EEC）、中老泰铁路建设项目、轨道研究中心计划、基建工程计划、泰国复线铁路、高速铁路等	"一带一路"倡议、《中国制造 2025》等
新加坡	未来经济发展七大策略、《新加坡"智慧 2025"》	苏州工业园、中新（重庆）战略性互联互通示范项目	"一带一路"倡议、《中国制造 2025》
越南	《"两廊一圈"发展规划》《越南南北经济走廊规划》《越南 2035》等	铁路公路交通基础互联互通、跨境经济合作区、口岸建设对接、跨国输电线路建设、发电厂等	"一带一路"倡议、《中长期铁路网规划》《广西北部湾经济区发展规划》等

资料来源：根据有关资料整理。

（一）重点推进与毗邻国家的发展战略对接

毗邻国家是中国与东盟开展交通和能源互联互通合作的第一站，第一站互联互通了，才能通过毗邻国家实现与其他国家互联互通。

1. 加强与缅甸发展战略对接，提升两国交通和能源互联互通水平

缅甸是中国进入印度洋最便捷的通道，在中国与东盟的交通和能源互联互通合作中具有重要的地位。加强中缅发展战略对接，在契合两国共同利益基础上推进交通和能源互联互通建设，有利于保证两国的能源安全。

中缅已经建立了全面战略合作伙伴关系，加强与缅甸发展战略对接，深化各领域互利合作，有利于推动伙伴关系向前发展。当前的重点是将"一带一路"与缅甸的《国家全面发展 20 年规划》《缅甸持续发展计划》对接，将中国的交通和能源中长期规划与缅甸相应的规划如《国家电力发展规划》《缅甸促进投资计划》衔接起来，形成两国交通和能源互联互通项目同步建设、同步发展的局面。目前，中缅发展战略对接的优先任务就是落实"一带一路"与缅甸发展战略对接，共同推进中缅经济走廊建设，推进两国的交通和能源基础设施互联互通建设。

2017 年 11 月，中国外交部部长王毅在内比都与当时的缅甸领导人共同会见记者时，提出了建设"人字形"中缅经济走廊，建设北起中国云南，经中缅边境南下至曼德勒，然后再分别向东西延伸到仰光新城和皎漂经济特区的"人字型"中缅经济走廊，形成三端支撑、三足鼎立的大合作格局的建议。[1] 在中缅经济走廊合作框架下，缅甸同步升级建设曼德勒、皎漂经济特区、仰光新城（以及迪洛瓦经济特区）之间的干线铁路通道。

根据缅甸国家发展规划，本着从缅甸自身的发展需要出发，从缅方最紧迫的领域着手，从缅甸民众最需要的项目尤其是要惠及缅甸民生的项目启动，中国提出的"人字型"中缅经济走廊这一倡议契合了缅甸国家的发展规划。为了协调推进中缅经济走廊建设，两国成立了中缅经济走廊联合委员会，举办中缅经济走廊论坛。缅甸政府十分重视中缅经济走廊建设，为了更好地落实"一带一路"倡议下共建中缅经济走廊的相关事务，缅甸政府成立了实施"一带一路"

---

① 云南在建设"人字型"中缅经济走廊中大有可为 [EB/OL]. http://www.dehong.gov.cn/news/dh/.html.

指导委员会。缅甸领导人亲自担任委员会主席。委员会职能：一是协调各部委政府机关落实缅甸与中国合作实施的"一带一路"项目；二是对"一带一路"合作项目给予指导；三是制定有关实施方案，呈报联邦政府，取得合法确认；四是"一带一路"项目需要磋商的事宜，须及时向总统报告；五是组织专家团队对"一带一路"项目进行研究。这些措施体现了缅甸政府对中缅经济走廊建设的高度重视，有力推进两国发展战略对接。

2. 强化中老发展战略对接，加快交通和能源互联互通建设步伐

老挝是东盟国家中唯一的内陆国家，缺乏经济发展所依赖的出海口。中老是友好邻邦，政治制度相同，民心相通。2019 年 4 月，中老两党最高领导人签署了《中国共产党和老挝人民革命党关于构建中老命运共同体行动计划》，为中老关系长远发展规划时间表和路线图。中老发展战略对接，既符合两国人民的根本利益，也是推动中老全面战略合作伙伴关系、共同构建中老具有战略意义的命运共同体的重要举措。遵循共商共建共享原则，中老合作推进"一带一路"倡议与老挝"变陆锁国为陆联国"战略的对接，共同落实两国共建"一带一路"合作规划纲要。中国发挥资金、技术和人才资源优势，帮助老挝政府实施将"内陆国"转为"过境中心国"战略、"陆锁国变为陆联国"战略。《关于共建中老经济走廊的合作框架》体现了中老两国发展战略对接，在这一合作框架下，中国和老挝成立了中老经济走廊工作组，以中老铁路为依托，开展以交通、电力互联互通和产能与投资合作为重点的经济贸易合作，为下一步联合泰国建设中老泰铁路和中老泰经济走廊奠定了交通和能源互联互通的基础。

对接发展战略是基础，对接两国的行业发展规划更能体现两国的务实合作，使发展规划尤其是涉及民生方面的发展规划对接，将惠及两国更多的民众。落实好《中老经贸合作五年规划》及其补充协议，将中国的《国民经济和社会发展的第十四个五年规划》《能源发展战略行动计划（2014—2020 年）》《中长期铁路网规划》与老挝的《"八五"规划》《十年社会经济发展战略（2016—2025）》《老挝电力发展规划》和《老挝交通物流发展战略》等规划对接起来，统筹推进中老在交通、能源、产能、矿产、农业、旅游、数字经济等领域务实合作。加快推进中老磨憨—磨丁跨境经济合作区建设，加强口岸基础设施建设，深化海关合作，推动跨国电商合作，为两国人民创业就业、扩大中老双边贸易创造有利的发展环境。进一步深化中老电力合作战略伙伴关系，共同推进中国—

东盟电力互联互通网络建设。

3. 深化与越南发展战略对接，推进中越交通和能源互联互通建设

越南已经制定了一系列与越中边境地区开放合作有关的发展规划，这些规划与越中交通和能源互联互通有很大的关系。中越要深化这些发展战略、发展规划的对接，力争同步建设边境地区的交通和能源互联互通基础设施。

（1）深化"一带一路"倡议与越南"两廊一圈"发展战略对接。2004 年，越南就提出了"两廊一圈"发展战略，这是越南政府首先提出的对接中国的发展规划。"两廊一圈"是中越两国合作的重要内容，也是越南推动经济对接中国的发展战略。围绕"两廊一圈"建设，越南颁布了一系列发展规划，主要有：越南总理批准的《2020 年谅山—河内—海防—广宁经济走廊发展规划》（2008 年 7 月）、《到 2020 年北部湾经济圈发展规划》（2009 年 3 月）、《到 2020 年、展望 2030 年老街—河内—海防—广宁经济走廊发展规划》（2012 年 12 月），以及越南工贸部制定的《至 2020 年，展望 2025 年谅山—河内—海防—广宁经济走廊工业发展规划》（2008 年 7 月）。越南"两廊一圈"发展规划是中越两国发展战略对接的基础。中国尤其是中越边境地区省区要善于将"一带一路"发展愿景与越南"两廊一圈"紧密对接，将其纳入"一带一路"建设的优先位置加以推进，将中国—中南半岛经济走廊建设与"两廊一圈"对接起来。2015 年 11 月，习近平主席在对越南进行国事访问时，将推动"一带一路"与"两廊一圈"战略对接写入了《中越联合声明》，签署了《关于北仑河口自由航行区航行协定》。2016 年 9 月，两国签订了《关于共同制定陆上基础设施合作 2016—2020 年规划的谅解备忘录》和《两国政府经贸合作五年发展规划延期和补充协议》。2017 年 1 月，签署了《中国海关总署和越南国防部关于中越陆地边境口岸合作的框架协定》和《关于实施老街—河内—海防标准轨铁路线路规划项目换文》。2017 年 11 月，中越两国签订了《共建"一带一路"和"两廊一圈"合作备忘录》《确定 2017—2021 年中越经贸合作五年发展规划重点合作项目清单的谅解备忘录》和《电力与可再生能源合作谅解备忘录》等合作文件。这些合作文件是推进两国发展战略对接的重要措施，也促进了中国—中南半岛经济走廊建设与"两廊一圈"发展战略对接。

越南制定的《参与南宁—新加坡经济走廊的越南谅山—河内—胡志明市—木排经济走廊发展规划（2020—2030 年）》提出到 2030 年的远景目标，建成南北高速公路，连通各大城市、各省会中心和发展中心，包括大型工业区、口岸及航空港。研究建设新的胡志明市—木排高速公路（对接柬埔寨）。研究建设南北高速铁路线，加强与相邻国家的公路、铁路交通基础设施（南宁—友谊关和友谊关—河内）的建设合作，以保障经济走廊全线的交通通畅。

能源是中越互联互通重要的合作领域。《越南调整国家电力发展规划（2020—2030年）》提出越南电力与区域中各国电网系统相连接方案："越南与东盟和湄公河次区域（GMS）的各成员国电网系统相连接合作项目。优先考虑东盟各国和GMS进出口电力。其中，维持现有的与中国220千伏和110千伏高压电力贸易合作。研究解决直流—交流变电站中电力系统不同步问题。继续研究与中国通过500千伏高压电力网互联互通的可能性"。《越南燃气总体发展规划（2015—2025年）》提出："研究在北部地区的太平省和广治省建设GPP的项目规划，与建设102—106管区和111—113管区管道规划同步进行。计划在红河盆地南部地区建设天然气输送管道系统。在红河平原地区海岸建设封闭式管道系统连接太平—海防—河内管道线，年输送燃气能力10亿~20亿立方米/年。该管道系统连通义山—清化的进口液化天然气仓库。研究从跨东盟天然气管道（TRANS ASEAN）和PM3—CAA管道、B管区管道、南昆山1号管道或者南昆山2号管道进口天然气的实施方案。"可见，红河平原的天然气管道与广西北部湾地区天然气管道互联互通的发展潜力。

以上这些规划在一定程度上可与中国的高速公路、铁路、输电线路、天然气管道互联互通对接。

目前，越南积极加紧分段修建通往中国广西的高速公路，南宁—河内—海防走廊通道中的谅山至河内段高速公路已经建成通车，下龙湾—云屯—芒街高速公路、广宁—海防—宁平高速公路、北江—太原—北件通往高平高等级公路正在建设中。2030年前，计划建设两条总长约3083千米的南北高速公路，包括总长1814千米的南北高速东线（即河内—芹苴）以及总长1269千米的南北高速公路西线以及高平茶岭—谅山同登高速公路，将北部湾沿海经济圈与越南南方各省、全国高速公路网和中国南部沿海高速公路对接。在交通跨国运营方面，越中已经开通河内至深圳公路客运和河内至广州铁路货运。铁路建设方面，越南拟与中国共同推动南宁—凭祥—同登—河内铁路扩能改造和老街—河内—海防标准轨铁路建设，并签订了《关于实施老街—河内—海防标准轨铁路线路规划项目换文》。越南还关注规划建设重庆—贵阳—百色—龙邦—高平—河内铁路和高速公路，希望推动越南铁路通达中国西南腹地，完善韩国—青岛—凭祥—越南海铁联运通道建设。同时，越南已规划与老挝合作建设越南荣市—老挝万象铁路，连接万象—廊开—曼谷铁路。在高速公路和铁路建设融资上，越方希望中方加大贷款力度，并简化贷款手续和其他附加条件。

（2）支持广西和云南与越南发展战略对接。广西与云南是中国与东盟国家陆路相连的两个省区，同时，两省区与周边国家的互联互通已经有了较好的基础：广西、云南与越南已经实现铁路、公路、输电线路互联互通，但是，仅靠两个省区推动与越南发展战略对接还是面临很多困难。因此，要从国家层面支持广西和云南与越南开展交通和能源互联互通建设合作，这是推进中国—中南半岛经济走廊建设的重要措施。

第一，国家要牵头推进中越两国发展战略对接，同时，将广西和云南的一些交通、口岸、能源等项目纳入国家的行业发展战略，以国家意志推进广西、云南和越南发展战略对接。

第二，国家协调或授权广西和云南与越南开展发展战略对接，尤其是在"两廊一圈"框架下的发展战略对接。建议制定中国的"两廊一圈"发展规划，与越南合作制定中越"两廊一圈"共同行动方案，以推动广西、云南与越南合作建设经济走廊、跨境经济合作区、国际旅游合作试验区等重大项目。

第三，协调广西、云南与越南开展国际道路运输合作，尤其是国际道路运输通关便利化合作，简化客货通关手续；协调两省区与越南协商合作开通第三国国际物流通道，重点南宁—河内—万象—曼谷、南宁/昆明—河内—胡志明市—金边国际物流合作。

第四，建立中越边境地区省区（2+7）合作机制。由两国外交部牵头，协调广西、云南和越南北部边境七省之间的经贸合作，尤其是协调推进交通和能源互联互通建设。

（二）积极推进与其他中南半岛国家互联互通发展战略对接

除了缅甸、老挝、越南三个毗邻国家，中南半岛还有泰国、柬埔寨、马来西亚和新加坡等四国，虽然这些国家与中国不接壤，但是，通过第三国可以实现双边或多边的交通和能源互联互通。

1. 深化中柬发展战略对接与合作

柬埔寨位于湄公河下游，河流自北向南横贯全境流向越南湄公河平原，西南濒临泰国湾，港口建设条件优越。中柬两国有着悠久的传统友谊，在重大国际问题和地区问题上持有相同或相似的观点。2010年12月，中柬两国建立了全面战略合作伙伴关系，双方领导人保持高层往来，政治关系日益密切，堪称国与国之间友好相处、互利合作的典范。这为两国深化发展战略对接合作奠定了坚实的政治基础。

20世纪90年代，柬埔寨政府制定了"四角战略"发展战略，以及《2015—2025工业发展政策》《2016—2025金融业发展战略》《电力开发规划》等发展规划。柬埔寨政府把对基础设施的建设和改善列为"四角战略"的重要任务之一，其中第二个四角战略包括修复和重建基础设施：一是继续修复和重建交通网络，建设连接国内各地、连接柬埔寨与邻国、连接世界其他地区的桥梁、道路、铁路、海港和空港，通过交通网将国内市场融为一体、将柬埔寨融入地区和世界经济体的载体；二是能源领域和电网的发展，在甘再、马德望河、亚大河、雷西尊建设水力发电站，在沿海地区建设一个火电厂，重建和扩建金边电力供应和配电网络，把柬埔寨境与邻国电网连接起来，从邻国购电。[1] 一直以来，柬埔寨重视融入区域、次区域合作，积极参与区域联通计划的软硬设施建设，其优先发展的领域：一是发展人力资源，加大对专业技术工人的培养；二是继续投资基础设施和建设商业协调机制，加大对交通基础设施的投入，加大能源开发力度，推动互联互通等。2018年前优先实施4个行动计划：一是降低工商业电力价格，二是运输物流总体规划，三是劳动力市场培训计划，四是把西哈努克省开发成为综合示范经济特区。[2] 根据柬埔寨电力开发规划，计划在全国范围内建设3大主电网，完成"2020年将电力覆盖到全国，2030年使全国70%的家庭有电用"的目标。可见，柬埔寨"四角战略"、《电力开发规划》与"一带一路"倡议高度契合，同时，柬埔寨政府及社会各界对参与"一带一路"建设有着高度共识，

---

[1] 柬埔寨王国政府.四角战略[EB/OL]. http://cb.mofcom.gov.cn/aarticle/ddgk/zwminzu/200412/.html.

[2] 商务部国际贸易经济合作研究院等，《对外投资合作国别（地区）指南（柬埔寨）》（2018年版）。

中柬双方在经贸投资、互联互通、能源开发等领域合作潜力巨大。中国拥有丰富的交通建设和能源开发的经验、技术和资金，可以将中国的"一带一路"、《能源发展战略行动计划（2014—2020 年）》《中国制造 2025》与柬埔寨的发展战略、发展规划对接，将中国的经验和技术应用到柬埔寨的交通和能源互联互通建设中去，这对中柬两国利益是双赢的合作。

2. 务实推进中泰两国发展战略对接

泰国地处中南半岛中部，东南临太平洋泰国湾，西南濒临印度洋安达曼海，处于中南半岛的核心位置，地理位置优越。

泰王国制定了一系列与交通和能源互联互通有关的发展战略和发展规划，包括《十二五总体经济发展规划》《泰国 4.0 战略》《东部经济走廊计划》《2015—2022 年交通基础设施战略规划》《中小企业（SMEs）第 4 个五年发展总体规划》等，这些战略和规划是中泰两国发展战略对接的基础。

2014 年 7 月，泰国国家维安委员会批准了《2015—2022 年交通基础设施战略规划》，预计公共和私人投资近 800 亿美元用于交通基础设施建设。其中包括：米轨铁路新建和修复 14 条双轨铁路线，以及更新铁路基础设施；修建 4 条高铁；13 条城市轨道交通、轻轨线路；计划投资约 50 亿美元建设高速公路、农村道路修复以及与周边国家互联互通项目；6 个港口的新建扩建以及流域治理项目；以及曼谷素旺那普机场改造项目。[①]

2015 年泰国政府提出了《东部经济走廊（EEC）计划》。东部经济走廊（EEC）是泰国国家级经济特区，是当前泰国执政政府的旗舰项目。其目标是打造"东盟最佳和最现代的经济特区"，成为推动泰国经济发展的新动能。东部经济走廊计划需要在 2017—2021 年间投入约 450 亿美元，主要包括三府周边水陆空三维交通网络建设改造、工业园区及新城市建设等。根据发展规划，首选推进五大基础设施项目：一是连接三大机场（素万那普机场、廊曼机场、乌塔堡机场）高铁项目；二是乌塔堡机场和东部航空城项目；三是乌塔堡机场航空维修中心项目；四是廉差邦港口第三期项目；五是马达普工业码头第三期项目。这些项目泰国政府将以 PPP 模式开展投资。同时，引进新型汽车、智能电子、高端农

---

① 商务部国际贸易经济合作研究院等，《对外投资合作国别（地区）指南（泰国）》（2018年版）。

业及生物科技、食品加工、机器人、生物材料及信息技术等十大产业，从而提升泰国的产业结构，增强国家的综合竞争力。泰国对在东部经济走廊中投资的企业，按其所处所在区域及所在行业不同，给予不同程度的税收及非税收优惠。

2016 年，泰国推出"泰国 4.0"的经济刺激计划，旨在让泰国发展以创新驱动为主线的经济发展战略。"东部经济走廊"便是泰国 4.0 战略下的核心项目，也是"泰国 4.0"战略与"一带一路"倡议对接的重点项目，该项目规划在泰国东部沿海的北柳、春武里和罗勇三府，大力发展基础设施，实行一系列投资优惠政策鼓励高附加值产业发展。泰国还与老挝、缅甸等周边国家积极开展电力合作，以不断满足本国日益上涨的电力需求。

泰国在东南亚地区是一个举足轻重的国家。泰国历来重视国际及区域合作，积极参加亚太经济合作组织（APEC）、世界贸易组织（WTO）、大湄公河次区域经济合作（GMS）、澜湄合作和博鳌亚洲论坛（BFA）等国际组织的活动，积极参与东盟一体化建设，与多国签署了自由贸易协定。泰国也重视睦邻外交，积极改善与柬埔寨、缅甸等邻国关系，与各主要经济大国的贸易关系融洽。这都有利于泰国开展与周边国家的互联互通建设合作。

从泰国的发展战略和发展规划可以看出，泰国的交通和能源基础设施建设规模大、要求高，同时，泰国愿意与中国共建"一带一路"互联互通项目，这对中国企业"走出去"到泰国开展工程承包合作是一大机遇。2014 年 12 月，中泰双方签订《开展铁路基础设施发展合作的谅解备忘录》，2017 年 12 月，采用中国标准设计的中泰铁路一期工程首段曼谷—呵叻段正式进入施工阶段。中泰两国在铁路互联互通合作上拉开了序幕。总体上，泰国社会总体较稳定，对华友好，经济增长前景好，市场潜力较大，有利于中泰两国开展基础设施建设合作，提高中国投资者赴泰国投资的积极性。因此，既要从国家层面推进"一带一路"与泰国《十二五总体经济发展规划》《泰国 4.0 战略》等发展规划对接，又要推动两国企业落实行业发展规划、开展交通和能源基础设施项目建设合作，宏观与微观结合，将两国发展战略对接落到实处。

3. 对接中马发展战略与规划

马来西亚地处中南半岛南端，连接海上东盟和陆上东盟，扼守马六甲海峡，区位优势明显，是 21 世纪海上丝绸之路重要节点的国家。

马来西亚政府历来重视制定和调整国家发展战略。2010 年 3 月底，马来西亚政府提出"新经济模式（New Economic Mode，NEM）"，提出之后 10 年推动马来西亚跻身发达国家行列的三大指导方针：一是国民高收入——人均国民收入从 6700 美元增长到 15000 美元；二是促进经济与环境及自然资源协调和可持续发展；三是创造财富兼顾社会分配的公平均等，实现包容性发展。2010 年 10 月，马来西亚政府又推出《经济转型计划》（ETP），指定总理府绩效管理实施署负责此计划，关注支柱产业发展，推出 12 个国家关键经济领域，其中包括旅游业、油气能源、教育业、医疗保健、通信设施以及大吉隆坡地区 / 巴生河谷等领域。2015 年，马来西亚政府公布《第十一个马来西亚计划（Eleventh Malaysian Plan，2016—2020）》，主题是"以人为本的成长"，拟通过包括提高生产力、创新领域、扩大中产阶级人口、发展技能教育培训等六大策略，增加国民收入，培养具备先进国思维的国民。2016 年，马来西亚政府提出《2050 年国家转型计划》（TN50），目标是 30 年后将马来西亚进入全球经济排名前 20 的国家。在国家发展战略中，马来西亚政府向来重视对高速公路、港口、机场、通信网络和电力等基础设施的投资和建设。《第十一个马来西亚计划（2016—2020 年）》提出在规划期内要加强基础建设，支援经济扩张。其中，在沙巴州和沙捞越州等地建设高速公路网，改善这些地区的基础设施。吉隆坡、新山、古晋和哥打基纳巴卢被确定为促进国家经济增长、提升国家竞争力的关键城市，基础设施建设是每个城市的发展蓝图的重点。

马来西亚经济辐射的主要市场是东盟国家、中东国家，以及主要的贸易伙伴中国、美国、日本、欧盟、韩国、澳大利亚和印度等国家和地区。同时，马来西亚是环印度洋区域合作联盟、亚太经合组织、英联邦、不结盟运动和伊斯兰会议等组织的成员。马来西亚是东盟的创始国之一，在重大国际地区问题上协调立场具有重要作用。目前，马来西亚与新加坡、马来西亚与印度尼西亚已经局部实现了小范围的交通和电力互联互通。马来西亚在中国与东盟的交通和能源互联互通建设中具有重要的地位和作用。

中马有着长期友好的外交关系、传统友谊和政治互信。1999 年，两国签署了《关于未来双边合作框架的联合声明》。2004 年，两国领导人就发展中马战略性合作达成共识。2013 年，两国建立全面战略伙伴关系。马来西亚也是率先响应对接"一带一路"倡议的国家。这些政治基础十分有助于中马发展战略对接。马来西亚还具有投资法律体系完备、国内法律环境与国际通行标准接轨、各行业操作流程较为规范等有利于开展互联互通的法律环境。马来西亚也从政策层面支持公路、轨道交通、港口、电站等 BOT 项目建设，专营年限一般为 30 年左右。20 世纪 80 年代，马来西亚修订《宪法》并通过《联邦道路法案》，为高速公路项目 BOT 扫清障碍；20 世纪 90 年代又修订《电力供应法案》和《电力管理条例》，为私营电站建设和运营提供法律保障。中国在马来西亚的交通和能源领域合作也有较好的基础，目前，在马来西亚投资的重点项目和企业主要有马中关丹产业园、广西北部湾国际港务集团关丹港项目、中广核 Edra 电站项目、山东恒源收购壳牌炼油厂项目、中车轨道交通装备东盟制造中心项目、晶科太阳能、晶澳太阳能等，大型承包工程在建项目主要有吉隆坡捷运地铁 2 号线、吉隆坡标志塔项目、马来西亚炼化一体化（RAPID）、巴林基安电站等。[1] 推进中马发展战略对接，将促进两国的交通和能源领域产能合作，符合两国和两国人民的根本利益和长远利益，对于促进中国与东盟的交通和能源互联互通具有积极意义。

中马两国要坚持将"一带一路"倡议与马来西亚的《2050 年国家转型计划》《第十一个马来西亚计划》《经济转型计划》等发展规划衔接，加强两国交通和能源主管部门之间的联系，对接两国发展规划，进一步拓展各领域务实合作，重点依托中马钦州产业园区和马中关丹产业园"两国双园"模式，开展交通互联互通和产能合作示范项目，有效利用中马双方的资源、资金、技术和市场等互补优势，推进双边各领域全方位合作，促进中国与东盟国家之间的交通和能源互联互通建设。

4. 深度对接新加坡发展战略

新加坡位于马来半岛最南端、马六甲海峡出入口，北隔柔佛海峡与马来西亚相邻，南隔新加坡海峡与印度尼西亚相望，处于海上的十字路口，地理位置十分优越。

新加坡的发展战略既有连续性，又与时俱进。2017 年 2 月，新加坡未来经济委员会提出未来五至十年经济发展愿景的七大战略：一是加强贸易和投资合作，设立全球创新联盟，深化并扩展国际联系；二是掌握并善用精深技能；三

---

[1] 商务部国际贸易经济合作研究院等，《对外投资合作国别（地区）指南（马来西亚）》（2018 年版）。

是建立创新生态系统，加强企业创新与壮大的能力；四是增强数码能力；五是加强投资与外部的互联互通，为城市再生做大胆规划、相互合作打造活力城市；六是发展并落实产业转型蓝图；七是携手合作促进创新与增长。通过三大途径落实这七大战略：一是要保持新加坡开放和互联互通，二是要掌握精深和与时并进的技能，三是劳资政三方要以新的形式继续加强合作。未来十年年均经济增长2%~3%。^①其中，加强开放与互联互通是保持新加坡可持续发展的重要策略。

新加坡是经济全球化和区域经济一体化的重要倡导者、参与者和获益者。新加坡是亚太经合组织（APEC）、亚欧会议（ASEM）、东南亚国家联盟（ASEAN）等区域合作组织的成员，也是世界上签订双边、多边自由贸易协定最多的国家之一。新加坡港已开通200多条航线，连接123个国家和地区的600多个港口，是世界上最繁忙的港口和亚洲主要转口枢纽之一。新加坡还是世界第三大炼油中心和世界第一大燃油供应港，也是亚洲石油产品定价中心。根据全球金融中心指数排名，新加坡是继伦敦和纽约之后的世界第三大金融中心。因此，新加坡是亚太地区重要的贸易、金融、航运中心，也是区域基础设施建设和科技创新中心。由于新加坡国内市场规模小，因此，新加坡政府一直积极参与并推动全球贸易自由化进程，发展外向型经济，实施有利于工商企业发展的各项政策，对外资企业实行无差别的国民待遇，营造有利于自由贸易的营商环境。

新加坡在世界银行公布的全球营商环境排名中连续九年位列榜首。正因为良好的营商环境，越来越多的国际企业来新加坡设立区域总部，以新加坡为跳板进入东南亚市场。中国和新加坡有全方位合作的扎实基础，合作层级高、机制多、融合深、领域宽、地域广、潜力大。一是新加坡积极探索中国"一带一路"倡议的成功实施的途径；二是新加坡是中国第一大外资来源国和第三大对外投资目的国；三是中新三个政府间合作项目苏州工业园区、天津生态城、中新（重庆）战略性互联互通示范项目，在"一带一路"建设中发挥了重要的平台支点作用。新加坡国际企业发展局还积极举办圆桌会议，促进中国和新加坡企业关于"一带一路"项目的对话，探索中新在基础设施、交通运输、物流、信息传播和技术、项目融资等领域合作的可能性。

---

① 商务部国际贸易经济合作研究院等，《对外投资合作国别（地区）指南（新加坡）》（2018年版）。

中国尤其是国际陆海贸易新通道沿线省区要强化与新加坡发展战略对接，对接新加坡先进的发展理念。按照中国与新加坡已签署的《关于共同推进"一带一路"建设的谅解备忘录》，推进"一带一路"倡议和新加坡的国家发展目标的对接，包括加强协调、贸易互联互通、资金融通、民心相通以及中新（重庆）战略性互联互通示范项目等领域的合作。重点加强国际陆海贸易新通道沿线省区与新加坡贸易、金融、航运和科技创新中心的功能对接。同时，发挥中国企业在交通和能源基础设施建设市场中竞争力强、施工技术先进、人才优势、劳动力成本较低而素质较高的优势，积极开展在新加坡的隧道、港口、交通等基础设施领域内的工程承包。加强与新加坡本地和跨国大型承包商的合作，积极开拓第三方市场。

（三）加强与东盟海岛国家的发展战略对接

文莱、印度尼西亚和菲律宾与中国隔海相望，都是海岛国家，地理环境具有特殊性。中国与海岛国家的互联互通合作要根据这些国家的需求，从港口、航空港、航线、高速、铁路、化石能源开发、电站等这些交通和能源基础设施项目进行合作。

1. 加强与文莱的交通与能源基础设施建设合作

中国与文莱的交通和能源基础设施已经有了较好的基础。中国广西和文莱正在合作打造中国（广西）—文莱经济走廊。2017 年 2 月，广西北部湾国际港务集团通过收购股权的方式与文莱达鲁萨兰公司合资运营文莱摩拉港，完成对文莱摩拉港集装箱码头的接管工作，启动摩拉港运营管理、机械设备、信息系统等方面升级改造工作，提升了港口现代物流水平，同时，积极探讨港—产—园协调发展模式，吸引更多的企业到文莱投资。2017 年 3 月，浙江恒逸集团有限公司与文莱能源局、经济发展局签署了恒逸文莱 PMB（大摩拉岛）炼油产能800 万吨 / 年石油化工项目的合作协议。这些合作项目为下一步深化两国间的交通和能源合作打下坚实的基础。

文莱正在推进"2035 宏愿"、《文莱陆路交通总体规划》（2014 年发布）等发展战略，准备在未来一段时间内，发展与周边国家互联互通，改善基础设施，发展公共交通。文莱还计划发展可再生能源，重点发展太阳能，到 2035 年，文莱可再生能源比重将提高到 10%。中国要深入了解文莱的发展战略，根据文莱经济发展转型升级的愿望对接"一带一路"与文莱"2035 宏愿"，鼓励支持有实力的企业积极赴文莱投资兴业，在农业、渔业、能源、交通基础设施建设、数字经济等文莱计划发展的领域加强务实合作，积极参与文莱与周边国家的交通和能源互联互通建设。浙江恒逸集团在钦州港经济技术开发区投资建设石化深加工项目，大部分原材料将从其恒逸文莱 PMB（大摩拉岛）炼油项目进口，这将大大促进中国（广西）—文莱经济走廊建设，推进中国与文莱的能源互联互通合作。

2. 深化与印度尼西亚的交通和能源基础设施建设合作

印度尼西亚是东盟国家中的第一人口大国，又是全球最大的群岛国家，海域陆域辽阔，号称"万岛之国"，处于关键的国际海洋航线上，海运、航空在岛屿之间具有重要作用。2014 年，印尼新政府上台后，制定了全球海洋支点战略、"海上高速公路"战略，制定了《2015—2019 年中期建设发展规划》（RPJMN），确定了在 2015—2019 年间投资约 4000 亿美元，建设主要包括供水、电力、交通、港口和公共卫生设施等基础设施项目。根据规划，印尼政府将在规划期内新建 3258 千米的铁路，其中将在爪哇地区发展南部铁路以及贯通南北的铁路线，并逐渐建设双向铁轨，在加里曼丹和苏拉威西地区进行铁路运输的调研及准备工作，在雅加达、泗水、锡江和万鸦佬地区建设城市轨道交通；还计划建设 1000 千米的高速公路，兴建 24 个大型港口项目，新建 60 个轮渡码头，新建 15 个机场、6 个物流运输机场；建设 3500 万千瓦电站项目和 4 万千米的电网。[①]

中国与印度尼西亚两国领导人已就"一带一路"倡议和"全球海洋支点"战略对接达成共识，两国将加强发展战略对接，尤其是交通、能源基础设施建设合作。2015 年 10 月，中国和印尼正式签署雅万高铁项目，2017 年 4 月，中国与印度尼西亚签订了合作建设雅加达至万隆高速铁路（雅万高铁）项目总承包合同，2018 年 6 月全面开工建设，预计 2021 年竣工。雅万高铁是中国高铁标准"走出去"的第一单，是"一带一路"倡议和印尼国家发展战略对接的标志性工程项目，也是两国加强交通互联互通建设合作的实质性行动。

印尼政府在不同时期制定新的经济发展规划，每年启动数千个公路、桥

---

① 商务部国际贸易经济合作研究院等，《对外投资合作国别（地区）指南（印度尼西亚）》（2018 年版）。

梁、铁路、电站等基础设施建设项目。2018 年 7 月，为缩小较为发达的爪哇岛与其他地区的发展差距，印尼政府计划在爪哇岛外新建数个经济增长中心，重点推出三个国家级项目以促进形成新经济增长极，包括大都会加速发展计划、城市和农村同步振兴计划、偏远和边境地区基础设施和基本服务加速发展计划。①2019 年 8 月，印尼总统佐科在议会发表国情咨文时提议，为了实现经济发展的均衡与平等，将首都迁至世界第三大岛——加里曼丹岛。印度尼西亚政府这些规划，将使印尼迎来基础设施建设的新高潮，将形成规模巨大的交通和能源建设工程和大型设备装备的市场需求。中国要持续加强与印度尼西亚的发展战略对接，尤其要加强交通、能源专项规划对接，根据印度尼西亚的交通和能源的发展需求，做好项目跟踪对接、可行性研究和招投标等准备工作，发挥中国技术、资金、人才和效率的优势，为印度尼西亚的交通、能源建设提供优质服务。

3. 加快推进与菲律宾的发展战略对接

菲律宾是一个有 7000 多个大小岛屿的群岛国家，有"千岛国家"之称，对国内外海运、航空和能源等基础设施建设有很大的市场需求。2016 年 6 月，菲律宾新任总统杜特尔特签署行政命令，提出了到 2040 年菲律宾成为富足的中产国家的"2040 愿景"，还提出与"2040 愿景"相呼应的《2017—2022 年菲律宾发展规划（PDP）》。该规划提出了一系列发展目标：到 2022 年，菲律宾成为中上等收入国家，较 2016 年经济增长 50%，人均收入从 2015 年的 3550 美元上升到 5000 美元以上；鼓励创新，全球创新指数排名从目前的第 74 名上升至整体排名的前三分之一。为了实现这些发展目标，杜特尔特政府将基础设施建设作为重点发展领域，2017 年提出"大建特建"基础设施建设规划，拟定基础设施支出占 GDP 的比重达到 7.4% 的目标，计划到 2022 年在基础设施领域投入 8 万亿 ~9 万亿比索。2017 年，菲律宾国家经济发展署公布了 77 个国家重点基础设施项目，计划在菲律宾大力建设铁路、机场、港口、农业灌溉、水利、道

---

① 商务部国际贸易经济合作研究院等，《对外投资合作国别（地区）指南（印度尼西亚）》（2018 年版）。

路桥梁等项目，体现了菲律宾近年基础设施领域的主要发展方向。[①]

　　中菲两国隔海相望，友谊源远流长。虽然中菲关系因南海问题经历过一段波折，但是，杜特尔特上任总统后，两国关系实现全面转圜后，双边经贸合作迅速发展。中菲两国已签署几十项政府及部门间各领域合作文件，确定了一批基础设施优先合作项目。菲律宾总统杜特尔特多次访华。2017年5月，菲律宾总统杜特尔特赴京出席"一带一路"国际合作高峰论坛，两国元首共同见证了经济技术、基础设施、人力资源、能源等领域合作文件的签署。2017年11月，李克强总理访菲时与杜特尔特总统举行会谈，双方表示将"一带一路"倡议同菲律宾发展战略对接，促进两国在贸易投资、信息技术、农渔业、减贫、交通设施、电信等领域合作。2018年11月，习近平主席对菲律宾进行国事访问，两国领导人见证交换了29项合作文件，并将两国关系提升为全面战略合作关系，双边关系步入新的发展阶段。

　　中国要密切加强与菲律宾的发展战略对接，重点推进交通、能源等行业部门发展规划对接和政策沟通，以项目合作为抓手，根据菲律宾的交通、能源发展规划和发展步骤，逐步推进双边的项目合作和发展战略对接。菲律宾投资署每年制定一部"投资优先计划"，列出政府鼓励投资的领域和可以享受的优惠条件，引导内外资向国家指定行业投资，可作为在菲律宾开展交通和能源互联互通合作的重要指南。2017年3月，菲律宾政府批准了由菲律宾投资署制定的《2017—2019年投资优先计划（IPP）》，该计划与杜特尔特的经济社会发展十点计划和国家工业综合战略相一致。经济社会发展十点计划明确21世纪菲律宾将投资建设必要的基础设施，从现代化港口到改善菲律宾的民生设施，确保所有岛屿拥有可靠和廉价电力；而IPP中所列的优先项目包括基础设施和物流（包括由地方政府部门参与的PPP项目）、电力和能源等都是投资热点。计划中还列出了项目将获得所得税减免等税收优惠政策。下一步，要持续加强在"一带一路"框架下继续深化两国在交通和能源基础设施、经贸、旅游等各领域合作，加强海上对话，推进包括油气共同开发在内的海上合作。加快推进两国基础设施合作项目及其互联互通，帮助菲律宾实施更多民生项目，使菲律宾人民在中

　　[①]　商务部国际贸易经济合作研究院等，《对外投资合作国别（地区）指南（菲律宾）》（2018年版）。

菲合作中有获得感和幸福感。

第四节　交通设施对接：建设中国和东盟
互联互通交通系统

　　《东盟经济共同体（AEC）2025年综合战略行动计划》提出"在陆路运输方面，在东盟内部以及与邻国建立高效、安全和一体化的区域陆路运输网络，以支持贸易和旅游业的发展"。按照《吉隆坡交通战略计划（东盟交通战略计划）2016—2025》推进东盟国家内部交通互联互通，铁路交通重点建设新加坡—昆明铁路（SKRL）；公路重点建设东盟公路网项目，升级亚洲公路网（AHN），沿亚洲公路网和SKRL建立东盟陆港网络，开发"智能运输系统"；航空运输方面，加强东盟单一航空市场，提高航空运输效率和竞争力并加强与对话合作伙伴的互动，与对话伙伴和其他合作伙伴缔结更加自由和相互有益的航空运输协议，包括第三、第四、第五自由航权；海上运输方面，建立东盟单一运输市场（ASSM）并促进海上安全、安保和东盟内部的战略经济走廊发展；推进交通便利化，建立一个综合、高效和全球性的具有竞争力的物流和多式联运系统，确保公路车辆在东盟内外无缝地运送乘客和货物。[①]

　　可以说，东盟这些交通建设发展方向与"一带一路"倡议的交通互联互通理念是一致的，要加快中国与东盟交通设施对接，打造覆盖中国与东盟交通互联互通的交通网络。

一、建立中国—东盟公路快速运输通道

　　公路运输由于灵活性强、响应速度快、能够实现"门到门"的技术经济特征，比较适合中短距离运输。中国与缅甸、老挝和越南接壤，可以实现国家间"门到门"公路运输。

　　建设中国—东盟公路快速运输通道应重点与这三个国家合作，再通过这三

---

　　① ASEAN Economic Community （AEC） 2025 Consolidated Strategic Action Plan （CSAP）.

个国家与其他中南半岛国家公路系统互联互通。

（一）升级改造泛亚一号公路（AH1）

东盟公路网是"泛亚公路网（Asian Highway，AH）"的组成部分。泛亚公路是亚洲各国与联合国亚太经济与社会委员会（UNESCAP）在1959年倡导的改善亚洲公路系统的合作计划。一般来说，公路运输不适合于长距离运输，但是在缺乏铁路互联互通、水运联通的情况下，公路在跨境运输中就发挥很大的作用。建设中国—东盟公路互联互通就很有必要。UNESCAP一直在致力于各种区域和次区域一体化计划，带头推进亚洲一体化，提出了亚洲公路的一系列道路建设项目。亚洲的两条主要公路，即从日本始发并到达土耳其的亚洲1号公路（AH1），将沿着比哈尔邦的大主干道行驶；另一个源自印度尼西亚的亚洲公路将通过尼泊尔的塔莱地区。另一条称为亚洲42号公路（AH42）将中国大陆连接到比哈尔邦菩提迦耶附近的多比。其中，AH1将中国丹东—沈阳—北京—郑州—武汉—广州—南宁—友谊关和越南河内—荣市—洞海—东河—顺化—岘港—会安—芽庄—胡志明市—柬埔寨金边—波贝—泰国曼谷——缅甸帕亚吉—仰光/梅克提拉—曼德勒连在一起。

中国与东盟国家之间的泛亚公路已经互联互通。目前，中国境内的AH1已经全部建成高速公路，越南境内谅山—北江—河内—宁平省、岘港—广义、胡志明市—龙城—油纸的高速公路也已经通车，柬埔寨境内还没有高速公路，泰国境内是高等级公路和高速公路并存，在泰缅边境美索连接泰缅印公路至印度东北部曼尼普尔的莫雷，可见，AH1公路在中南半岛国家转了一个大弯。下一步合作的重点是提高AH1公路的等级，目前，沿线国家已经行动起来，越南交通部调整南北高速公路计划，分两阶段建设AH1：第一阶段（2017—2022年）建设573千米高速公路，将翻新南定省高蒲（Cao Bồ）—宁平省梅山（Mai Sơn）—乂安省荣市路段和永好（Vĩnh Hảo）—平顺省藩切—同奈省油纸（Dầu Giây）路段的四车道高速公路；第二阶段（2023—2025年）将完成剩余的799千米路段高速公路，政府投资计划30%，剩余资金将向私人投资者募集。[①]同时，

---

① 越南政府调整南北高速公路建设计划 [EB/OL].（2017–02–14）. http://www.mofcom.gov. cn/article/i/jyjl/j/201702.shtml.

越南在正在建设胡志明市到西宁省木排口岸长约 53.3 千米的高速公路。柬埔寨政府也完成了长约 160 千米的金边—巴域高速公路可行性研究，预计建设投资 38 亿美元，届时，越南木排口岸与柬埔寨柴桢省巴域（BAVET）国际口岸接通，胡志明市至金边将全程通高速公路。

（二）建设中老缅越泰公路互联互通快速运输系统

目前，中国西南地区高速公路联通一体化基本形成，中国至中老、中缅、中越主要边境口岸已经全部建成高速公路，但是，尚未形成与中南半岛国家高速公路联通系统。中老缅越泰公路快速运输应以高速公路为支撑的公路互联互通系统。

1. 加强公路发展规划对接，加快干线公路互联互通快速通道建设

中老缅越泰公路快速运输系统是以中国云南和广西的高速公路为基础的中老缅越泰高速公路互联互通系统。首先要加强云南和广西的高速公路发展规划与毗邻国家的高速公路发展规划对接，要抓住重点，协同开展云南和广西与周边国家的高速公路互联互通建设。

《云南省中长期高速公路网布局（2016—2030 年）》规划建设"五纵五横一边两环二十联"高速公路网络，其中建设形成 15 条出境高速公路通道，其中通往缅甸 9 条，通往老挝 3 条，通往越南 3 条。到 2020 年完成公路"七出省、五出境"主干网建设。2017 年 1 月，《广西沿边地区开发开放"十三五"规划》提出将建设 6 条出境高速公路。云南和广西的出境通道将成为中国与东盟国家干线公路互联互通快速通道的基础。截至 2019 年 1 月，尽管中国已经有 1 条高速公路抵达中缅边境、1 条抵达中老边境、4 条抵达中越边境，但是，中国与东盟国家也仅有昆明—河口—越南老街—河内—海防这一条高速公路互联互通。其他通道还不是全线高速公路。因此，要加快干线高速公路互联互通快速运输网络建设。

《东盟交通战略计划（2016—2025）》（ASEAN TRANSPORT STRATEGIC PLAN，也称吉隆坡交通战略计划）提出要"在东盟内部以及与邻国间建立高效、安全和一体化的区域陆路运输网络，以支持贸易和旅游业的发展"。这一计划的重点是升级改造东盟公路网和亚洲公路网中低等级路段（见表 5-4），还将亚洲公路网的 AH1 升级为四车道的道路或高速公路（见表 5-5），构成东盟干

线公路网，并通过中国的东兴口岸、友谊关口岸、磨憨口岸、瑞丽口岸与中国的高速公路网络互联互通。

表 5-4　《东盟交通战略计划（2016—2025）》规划改造的道路　　单位：千米

国家	路段	距离	升级里程	公路编号	完成年份
	升级东盟公路网中Ⅲ类以下的跨境运输道路				
老挝	纳图伊（Nateuy）—乌多姆赛—琅勃拉邦—万象	682	293	AH12	2019
	班劳（Banlao）—Nam Phao	132	98	AH15	2019
缅甸	塔木（Tamu）—曼德勒—迈克蒂拉—仰光—巴哥（Bago）—帕亚吉（Payagyi）—塔通（Thaton）—米瓦迪（Myawadi）	1656	229	AH1	2021
	密铁拉—洛伊勒姆（Loilem）—Kyaing Tong—大其力	807	307	AH2	2021
印尼	坤甸—恩提孔（Entikong）	273.28	273.28	AH150	2017
	升级改造其他低于Ⅲ级的道路				
老挝	乌多姆赛—帕蓬（Pakbeng）	133	133	AH13	2025
	他曲（Thakhek）—Na Phao	146	96	AH131	2025
	菲菲（Phia Fay）—普凯阿/博伊（Phoukeua/Bo Y）	221	109	AH132	2025
缅甸	蒂博（Thibaw）—Loilem	239	223	AH111	2023
	毛淡棉—耶（Ye）—毛瓦尔山（Mahwal Taung）	44.06	44.06	AH112	2020
	土瓦（Dawei）—迈克（Myeik）	145	145	AH112	2020
	Myeik—德林达依（Tanintharyi）	64	64	AH112	2020
	Tanintharyi—博基平（Bokepyin）	156	156	AH112	2020
	博基平—考东（Kau Thaung）	87.94	87.94	AH112	2020
	拉尼亚（Lanya）—空隆伊（Khlongloi）	60	60	AH112	2023
	密塔尔（Myittar）—泰国边境	85	85	AH123	2020
	土瓦—密塔尔（Myittar）	56	56	AH123	2020
越南	奠边—西庄（Tay Trang）	18	18	AH13	2020
	Bo Y—昆嵩（Kon Tum）	73	73	AH13	2020

资料来源：Kuala Lumpur Transport Strategic Plan（Asean Transport Strategic Plan）（2016—2025）。

表5-5 《东盟交通战略计划（2016—2025）》规划升级为四车道的道路　单位：千米

国家	路段	扩建里程	公路编号	完成年份
柬埔寨	马德望—诗梳风（Serei Sophorn）	84.74	AH1	2018
	波贝（Poipet）—泰国亚兰（Aranyaprathet）	柬埔寨部分	AH1	2018
	Thlea Ma'am—马德望和诗梳风—波贝市，包括菩萨市（Pursat）环城道路	157.5	AH1	2022
	普雷克·丹（Prek Kdam）—Thlea Ma'am	135.4	AH1	2020
	金边—Prek Kdam	30	AH1	2017
	金边—Skun 区	75	AH11	2017
	克迪·塔·科伊（Kdey Ta Koy）至巴维（Bavet）（柬埔寨—越南边境）	161	AH1	2025
	国道4号金边—磅士卑省（Kampong Speu）	60	AH11	2016
	国道4号磅士卑—西哈努克省	166	AH11	2025
	Sre Ambel—Cham Yeam/Hatlek（柬埔寨—泰国）	161	AH123	2025
老挝	万象—班干草（Ban Hay）	63	AH11	2020
	万象—丰康（Phon Hong）	73	AH12	2020
泰国	德湄索（Tak Mae Sot）	52	AH1	2019
	跨 Moei/Thaungyin 河的泰国缅甸第二友谊大桥及设施	21.4	AH1	2019
	清莱—坤丹（ChiangRai—Khun Tan）	48	AH3	2019
	加拉信—班纳凯（Kalasin—Ban Na Kai）	80	AH16	2020
	芭堤雅高速公路—Map Ta Phut	32	AH19	2020
	达勒—哈叻（Trat—Hat Lek）	70	AH123	2019
泰缅	新建泰国北碧府与缅甸土瓦之间的公路			
	缅甸土瓦/Htiki—班富南隆（Ban Phu Nam Ron）	141		2020
	泰国 Htiki/Ban Phu Nam Ron—北碧	78		2025
印度尼西亚	杜迈—北干巴鲁—占碑—巨港—楠榜—巴考尼（Bakauheni）		AH 25	2022
	杜迈—棉兰—班达亚齐（Dumai—Medan—Banda Aceh）		AH 25	2017
	三宝垄（Semarang）—Cikampek—雅加达—Merak		AH2	2019
	吉利马努克—塔巴南—登巴萨（Denpasar）—图班（Tuban）		AH2	2019
	三宝垄—泗水（Surabaya）—Banyuwangi		AH2	2022
	坤甸—索索（Sosok）—塔扬（Tayan）—恩提孔（Entikong）		AH150	2018
老挝	AH11 路段		AH11	2017
	AH12 路段		AH12	2017
马来西亚	黑木山（Bukit Kayuhitam）—巴特沃思（Butterworth）—吉隆坡—芙蓉（Seremban）—Senai Utara		AH2	2020
	实马丹—古晋—诗巫（Sibu）—美里—哥打京那巴鲁—山打根—拉哈达图（Lahad Datu）—斗湖（Tawau）		AH150	2025

资料来源: Kuala Lumpur Transport Strategic Plan(Asean Transport Strategic Plan)(2016—2025).

（1）积极推进中老高速公路建设。云南省与老挝接壤，是中老高速公路互联互通的唯一通道。《云南省中长期高速公路网布局（2016—2030 年）》规划建设的老挝通道重点是"隔界河—香格里拉—丽江—大理—镇沅—宁洱—景洪—勐腊—磨憨"，对接老挝磨丁—万荣—万象高速公路。

中老高速公路主要是昆明—景洪—磨憨／磨丁—万荣—万象高速公路，是亚洲公路网 AH12 和昆曼国际大通道的重要组成部分。2018 年，中国已经全线建成昆明至磨憨（G8511）692 千米的高速公路。目前，老挝已经规划建设全长约 440 千米、自首都万象至老中边境磨丁口岸高速公路。该高速公路对接中国磨憨口岸，并连接中国国家高速公路网 G8511 昆明至磨憨高速公路，在万象向南通过老泰友谊大桥，连接泰国廊开府的高速公路网。2020 年 12 月，由云南省建设投资控股集团和老挝财政部共同组建老中联合高速公路开发有限公司采用 BOT 模式建设运营 50 年、全长 111 千米的万象—万荣高速公路建成通车。这是老挝第一条高速公路，是老挝"变陆锁国为陆联国"战略与中国"一带一路"倡议对接的标志性合作项目，也是中国—东盟公路快速运输通道。

（2）推动中缅高速公路互联互通建设。云南省是中国高速公路与缅甸可以互联互通的唯一省份。《云南省中长期高速公路网布局（2016—2030 年）》规划建设的缅甸通道主要是泸水—保山—昌宁—凤庆—云县—临沧—双江—澜沧—勐海—打洛，以及宣威（普立）—会泽—巧家—攀枝花—华坪—永胜—丽江—剑川—兰坪—云龙—泸水—片马；永仁—元谋—武定—富民—晋宁—玉溪—峨山—墨江—江城—勐康；胜境关—富源—沾益—武定—禄丰—姚安—大理—保山—腾冲—猴桥；江底—石林—昆明—楚雄—巍山—昌宁—施甸—芒市—瑞丽。《云南省沿边开放经济带发展规划（2016—2020 年）》提出"加快临沧—清水河、腾冲—猴桥口岸、景洪—打洛口岸等出境高速公路建设，基本实现与周边国家相连的重要公路通道高速化"。目前,昆明—楚雄—巍山—昌宁—施甸—芒市—瑞丽高速公路已经建成通车，云南其余连接中缅边境的高速公路还没有建成。

缅甸对建设连接中国的公路交通大动脉也十分重视。根据缅甸联邦交通与通信部副部长 Mr.Htike Htike 2017 年 11 月公开的《国家物流总计划的现状和未来计划》报告，缅甸计划修建 4 条通往中国的公路大动脉，对接中国相应的口岸，包括孟拉—打洛口岸、木姐—瑞丽口岸、甘拜地口岸—腾冲猴桥口岸、腊戍清水河市清水河口岸—耿马县孟定清水河口岸。

中缅两国的跨国干线公路发展规划是可以互联互通的。中国要重点加快建设临沧—清水河口岸、腾冲—猴桥、景洪—打洛三条通往缅甸的干线高速公路，同时，加强与缅甸有关各方的沟通协调，并给予适当的经济技术援助，争取加快推进中缅干线公路互联互通建设，推动孟中印缅经济走廊交通基础设施建设。

（3）加快中越高速公路互联互通网络建设。越南与中国云南和广西接壤，中越高速公路快速通道分为云南和广西两个方向。《云南省中长期高速公路网布局（2016—2030年）》规划将重点建设威信（谢家凹）—镇雄—宣威—曲靖—罗平—丘北—文山—麻栗坡—天保口岸、水富—大关—昭通—会泽—寻甸—嵩明—石林—弥勒—开远—蒙自—河口口岸和罗村口—富宁—文山—蒙自—建水—石屏—墨江—镇沅—临沧—清水河口岸3条通往越南的高速公路通道。2021年1月，文山—天保口岸出境高速公路开始招投标建设。

2017年1月，广西发布的《广西沿边地区开发开放"十三五"规划》提出将"加快推进东兴—芒街—下龙—河内高速公路、凭祥—谅山—河内高速公路、崇左—水口高速公路、崇左—大新—靖西高速公路与硕龙口岸的连接线、靖西—龙邦、那坡—平孟建设"，据此，广西将有6个口岸通达高速公路。目前，广西边境地区已经开通了南宁至东兴、南宁至友谊关口岸、百色至龙邦口岸、崇左至水口口岸4条高速公路。"十四五"期间，广西将加快修建通往峒中、爱店、硕龙、平孟等4个边境口岸的高速公路。

《越南高速公路交通网发展规划（2020—2030年）》提出"在运输需求预估的基础上，定向规划2020—2030年交通运输发展战略，规划确立21条总长为6411千米的越南高速公路交通网，其中与周边国家互联互通的高速公路主要是包括2条总长3083千米的南北高速公路：一是南北高速公路东线，总长1814千米，在中国友谊关口岸对接友谊关—南宁高速公路；二是南北高速公路西线，总长1269千米，与胡志明大道延长线对接中国靖西龙邦口岸。

越南北部高速公路交通系统包括14条从首都河内中心辐射的高速线路，总长1368千米，具体是：

河内—北江—谅山段高速，长143千米，已经修到谅山市，延长线通过中国友谊关口岸对接友谊关—南宁高速公路。

河内—越池（富寿）—老街段高速，长264千米，对接云南省河口口岸，连接河口—昆明高速公路。

河内—太原段高速，长 62 千米，延长线到高平省，可对接茶岭—龙邦口岸，与龙邦—百色—贵阳—重庆高速公路对接。

太原—新市（北件）—北件段高速，长 43 千米，延长线到高平省，连接茶岭—龙邦口岸，接百色市或到驮隆—水口口岸，通龙州县。

下龙（广宁）—芒街（广宁）段高速，长 128 千米，延长线到芒街，接东兴口岸，与东兴—防城港市—南宁高速公路连通。

同登（谅山）—茶岭（高平）段高速，长 144 千米，接越南茶岭—中国龙邦口岸，与龙邦—百色—贵阳—重庆高速公路连接。

从中越双方的公路发展规划可以看出，两国的高速公路规划基本对接，下一步双方要加强高速公路发展规划实施的沟通协调，同步推进互联互通的高速公路建设，重点合作推进"东兴—芒街—海防—河内高速公路、凭祥—谅山—河内高速公路、龙邦—高平—河内和河江—宣光—清水河口岸 / 天保口岸"4 条高速公路建设，加快两国高速公路快速通道建设步伐，同步发挥作用。

《越南北部经济区交通运输 2020 年展望 2030 年发展规划》（7873/TTr—BGTVT）提出"长途货运主要由海路和铁路承担；长途客运逐步转由铁路和航空承担；短途货运和客运以及省内运输主要由公路承担"，其中，规划 4 条高速公路与中国的云南省河口县、广西壮族自治区靖西市、凭祥市和东兴市对接：

河内—越池—老街段高速公路（254 千米），第一阶段修建 4 车道，现已经全线建成通车；第二阶段计划修建 6 车道。该高速公路接中国云南省河口县通昆明。

河内嘉林—太原高速（61.3 千米），第一阶段计划修建 4 车道，第二阶段修建 6 车道。该高速公路延长线到达高平省茶岭对接龙邦口岸，与靖西—龙邦高速公路对接。

谅山友谊口岸—北江—北宁段高速公路（130 千米）对接凭祥友谊关口岸，计划修建 4~6 车道。现已建成谅山—北江—北宁高速公路。

内排机场—下龙市高速公路（136 千米），第一阶段计划修建 4 车道，第二阶段修建 6 车道。下龙—芒街高速公路（128 千米），计划修建 4—6 车道，接中国东兴市。

可见，越南与中国的高速公路建设规划基本上是互联互通的。目前，重要的工作是加快推进两国边境地区的高速公路对接建设进程。

2. 推动建设连通"两洋"快速干线公路

目前，中国与越老泰缅五国还缺乏一条横跨五国的快速公路通道，缅甸中南部、泰国北部和老挝北部通往中国东部沿海地区很不便利，同样，中国南部沿海地区抵达孟加拉湾的物流也极不方便。虽然在亚洲开发银行支持下完成了越南岘港—老挝沙湾拿吉—泰国孔敬—缅甸毛淡棉横跨中南半岛的东西走廊建设，将太平洋和印度洋连接在一起，日本和印度也积极推动越南胡志明市—柬埔寨金边—泰国曼谷—缅甸土瓦港—印度金奈港的湄公河—印度经济走廊建设，但是这两条连接太平洋和印度洋的中南半岛东西交通走廊对中国与东南亚、南亚开展国际物流合作的作用都不大。因此，构建中国连接印度洋和太平洋距离最短的陆路交通通道和能源通道很有必要。

印度十分重视与中南半岛国家的交通互联互通合作，其"向东政策"发展战略的重点是推动印度—湄公河次区域经济走廊（IMEC）建设。IMEC 有海陆交通通道和陆路交通通道，海陆交通通道就是从印度东海岸金奈港（Chennai）出发，经印度洋、安达曼海到达缅甸土瓦港（Dawei），再经陆路到达越南胡志明市，形成印度金奈—缅甸土瓦港—泰国曼谷—柬埔寨金边—胡志明市、横跨印度洋到太平洋的陆海交通通道；IMEC 陆路走廊印度加尔各答—孟加拉国达卡—吉大港—缅甸仰光—泰国曼谷—柬埔寨金边—越南胡志明市，这条陆路交通通道的第一阶段是建设贯通印度—缅甸—泰国三方高速公路，连接印度东北部曼尼普尔的莫雷与泰国美索的 1400 多公里高速公路计划 2019 年年底建成。[①]印度政府更大的目标是将该高速公路延伸至柬埔寨、老挝和越南，发展印度的东西经济走廊（EWEC）。因此，中国要推动建设横跨中越老泰缅五国、联通太平洋和印度洋的快速干线公路建设，最终对接印度—缅甸—泰国高速公路，形成连接粤港澳大湾区—茂名—钦州—防城港—越南河内—老挝琅勃拉邦/万象—泰国清迈—缅甸仰光—勃生海港/皎漂港—孟加拉国吉大港—印度加尔各答的快速干线公路交通系统。三湾走廊内防城港市—越南河内—老挝琅勃拉邦—泰国清迈—缅甸勃生港段高速公路约 1600 千米，建设这一通道将填补北部湾与孟加拉湾之间高速公路交通的空白，成为中国连接太平洋和印度洋距离最短的

---

① 林民旺. 印度与周边互联互通的进展及战略诉求 [J]. 现代国际关系，2019（4）.

陆路交通通道。目前，越南河内—海防、海防—下龙市的高速公路已经通车，下龙市至芒街高速公路正在建设之中，三湾走廊之内还有约 1300 千米路段没有建成高速公路。

鉴于这些高速公路都在澜湄国家区域内，可在澜湄合作和 GMS 的框架下，利用澜湄合作、GMS、中国—东盟（10+1）、中国—东盟博览会、中国—南亚博览会等机制和平台推进防城港市—越南河内—老挝琅勃拉邦/万象—泰国清迈—缅甸勃生港/皎漂港高速公路建设。

3. 升级改造现有低标准的高速公路

关于中国—东盟跨境高速公路系统，截至 2020 年 12 月，除了昆明—河口—河内—海防通道全程实现中越高速公路互联互通外，南宁—友谊关、南宁—东兴、昆明—瑞丽、昆曼公路小勐养—磨憨口岸四大通道只有国内段建成了全程高速公路，境外段尚有高速公路缺失路段尚待建设。[①]中越中老中缅还有一些一类口岸尚未开建高速公路，即使是已建成的通往中南半岛国家的边境地区高速公路境内段，大多标准偏低，不少路段时速仅 80 千米，如南友高速公路宁明至友谊关路段、昆曼高速公路小勐养—磨憨口岸段、昆明至瑞丽高速公路龙陵—瑞丽段、昆明—河口高速公路新街—河口段、勐腊—勐满高速公路项目等，适应不了中国与中南半岛客货运输需求，今后还需要提级提标。

二、构建中国—东盟互联互通的铁路交通系统

铁路运输具有运输里程长、货运量大、低碳环保高效、安全性高、适应性强的技术经济特征等优势，比较适合中长距离经济型运输，构建中国—东盟互联互通的铁路交通系统将加快经济全球化和中国—东盟经济一体化进程。但是，由于中国一直以来铁路运能较为紧张，需求满足率一度在 40% 左右，因此，要加快中国—东盟铁路互联互通建设。

（一）加快推进泛亚铁路网建设

泛亚铁路网是由联合国亚洲及太平洋经济社会委员会（简称"亚太经社会"，

---

① 越南河内至友谊关高速公路分三段建设，其中河内至北江段和北江至谅山段已经建成通车。谅山至友谊口岸拟由亚行投资建设，目前已经完成可研究报告，并开始进入托管使用亚行资金实际投资阶段，尚未建成通车。中缅高速公路，境外段尚未动工建设。

UNESCAP）主导研究倡导的亚洲—欧洲铁路互联互通的计划，该倡议获得了沿线国家的共识。

随着地缘政治的变化和第四次工业革命方兴未艾，区域经济一体化已成为时代潮流，中国—东盟自由贸易区升级版以及 RCEP 建立进一步深化了中国与东盟的经济联系，形成了互为分工协作的国际产业链和供应链的新格局。由于泛亚铁路网计划始于 20 世纪 50 年代，对于中国与东盟之间的铁路互联互通计划仍然比较粗糙，尤其是计划缺乏中南半岛国家到中国东部地区的铁路通道，而新时代恰恰需要这条铁路通道辐射和带动东盟国家经济发展。

ESCAP 研究的泛亚铁路中国—中南半岛铁路网络，重点以纵向的铁路联通为主，对于中国与中南半岛国家的连接，仅以昆明为中心进行设计，对于中南半岛国家之间的铁路横向联通及其与中国横向连接明显欠缺，这显然是 ESCAP 受当时的地缘政治和地缘经济局限性的影响。中南半岛国家与广西铁路横向对接，是中南半岛国家通向中国东部发达地区最便捷的铁路通道。新时代中国与东盟国家铁路互联互通建设，必须高度重视中南半岛国家至中国东部地区的铁路规划。这也是本研究的一个重要观点。因此，开展与东盟国家铁路互联互通合作，不仅要以泛亚铁路网倡议作为依据和基础，也不能完全照搬泛亚铁路网计划，要根据新时代经济全球化和区域经济一体化的特点，对泛亚铁路网进行修改补充，使其更适合中国与东盟国家铁路互联互通的需要。尤其要增加缅甸皎漂港 / 勃生港—仰光—泰国清迈—老挝万象 / 琅勃拉邦—越南河内—中国防城港—茂名—广州这条铁路通道建设，形成中国与东盟国家利益共享的太平洋到印度洋最短的铁路通道。

（二）相互对接双边的铁路发展规划

中国与东盟国家铁路互联互通，既要重视宏观层面的对接，更要注重毗邻国家的铁路发展规划对接。2016 年 11 月，第 15 次中国—东盟交通部部长会议在菲律宾马尼拉召开。双边 11 国交通部部长审议通过的《中国—东盟交通合作战略规划（修订版）》《中国—东盟交通运输科技合作战略》和部长级联合声明，以及《中国—东盟战略伙伴关系 2030 年愿景》，这些合作文件为中国与东盟交通互联互通发展指明了方向。

1. 加强与东盟铁路互联互通规划对接

加强中国铁路发展规划与《东盟互联互通总体规划 2025》《东盟交通战略规划（2016—2025）》等东盟宏观规划对接，尤其要重视与缅甸、老挝、越南和泰国铁路发展规划对接。《国家中长期铁路网规划（2016—2025 年）》重视"一带一路"出境铁路建设，"实施南宁—凭祥铁路扩能，规划建设芒市—猴桥、临沧—清水河、日喀则—吉隆、日喀则—亚东、靖西—龙邦、防城港—东兴等铁路"，规划建设"芒市—临沧—文山—靖西—防城港西南沿边铁路"。即将建设的黄桶—百色铁路是重庆—贵阳—百色—靖西—龙邦口岸—越南高平—太原—河内出境铁路的一部分，加上现在正在修建的中老铁路、大理—瑞丽铁路，可见，未来我国至少有 8 条铁路通道通往老挝、缅甸、越南，并通过这三国与其他中南半岛国家铁路实现互联互通。

《东盟互联互通总体规划（2010—2015）》提出"铁路方面，1995 年 12 月第 5 次东盟首脑会议提出了新加坡—昆明铁路旗舰项目，计划到 2015 年完成。新加坡—昆明铁路有数条线路，穿越了新加坡—马来西亚—泰国—柬埔寨—越南—中国（昆明），包括泰国—缅甸支线和泰国—老挝支线"。但是，这一规划至今还没有实现，其中东线铁路金边—胡志明市路段、中线万象—景洪—玉溪路段、西线曼谷—缅甸土瓦路段和腊戍—瑞丽—大理路段都没有连通。目前，中线的中老铁路万象—景洪—玉溪路段正在建设，预计 2021 年 12 月建成，其他路段还在筹建之中。

东盟互联互通建设和规划具有较好的连续性，虽然《东盟互联互通总体规划（2010—2015）》没有按时完成预定计划，但是，《东盟交通战略计划（2016—2025）》延续了《东盟互联互通总体规划（2010—2015）》未完成的项目，提出在 2016—2025 年间铁路交通建设的具体目标和行动(见表 5-6)，其中新加坡—昆明铁路线建设仍然是东盟与中国铁路互联互通的重点，包括缺失路段建设和现有铁路升级改造。

表 5-6 《东盟交通战略计划（2016—2025）》规划铁路运输的项目表

路　　段	扩建里程（千米）	计划完成时间
完成 SKRL 主线缺失环节的施工		
金边—特拉·孟邦（Tra Peang Sre）（柬埔寨／越南边界）	255	2025

路 段	扩建里程（千米）	计划完成时间
禄宁（Loc Ninh）（柬埔寨/越南边境）—胡志明市	129	2025
完成 SKRL 支线的可行性研究和/或详细设计		
越南：木架（Mu Gia）—丹普（Tan Ap）—永昂（Vung Ang）	119	2020
老挝：万象—他曲（Thakhaek）—木架（Mu Gia）	466	2020
缅甸：土瓦（Dawei）—Htiki/班富南隆（Ban Phu Nam Ron）		2020
泰国：Htiki/班富南隆—北碧（Kanchanaburi）		2020
东盟成员国完成铁路补充升级工作		
柬埔寨：Bat Deoung—诗梳风（Sisophon）	306	2019
柬埔寨：重建 Bat Deoung 到 9 千米处	22.6	2019
柬埔寨：重建金边至格林（Green）贸易仓库轨道	6	2019
老挝：沙湾拿吉（Savannakhet）—越南老保（Laobao）	220	2025
马来西亚：杰玛斯（Gemas）—柔佛州新山复线建设	197	2019
泰国东北线：Mab Kabao—塔农吉拉（Thanon Jira）交界处复线	132	2020
泰国东北线：Thanon Jira 交界处—孔敬（Khon Kae）复线	185	2020
泰国东北线：孔敬—廊开（Nong Khai）的复线建设	174	2020
泰国南线：那空帕丹（Nakhon Phathom）—华欣复线	165	2020
泰国南线：华欣—巴蜀府（Prachuab Khiri Khan）复线建设	90	2020
泰国南线：巴蜀府—春蓬（Chumphon）复线	167	2020
泰国南线：春蓬—素叻他尼（Surat Thani）复线建设	167	2020
泰国南线：素叻他尼—合艾（Hat Yai）复线建设	295	2020
泰国南线：合艾—巴东勿刹（Padang Besar）复线	45	2020
越南：河内—老街（与中国连接）升级改造		2018
越南：河内—胡志明市（河内—荣市 319 千米、芽庄—胡志明市段 412 千米，海云隧道和 Khe Net 隧道）		2020
其他计划		
越南 Lao Kao 边境站（越南）和河口站（中国）轨距转换工程		2019
开发实施 SKRL 无缝运行的实施框架		2026
将 SKRL 扩展到印度尼西亚泗水的可能性的研究		
制定项目实施行动计划		2018

资料来源：Kuala Lumpur Transport Strategic Plan（Asean Transport Strategic Plan）（2016—2025）.

在双边铁路建设规划的基础上，推进中国与东盟在铁路线路互联互通、项目建设进度等方面的对接，发挥中国在铁路建设技术、人才、装备等方面的优势，积极开展与东盟国家在铁路系统规划、设计、施工、运营管理等合作。在印度尼西亚、马来西亚、缅甸、泰国等一些铁路建设规模较大的国家，合作建立铁路装备制造厂，合作建立铁路人才培训机构或铁路专业学历教育，加快铁路建设技术"走出去"，同时，推进中国铁路建设技术和运营"本土化"发展，既推进中国与东盟铁路"硬连通"，又实现铁路运营管理"人心相通"。

2. 加快中国与老挝铁路互联互通建设合作

老挝是东盟国家唯一的内陆国，交通不便成为制约老挝经济发展的主要因素。20 世纪 80 年代，老挝政府曾提出突破"陆锁国"困境与周边国家相连接成为湄公河地区"陆联国"的愿景。老挝的《交通邮电部第六个五年（2006—2010 年）发展规划》中就对万象—占巴色、占巴色—沙拉湾—老越边界、他曲—机穆萨、万象—磨丁等段铁路建设进行可行性研究。2008 年，老挝政府规划建设铁路网来支持矿业开发，规划中的铁路网总长度为 2500 千米。其中南北纵向铁路从中国边境至首都万象，然后向南延伸至甘蒙、沙湾那吉和占巴色等省连接柬埔寨铁路；东西横向铁路将连接越南、泰国等。[①] 其中，3A——万象—他曲—木架（MU DIA）—越南王英（VUNG ANH）通往越南；3B——磨丁（BOTEN）—琅勃拉邦—万象通往中国云南和泰国廊开；3C——他曲—沙湾那吉—巴色—老柬边境通往柬埔寨；3D——沙湾那吉—越南老保—东河（DONG HA）通往越南；4 线——琅勃拉邦—川圹（XIENG KHOUANG）—荣市通往越南；5 线——磨丁—会晒通往泰国；6 线——那彭（NA PONG）—沙拉湾—拉里（LALAY）通往越南。可见，老挝建设与周边国家铁路互联互通的强烈愿望。根据《东盟交通战略计划（2016—2025）》，老挝在该计划中仅有万象—他曲—木架、沙湾拿吉—越南老保（Laobao）两条铁路，这两条铁路线仅仅是 SKRL 铁路的支线项目。

2003 年，老挝国家经济研究院编制的《2020 年实现工业化、建成次区域大通道战略规划》中就提出"修建万象北上至中国边境的铁路及配套设施"。中老铁路是中国西南地区到中南半岛国家最便捷的铁路通道，在泛亚铁路网中尤其是中国与东盟国家铁路互联互通网络中具有重要的地位和作用。

目前，中老正在全力推进昆明—磨憨 / 磨丁—万象铁路建设，预计 2021 年将按计划完成。但是，即使是中老铁路建成通车，也仅仅是完成老挝铁路网最关键的一段，仅是老挝规划的 2500 千米铁路网的六分之一。下一步，要深化中国与老挝的铁路建设合作，协助老挝建设老挝铁路网，重点推进建设缅甸皎漂港 / 勃生港—泰国清迈—老挝琅勃拉邦 / 万象—越南河内—防城港的老挝境内段

---

① 规划中的老挝铁路网 [N]. 万象时报，2008–11–21（01）.

铁路，打通老挝到中国东部沿海地区最便捷的铁路通道；协助老挝开展万象—他曲—沙湾那吉—巴色—柬埔寨金边铁路建设前期工作，与老挝开展铁路建设项目的设计、工程承包、融资、运营管理等合作，帮助老挝培养铁路技术人才和铁路运输管理人才，促进老挝全面采用中国标准、中国技术和中国装备建设运营老挝铁路网。

3. 加快推进中国与缅甸的铁路互联互通建设合作

缅甸是中国通往孟加拉湾、印度洋最便捷的出海通道，但是，目前中国与缅甸之间还没有联通铁路和水路，而缅甸的公路等级较低，仅靠缅甸的公路难以承担中国出海通道的重任。建设两国间互联互通的铁路大动脉是打通两国共同出海大通道的最佳选择。虽然缅甸是东盟国家中铁路密度比较大的国家，但是，由于铁路修建年代较早，加上连年战乱、维护不周，铁路系统陷入运能下降、列车速度慢、铁路物流效率低等困境。因此，缅甸铁路系统亟须升级改造。缅甸的《国家交通总体规划（2015—2040年）》提出了缅甸铁路建设的宏伟蓝图。

中缅铁路互联互通符合两国人民的共同利益。2017年11月，中缅就建设"人字型"中缅经济走廊达成共识。中缅经济走廊是孟中印缅经济走廊的组成部分，是"一带一路"倡议中的重要一环，契合缅国家发展规划和《中缅落实全面战略合作伙伴关系行动计划》《中缅"一带一路"合作备忘录》等合作文件。

经济走廊，交通先行。铁路建设也是按照经济走廊的走向进行建设，形成北起中国昆明，经中缅边境瑞丽南下至曼德勒，然后分别向东延伸到仰光新城，向西至皎漂港的"人字型"中缅铁路主干线。鉴于目前曼德勒到皎漂港、曼德勒到瑞丽段的腊戍—瑞丽还没有建设铁路，而目前缅甸的铁路为米轨系统，建议瑞丽—曼德勒—皎漂港采用标准轨建设，将腊戍—曼德勒采用套轨的方法解决，以解决两国铁路轨距标准不同的问题，提高铁路互联互通的效率。至于曼德勒向东的米轨铁路，缅甸已经获得JICA的资金帮助，对仰光—曼德勒铁路和仰光环城铁路项目进行改造建设，曼德勒—密支那铁路项目则获得韩国贷款支持升级改造。中缅只需重点合作建设和升级改造瑞丽—腊戍—曼德勒—皎漂港铁路就基本完成中缅经济走廊铁路交通的基本框架。在这一基础上，再扩大中缅铁路互联互通合作，建设保山—腾冲—猴桥口岸—密支那铁路和景洪—打洛口岸—东枝—内比都—皎漂港铁路，形成更为完善的中缅铁路互联互通系统。

中缅经济走廊建设急需解决经济走廊不完善的运输系统和缅甸能源短缺问

题。由于缅甸政策多变、建设资金缺乏、部分地区局势动荡和中缅两国文化差异等因素的挑战，因此，建设中缅铁路互联互通系统，不仅要从高层对接两国发展战略，还要重视这些问题和挑战。

一是加强发展战略和规划对接。缅甸很重视"一带一路"建设，专门成立了由国务资政昂山素季任主席的缅甸实施"一带一路"指导委员会。中缅双方签署了政府间《关于共建中缅经济走廊的谅解备忘录》，还成立了中缅经济走廊联合委员会。2018 年 9 月，两国在北京召开联合委员会第一次会议，就中缅经济走廊合作理念及原则、联委会工作机制、早期收获项目、合作规划，以及推进重大合作项目等问题进行了深入磋商，达成了广泛共识。双方同意成立发展规划、产能与投资、交通、能源、农业、边境经济合作区、数字丝绸之路、生态环境、旅游、金融、信息，以及地方合作等 12 个重点合作领域专项工作组。①中缅铁路可在联委会工作机制指导下开展互联互通建设合作。

二是加强智库交流。高层的宏观规划需要管理部门、地方政府去落实，需要两国专家学者去研讨解读，共同将宏观规划转化为具体行动方案或实施意见，要加强中缅两国相关机构负责人、专家学者的交流，统一认识，避免两国之间对同一政策的误读和误解。

三是推动民间交流。缅甸仍然是比较贫穷落后的国家，铁路沿线的民情复杂，党派林立，利益互相纠结，文化观念习惯与中国差异大，建设中缅铁路，既要尊重当地的法律法规和社会习俗，又要积极开展民间交流，与缅甸在野党派、民间团体、普通民众的交流沟通，广泛听取社会舆论意见，也要注意避开内部冲突，和各相关方均保持良好的关系。

四是尽快让铁路沿线民众有获得感。在推进铁路建设过程中，加强与缅甸铁路沿线的减贫合作，更多地培训使用当地劳工，在铁路沿线实施一些减贫合作示范项目，帮助沿线人民消除贫困，改善民生，让利给当地民众，使中国的发展成果和铁路项目更多更好地惠及缅甸普通民众，促使民众支持铁路建设和维护铁路运营安全。

---

① 中缅经济走廊联合委员会第一次会议在北京召开 [EB/OL].（2018-09-12）. http://www.gov.cn/xinwen/2018-09/12/content_5321276.htm.

4. 提升中国与越南铁路互联互通水平

越南是中国与东盟铁路互联互通建设中不可或缺的国家，要加快推进中越两国铁路互联互通建设。《越南铁路交通运输发展规划（2020—2030 年）》提出到 2020 年要集中投资升级改造现有铁路线，其中优先升级河内—胡志明市铁路交通线。研究建设一部分新的铁路对接泛亚铁路、老挝铁路。研究建设南北高速铁路交通网各种可行性方案和中越"两廊一圈"经济走廊铁路交通的投资计划方案。具体是：

对现有的河内至胡志明市长达 1726 千米的铁路进行升级，使客运列车速度达到 80 千米/小时～90 千米/小时，货运列车达到 50 千米/小时～60 千米/小时；升级改造河内安园—老街铁路（285 千米）；河内嘉林—海防（96 千米）；河内东英—太原冠朝（54.6 千米）；河内安园—谅山同登的铁路（156 千米）。该铁路线连接到凭祥铁路口岸。

新建安园—Phả Lại—下龙—盖麟（Cái Lân）铁路线（129 千米），延长线到芒街通往东兴、防城港。

研究南北高速铁路建设方案，建设轨距 1435mm 的高铁，优先建设河内和胡志明市到周边区域的铁路，如河内—荣市段铁路和胡志明市—芽庄段铁路。

研究建设老街—河内—海防段铁路线、河内—同登段铁路线、胡志明市—芹苴段铁路线、多农—真城（Chơn Thành）段铁路（67 千米）、易安（dĩ an）—禄宁段铁路线（长 128 千米）以贯通泛亚铁路，永昂港（Vũng Áng）—茶炉（木架）段铁路（67 千米）以贯通至木架口岸连接老挝铁路。

到 2030 年，建设高速铁路（首先修建时速 160~200 千米的铁路），轨距为 1435 毫米的电气化铁路线，铁路基础设施可满足将来修建 350 千米/小时高速铁路的需求，优先建设运输量大的南北铁路交通。

规划建设连接周边国家的铁路。研究建设 1435 毫米轨距的老街—海防段（380 千米）和河内—同登段（156 千米）的电气化铁路。

研究建设南定—太平—海防—广宁段（120 千米）和下龙—Mũi Chùa—芒街段（150 千米）沿海铁路和谅山—广宁（Mũi Chùa）段（95 千米）沿边铁路。其中胡志明市—河内—谅山同登铁路对接中国凭祥市铁路，通达南宁市。安园—老街铁路（285 千米）对接云南省河口县铁路，通往昆明市。

《越南铁路交通运输发展规划（2020—2030 年）（修订版）》提出"研究

高速铁路建设方案，建设 1435 毫米轨距高铁"，"全线开工建设河内安园—普赖（Phả Lại）—下龙—盖麟（Cái Lân）铁路（129 千米）"，"研究建设老街—河内—海防段铁路、河内—同登段铁路"，"研究建设沿海铁路交通线：南定—太平—海防—广宁段（120 千米）、下龙—美蹭（Mũi Chùa）—芒街段（150 千米）"，"研究建设谅山—广宁美蹭段（95 千米）、太原—宣光—安沛段（73 千米）。"越南规划的这些铁路线，都属于泛亚铁路通往中国的铁路。

越南是东盟国家中铁路发展规划比较完善的国家。对接好中越铁路发展规划是推进两国铁路互联互通建设的前提。我国《交通强国建设纲要》提出"以丝绸之路经济带六大国际经济合作走廊为主体，推进与周边国家铁路、公路、航道、油气管道等基础设施互联互通"，《中长期铁路网规划》提出"一带一路"国际铁路通道，其中"南宁—凭祥铁路扩能，规划建设靖西—龙邦、防城港—东兴铁路"3 条与越南规划的铁路通道互联互通（见表5–7）。

表5–7　中国与越南铁路通道推荐主要技术标准概况表

通道名称		区段	状态	主要技术标准	备注
中国至越南出境铁路通道	沿边铁路	防城港—崇左—靖西—文山—麻栗坡—河江	规划	120 千米/小时及以上，准轨，单线	
		麻栗坡—金平—江城	规划	120 千米/小时及以上，准轨，单线	
		江城—景洪—孟定清水河	规划	120 千米/小时及以上，准轨，单线	
		清水河—缅甸东枝—内比都—皎漂港		120 千米/小时及以上，准轨，单线	
	广西东通道	南宁—防城港市	既有	250 千米/小时，准轨，双线	
		防城港市—东兴	规划	250 千米/小时，准轨，双线	
		东兴/芒街—海防—河内	规划	200 千米/小时及以上，准轨，双线	
	广西中通道	南宁—凭祥（中长期铁路网规划）	既有	120 千米/小时，准轨，单线	
			规划	250 千米/小时，准轨，双线	在建
		凭祥—河内	既有	120 千米/小时，套轨，单线	
			规划	200 千米/小时及以上，准轨，双线	新增
	广西西通道	黄桶—百色	规划	120 千米/小时及以上，准轨，单线	
		百色—靖西	既有	120 千米/小时及以上，准轨，单线	
		靖西—龙邦	规划	120 千米/小时及以上，准轨，单线	
		龙邦—高平—太原	规划	120 千米/小时及以上，准轨，单线	
		太原—河内	既有	米轨，单线	

通道名称		区段	状态	主要技术标准	备注
中国至越南出境铁路通道	云南通道	昆明—蒙自—河口	既有	米轨已少用，准轨	泛亚铁路
		河口/老街—河内—海防	既有	米轨	
		文山—麻栗坡—河江—河内	规划	120千米/小时及以上，准轨，单线	
越南至东盟各国铁路通道	至老泰马新通道	河内—桑怒—万象	规划	200千米/小时及以上，准轨，双线	新增
		万象—曼谷	既有	米轨，单线	泛亚铁路规划
			规划	200千米/小时及以上，准轨，双线	
		曼谷—吉隆坡	既有	米轨，单线	
			规划	200千米/小时及以上，准轨，双线	
		吉隆坡—新加坡	既有	米轨，单线	
			规划	350千米/小时，准轨，双线	
	至缅甸通道	河内—琅勃拉邦—清迈	规划	160千米/小时及以上，准轨，双线	新增规划
		清迈—仰光—勃生港	规划	160千米/小时及以上，准轨，双线	
	至柬泰通道	河内—荣市—胡志明市	既有	米轨	泛亚铁路规划
			规划	200千米/小时及以上，准轨，双线	
		胡志明市—金边—曼谷	既有	米轨	

资料来源：中国中铁二院工程集团有限责任公司《崇左市铁路经济带发展规划研究》。

越南是中国中东部地区通往中南半岛经济走廊最便捷的陆路通道，越南已成为中国在东盟国家中最大的贸易伙伴。中国已经成为越南的第一大贸易伙伴和第一大国际旅游客源国。中越铁路互联互通将大大提高两国间客货运输效率，促进两国贸易和旅游发展。要加强中越两国的高层往来，共同管控好南海争端，鼓励民间外交和交流合作，培养两国人民的友好关系，不断增强两国人民之间的互信。同时，加强中越两国间的交通行业交流合作，积极向越南推介中国先进的铁路建设技术、铁路装备和运营管理经验。加强中越铁路互联互通规划合作，加快缺失路段且对两国和区域经济发展有利的铁路线建设，重点推动两国规划建设太原省—高平—茶岭/龙邦口岸，以及东兴/芒街—河内—老挝琅勃拉邦/万象—泰国清迈—缅甸勃生港/皎漂港铁路，共同构建北部湾到孟加拉湾最便捷的铁路通道。

5. 对接泰国铁路发展规划

泰国处于中南半岛的中心地带，是中国—东盟铁路互联互通系统的重要枢纽。泰国一直重视推进泛亚铁路网建设，其国内的铁路发展规划也是以对接泛亚铁路网和与周边国家铁路网互联互通为理念进行规划（见表5-8）。由于泰国的铁路是米轨铁路，建设年代久远，铁路技术系统陈旧，竞争力差，2016年，泰国铁路系统旅客运输量仅占全部交通旅客运输量的3.7%，货运量仅占1.0%，已经不适应当代交通物流快速高效的要求，急需对现有铁路系统进行升级改造。同时，泰国也规划发展现代化的高铁系统，出台了铁路升级改造规划，主要是建设米轨复线铁路，另外制定高速铁路发展规划。但是，从目前建设进程来看，这些规划都难以按时完成。

表5-8　泰国铁路网规划线路表

序号	铁路线	里程（千米）	工程概算（百万泰铢）	备注
	近期计划	1181.5	816647	
1	曼谷—芭堤雅—罗勇（Rayong）	193.5	152448	PPP
2	曼谷—呵叻府（Nakhonratchasima）	253	179413	SOE
3	曼谷—彭世洛（Phitsanulok）	380	276225	—
4	呵叻府—廊开（Nongkhai）接老挝万象	355	208561	—
	中期计划	499	308678	
1	曼谷—华欣（Hua Hin）	211	94673	PPP
2	彭世洛—清迈（Chiangmai）	288	214005	
	长期计划	759	432329	
1	华欣—素叻他尼（Suratthani）	424	235162	
2	素叻他尼—巴东勿刹（Padang Besar）	225	197167	

资料来源：Railway development and long term plan in Thailand.

泰国还缺乏建设和运营高速铁路的经验，其铁路建设仍然比较依赖国外技术。目前，规划建设的高速铁路项目重点依靠日本和中国的技术合作。2013年年初，泰国批准了一项耗资2万亿泰铢用于兴建水、陆、空交通基础设施的投资计划，其中铁路方面主要建设4条高铁：曼谷—清迈、曼谷—呵叻府、曼谷—华欣、曼谷—芭堤雅—罗勇高速铁路，并最终与中国、老挝和马来西亚等国的铁路连接。

日本积极在泰国开展铁路外交攻势，其在泰国的长期投资在铁路建设领域也取得很大的成果。泰国与日本还制定了一个泰日铁路双边合作计划。

泰国和马来西亚也计划在两国之间建设高速铁路。泰马高铁又称"隆曼高铁",是连接泰国首都曼谷至马来西亚首都吉隆坡的高铁。目前在既有铁道线上低速运行列车。隆曼高铁全长 1500 千米,超过一半的铁路在泰国境内,改造后最高时速可达 250 千米,从吉隆坡到曼谷只需 5~6 个小时。连接新隆铁路后可直达新加坡,高铁将纵贯马来半岛;向北连接中泰铁路,可直达中国昆明。

马新高速铁路又称"新隆高铁"。2010 年马来西亚政府公布的马来西亚经济转型执行方案(ETP),其中第三启动计划(EPP3)就是建造一条连接大吉隆坡和新加坡的高速铁路,将往返吉隆坡和新加坡的时间大幅降至 90 分钟。2013 年 2 月,马来西亚与新加坡领导人在马新领袖第四次双边会谈期间达成建设吉隆坡直通新加坡的高速铁路的初步协议。2016 年 7 月 19 日,马来西亚和新加坡代表签署马新高速铁路的合作谅解备忘录。根据规划,新隆高铁全长约 350 千米,其中 335 千米在马来西亚境内。项目将采用标准轨距,双轨道运行,设计时速 350 千米,全线设有 8 个车站,项目总耗资约 120 亿美元。铁路从吉隆坡出发,通过穿越柔佛海峡的海底隧道,直达新加坡裕廊东的终点站,原预计在 2018 年年初动工,2027 年竣工通车。自新马宣布启动新马高铁计划以来,中国、日本、韩国和欧洲等国的企业都表明有意竞标。但是,2018 年 5 月,新当选的马来西亚首相马哈蒂尔表示,马来西亚将退出新马高铁项目。2021 年 1 月 1 日,两国发表联合声明,宣布取消连接吉隆坡与新加坡的高速铁路项目,原因是双方未能在截止日期前就项目改动达成一致。新马高铁建设再遭变数。

中国在泰国的铁路建设中可以发挥自己的优势和作用。一是积极参与泰国现有铁路的升级改造,向泰国提供中国的铁路改造经验,虽然中国已经极少运营米轨铁路,但是可以向泰国提供米轨动车组,协助泰国按照米轨动车组运行的技术要求改造米轨铁路。中国在帮助马来西亚改造米轨铁路并运行米轨动车组已经取得了丰富的经验。二是开展高铁建设技术合作,虽然中日在泰国高铁建设市场竞争激烈,但是,中日在高铁建设技术方面各有优势,中国要重点对通往中国的高速铁路线进行投资合作,将其建设成为高铁合作示范项目,对于其他铁路线项目可以开展铁路工程承包,也可以与日本进行第三方市场合作。三是加强高铁技术人才培训合作,利用中国的大学帮助泰国培训高铁人才,适当时候,在泰国合作建设培训机构,或在泰国的大学合作设置高铁建设和运营等专业,促进中国高铁技术标准、高铁装备等技术在泰国扎根成长。

（三）合作构建中国—东盟亚欧铁路运输网络

在泛亚铁路网的基础上，推进东盟—中国—欧洲铁路运输网络建设。大多数东盟国家虽然是海洋国家，但是，通过海运到中亚、中东欧、北欧并不方便，海运距离长。对于高附加值货物和一些不适合长时间海运的商品，如果通过中欧班列走中国—中亚/俄罗斯—欧洲铁路网络，不失为东盟国家到欧洲更快捷的国际物流通道。

建设中国—东盟亚欧铁路运输网络可在《中欧班列建设发展规划（2016—2020年）》的基础上，推进东盟国家与中欧班列的对接，重点开通胡志明市—河内—南宁—重庆—乌鲁木齐—阿拉山口/霍尔果斯—哈萨克斯坦—莫斯科—圣彼得堡亚欧货运班列，将来中老泰铁路通车以后，合作开通曼谷—万象—昆明—成都—乌鲁木齐—阿拉山口/霍尔果斯—哈萨克斯坦—莫斯科—芬兰赫尔辛基、吉隆坡—曼谷—万象—昆明—成都—乌鲁木齐—阿拉山口/霍尔果斯—哈萨克斯坦—白俄罗斯—波兰—德国法兰克福、曼谷—万象—昆明—成都—乌鲁木齐—阿拉山口/霍尔果斯—哈萨克斯坦/中亚—中东欧国家等亚欧货运班列。

同时，开拓东盟—中国—欧洲海铁联运线路，重点开通新加坡/吉隆坡/雅加达—北部湾港/广州港—重庆—乌鲁木齐—阿拉山口/霍尔果斯—哈萨克斯坦—莫斯科亚欧货运班列、马尼拉—广州港—重庆—乌鲁木齐—阿拉山口/霍尔果斯—哈萨克斯坦/中亚—中东欧国家等亚欧货运班列，形成中国—东盟亚欧铁路运输网络。

（四）合作建设完善中国—东盟铁路互联互通系统策略

东盟国家的铁路项目众多，中国企业应重点聚焦于中国与东盟国家铁路互联互通的铁路项目建设。

1. 优先联通各国铁路之间的缺失路段，解决"路通"的问题

泛亚铁路是一个贯通欧亚大陆的铁路网络。2006年11月10日，亚洲18个国家的代表于韩国釜山正式签署《亚洲铁路网政府间协定》。泛亚铁路是中国与东盟国家铁路互联互通的基础。1995年12月第5次东盟首脑会议提出了新加坡—昆明铁路旗舰项目，计划到2015年完成。新加坡—昆明铁路有数条线路，穿越了新加坡—马来西亚—泰国—柬埔寨—越南—中国（昆明），其中包括泰国—缅甸支线和泰国—老挝支线，最终都联通昆明。中国政府十分重视泛

亚铁路建设，按照中国的《中长期铁路网规划》，2020年前将有3条中国通向东南亚的高铁线路建成通车。虽然没有按计划完成，但是，铁路正在建设中。

完善泛亚铁路缺失路段是在中国与东盟国家原有铁路的基础上将各国的铁路联成网络，是双边铁路互联互通最基础的工作。由于这些路段都在经济技术相对落后的柬埔寨、老挝、缅甸和越南，东盟原计划完成缺失路段建设都没有按时完成。这些缺失路段既是中国—东盟铁路互联互通不可或缺的部分，也是"一带一路"倡议的中国—中南半岛经济走廊重要的交通走廊。要推动东盟对柬埔寨、老挝、缅甸和越南给予铁路建设资金和技术援助，同时，也要争取东盟对话伙伴国和其他国际组织提供帮助，合作加快推进新加坡—昆明铁路建设。中国可发挥自己在铁路建设方面的技术、人才等方面的优势，力所能及地帮助东盟国家加快铁路基础设施建设。2010年6月，根据缅甸联邦政府的需要，中国和缅甸签署了《中华人民共和国政府援助缅甸铁路木姐—腊戌段可行性研究和腊戌—曼德勒—皎漂段预可行性研究项目换文》，中国政府同意承担缅甸铁路木姐—腊戌段可行性研究和腊戌—曼德勒—皎漂段预可行性研究报告的编制工作。中国铁路建设股份有限公司已经帮助柬埔寨评估柬埔寨铁路系统，以便合作改善柬埔寨铁路系统，中国的公司也在帮助缅甸、越南开展升级改造研究工作。目前，关键问题是解决泛亚铁路建设的资金短缺问题，各国要加强合作，做好缺失路段可行性研究、项目策划、国际金融机构需要的融资材料等方面的准备工作，合作同步向亚行、亚投行等国际金融机构申报融资报告，争取各缺失路段同步建设，同步发挥作用。

2. 加快建设中国—东盟干线铁路，推动铁路互联互通高质量发展

中国—东盟干线铁路是连接中国和东盟国家的客货快速铁路，是铁路互联互通高质量发展的支撑，也是中国与东盟交通互联互通的战略性合作重点项目。鉴于东盟国家绝大部分铁路是老旧的米轨铁路，很难提高列车速度，建议建设若干连接中国与中南半岛国家之间的干线准轨铁路，通过高速铁路或普通铁路，中国与东盟国家才能更加方便快捷密切地开展货物运输、人员往来。通过研究，中国—东盟干线铁路网络主要由"两横两纵"的快速铁路通道组成：两横包括"上海—长沙—贵阳—昆明—瑞丽—缅甸曼德勒—皎漂港铁路"和"广州/深圳—茂名—钦州—防城港—越南下龙湾—河内—老挝琅勃拉邦/万象—泰国清迈—缅甸仰光—勃生港"两条中国直达印度洋出海口的快速铁路通道；两纵包括"昆明—万象—曼谷—吉隆坡—新加坡"铁路和西部陆海贸易新通道两条干线铁路。

上海—长沙—贵阳—昆明—瑞丽—曼德勒—皎漂港快速铁路。缅甸不仅是中国连接东南亚和南亚的交通要道，还是沟通"孟中印缅经济走廊"的贸易走廊，是"一带一路"陆路沟通太平洋与印度洋的关键一段。按照规划，中缅国际铁路起点为中国昆明市，终点为缅甸最大城市仰光。昆明至仰光铁路全长约 1920 千米，中国境内段昆明至瑞丽铁路全长 690 千米。建议中缅铁路以上海为起点，之所以从上海为起点，一是上海港位于太平洋西岸，皎漂港处于印度洋东岸，这样，通过铁路可以将太平洋和印度洋连接起来，形成连接两洋的铁路干线，长三角的客货可以通过铁路干线快速到达皎漂港，再通过皎漂港海运航线运输到南亚、中东乃至非洲、地中海地区，反之亦然；二是发达的长三角经济可以通过铁路干线辐射到西南地区和缅甸相对欠发达地区，一旦建立铁路沿线合作机制，长三角的一些产业可以沿铁路线进行产业转移，促进沿线地区的经济发展。目前，中国境内的铁路线仅有 340 千米的大理—保山—瑞丽正在修建，其他路段已经建成通车。缅甸境内，中缅双方合作正在勘探设计筹建，要依托中缅经济走廊联委会机制，推动缅甸加快缅甸境内段的铁路建设，力争尽快早日通车。

广州/深圳—茂名—防城港—越南河内—老挝琅勃拉邦/万象—泰国清迈—缅甸仰光—勃生港/皎漂港快速铁路。这条铁路干线的特点就是将粤港澳大湾区经北部湾至孟加拉湾沿线的海港串联起来，并形成中国从太平洋到印度洋距离最短的铁路通道。一是铁路干线将中国的香港港、深圳港、广州港、东莞港、珠海港、茂名港、湛江港、北海港、钦州港、防城港和越南的海防港、河内港，以及缅甸的仰光港、勃生港/皎漂港连接起来，形成一线连多港、横跨两大洋的铁路干线，促进沿线港口之间的互动和合作，加快沿线的国际物流效率；二是发达的粤港澳大湾区经济将通过铁路干线辐射到沿线欠发达地区，促进沿线生产要素、经济要素和人员的流动，带动沿线地区的经济发展。目前，中国境内的防城港—东兴正在建设，其他路段已经建成时速 200 千米以上的高速铁路。这条铁路对沿线各国的贸易、旅游和经贸合作都十分有利，建议在 GMS 和澜湄合作机制的框架下加快沿线铁路规划和建设合作，尽早建成时速 200 千米以上的高速铁路，造福沿线国家。

同时，在这条横跨两大洋的铁路线上，以防城港为起点建设一条连接缅甸港口的沿边铁路，沿防城港—崇左—靖西—那坡—富宁—麻栗坡—金平—江城—

景洪—中缅清水河口岸—内比都—皎漂港建设铁路，将中国西南沿边地区与缅甸的港口连接起来，形成中国第二条沟通太平洋到印度洋铁路通道，将大大促进沿边地区的开发开放合作，达到兴边富民和稳边固边的作用。

建设昆明—万象—曼谷—吉隆坡—新加坡快速铁路。这是泛亚铁路网的SKRL的主线，也是东盟国家力推的中南半岛到中国西南地区的铁路干线。2017年年底，泰国已开工建设曼谷—呵叻府的高铁，预计要到2023年建成通车。中老两国正在合作修建昆明至万象铁路线，预计2021年建成，最高时速为160千米，可以满足未来一段时间的客货运输需要。从长期来说，还要提速到时速200千米以上，以衔接泰国廊开—曼谷—吉隆坡—新加坡高铁的技术标准。建议在昆明—万象—曼谷快速铁路的基础上，建设一条从呵叻府到泰国罗勇的高速铁路，同时，从泰国孔敬或呵叻府建设一条直达柬埔寨西哈努克港的快速铁路，成为昆明—万象—孔敬/呵叻府—柬埔寨暹粒—金边—西哈努克港的柬埔寨快速铁路，并形成昆明—万象—泰国罗勇/柬埔寨西哈努克港两条昆明到泰国湾的快速铁路通道。

未来，这一方向的铁路线还可以增建重庆—贵阳—昆明—景洪—打洛—景栋—清莱—曼谷—吉隆坡—新加坡和成都—重庆—昆明—瑞丽—腊戍—仰光—耶城—三塔山口—曼谷—吉隆坡—新加坡两条铁路新通道。

建设完善西部陆海贸易新通道铁路系统。《西部陆海新通道总体规划》的目的就是建设"北接丝绸之路经济带，南连21世纪海上丝绸之路"的西部陆海贸易新通道，其中，海铁联运将在新通道中发挥最重要的作用。因此，要加强建设完善港口与"桂新欧""粤新欧""郑新欧""渝新欧""汉新欧""蓉新欧"等国际班列之间铁路网络，开通或衔接更多东盟—广西/广东—西南中南—中亚—俄罗斯—欧洲国家的跨境海铁联运物流线路，重点提升广西北部湾港为始发港的"桂新欧"海铁联运辐射效应。

西部陆海贸易新通道还可以走经云南陆路口岸和广西陆路口岸两条通道。结合泛亚铁路相关线路建设进展以及中国（广西）至东盟通道规划方案，研究比较广西和云南省同中南半岛国家的铁路互联互通情况（见表5-9），以利于贸易新通道的分工合作。

表5-9　中国—东盟主要通道铁路主要节点运距比较表　　（单位：千米）

通道名称		南宁	昆明	贵阳	长沙	成都	郑州	广州
经云南口岸出境	内比都	2247	1419	2057	3006	2552	3904	3056
	万象	1861	1033	1671	2620	2166	3518	2670
	河内	1524	696	1334	2283	1829	3181	2333
经广西口岸出境	内比都	2322	3150	3138	3320	4131	4218	3131
	万象	1097	1925	1913	2095	2906	2993	1906
	河内	352	1180	1168	1350	2161	2248	1161

注：广西以从凭祥口岸出境测算，云南以从瑞丽口岸出境测算。
资料来源：中铁二院工程集团有限责任公司《崇左市铁路经济带发展规划研究》。

从表5-9可见，中国铁路对接东盟通道可分别从广西、云南两地口岸出境，通过铁路货运径路对比分析，可看出广西东盟通道主要服务中国大部分地区同越南间，以及西南、西北部分地区同泰国、新加坡、马来西亚的交流；云南东盟通道主要服务中国大部分地区同缅甸间，以及西南、西北部分地区同泰国、新加坡、马来西亚的交流。

可见，经云南口岸的铁路通道重点服务中缅、中老和中泰间陆路客货交流，经广西的铁路通道侧重于中越间客货交流以及中国与东盟海洋国家的海铁联运，而广西的铁路通道又有多条中越铁路通道和经广西北部湾港的海铁联运通道（见表5-10），不同的铁路通道具有各自的优势和服务范围。

表5-10　中国（广西）至东盟铁路通道一览表

	名称	径路	长度（千米）	备注
中国（广西）至越南通道	西通道	百色—龙邦—高平—河内	360	矿产资源开发通道
	中通道	南宁—凭祥—河内	352	广西到东盟主通道
	东通道	南宁—东兴—海防—河内	478	旅游客运通道
广西经越南至其他东盟国家通道	至老泰马新通道	河内—荣市—万象—曼谷—吉隆坡—新加坡	2862	万象—新加坡段为泛亚铁路通道
	至柬泰通道	河内—荣市—胡志明市—金边—曼谷	2020	泛亚铁路通道
	至老泰缅通道	河内—琅勃拉邦—清迈—仰光—勃生港	1310	中国太平洋至印度洋通道

注：未含共用段长度。

由于经南宁—凭祥—河内铁路陆运通道和经钦州港的海铁联运通道在运输路径和运输方式方面均存在较大差异，国内以重庆作为运输起点，国外选取河内、海防、万象、曼谷和新加坡作为运输终点，分别测算采用铁路通道和海铁联运通道经各路径的运距和时间（见表 5-11）。

表 5-11　西部陆海新通道陆路通道与海铁联运通道运距及时间比较表

起止点		距离		时间（天）			时间更优
陆运（千米）		海运（海里）	陆运	海运	陆运	合计	
重庆—河内	铁—海	1252	151	4.3	3	7.3	
	铁路	1560		5.1		5.1	√
重庆—海防	铁—海	1140	151	1.6	3	4.6	√
	铁路	1672		5.9		5.9	
重庆—万象	铁—海	2072	151	8.4	3	11.4	
	铁路	2380		9.2		9.2	√
重庆—曼谷	铁—海	1420	1450	7.9	4	11.9	√
	铁路	2985		13.4		13.4	
重庆—新加坡	铁—海	1380	1279	8.8	4	12.8	√
	铁路	4755		16.4		16.4	

注：包含铁路编组、货物换装、装卸等时间。
资料来源：中铁二院工程集团有限责任公司《崇左市铁路经济带发展规划研究》。

从表 5-11 可以看出，经凭祥陆路铁路通道在服务河内、万象以及泰国中北部等内陆地区上运输时间具有优势，而经钦州的铁海联运通道在服务海防、曼谷、新加坡等近海地区上运输时间具有优势。因此，海铁联运较适宜于大批量、对时效性要求不高的货物运输，如矿物燃料、矿物油及粮食等大宗产品；铁路陆运通道适用于对时效性要求较高的高附加值国际货物或轻快国际货物，如水果、高新技术产品、电子产品、日用百货以及仪器及设备等以及跨境电商物流。

根据西部陆海贸易新通道的发展趋势，重点在广西布局铁路通道建设，总体上形成中国至越南东、中、西三条通道，以及越南至老泰马新、至柬泰以及至老泰缅三条通道。针对这一特点，建议进一步建设完善西部陆海贸易新通道铁路系统。

一是升级改造昆明—河口/越南老街—河内—海防港铁路。这条铁路也是西南地区的跨国出海通道。目前，昆明—河口的铁路线已经新建了一条准轨铁路，仅在越南的老街—河内—海防还是米轨铁路，越南已委托中方编制该段铁路的升级改造规划，建议将这段铁路增加准轨铁路，或者在米轨铁路的基础上增加准轨线，改造为套轨铁路。

二是建设重庆—贵阳—百色—龙邦/茶岭口岸—越南高平—太原—河内铁

路。中越对建设这条铁路已有共识，中越双方为此曾在重庆市会晤磋商，探讨建设这条铁路的初步设想。这条通道经过矿产资源富集区，可定位为矿产资源开发通道，以货运为主，兼顾沿线少量客运，国内段可采用 120 千米 / 小时单线标准，越南段采用该标准贯通。根据《国家铁路中长期规划》，拟在"十四五"期间建设黄桶—百色铁路，以及靖西至龙邦口岸的铁路，届时中国境内重庆—百色—龙邦口岸铁路列车就不必再走枝柳线而大大缩短，仅有越南茶岭口岸—高平—太原 150 千米铁路线尚待建设。同时，升级改造太原—河内铁路。中越可合作争取亚投行融资支持这段铁路建设，届时将形成中国西部地区到越南最便捷的快速铁路通道。

三是建设广西南宁—越南河内—老挝万象高速铁路。这条通道，中国境内段既有普速准轨与规划的城际铁路，城际铁路满足城际以及跨境快速客运需求，既有准轨承担通道货运需求以及沿线少量旅客运输。越南段既有米轨（套轨）维持不变，承担货运物资的调运。鉴于昆明—磨憨 / 磨丁—万象仅是最高运行时速为 160 公里的快速铁路，与泰国高速铁路网不匹配，建议在南宁—崇左—凭祥城际铁路的基础上修建南宁—河内—万象的高速铁路，作为中国（广西）至东盟通道的主通道，采用高标准客运专线模式。这条客专铁路既可以接入中国的高铁系统，也可以在河内对接越南的高铁系统，又可以通过万象—泰国廊开接入泰国的高铁系统，进而接入马来西亚和新加坡高铁系统，成为中国—东盟互联互通的高铁网络系统，形成中国中东部地区进出中南半岛国家最便捷的高铁通道。

四是推进南宁—下龙湾—河内铁路旅游通道建设。防城港市是广西主要的滨海旅游城市。下龙湾、海防是越南入境游的重要旅游目的地，高速铁路将提升旅游出行品质。根据规划，境内段南宁—防城港市—东兴市采用 250 千米 / 小时高铁标准建设。目前，南宁—防城港市已经建成通车，防城港市—东兴口岸正在建设之中。越南规划芒街—下龙湾—海防—河内段拟采用 160 千米 / 小时模式，同时，正在升级改造海防—河内段的原有铁路，接河内—老街—河口—昆明铁路成为越南北部和云南省的出海铁路通道。

五是完善兰州—西安 / 成都—重庆—贵阳—南宁—钦州—广西北部湾港铁路通道。课题组 2018 年 6 月在南宁铁路局调研时了解到，目前，这条铁路线虽然通车，但是运能仍然受到制约，主要是贵阳—柳州段铁路、湘桂铁路南宁—

凭祥段等级低，运能小。列车通关也不便利，货车通关时间一般需要 4~5 天，长的需要 20 天，因此，要重点升级改造贵阳—柳州段铁路、湘桂铁路南宁—凭祥段，增建贵阳—柳州段铁路二线，建设完善铁路到钦州港、铁山港等港口"最后一千米"的疏港铁路以及沿线铁路到重大物流园、工业区的支线铁路。同时，加快扩建凭祥铁路新货场和南宁南站货场，增设南宁南站货场海关。

六是合作推进境外铁路通道建设。重点推进越南至老泰马新通道的河内—万象准轨铁路建设，既有线万象—曼谷—吉隆坡—新加坡段米轨铁路继续保留，米轨铁路主要承担货运，规划的双线准轨以客为主兼顾区际货运。新建越南至柬泰铁路通道，河内—胡志明段既有米轨维持现状，新建胡志明—金边缺失路段，维持既有米轨标准；规划建设河内—胡志明高铁，建议全线采用 250 千米 / 小时及以上标准。新建越南经老挝至缅甸铁路通道，建议以琅勃拉邦为中转节点，规划河内—老挝琅勃拉邦—泰国清迈—缅甸仰光—勃生港段铁路，采用 160 千米 / 小时客货共线标准，与河内—下龙湾—芒街 / 东兴连接成网。

三、完善中国和东盟国家的水运互联互通建设

水运是中国与东盟贸易和产业合作的基础，也是双边货物贸易的主流运输方式，因此，要加强双边水运互联互通及其港口物流便利化。

（一）港口建设：完善中国和东盟国家的港口基础设施

目前，中国与东盟领导人就基础设施互联互通建设有了统一共识，为此，设立了专门用于基础设施保障的互联互通委员会，这对于促进双边水运互联互通合作、增强区域竞争力发挥重要作用。港口建设规划方面，中国与东盟国家着重规划建设几个枢纽港口群进行海上互联互通对接，中国重点建设北部湾港口群、粤港澳大湾区港口群、长三角港口群、京津冀港口群和渤海湾港口群的核心枢纽港。东盟重点建设菲律宾马尼拉港口群、以雅加达港为中心的印尼爪哇岛港口群、马来西亚的巴生港—马六甲港口群、缅甸的仰光港、勃生港和皎漂港、新加坡港口群、泰国林班查港和曼谷港、越南北部湾港口群和湄公河三角洲港口群的核心枢纽港。

鉴于环渤海的天津港、大连港，长三角的上海港、宁波舟山港，珠三角的深圳港、广州港的港口基础设施已经比较完善，而西南港口群的广西北部湾港、

湛江港和海口港的基础设施仍然很薄弱。《西部陆海新通道总体规划》指出要"提升北部湾港在全国沿海港口布局中的地位，打造西部陆海新通道国际门户"，必须加快建设完善作为西部陆海贸易新通道枢纽港的广西北部湾港建设。

西部陆海贸易新通道是强化中国尤其是中国西部地区与东盟国家贸易合作的主通道，是中国与东盟国家构建"一带一路"有机衔接的重大项目。广西北部湾港作为贸易新通道的枢纽港、国际门户，是新通道海铁联运的重要节点。截至 2018 年 12 月 31 日，北部湾港拥有内、外贸航线 42 条，外贸航线 24 条，[①]基本实现了东南亚地区主要港口全覆盖，但北部湾港仍然以东盟和东北亚近洋航线为主，到欧美以及地中海地区的远洋航线至今还是空白，货物还要到香港和新加坡中转，由于广西北部湾港口航线覆盖面小、班轮密度低，难以满足客户定时、定班、快捷的需求，仍然存在广西货不走广西北部湾港现象。针对目前广西北部湾港的综合交通基础设施还不完善，满足不了新通道快速发展的物流需求，要加快广西北部湾港综合交通基础设施建设，尤其是完善多式联运设施建设。

一是加快港口基础设施建设，打造广西北部湾国际门户港。积极推进深水航道、公用锚地和港口物流基础设施建设，重点加快建设北部湾集装箱干线港，加大钦州港区 20 万吨级集装箱航道及码头、大榄坪南 9—11# 自动化集装箱泊位、30 万吨级油码头，防城港港 30 万吨级码头、北海铁山港东港区及西港区泊位等项目建设。加快建设钦州港域 10 万吨级集装箱双向航道、30 万吨级航道、防城港企沙南 30 万吨级进港航道、北海铁山港区液化天然气（LNG）大型专业锚地等项目，不断完善北部湾港水上支持保障系统。大力推进公共码头和深水泊位建设，重点规划建设防城港企沙南作业区、北海铁山港西港区啄罗作业区、钦州港大榄坪作业区等公共码头连片开发区，推进防城港渔澫港区等老港区码头专业化改造升级，提高现有码头泊位的综合通过能力。

二是完善港口配套设施建设，高标准建设疏港通道体系。按照无缝化衔接标准，升级改造南宁—防城港铁路项目，加强钦州港、铁山港与后方腹地的进港铁路专用线、公路、站场建设，着重解决疏港铁路"最后一千米"，建设钦

---

① 北部湾港 2018 年年报发布，参与"陆海新通道"运营实现吞吐量增长 [EB/OL]. （2019–04–26）. http://www.sofreight.com/news_33612.html.

州港东站铁路集装箱中心站、钦州港东站货场扩建二期等大型综合站场、钦州港火车站扩能改造、南钦铁路电气化改造等项目、钦港线与钦州港至大榄坪支线间联络线、钦州保税港区东卡口一期和铁路货场至码头疏港铁路等海铁联运节点项目，规划建设平陆运河以沟通西江水系和广西北部湾港，打通河海运输通道，以及建设国际陆海贸易新通道物流基地、国际冷链中心等港口配套项目。

三是完善港口多式联运物流体系建设。围绕完善国际陆海贸易新通道港航物流服务链，优化新通道沿线物流节点空间布局，建设便利化的港口物流通关体系，推进广西与中西部地区建立区域性跨境物流体系，沿线节点城市合作建立"无水港"，加强广西北部湾港与兰州铁路集装箱中心站、成都天府国际机场空港铁路货站、成都龙泉驿铁路货站、重庆团结村集装箱中心站、重庆鱼嘴铁路货运站、昆明南亚国际陆港物流园区、贵阳改貌铁路货运中心、南宁南集装箱办理站、钦州港东站铁路集装箱办理站等公铁联运园区合作，建设以北部湾港为龙头的无水港群及物流网络。依托北部湾港建立国际陆海多式联运物流中心，多式联运一体化试点。建立中国—东盟线上线下物流信息平台，引进国内外大型物流企业，培育多式联运龙头企业，加快现代物流业发展。在钦州建立大宗商品交易市场，强化港口货物的集散功能。加密覆盖新加坡等东盟国家主要港口的集装箱直航航线，与东盟国家合作培育至欧美、非洲等远洋航线，发展国际中转集拼业务，尽快开通东盟—中欧集装箱班列。

四是进一步优化营商环境。从各方面服务国际陆海贸易新通道建设，加快北部湾港的货物通关效率，推进广西与中西部地区建立区域性通关一体化体系，在实现国际贸易"单一窗口"标准版全覆盖、地方版覆盖沿海和陆路口岸"大通关"的基础上，加快推进中越、中马"两国一检"通关新模式，进一步优化通关流程，简化通关手续，降低通关时间。加快完善广西电子口岸公共信息平台，逐步实现与中西部地区重点口岸、东盟区域口岸及物流信息网络互联互通。降低集装箱进出口环节合规成本，推动实施多式联运"一票制、一口价"服务模式，切实降低加工贸易企业的物流成本。推动在北部湾设立国际海事法庭、国际海事仲裁等机构，加强北部湾海域水上交通安全监管和求助系统建设，提升北部湾港口群的综合服务功能。

（二）航线对接：构建中国—东盟水运互联互通网络

港口是互联互通的基础，更重要的是加强中国与东盟国家港口之间海运航线航班对接，推动双边港口间开辟更多的航线，提高水运互联互通的时效性。

1. 建立中国—东盟港口航运联盟

目前，港口联盟已成为世界海洋运输业发展的趋势，国际航运巨头通过联盟，可以及时根据世界物流发展流向及时调整航线航班，形成联盟内部更加合理的航线结构。自2017年4月1日开始，世界集装箱格局发生重大变化，十家船运公司重组为三大联盟：马士基、地中海组成2M联盟，达飞轮船、中远海运、长荣和东方海外组成OA联盟，阳明、赫伯罗特、日本邮船、商船三井和川崎汽船组成THE联盟。新联盟重组以后，即进行船型和航线调整。针对新联盟航线调整带来的新问题，中国与东盟国家要加强海运及海运信息合作，及时掌握国际海运新动态，与船公司密切沟通，根据船舶调整后的积载特点，对接国际海运干线，做好场地收箱、船舶配载，确保船舶作业高效顺畅。

依托中国—东盟港口城市合作网络，推进中国与东盟港口城市在相互通航、港口建设、临港产业、国际贸易、文化旅游等方面的交流与合作，同时，不断增加中国—东盟港口城市合作网络的成员，利用中国—东盟港口物流信息中心平台和中国—东盟港口城市合作网络机制，组建中国—东盟海运联盟，将双边有实力的远洋海运公司组成联盟，结合中国—东盟港口城市网络，组成"港口＋船公司"联盟模式，推动中国与东盟国家合作组建航运公司，通过船公司将区域内的港口与区域内国际门户港、国际航运中心港口对接起来，再由国际门户港、国际航运中心港口开通洲际航线，形成中国—东盟港口与海运航线网络，这样，就可以发挥各港口的功能和积极性，更好地服务中国与东盟的对外贸易需要。

2. 加强中国与东盟枢纽港之间的航线合作

目前随着世界经济重心的东移，亚洲经济发展形势大好，各国之间经贸联系密切，亚洲连接世界各大洲的航线最多，港口吞吐量快速增长。中国的港口（含高雄港和香港港），以及东盟国家的新加坡、马来西亚、印度尼西亚、泰国、菲律宾和越南共有24个港口位列世界前50大港口，上述这些东盟国家与中国的贸易总额占东盟与中国贸易总额的90%以上。这些港口也是中国与东盟国家开展海运互联互通的主力港口。中国与东盟国家海运互联互通的重点是中国的港口与这些东盟国家的港口之间的对接。环渤海地区以天津港、唐山港、大连港和青岛港等，长三角以上海港、宁波舟山港等，东南沿海以厦门港，珠三角以深圳港、广州港，北部湾以广西北部湾港、湛江港、海口港为枢纽港，分别与东盟国家的新加坡港、马来西亚巴生港、印尼雅加达港、菲律宾马尼拉港、泰国林查班港、越南盖梅港和胡志明港开展点对点航线对接，形成中国—东盟海洋干线物流网络。

因此，在中国—东盟海洋物流网络的基础上，探索与东盟国家合开拓到欧美、非洲以及地中海地区的远洋航线，开展洲际海运合作，互送货源，逐步构建以环渤海港口群、长三角港口群、珠三角港口群、北部湾港口群为始发港，挂靠东盟国家枢纽港的洲际远洋航行，并以新加坡港、巴生港、雅加达港、马尼拉港等为中转港，集散来自中国的集装箱，再中转到周边的东盟国家或以新加坡港、巴生港、雅加达港为始发港的洲际航线中，构成中国—新加坡港/巴生港—南亚/中东地区/非洲/欧洲、中国—雅加达港—大洋洲、东盟港口—深圳港/广州港/香港港—美洲等中国—东盟洲际航线网络。

（三）邮轮旅游：构建中国—东盟海洋旅游合作新增长点

近十年来，中国邮轮旅游快速发展，"邮轮热"正在全国各地迅速地扩散。按照国际邮轮产业发展的经验，通常当人均GDP达到6000~8000美元时，邮轮旅游消费需求将迅速增加，邮轮产业会快速发展。2014年中国人均GDP约为7485美元（约合人民币46531元），照此标准，中国已经进入邮轮旅游的新时代。

1. 加快完善中国邮轮港口建设

目前，中国正在使用的邮轮港口有15家，其中邮轮专用码头8家，分别是上海吴淞口国际邮轮港、上海港国际客运中心、天津国际邮轮母港、青岛邮轮母港、深圳招商蛇口国际邮轮母港、三亚凤凰岛国际邮轮港、舟山群岛国际邮轮港、厦门国际邮轮中心。正在规划建设的邮轮港口有6个，其中有4个母港。中国沿海城市积极规划建设邮轮码头，一些滨海港口城市已经建成和正在规划建设邮轮港口（见表5-12）。目前，中国已经形成长三角、环渤海、珠三角、海峡西岸、北部湾邮轮港口群，游轮业已经成为旅游业的重要新兴产业。

但是，中国大多数邮轮港口的基础设施尤其是配套设施还不够完善，有些港口还用货运码头临时改造而成，口岸基础设施落后；邮轮旅游航线单一，邮轮旅游大多集中于长三角，航线以中日韩航线为主，东南亚邮轮旅游航线少，大多集中在越南和菲律宾航线；邮轮专业人才包括邮轮建造人才、邮轮管理人才和服务人才匮乏；各地的邮轮旅游政策不一样，政策瓶颈制约邮轮旅游发展；邮轮旅游服务标准还没有跟国际标准接轨。

表5-12　中国已经建成和规划建设的邮轮港口

已经运营的邮轮港口	规划建设中邮轮港口
上海吴淞口国际邮轮港	
上海港国际客运中心	
天津国际邮轮母港	
大连国际邮轮中心	大连国际邮轮
青岛邮轮母港	
烟台港	烟台国际邮轮母港
舟山群岛国际邮轮港	
温州国际邮轮港	
厦门国际邮轮中心	厦门国际邮轮母港
深圳招商蛇口国际邮轮母港	
广州港国际邮轮母港	广州南沙邮轮母港
三亚凤凰岛国际邮轮港	
海口秀英港	海口南海明珠国际邮轮港
防城港港	
北海港	北海国际邮轮港

资料来源：根据有关资料整理。

　　根据邮轮港口的区位优势，中国与东盟的邮轮旅游合作重点以南海北岸的珠三角和北部湾邮轮港口群为主。广东省、海南省、广西壮族自治区和福建省都已经建设和运营了邮轮码头，这是中国与东盟国家开展邮轮旅游合作的重点区域。海南省已建成三亚国际邮轮母港，广东省已经规划建设南沙和深圳邮轮港口，作为中国少数民族地区唯一能够建设邮轮港口的自治区，广西也建成了防城港马鞍岭邮轮码头和北海石步岭邮轮码头，同时规划建设防城港珍珠湾白龙港 22 万吨级大型邮轮港口，但是，邮轮码头的基础设施还很不完善。因此，要加快北部湾邮轮港基础设施建设，积极引进欧美邮轮公司挂靠北海、防城港、湛江、海口、三亚、广州、深圳，培育北部湾沿海至东盟国家的邮轮航线。提升北海、防城港、湛江、海口邮轮码头联检大楼、候船厅、配套服务设施等项目的档次，开展口岸升级申报工作，使其具备国际邮轮航线挂靠和停靠资格；加快防城港江山半岛国际邮轮码头、海南三亚凤凰岛国际邮轮码头建设进度，形成北部湾邮轮港口群。同时，创新邮轮码港口游客出入境政策，推进口岸部门实施 144 小时过境免签政策和国际邮轮旅游团 15 天入境免签政策。

2. 加强国内邮轮母港的协调合作

从顶层做好邮轮港口之间的分工与协作，面对东盟，合作打造北部湾邮轮港口群、粤港澳大湾区邮轮港口群和海峡西岸邮轮港口群，联动发展，促进中国与东盟国家邮轮旅游持续健康发展。依据国家"一带一路"愿景、《中国邮轮旅游发展总体规划》《关于促进中国邮轮运输业持续健康发展的指导意见》《关于促进中国邮轮经济发展的指导意见》《全国沿海邮轮港口布局规划方案》等专项规划和指导意见，加强沿海地区邮轮港口合作，打造具有各具特色的邮轮航线和邮轮目的地。联合积极争取国际邮轮多港挂靠试点政策，共同开发海上"一程多站"式旅游产品和线路，积极引进国际豪华邮轮公司和培养本土国际邮轮企业集团，开辟东盟国家邮轮航线，重点与越南下龙湾、岘港、芽庄、胡志明市；柬埔寨西哈努克港；泰国曼谷港、普吉港；马来西亚关丹港、马六甲港、槟城；新加坡港；印度尼西亚雅加达港、泗水港；斯里巴加湾港；菲律宾马尼拉港、苏比克港等邮轮港口建立邮轮旅游航线合作。同时，开展相对分工，珠三角邮轮港口群、海峡西岸邮轮港口群重点开展与港澳台、菲律宾的邮轮航线，兼顾环南海长程航线和远洋航线。粤闽琼桂港澳合作协调开辟面向东盟的国际邮轮航线，有利于优势互补，减少恶性竞争。

3. 合作培育国际邮轮旅游航线

推进中国与东盟国家合作培育中国往来东南亚国家的四大邮轮旅游线路。

（1）常态化开行北部湾邮轮航线。制定优惠政策，吸引国内外邮轮公司进驻北部湾邮轮港，主要是北部湾国际邮轮港口（指广西北部湾港和湛江港、海南省秀英港和三亚港）—越南下龙湾航线、广西北部湾国际邮轮港—三亚港—越南下龙湾—岘港航线、广西北部湾国际邮轮港 / 三亚港—下龙湾—岘港—马来西亚航线和北部湾国际邮轮港 / 三亚港—下龙湾—岘港—马来西亚—新加坡邮轮航线。

（2）中期重点培育南海邮轮四大航线。以北部湾邮轮港口为始发港，逐步开通两条邮轮航线。

南海邮轮西线。北部湾国际邮轮港口—越南海防港—岘港—胡志明港—柬埔寨金边港—西哈努克港—泰国林查班—曼谷邮轮线路—宋卡港—新加坡港—马来西亚巴生港 / 槟城港的邮轮线路。

南海邮轮中线。以北部湾邮轮港口为始发港，对接马来西亚东部沙巴州、文莱和印度尼西亚港口城市，形成北部湾国际邮轮港口—岘港—胡志明—古晋—坤甸—丹戎不碌（雅加达）—丹戎佩拉（巴厘岛）远洋邮轮旅游线路。

以珠三角邮轮港口、海峡西岸邮轮港口为始发港，逐步开通两条邮轮航线。

南海邮轮东线。重点对接菲律宾港口城市和印度尼西亚东部地区。远期可视国际邮轮母港的建设情况及地缘政治情况，适时培育此线路。

南海邮轮环线。以珠三角邮轮港口为始发港，开辟珠三角邮轮港口—三亚—越南—新加坡—文莱—马来西亚—菲律宾—珠海（或广州南沙）—北部湾港的南海跨国邮轮旅游环线。适时开辟北部湾国际邮轮母港 / 三亚—柬埔寨—曼谷—马来西亚—文莱—珠海（或广州南沙）—北部湾港的南海跨国邮轮旅游环线。

（3）培育远期航线。中国与东盟国家合作开辟印度洋航线、地中海远洋航线。

开辟北部湾国际邮轮港口—越南—新加坡—马尔代夫—斯里兰卡—印度—马来西亚—柬埔寨—北部湾的南海跨国邮轮旅游环线。

开辟珠三角国际邮轮港口—菲律宾—印度尼西亚—马来西亚—新加坡—斯里兰卡—迪拜—马尔代夫—雅加达—珠三角港口的跨国邮轮旅游环线。

4. 加强中国与东盟国家的邮轮旅游合作

按照先易后难、循序渐进方式推进邮轮旅游合作，重点建立中国—东盟邮轮港口城市联盟，合作培养邮轮旅游人才，合作推介邮轮旅游航线，共同提高区域邮轮旅游在全球邮轮旅游的知名度和美誉度。

（1）开展多种形式的客源互送活动。中国与东盟虽互为对方的海外旅游客源大国，但仍有潜力可挖。近年来中国经济增长迅速，邮轮旅游需求日益旺盛，而东盟旅游资源丰富、地理位置较近、费用相对低廉，东盟邮轮旅游有望成为中国游客海外邮轮旅游的目的地。同时，东盟国家游客到中国旅游的需求也逐渐扩大，只要双方加强宣传，开展各种形式的客源互送活动，双方的入境游客数量还将会大幅度增长。双方旅游机构可以互为代理，互为对方输送客源。

（2）合作开发邮轮旅游产品。中国与东盟的邮轮旅游资源具有较强的互补性，且地域相近，合作开发邮轮旅游产品有很好的条件。通过整合双方的邮轮旅游资源，联合推出长线产品，无疑将更具有吸引力。适当时候，适时推广"中—新—马—泰""中—越—泰""中—越—柬""中—菲—印尼—文莱—新加坡"等多条跨国邮轮旅游线路，将中国灿烂文化与浓郁的东南亚风情结合在一起，对游客尤其是喜欢邮轮旅游的欧美游客更具吸引力。

（3）合作构建中国—东盟邮轮旅游电子商务平台。目前，区域内各国基本上都有自己的旅游网站来推广邮轮旅游产品，但绝大多数网站推介的仅仅是本国本地或是外国的旅游产品，通过网站推介中国与东盟跨国邮轮旅游产品还不多，而且静态照片推介居多，视频推介很少。建议合作建立中国—东盟邮轮旅游电子商务平台，把中国与东盟两地组合的邮轮旅游产品合作在网上推介销售。

（4）开展邮轮旅游投资合作。利用中国—东盟港口城市合作网络及中国—东盟港口合作机制，鼓励双边企业投资邮轮航线，开发沿线国家的邮轮港口，通过参股、独资等方式，提高沿线国家的邮轮港口及其后勤配套基础设施建设水平。

四、完善中国和东盟国家的航空互联互通建设

中国与东盟国家的航空业发展水平相差很大。中国的航空业规模排在世界前列，机场等基础设施也较为先进；而东盟的航空业发展参差不齐，新加坡的航空业很发达，航空管理水平也很先进，马来西亚、泰国、菲律宾和印度尼西

亚的航空业发展基础也比较好，越南的航空业发展也很快，但是老挝、缅甸、柬埔寨航空基础设施较为落后。因此，应根据不同国情，加快完善中国和东盟的航空互联互通建设合作。

（一）航空基础设施建设合作

中国的航空基础设施总体较好，也在不断完善之中。东盟国家中，新加坡、泰国、马来西亚的国际机场设施较好，但是，快速发展的航空业，导致机场处于高负荷运行状态；柬埔寨、老挝、缅甸的机场设施较为落后，满足不了航空业快速发展的需要。加强中国与东盟国家的航空基础设施建设合作，将加快双边航空互联互通的步伐。

1. 推进中国与柬老缅三国的机场设施建设合作

柬埔寨、老挝和缅甸的机场普遍较小，难以起降大型飞机，大多数机场的候机楼较为简陋。老挝和缅甸的地形狭长，在未来较长的时间内，还需要建设和改造一批机场。老挝瓦岱国际机场的航站楼旅客吞吐量已超过了最初设计150万人次的年吞吐能力，需要建设二号航站楼。中国建设机场的工程技术能力世界一流，要鼓励中国企业与老挝、缅甸开展航空基础设施建设合作，还可探索以 BOT 方式开展合作，通过提高机场设施等级，提高所在国与中国航空互联互通的能力。

2. 加强中国与菲马泰的机场设施改造合作

马来西亚、菲律宾、泰国现有的机场虽然也较为先进，但是，东盟的"单一航空市场"和东盟的开放天空政策推动了东盟各国旅游业快速发展，即使是印尼雅加达机场、泰国素万那普机场、菲律宾阿基诺机场等大型机场，也已经不堪重负，大多数机场已经超负荷运营，同时，随着新的海岛旅游区的开发，也要建设新的机场，预计这些国家将迎来新的机场建设和机场改造热潮。这对中国和这些国家开展机场设施建设合作是一大机遇，只要中国发挥自身的技术、投融资、人才等优势，中国企业就有可能在这些国家的机场建设改造工程承包中占得一席之地，并促进双边航空互联互通进入新的发展阶段。

3. 加强中国与东盟的航空运力合作

支持中国企业与东盟国家共同投资组建航空公司，尤其是支持中国与东盟国家合作购买或租赁我国生产的客机组建联合航空公司，支持中国与东盟国家航空公司之间互相参股，构建更加密切的利益共同体。

（二）推进开放天空合作

开放天空是指开放国际航空市场的一般政策概念，指一国的承运人将不受限制地进入另一国的主权领土，而没有任何书面协议规定容量、目的地／出发地或时间表服务。换句话说，开放天空政策将允许一国的外国承运人在无限制座位数的任何情况下，在任何次数的情况下降落在另一国的任何机场。开放航空市场最重要的方面是保障第三、第四、第五和第七种航权，具体如下：

第三和第四航权：未经政府批准，有权从承运人的原籍国飞往外国，反之亦然。

第五航权：在承运人的原籍国始发或结束的航班中，在两个外国之间飞行的权利。

第七航权：完全第三国运输权。某国或地区的航空公司完全在其本国或地区领域以外经营独立的航线，在境外两国或地区间载运客货的权利无须继续为自己的国家服务的权利。

第八航权：国内运输权。某国或地区的航空公司在他国或地区领域内两地间载运客货的权利（境内经营权）。

按照国际上一般的两国航空运输惯例，各国会对双边的运输航班总量做一个限制。目前，虽然中国与东盟已经签订了《中华人民共和国政府和东南亚国家联盟各成员国政府航空运输协定》，但是该协定还没有达到"开放天空"的航空自由化的程度，双边在航空服务方面仍然有运力和机场数量限制。

目前，海南是中国实行天空开放的唯一省份，成为首个开放第三、四、五航权的试点省份，成为中国最开放的"天空特区"。构建中国—东盟航空互联互通格局，要加大开放天空的力度，面对东盟国家，要进一步开放中国面对东盟的前沿城市，将深圳、广州、南宁、昆明作为国家门户对东盟国家开放天空，构建国家门户枢纽为区域性的国际航空枢纽，重点发展面对东盟的国际与国内的经停航线，以及发展点对点的国际骨干航线，逐步开发"东盟国家—国家门户机场—东北亚／南亚／中东／欧洲／非洲"国际航线网络，形成"东盟国家干线机场—中国国家门户机场—国内支线机场""东盟国家干线机场—中国国家门户机场—东北亚／南亚／中东／非洲机场"的航空互联互通格局。

推动修改《中国—东盟航空运输协定》，推进中国与东盟国家实行更加开放的"航空自由化"合作，逐步取消在航空服务方面的运力和机场数量限制，探索开展第七航权试点，在区域内实行运营不限量的客运和货运服务，打造更多的相互对接的洲际远程航线，形成中国—东盟航空互联互通、共同繁荣的共赢局面。

（三）逐步推进中国—东盟单一航空市场

航空自由化是全球趋势。尽管建立中国—东盟单一航空市场面临很多困难，但是航空一体化是区域航空发展的大方向。《中国—东盟战略伙伴关系2030年愿景》提出"用好《中国—东盟航空运输协定》及其第一、第二议定书，实现区域更大范围联通，努力实现中国和东盟航空服务全面自由化的终极目标"。中国和东盟开展第三和第四自由航权合作已经实现；下一步应进一步开展第五自由航权合作，即第三国运输权。2003年我国首次开放第五航权，目前，中国北京、上海、广州、烟台、武汉、厦门、海口、天津、南京、银川、郑州、哈尔滨、满洲里、鄂尔多斯、西安等15个城市以及海南省已开放第五航权，同时，在海南试点开放第七航权，允许相关国家和地区航空公司承载经海南至第三国（地区）的客货业务等。《东盟交通战略计划（2016—2025）》提出，东盟要在2020年与中国"通过签订协议，缔结并扩大与中国的第五自由航权交换"。中国要推动东盟国家的仰光、金边、曼谷、河内、胡志明市、马尼拉、雅加达、吉隆坡、新加坡等城市机场与中国对等开放第五航权，[①]作为中国—东盟前沿城市，应增加深圳、昆明、南宁为对接东盟国家第五航权城市。积极推进中国与东盟国家开展航空运输标准化合作，除了要实行更加开放的市场、航空服务自由化，也需要标准化合作，包括更高的安全标准和有关运营航班的其他监管措施，在改善航空安全、航空交通管理、民航技术和航空运输监管框架等方面实行标准化合作。

（四）推进中国—东盟航线网络建设合作

中国与东盟国家的航线网络建设，至少可以从四个方面加以推进：一是建

---

① 西安市交通信息中心.重磅！西北首条！第五航权落地西安[EB/OL].[2019-05-14]. https://baijiahao.baidu.com/s?id=1633474870717871843&wfr=spider&for=pc.

立中国与东盟国家城市之间点对点的航线布局，重点是推进中国与东盟国家航空枢纽城市之间航线航班合理布局，根据客源货源流量增加情况，增加非枢纽城市的包机和临时航线航班；二是推进中国与东盟国家航空"代码共享（code—sharing）"合作，便利双边乘客快捷便利地在中国与东盟国家之间往来旅行；三是建立中国—东盟航空联盟，从代码共享开始，逐步吸收区域内的航空公司参加，增加联盟成员，构建中国—东盟航线航班互联互通的航空网络，并逐步扩大共用维修设施、运作设备、相互支援地勤与空厨作业等合作内容；四是构建跨洲远程航线网络，从航空公司的角度来看，只有在中国—东盟第五航权合作的基础上才可以通过拓展航线网络弥补直航航班客、货源不足的问题，避免运力浪费，增加营运收入。中国与东盟国家可合作构建跨洲远程航线网络，打造中国的广州、上海、北京、成都等，东盟的新加坡、吉隆坡、马尼拉、雅加达等成为国际中转空港，吸引更多的国内外航空公司开通跨洲远程航线，重点构建东北亚国家—南宁／昆明／海口—东盟国家；东盟国家—广州／深圳／北京／上海／乌鲁木齐—欧洲航线；中国—新加坡／马尼拉／吉隆坡／雅加达—大洋洲、非洲；东盟国家—昆明／广州／海口—南亚；东盟国家—广州／深圳／北京／上海—美洲、非洲等国家的客货运航线。

五、建立中国—东盟现代综合交通枢纽网络

现代综合交通枢纽需要空港、铁路、高速公路、港口、城市轨道交通、交通场站、物流园等多层面互联互通和互相支撑。中国首次制定了《全国城镇体系规划（2006—2020年）》，提出在全国范围内建设一级综合交通枢纽城市和二级综合交通枢纽城市。《国务院关于印发"十三五"现代综合交通运输体系规划的通知》（国发〔2017〕11号）又提出要着力打造北京、上海、广州等12个国际性综合交通枢纽，加快建设南宁、湛江等26个全国性综合交通枢纽，提升部分重要枢纽的国际服务功能；积极建设柳州、桂林、三亚等37个区域性综合交通枢纽，优化中转设施和集疏运网络。目前，我国的综合交通枢纽建设已经取得很大的成就，已经形成了环渤海的北京—天津、长三角的上海—杭州、珠三角的广州—深圳和西部地区的成都—重庆四大国际性综合交通枢纽。

东盟国家中，新加坡的现代交通系统最为发达，樟宜国际机场、新加坡港、高速公路和地铁构成了新加坡现代综合交通枢纽。其次是马来西亚的吉隆坡和

泰国的曼谷，也拥有较发达的空港、高速公路、地铁、铁路和港口等综合交通网络，印尼的雅加达、菲律宾的马尼拉、越南的河内和胡志明市，也都具备空港、铁路、高速公路和港口，但是城市交通相对落后，影响了各种交通工具协同发挥作用。中国与东盟国家要合作构建中国—东盟现代综合交通枢纽体系，使之成为区域内交通互联互通对接的重要支撑。

（一）构建中国对接东盟的综合交通枢纽体系

我国要从国际性综合交通枢纽城市、国际航运中心和陆路沿边口岸枢纽建设三方面构建面向东盟乃至全球的综合交通枢纽体系。

1. 完善国际性综合交通枢纽建设

国家《物流业发展中长期规划（2014—2020年）》提出要建设"北京—天津、上海—苏州、杭州、宁波—舟山、厦门、广州—深圳、南宁、成都—重庆、昆明等23个国家骨干联运枢纽（城市），推动具备条件的省会城市和中心城市建成大型铁路货运枢纽"。同时，《"十三五"现代综合交通运输体系发展规划》提出"打造'一带一路'互联互通开放通道。建设云南面向南亚东南亚辐射中心，构建广西面向东盟国际大通道，以昆明、南宁为支点，连接上海至瑞丽、临河至磨憨、济南至昆明等运输通道，逐步构建衔接东南亚、南亚的西南国际运输走廊"。这是中国—中南半岛经济走廊交通互联互通的发展方向，也是构建中国—东盟现代综合交通枢纽体系的行动指南。

国际性综合交通枢纽城市是中国与东盟国家交通互联互通对接的重要门户。目前，北京—天津、上海、广州—深圳、成都—重庆国际性综合交通枢纽基本建成，与东盟国家交通互联互通对接已经没有物理障碍，未来要针对薄弱环节，重点建设昆明、南宁—钦州、西安、郑州、武汉、厦门等国际性综合交通枢纽的基础设施，加快推进国际陆海贸易新通道、昆明—老挝万象—泰国曼谷铁路、南宁吴圩国际机场扩建等项目建设，打造昆明、南宁—钦州成为集航空、铁路、高速公路于一体的区域国际性综合交通枢纽，推进西安、郑州、武汉、成都等国际航空货运中心建设，加强国际人员往来、物流集散、中转服务等综合服务功能，形成衔接高效、功能完善、对接东盟的区域国际性交通中枢。

2. 加快打造面向东盟的国际航运中心建设

《物流业发展中长期规划（2014—2020年）》提出要建设"上海、天津、大连、厦门等国际航运中心"。目前，上海、天津、大连、厦门、广州、深圳等航运中心的服务功能不断完善，航运金融业务规模不断扩大。以上海为代表的国际航运中心形成了较为完善的航运金融、航运经纪、航运信息、船舶管理、海事仲裁等航运服务体系，以及具有国际影响力的运价指数、船舶交易指数，国际影响力明显提升。

面对东盟，除了环渤海的大连、天津，长三角的上海，东南沿海的厦门，珠三角的广州、深圳国际航运中心，我国还要加快发展西南沿海的广西北部湾港成为国际航运中心。以《西部陆海新通道总体规划》的制度创新引领，有序发展航运金融、仓位交易、航运交易、船舶交易、船舶租赁、信息服务、海事仲裁等现代服务业，建设中国—东盟海运交易平台和信息服务平台，把广西北部湾港打造成新时期中西部地区全方位对外开放的战略平台和中国—东盟国际门户枢纽港，提升与东盟国家的交通互联互通水平。

构建南宁—钦州成为中国—东盟国际性综合交通枢纽。南宁市和钦州市都是"一带一路"国际陆海贸易新通道的重要节点城市，南宁与钦州港、钦州市之间已经通达了铁路和高速公路，南宁与钦州也开通了城际铁路，两市高铁通勤在40分钟以内，优势互补，有条件打造成为中国—东盟国际性综合交通枢纽。首先，要完善南宁的国际航空中心基础设施建设，扩建完善南宁吴圩国际机场，尽快建设南宁吴圩机场第二跑道，扩建停机坪，加快建设南宁连接吴圩国际机场至崇左市的城市轨道交通，积极开通南宁至东盟国家的旅游航线，引导支持民航企业发展全货机、支线航空货运，推广货物空空中转、航空快件中转集拼等业务。建设南宁吴圩国际机场成为集航空、高铁和高速公路于一体的区域国际性综合交通枢纽、面向东盟的国际航空中心。以高铁枢纽为核心，衔接南广高铁、南昆高铁、南北高铁、贵南高铁、湘桂铁路和南宁—吴圩国际机场—崇左市城市轨道交通，以及桂海高速、南友高速、南百高速和泉南高速公路，形成高速铁路、高速公路、城际轨道、快速路为主骨架，衔接顺畅的陆路交通网络。建设南宁—钦州城际旅客捷运系统，打造高品质的城际客运系统，推进跨运输方式的客运联程系统建设，开展空铁、公铁、空巴等联程运输服务。推动南宁、钦州货物物流由汽车运输向铁路运输转移，逐步实现高铁枢纽2个半小时高铁时空圈覆盖西南和中南主要城市、1小时高铁时空圈覆盖广西主要地区、20分钟可达中心城区的物流网络。其次，建设钦州港成为广西北部湾国际门户枢纽港，完善南宁—钦州区域国际性综合交通枢纽的功能，加快建设钦州—钦州港与钦州港至大榄坪支线间铁路联络线和铁路货场至码头"最后一公里"等海铁联运项目，推进钦州港现代化集装箱干线港基础设施建设，加大大榄坪、三墩等集装箱作业区开发力度，加快10万吨级集装箱双向航道二期建设，推进20万吨级集装箱航道及码头、大榄坪南9—11#泊位等大型航道等前期工作。加密覆盖新加坡等东盟国家或地区主要港口的集装箱直航航线，培育至欧美、大洋洲、非洲等远洋航线，与南宁合作建立"无水港"，建设连接中马钦州产业园区、钦州保税港区、钦州港经济技术开发区之间及和主城区的快速通道，促进开通钦州东站至港区货运铁路加开客运专线，实施园区港城公交一体化；统筹整合中马钦州产业园区、钦州保税港区、钦州港经济技术开发区的对外开放政策功能，推进产城港一体化发展，增强国家级平台对中国—东盟国际性综合交通枢纽建设的促进作用。

3. 加快建设面向东盟的陆路沿边口岸枢纽

《物流业发展中长期规划（2014—2020年）》提出要推进"凭祥、河口、磨憨、瑞丽、绥芬河、满洲里等11个陆路沿边口岸枢纽"建设；《"十三五"现代综合交通运输体系发展规划》也提出"推进一批区域性综合交通枢纽建设，提升对周边的辐射带动能力，加强对综合运输大通道和全国性综合交通枢纽的支撑。推进瑞丽、磨憨、河口、龙邦、凭祥、东兴等沿边重要口岸枢纽建设"。可见，广西和云南的陆路沿边口岸枢纽建设对中国与东盟的交通互联互通和对外开放具有重要的地位。

陆路沿边口岸枢纽建设首先要完善口岸城市的交通基础设施建设。目前，瑞丽、磨憨、河口、龙邦、凭祥、东兴口岸都已经通达高速公路，要加快建设防城港—东兴市、靖西—龙邦、大理—瑞丽、昆明—磨憨口岸的出境铁路，筹建东兴—宁明—凭祥—龙州—大新—靖西—那坡—富宁—文山—河口—金平—江城—景洪—孟连—镇康—瑞丽沿边铁路。发挥沿边口岸优势，大力发展贸易加工业，升级改造瑞丽、磨憨、河口、龙邦、凭祥、东兴口岸产业园区，加大推进中越跨境经济合作区、中老跨境经济合作区和中缅跨境经济合作区建设的力度，以交通促进贸易，以贸易搞活口岸，以贸易推动产业，以产业带动城市，形成交通先行、口岸—产业—城市融合发展的陆路沿边口岸枢纽城市。

（二）构建东盟对接中国的综合交通枢纽体系

东盟不同成员国与中国的贸易有很大的差别，各国的城市在中国—东盟自由贸易区和国际海运干线中的地位也不同，表明东盟各国对接中国的综合交通枢纽有较大的差别。

1. 深化双边全球性的综合交通枢纽的合作

全球性的综合交通枢纽拥有了可以便利地联通全球的空港、海港等交通基础设施，具有国际客货中转的功能，对中国客货走向全球具有重要作用。新加坡和吉隆坡—巴生港已经具有全球性综合交通枢纽的功能，其航空港、海港本身就是面向全球、为全球服务，已经开通了连接各大洲的航线航班，不仅能够服务本国与中国的客货运输，还可以作为中国客货的中转港与其他国家进行交通对接。新加坡港与马来西亚巴生港、丹戎帕拉帕斯港都处于马六甲海峡的咽喉要道，很多中国商品都通过这些港口转运到南亚、中东地区、非洲和欧洲，乃至大洋洲和美洲。新加坡樟宜国际机场也是中国旅客中转去非洲、大洋洲的重要中转空港。我国的国际性综合交通枢纽要深化与这些全球性的综合交通枢纽互联互通对接合作，互为客源和货源的来源地，还要推进跨境运输便利化合作，合作为客户提供"一站式"客货运输服务。

2. 加强区域性综合交通枢纽建设合作

区域性综合交通枢纽不仅可以服务本国，还可以为周边国家提供客货中转运输服务。如河内—海防、胡志明市、岘港，都拥有海港、空港和铁路，河内—海防还有高速公路、铁路和港口互联互通，已经具有区域性综合交通枢纽的功能和作用，可以为中国与老挝北部提供物流中转服务；岘港位于越南中部，是东西经济走廊的起点，是老挝重要的出海通道，可以为缅甸、泰国与老挝提供物流中转服务；胡志明市处于湄公河下游，是柬埔寨金边港船只出海的必经之道，可以为中国与柬埔寨提供物流中转服务。曼谷—林查班港处于泰国东部经济走廊，靠近柬埔寨西部，港口、高速公路、铁路和空港设施齐备，是区域内重要的综合性交通枢纽，可以为中国与柬埔寨西部和缅甸南部地区提供物流中转服务。雅加达和马尼拉都拥有空港、铁路、高速公路、港口和地铁等综合交通基础设施，基本可以满足所在国综合交通运输的需要，同时，雅加达和马尼拉处于中国与澳大利亚、新西兰等南太平洋国家的海洋运输线上的重要节点，其综合交通枢纽能够为中国与南太平洋国家贸易提供国际物流中转服务。这些区域性综合交通枢纽具有较好的交通对外联通性，不仅是所在国与中国交通互联互通的重要对接点，也是所在国与中国开展经贸合作的重要窗口，还是中国企业"走出去"投资的重要目的地。但是，雅加达和马尼拉的市区道路交通十分拥堵，综合交通效率低下。中国要深化与这些国家的关系，推进双边综合交通枢纽的互联互通合作，加强在这些区域性综合交通枢纽城市的投资与产能合作，合作完善综合交通枢纽基础设施建设。加强与缅甸、柬埔寨、老挝和文莱的交通合作，推动双边综合交通枢纽城市的交通互联互通合作，重点参与仰光、金边、万象和斯里巴加湾等城市的交通基础设施建设，完善这些枢纽城市的综合交通枢纽功能，为中国与东盟国家交通互联互通创造有利条件。

3. 加快陆路边境地区综合交通枢纽建设

缅甸木姐、老挝磨丁与越南的老街、茶岭、同登、芒街边境口岸城市分别与中国《"十三五"现代综合交通运输体系发展规划》中的瑞丽、磨憨、河口、龙邦、凭祥、东兴等沿边重要口岸枢纽相对应。口岸城市双边要建设相应的陆路综合交通枢纽才能相互对接，也就是铁路接铁路，高速公路对接高速公路，口岸对口岸，相同的交通设施才能推进双边交通互联互通，综合交通枢纽才能发挥作用。目前，在这些对应的口岸中，中国与越南的交通基础设施互联互通的条件较好，中老陆路交通互联互通建设正在迎头赶上，中缅铁路和高速公路(缅甸段)互联互通还在规划之中（见表5-13）。

表5-13 中国与中南半岛毗邻国家陆路口岸交通对接情况

序号	对应口岸/城市	公路	铁路
1	瑞丽—木姐（缅）	中方高速公路，缅甸二级公路	中方在建，缅方规划
2	磨憨—磨丁（老）	中方高速公路，缅甸二级公路	双方正在建设
3	河口—老街（越）	昆明—河口—河内全程高速公路	中方准轨，越方米轨
4	龙邦—茶岭（越）	中方高速公路，越方二级以下	中方在建，越方没有
5	凭祥—同登（越）	中方高速公路，越方在建	中方准轨，越方套轨
6	东兴—芒街（越）	中方高速公路，越方二级公路	中方在建，越方没有

资料来源：根据有关资料整理，截至2019年12月。

可见，中国与东盟国家的陆路边境地区的综合交通枢纽要达到相同的水平仍然需要较长的时间。其中，中国与越南的轨距标准就不一致，虽然越南有规划改建为准轨铁路，但是由于缺乏资金，短期内仍然难以改变。这些陆路口岸，中方都通达了高速公路，目前，仅越南老街有高速公路互联互通，越南下龙湾—芒街、谅山—同登正在建设高速公路，其他口岸的境外高速公路短期内难以完成。因此，除了要加强与这些东盟国家沟通，推进陆路边境地区综合交通枢纽的交通基础设施建设，还要加强对这些国家建设陆路边境地区综合交通枢纽的技术援助和资金支持，共同争取如亚投行、亚洲开发银行等第三方国际金融机构的融资支持，这样才能加快双边陆路边境地区综合交通枢纽互联互通建设。

六、加快推进中国—东盟国际多式联运基础设施网络建设

《联合国国际货物多式联运公约》（1980 年 5 月 24 日订于日内瓦）规定："国际多式联运是指按照多式联运合同，以至少两种不同的运输方式，由多式联运经营人将货物从一国境内接管货物的地点运到另一国境内指定交付货物的地点"。国际多式联运设施是中国与东盟国家物流对接的重要设施，尤其是在不同的交通工具之间的货物中转、转运，极其需要先进高效的多式联运设施。中国与东盟国家的国际物流是双向流动的，同时，随着双边贸易量的增加、通过对方发展转口贸易或中转越来越频繁。中国成为东盟国家与俄罗斯、中亚、中东欧贸易最便捷的国际物流通道，东盟国家也是中国与美洲、大洋洲、非洲的重要贸易通道，双方已经互相成为国际物流通道，建立高效、便捷的国际多式联运设施网络已经成为促进中国与东盟国家交通互联互通的重要措施。

总体上，中国与东盟国家跨境物流的各个环节大多是分割运行的，不同运输方式之间也缺乏有效衔接，"多主体参与、多功能覆盖、多式联运发展"的现代综合国际物流模式还没有建立，尚未形成较为完整、"点对点"、便捷的跨境综合运输网络，因此，需要建设完善中国与东盟国家的多式联运设施才能高效发挥跨境物流运输中转联运等功能。

（一）重点推进港口多式联运设施建设

1. 加快建设完善海港多式联运设施

港口多式联运设施建设涉及的范围很广，尤其是区域内那些还没有通达火车、缺乏海铁联运设施的大型港口，要把陆地港联通铁路、高速公路、港口的疏港道路建设纳入当地的交通发展规划，加大与港口多式联运基础设施建设投入，陆地港范围内的配套设施可由项目业主投资，陆地港以外的路网管网等配

套设施由地方政府或社会资本投资建设。优先建设完善天津、上海、宁波—舟山、厦门、深圳港、广州港、广西北部湾港等港口的集疏运铁路、公路建设。重点建设完善集装箱海铁联运设施，加快陆地港区域与铁路、公路、港口之间集装箱运输通道衔接设施建设。

对于散杂货的海铁多式联运，鼓励在港口陆域设置整列式散堆装货物装卸线，建议中国的特大型港口建设可供 42 列火车整车装卸设施；另根据港口功能定位，建设普通散堆货物装卸线、机走线、装车楼等散杂货多式联运设施。

数字化是港口行业发展的新趋势，包括海运和港口建设。中国与东盟国家要加强合作，尽可能同步用统一标准对老旧港口升级改造，推进港口数字化、智能化，真正实现港区海铁、海公联运采用数字化新技术，以增强港口的业务流程以及与价值链的连接，通过港口数字化，推动中国—东盟港口互联互通建设。

2. 合作建设云南省到印度洋的陆水联运通道的多式联运设施

缅甸正在伊洛瓦底江与钦敦江上建设 6 个可以装卸集装箱的港口：伊洛瓦底江沿线的八莫、曼德勒、木各具和马圭等 4 个港口，钦敦江沿线的蒙育瓦与格雷瓦等 2 个港口。项目由日本援建，计划于 2020 年竣工。[①] 这些港口可成为云南省进入印度洋的重要节点，要加快推进盈江至八莫、瑞丽至曼德勒高速公路建设，连接缅甸密支那至八莫高速公路，与缅甸南北向交通大动脉——伊洛瓦底江水运形成陆水联运系统，经伊洛瓦底江水运系统抵达曼德勒、仰光和印度洋。合作缅甸推动中缅瑞丽—伊洛瓦底江陆水联运设施建设，打造昆明—瑞丽口岸 / 盈江那邦口岸—伊洛瓦底江—印度洋陆水联运大通道。同时，务实推进澜沧江—湄公河国际航道二期整治，建成思茅港南得坝至老挝琅勃拉邦 890 千米、通航 500 吨级船舶的国际航道，积极推进澜沧江—湄公河沿线重点港口货运码头多式联运设施建设，重点建设景洪港、中老缅泰陆水多式联运体系。

（二）加快完善陆路多式联运设施体系

中国与东盟国家之间的陆路交通以铁路和公路为基础，完善双边陆路多式联运设施体系就要建设完善铁路多式联运设施和公路多式联运设施。

---

① 驻曼德勒总领馆经商室 . 缅甸将优先建设曼德勒港和八莫港 [EB/OL].（2017-05-25）. http://www.mofcom.gov.cn/article/i/jyyl/j/201705/20170502571662.shtml.

1. 建设铁路多式联运设施网络

中老泰正在合作建设昆明—万象—曼谷铁路，中老、老泰要同步推进铁路口岸与多式联运设施建设，在磨憨、磨丁、廊开铁路口岸建设铁公联运设施，同时，在铁路沿线主要城市如景洪市、琅勃拉邦市、万象市、孔敬市、阿叻市的火车站也同时建设铁公联运设施，以便铁路与公路运输货运集散和跨国物流实现"一站式"服务。同样，要完善中越铁路沿线铁公联运设施的升级改造，重点改扩建凭祥站、河口站以及越南老街站、越池站、河内站、海阳站的铁公联运设施，尤其是完善铁路集装箱铁公联运设施的建设，推进铁公联运成为中国与东盟交通互联互通网络的重要支撑。

2. 完善公路多式联运设施网络

公路多式联运主要是为公铁联运、公港联运服务，以及大小货车接驳货物而建设的功能齐全的大型物流园，物流园可提供冷库、仓储、物流配送、分拣、物流信息等"一站式"跨国物流服务。中国与中南半岛国家有建立公路多式联运设施的基础，建议沿互联互通的公路干线建立具有跨国物流服务功能的大型国际物流园，重点在云南的昆明、瑞丽、磨憨、河口，广西的南宁、柳州、凭祥、东兴等城市，以及缅甸的曼德勒、仰光，老挝的琅勃拉邦、万象、会晒，泰国的清迈、曼谷、素可泰、廊开、孔敬，越南的谅山、河内、海防、下龙湾、老街等城市选取一两个大型物流园升级改造为中国—东盟国际多式联运陆地港，再通过"互联网＋"信息对接，形成中国—东盟"货车帮"式的公路多式联运网络。

（三）建设一批专业性的国际多式联运设施

中国与东盟国家的多式联运除了普遍的集装箱多式联运设施以外，还有一些特殊的贸易品种需要特殊的多式联运设施，这些设施也是中国与东盟交通和能源互联互通建设的重要设施。

1. 建设完善冷链物流设施

农产品是中国与东盟国家之间贸易的主要品种，双边的大部分农产品贸易已经是零关税，由于双边的农产品具有很强的互补性，农产品贸易还有很大的发展潜力。预计中国与东盟国家的农产品贸易将从目前的以水果、粮食和水产品为主，牛肉、羊肉、奶制品等农产品贸易也会进一步发展。冷链运输成为双边农产品贸易不可或缺的重要运输方式，冷链物流设施和冷链物流设备作为中国—东盟多式联运设施的重要形式，将成为港口、陆路口岸、边境物流园等发展多式联运的基本配置设施。建议在中国与东盟国家的水果、肉类指定进口的陆路口岸、港口口岸建设完善冷链物流设施，中国要在沿海各区域合理布局建设冷链物流设施，重点在环渤海的大连港、唐山港、天津港、青岛港，长三角的上海港、宁波港，东南沿海的厦门港、福州港，珠三角的广州港、深圳港、珠海港，西南沿海的湛江港、防城港、钦州港等建设一批水果、水产品和肉类的专业性冷链物流设施。在内陆城市的武汉、长沙、郑州、重庆、成都等大城市的国际空港物流园建设与进口农产品指定口岸相适应的冷链物流设施，解决农产品进口保鲜问题。

2. 加快发展滚装运输

滚装码头是滚装运输的重要载体，也是港口发展多式联运的重要设施。随着中国已经发展成为汽车、农业机械、工程车等轮式交通工具、工程机械生产大国，中国出口这类产品越来越多，而东北、长三角、珠三角和重庆、广西、湖北、湖南、河南是中国重要的汽车、工程机械的生产基地。目前，中国已经成为汽车生产大国，预计也将成为汽车出口大国，中国与东盟国家之间的滚装运输将越来越普遍。建议我国在靠近汽车、工程机械等生产基地的环渤海、长三角、珠三角和西南沿海的港口分别建设完善一批滚装码头，以便用于包括乘用车、商用车、农用机械、工程机械、货车和无动力设备等在内的商品的滚装运输。同时，要加大建造滚装船的力度，使滚装运输的每一个环节都得到协调发展。

3. 合作建设海港的油气多式联运设施

中国与东盟国家的油气贸易合作是能源合作的重要内容，而油气的管道运输又是油气运输最高效的运输方式，要加强双边的油气多式联运设施建设合作，除了完善现有的中缅油气管道合作外，建议推进建设粤港澳大湾区—茂名—钦州—东兴—河内—万象—清迈—仰光—勃生（或皎漂）原油管道、成品油管道和天然气管道，合作建设缅甸勃生港或皎漂港油气码头、油气管道、储油设施和储气设施，将中东、非洲或孟加拉湾的原油、天然气输送到泰国、老挝、越南和华南地区。

（四）构建中国—东盟国际水陆联运通道

中国西部地区是东亚地区通往中亚、欧洲的陆路门户。东盟是中国通往大洋洲、南亚、中东地区、非洲和欧洲的海洋通道，双方通过陆路国际大通道、区域性航运中心、空中走廊建设，构建以国际多式联运为主要特征的中国—东盟现代物流网络，促进中国和东盟国家与"一带一路"沿线国家便利地开展贸易合作。

1. 构建中国—东盟国际水陆联运生态系统

港口是中国与东盟的国际多式联运转换器，货物在从起点经港口到目的地的途中必须通过卡车或铁路运输，表明国际供应链需要一个多式联运网络，称为水陆联运生态系统。水陆联运生态系统是以港口为中心、多种运输方式为港口物流服务的运输系统。中国—东盟国际水陆联运生态系统由海铁联运生态链、海公联运生态链，还有海铁公联运生态链、公水水转运生态链等子生态链组成。

海铁联运生态链主要由港口设施（装卸设备、拖车、叉车、输送带等）、铁路、铁路装卸设备、货场、物流平台、物流园、工业区等互为关联的环节组成，海铁公联运生态链则在海铁联运生态链的基础上，增加了汽车运输这一环节。海公联运生态链由港口设施（装卸设备、拖车、叉车、输送带等）、公路、公路装卸设备、货场、物流平台、物流园、工业区等环节组成。公水水转运生态链有货场、公路、公路装卸设备、港口设施（装卸设备、拖车、叉车、输送带等）、船船过驳设备、物流平台、物流园、工业区等环节。不同的多式联运生态链稍有不同，但是共同点多于不同点，对于港口，构建生态链的重点在于客户、物流园、工业园，为客户提供点对点的物流服务。海关、边防检查、海事、引航、货代、船代、集货商、报关员、保险等都是围绕客户开展的服务环节。

构建中国—东盟国际水陆联运生态系统都是围绕港口物流来开展的，依托港口、铁路运输、公路运输、口岸、物流园、工业园、物流平台、客户等构建中国—东盟国际水陆联运生态系统，而客户是这个生态系统的核心。因此，中国和东盟国家要围绕区域内的客户建立完善的国际物流服务系统，从而构建中国—东盟国际水陆联运生态系统。

2. 加快建设完善西部陆海新通道网络

建设完善西部陆海新通道，打造便捷高效的贸易新通道，实现党的十九大提出的"陆海内外联动、东西双向互济的开放格局"。

（1）不断完善西部陆海新通道建设。以西部地区为出发点，东盟国家为目的地，以广西北部湾国际门户港为中转港，构建铁海、公港、空铁等国际多式联运系统，开通到东盟国家和经东盟国家到其他国家港口的货运班轮航线，吸引大型船运公司落户或挂靠广西北部湾港，以广西北部湾港为基地，开通或加密国际货运班轮航线和定期航班，重点开通直达越南海防港、岘港港、胡志明港；柬埔寨西哈努克港、金边港；泰国的曼谷港、罗勇港；马来西亚关丹港、巴生港、古晋港；印度尼西亚的雅加达港；菲律宾的马尼拉港和新加坡港。推进"海运＋陆运＋空运"多式联运示范项目，着力打造西部陆海新通道多式联运基地，构建贯通南北的海铁联运国际物流主干线，常态化开行北部湾港—重庆班列和北部湾港—新加坡、中国香港班轮，以马来西亚巴生港作为对接中东伊斯兰国家的中转港，建立银川—重庆—北部湾港—巴生港—中东国家伊斯兰用品贸易通道，形成以海铁联运为核心，公海联运、跨境公路运输、跨境铁路运输为辅助的国际多式联运体系。同时，要不断拓展国际陆海贸易新通道的覆盖范围，重点研究开通"新疆—成都—重庆—贵阳—南宁—北部湾港—新加坡／巴生港—新西兰奥克兰港—澳大利亚布里斯班港—墨尔本港"和新疆—成都—重庆—贵阳—南宁—北部湾港—新加坡／巴生港—科伦坡港—孟买港—中东国家—非洲／地中海／欧洲等贸易新通道。

（2）拓展国际陆海贸易新通道。以东盟国家为起点，中国中心城市为目的地，以中国沿海枢纽港为中转港，依托中国—东盟港口城市合作网络和中国—东盟港口物流信息中心的信息平台，推动东盟国家开通到广西北部湾港国际航线，增加到广西北部湾港口定时、定班航线；协助东盟国家开拓中国市场，将防城港和凭祥开辟为"百色一号"冷链专列始发站，使东盟国家更多的货源走广西北部湾港通道，逐步将广西"买全国、卖东盟，买东盟、卖全国"的农产品贸易模式推广到珠三角港口群、长三角港口群。同时，采取优惠政策，引进优质港航企业参与合作，利用外方的集装箱码头及航线网络运作优势拓展北部湾港航线、增加航班。逐步合作开发"新加坡／巴生港—北部湾港—南宁—长沙—武汉—郑州""新加坡／巴生港—北部湾港—南宁—昆明""新加坡／巴生港—广州／深圳港—长沙—武汉—郑州""新加坡／巴生港—上海港—郑州""新加坡／巴生港—天津港—北京""雅加达／丹绒不碌港—广州／深圳港—长沙—武汉—郑州""泰国曼谷港／林查班港—广州／深圳港—长沙—武汉—郑州"等东盟—中国海铁联运新通道。

（3）构建中国—东盟洲际水陆联运通道。中国与东盟国家在洲际航运、洲际物流中各具优势，要合作构建中国—东盟洲际国际多式联运通道，互相为对方服务。除了上述提到的以中国西部为出发点、目的地为新加坡等东盟国家的国际陆海贸易新通道以外，还要构建以东盟国家为起点，海运到广西北部湾港，再装上铁路专列，接驳"桂新欧""苏满欧""郑新欧""渝新欧""蓉新欧"等国际班列，开通更多东盟—广西北部湾港—西南中南—中亚—俄罗斯—欧洲国家的海铁联运物流线路，构建东盟经广西、中国西部到达中亚、东欧乃至西欧的国际水陆联运通道，重点开辟新加坡／巴生港—北部湾港—南宁—贵阳—重庆—成都—新疆—中亚—东欧—欧洲；雅加达／丹绒不碌港—北部湾港—南宁—贵阳—重庆—成都—新疆—中亚—东欧—欧洲；泰国曼谷港／林查班港—西哈努克港—胡志明港—北部湾港—南宁—贵阳—重庆—成都—新疆—中亚—东欧—欧洲；马尼拉港—广州／深圳港—长沙—武汉—西安—兰州—新疆—中亚—东欧—欧洲等水陆联运通道，为东盟国家提供既比航空货运便宜又比纯海运速度快的国际物流服务。

3. 建立中国—东盟跨境物流园区网络

利用广东、广西、海南、福建和云南与东盟国家经贸合作、人文合作密切的优势，重点依托中国—东盟港口城市合作网络建立跨境物流园区网络，建立中国—中南半岛跨境物流园区网络。国内依托粤港澳大湾区的广州、深圳、北部湾城市群的南宁、成渝城市群的成都、重庆，以及贵阳、福州、昆明等中心城市，东盟国家选择河内、万象、曼谷、吉隆坡、吉隆坡、雅加达、马尼拉等重要节点城市的大型物流园区，联合形成中国—东盟国家跨境物流园区网络，合作开展中国与东盟国家之间双向的跨境物流业务，探索建立跨境物流节点的直通关体系。鼓励国内物流公司、电商公司在东盟国家设立海外仓库。在一些跨境电商市场大的国家建立区域电子商务和物流中心，建设包含货运枢纽、分拣中心、智能仓储和通关等功能的跨境物流中心。

七、推进通关便利化创新合作

中国与东盟各国在政治体制、经济发展水平、竞争力、法律法规以及文化等领域都存在很大的差异，各国的发展战略和贸易政策不同，客货通关便利化也有不少差别。在中国—东盟自由贸易区升级版的大背景下，客货通关便利化是交通和能源互联互通的助推器。

（一）加快消除中国与东盟国家通关便利化的制约因素

尽管中国—东盟自由贸易区升级版已经实施，但是中国与东盟国家之间的口岸互联互通仍然存在不少制约因素，应共同采取措施消除这些制约因素。

1. 推进边境陆路口岸基础设施建设

中国—中南半岛经济走廊上的陆路口岸，除了中越东兴—芒街口岸、友谊关—友谊口岸、河口—老街口岸通道的基础设施较好以外，其他口岸要么两国对应的口岸基础设施都落后，要么一边的口岸基础设施较好，另一边对应的口岸又落后，存在口岸基础设施功能不对称的问题。最大的问题是通往边境口岸的境内和境外道路多为二级路或者更低等级的公路，难以满足大批量物流、人流的需求，造成口岸通道进出口货物"肠梗阻"，通关便利化大打折扣。如广西壮族自治区那坡县平孟口岸和高平省河广县朔江口岸、宁明县爱店口岸和峙马口岸、中国孟定口岸和缅甸清水河口岸、中国凭祥铁路口岸和越南同登铁路口岸、中国河口铁路口岸和越南老街铁路口岸的基础设施仍然比较落后；中国龙邦口岸、磨憨口岸、瑞丽口岸的基础设施稍好，而对应的越南茶岭口岸、老挝磨丁口岸、缅甸木姐口岸的基础设施建设还较落后。这就造成了口岸过货能力差，通关效率低的问题。

2. 提升中国与东盟跨国物流技术水平和信息水平

目前，处于中国与东盟前沿的云南和广西在跨境物流覆盖面、跨境物流配送模式以及效率、跨境物流信息化建设、供应链集成管理等方面仍存在较多问题，跨境电商和跨境物流的发展迫切需要建立大数据平台和跨国智能物流协同系统来解决。目前，阿里巴巴速卖通、中国—东盟中小企业贸易促进平台等只是解决跨境电商问题，"货帮主App""货车帮App"较好地解决了国内物流信息不对称问题，但是还不能解决跨境物流信息问题。就当前云南和广西跨境物流业来说，一方面跨境物流的技术水平较低，大多数跨境物流企业还无法做到对跨境物流的运输状况进行全程跟踪，物流运输信息不能实时查询；另一方面缺乏完善的跨境物流信息管理系统，在收集运输物品的信息和运输信息尤其是进口货物信息方面都不够完善，中国—东盟港口物流信息中心和中国—东盟信息港的建设还处于初级阶段，在货物发送中转、储存等很多环节在电子信息跨境服务方面跟不上，跨境物流电子信息管理水平低。

3. 推动区域内物流产业协调发展

中国与东盟各国的国际物流产业发展不平衡，这与各国的贸易发展水平有很大的关系。中国是区域内国际物流量最大的国家，其次是马来西亚、印度尼西亚、泰国、新加坡、越南、菲律宾等东盟国家，这些国家的物流流向有些不同，但是，一个共同点就是中国都是这些国家最大的贸易伙伴，与中国的贸易物流量都较大。即使是同一个国家，不同地区、省区的国际物流量也有很大的不同，中国对东盟国家的国际物流量主要集中于粤港澳大湾区、长三角和北部湾地区。越南对中国的国际物流量主要集中在红河三角洲和九龙江平原地区；新加坡对中国主要起国际物流中转的作用；泰国对中国的国际物流量集中在曼谷周边的湄南河三角洲地区；马来西亚对中国的国际物流量集中在吉隆坡—巴生港这一带。

目前中国与东盟国家的航空物流、冷链物流、保税物流、跨境电商物流、智能仓储等现代物流还是处于初级阶段，各国之间物流供需信息不对称，第三方跨境物流发展缓慢，还没有建立起高效的区域物流网络。要加强多边和双边合作，合作构建区域内跨境物流体系、物流网络和国际物流信息公共平台，合作互设中国—东盟海外仓网络，建立集运输、仓储、报关、配送于一体的国际物流配送网络，为区域提供高质量国际物流配送和增值服务。

4. 进一步完善中国—东盟通关合作机制

目前，中国与东盟已签署了《中国—东盟海关合作备忘录》，建立了涵盖署长磋商会、协调委员会磋商会等多层次的合作机制，双方在海关能力建设、执法、贸易便利化等领域已经开展合作。虽然中国—东盟海关合作机制已经有了合作基础，但是，"信息互换、监管互认、执法互助"三互合作还不够，区域贸易便利化与互联互通水平还有很大的提升空间。

2017年，中国与东盟海关在南宁举办第15次中国—东盟海关署长磋商会，各方通过了《贸易便利化南宁倡议》，表示加强中国—东盟贸易便利化合作的决心，在巩固前期合作成果基础上，建立中国与东盟各国海关及相关政府机构之间的合作机制，推进监管互认、执法互助、信息互换等方面的务实合作。[①]
中国与东盟国家还可以加强海关人才交流合作，建立海关人才培训合作机制，
合作培训双边的人才，以便加强双方之间的了解，规范双边海关业务流程，提
高通关标准化水平。

（二）推进中国与东盟国际贸易"单一窗口"互联互通建设

中国与东盟国家的交通和能源互联互通需要通关便利化支持，通关便利化
促进互联互通高效运行和贸易便利化、自由化，但是中国与东盟在没有建立统
一的通关技术标准和通关系统的情况下，推进通关便利化需要各国政府的支持。
目前，区域内统一使用国际贸易"单一窗口"是通关便利化的最佳选择。

1. 建设完善中国和东盟国际贸易"单一窗口"基础设施建设

"单一窗口"是联合国倡议的提高国际贸易便利化、推动国际贸易发展的
重要措施。国际贸易"单一窗口"是指参与国际贸易和运输的各方，通过单一
的平台向监管机构提交标准化的信息和单证以满足相关法律法规及管理的要求。
其实质就是贸易企业和运输企业通过一点接入一个包含通关监管等部门的综合
信息处理平台，实现申报人一次性递交满足监管部门要求的标准化单证和电子
信息，监管部门处理状态（结果）通过单一平台反馈给申报人。"单一窗口"
在一定程度上简化了进出口货物通关手续，大幅提高通关效率，也大大降低企
业通关成本。

单一窗口主要分为三种模式：①单一机构模式，就是由一个机构来处理所
有的进出口业务，该机构系统在收到企业进出口贸易申报数据后直接进行各项
业务处理；②单一系统模式，是由一个信息系统处理所有的业务；③公共平台
模式，通过大家建立的共同平台实现申报数据的收集和反馈，企业仅需要填制
一张电子表格就可以向不同的政府部门申报，申报内容经各政府部门业务系统
处理后自动反馈结果到企业的计算机中。

为推进联合国有关国际贸易便利化通关的倡导，提升中国国际贸易通关水
平及履行中国加入 WTO 承诺，按照国务院统一安排和部署，根据《关于国际贸

---

① 中国与东盟海关通过《贸易便利化南宁倡议》[EB/OL].（2009–10–21）. http://www.
chinanews.com/cj/cj-gncj/news/2009/10–21/19.shtml.

易"单一窗口"建设的框架意见》,我国已经制定"中国国际贸易单一窗口标准版"并于 2017 年 5 月试点,目前已在全国范围推广上线。

东盟国家也建立了"东盟单一窗口"(ASW),它连接并整合了东盟成员国的国家单一窗口(NSW),将东盟成员国单一窗口连接起来并整合为东盟单一窗口系统,以加快东盟国家之间海关电子数据的交换,贸易商可以利用这些数据获得与东盟国家进行贸易的清关、许可和其他文件。ASW 提供安全的法律框架和 IT 架构,允许在政府机构或贸易商之间以电子方式交换贸易、运输和商业数据,实现了海关与制造商、进口商和出口商、物流商、货运代理、码头和港口运营商、银行、港口之间的电子数据传输。这大大加快了货物清关流程,降低了经营成本和时间,提高了贸易效率和竞争力。

东盟成员国正在努力扩大 ASW 功能,以支持通过东盟海关申报文件(ACDD)数据交换出口申报信息,支持成员国的风险管理系统和电子植物检疫证书交换。将来的 ASW 还可用于交换其他单据,如货物单据、货运单和其他港口或运输单据。

2015 年 4 月起,东盟单一窗口(ASW)试点项目实施分阶段进行。印度尼西亚、马来西亚、新加坡、泰国和越南已经使用 ASW 架构测试了 ATIGA 的 D 表格。2015 年 9 月,有关国家财政部部长签署了实施 ASW 法律框架议定书(PLF)并报各自的国内批准程序。印度尼西亚、马来西亚、新加坡和泰国已经使用 ASW 来交换电子证书。一旦完全批准了实施东盟单一窗口的法律框架议定书,电子证书将用于在 ATIGA 下分配优惠关税税率,并进一步加快参与 ASW 的东盟成员国的货物清关速度。文莱和越南于 2017 年年中加入 ASW。其他东盟成员国处于不同的筹备阶段,并在其准备就绪后加入。

中国和东盟国家已经基本建设好国际贸易"单一窗口",可以提高双边政府部门的监管效能,减少通关申报单证的重复录入和数据信息的差错,降低贸易和运输企业的综合物流成本。但是,不同国家的单一窗口平台的功能设计可能有所不同,中国与东盟国家在货物通关的处理流程上都应按照联合国的技术统一标准进行,以建立一种技术中立的互认协议,以便对跨境信息进行有效的国内和跨境电子认证。东盟国家建设的东盟通关单一窗口,目标是通过促进东盟成员国之间的边境文件电子交换,加快货物清关,促进东盟经济一体化。这也给中国与东盟建立国际贸易单一窗口连接创造了有利条件。

2. 对接中国与东盟"单一窗口"，推进双边通关便利化

中国与东盟虽然都建立了国际贸易单一窗口，但是，双边的"单一窗口"的功能仍然不尽相同。要对接双边的"单一窗口"，第一，要建立中国—东盟海关合作机制，在这一机制框架下，按照国际贸易单一窗口的技术标准，将中国国际贸易单一窗口系统与 ASW 进行技术对接，而不必与东盟国家逐个进行对接，这将加快中国—东盟国际贸易单一窗口互联互通建设，有利于推进交通和能源互联互通建设，促进中国—东盟区域经济一体化。

第二，开展国际贸易单一窗口先行先试。在中国—东盟海关合作机制框架下，可在中国、马来西亚、新加坡、泰国和越南合作先行实行"单一窗口""一站式作业"试点，形成海关"一站式"陆路口岸通关模式，促进交通互联互通发展。在中国—中南半岛经济走廊沿线国家探索实施"经认证的经营者"（AEO）互认合作或"两国联检"或"两国一检"通关管理模式试点。

第三，加强中国—中南半岛跨境快速运输走廊建设合作。重点推进 GMS 客货运输便利化，增加大湄公河次区域便利货物及人员跨境运输协定过境站点，对接沿线国家的交通、物流、关检标准体系，简化通关手续，在广西试点开展中国—中南半岛经济走廊沿线国家合作推进国际道路运输规范化、标准化，推广应用电子运单、电子仓单、电子面单等电子化单证，延伸跨境国际道路运输线路。

第四，规范各国通关服务性收费。目前，各国的通关服务费种类和标准不尽相同，应开展通关服务规范化合作，重点清除贸易物流链中涉及通关程序和贸易物流的所有行政性、机械性和物理性障碍，消除非关税壁垒，营造有利互联互通发展的环境，规范口岸服务，创新中国—东盟大通关协作机制，全面推进区域通关一体化措施。

第五，研究制订《落实〈中国东盟海关合作备忘录〉的行动计划（2018—2020 年）》。各方根据需求提出落实备忘录的具体措施清单，合作规划中国—东盟区域内已经或即将启动的"一带一路"重点基础设施项目建设，开展"三互"合作，[①] 重点加强中方在现代化集装箱扫描仪器使用、自由贸易区、AEO 等领

---

① 紧密中国—东盟海关合作关系　畅通海上丝绸之路发展 [EB/OL].（2017–05–27）.
http://www.customs.gov.cn/publish/portal0/tab65602/info851618.htm.

域与东盟国家合作，共同建设"21世纪海上丝绸之路"。

（三）加强国家对边境口岸基础设施建设的投入

目前，我国边境地区大多数口岸都要由地方自筹资金建设，云南和广西本来就是经济欠发展的省区，缺乏足够的建设资金投入口岸、边贸点等基础设施建设。要从兴边富民、国家安全的层面加强对云南和广西的边境口岸建设的顶层设计、统筹规划，加大投入力度，加快建设完善中国—东盟陆路口岸体系，重点建设通往沿边国家级口岸的铁路、高速公路、连通港口的铁路，升级改造铁路口岸，升级口岸电子管理系统，扩建口岸的货场、仓储设施、冷链物流等口岸基础设施建设。

八、建设中国—东盟智慧交通系统

人工智能的应用和普及已经成为世界公认的发展趋势，依托第四次工业革命的成果，以智能化为核心，综合运用互联网、大数据、北斗卫星、5G通信技术等技术，建立中国—东盟智慧交通系统。

（一）建设完善中国—东盟智慧港口物流系统

港口物流是中国与东盟国家的主流物流方式，建立中国—东盟智慧港口物流系统是建立中国—东盟智慧交通系统的主要内容，对促进中国与东盟港口互联互通和港口物流高效对接具有积极意义。

1. 完善中国—东盟港口物流信息中心

2013年成立的中国—东盟港口城市合作网络作为推进中国与东盟海上合作的重要机制，在中国与东盟国家的港口物流合作中已经发挥了引领作用。2016年5月，作为中国—东盟港口城市合作网络核心项目的中国—东盟港口物流信息中心在钦州保税港区综合办公楼开始启用。截至2019年9月，该平台已接入包括广西北部湾港、马来西亚巴生港、关丹港在内的中国及东亚、欧洲、东盟国家23个港口的船期动态计划数据、集装箱动态数据，并对接北部湾港口系统、国家交通物流公共信息平台等，实现了钦州港与东盟国家港口城市的港航物流信息互联互通，初步实现了中国与东盟港口之间的物流信息共享。[①]中国—东盟港口城市合作网络已经拥有泰国港口管理局、马来西亚马六甲皇京港、新加坡国际港务集团、太平船务公司、柬埔寨西哈努克自治港、中国台湾万海航运公司等国内外39个成员。广西北部湾港开通了钦州—海防—厦门—仁川—平泽—雅加达—林查班—胡志明等15条广西北部湾港至东盟国家主要港口航线，涉及新加坡、越南、泰国、印尼、马来西亚、缅甸等国家的14个港口。2019年8月开通的北部湾港—南非直航航线，实现了北部湾港至非洲集装箱远洋航线零的突破。中国—东盟港口物流信息中心为东盟国家港航物流贸易企业与中国的贸易往来提供了高效、便捷的港口物流信息服务。但是，建立中国—东盟智慧港口物流系统还需要进一步完善中国—东盟港口物流信息中心建设，重点是将松散的中国—东盟港口城市合作网络升级为更加紧密的中国—东盟港口城市联盟，吸收更多的域内外成员参加，尤其是要吸收船运公司加入联盟，加强合作网络与诸如马士基等航运巨头合作，推动合作网络成员之间开展港口物流信息共享、统一协调各方行动，通过港口与船运公司联盟，合作开辟更多的区域内航线和联通区域与大洲的航线航班。加强各方合作共同推动港口城市、港口服务数字化。同时，推进港口城市之间开展产业合作，以港口物流带动产业合作，以产业合作促进港口物流发展，共同提高整个港口网络或港口联盟的物流效率和产业合作。

2. 建设中国—东盟智慧港口物流系统

中国—东盟智慧港口物流系统包含两套分系统，一是中国—东盟港口物流信息系统，该系统是在中国—东盟港口物流信息中心的基础上的扩展版，物流信息由海运港口物流信息扩展到相关的陆运、铁路、航空等物流，实现水、陆、铁、航全方位的物流信息资源共享；二是中国—东盟智慧港口物流处理系统，主要是港口行业的数字化和自动化，重点是港口集装箱码头自动化处理系统，利用AI、5G、北斗导航、大数据、无人驾驶技术、云计算、自动控制、感知技术、视觉计算等先进技术，将港口所有的起重机、场桥、跨运车和码头卡车连接到物联网，并对每项设备的性能、效率、维护等各个方面的数据进行数字化，

---

① 中国—东盟港口城市合作网络论坛召开 [EB/OL].（2019–09–21）. http://finance.chinanews.com/cj/2019/09–21/.shtml.

从而实现码头处理集装箱自动化。当港口物流信息系统通知港口船舶抵达和装运状态信息，码头运营商根据船舶信息安排驳船、起重机、场桥、跨运车和码头卡车等其他设备配合处理集装箱作业，实现港口服务全流程自动化、智能化。目前，我国已经建成天津港、厦门港、青岛港和洋山港四期自动化集装箱码头，广州港南沙港区、唐山港京唐港区、广西北部湾港等正在建设自动化集装箱码头；新加坡港和印尼泗水港也实现了集装箱码头自动化。自动化集装箱码头作为未来港口重点的发展方向，正在引领港口建设新的变革。中国和东盟国家可发挥各自的技术优势，合作打造区域自动化集装箱码头系统，推动自动化码头和智慧港口建设，提高港口物流效率和智能化水平，高效满足双边不断增长的贸易发展需要。我国在自动化集装箱码头技术方面已经处于世界前列，与东盟国家开展智慧港口建设有较大的优势，可在区域内选择一些枢纽港采取同一标准自动化集装箱码头，建设成为中国—东盟自动化集装箱码头网络，重点合作建设中国的钦州港、深圳港、天津港和东盟国家的越南胡志明港、泰国林查班港、菲律宾马尼拉港、印尼丹戎不碌港的自动化集装箱码头。同时，利用大数据技术，共同打造中国—东盟港口物流指数，及时反映区域内港口物流货物运输流向、货物分布情况、船舶分布情况，预测中国与东盟国家港口物流业运行发展趋势，为区域内企业生产经营与投资等活动提供数据服务。

3. 建立中国—东盟航运交易所

建设中国—东盟航运交易所，为区域内航运发展服务。可在上海航运交易所的基础上设立中国—东盟航运交易所，交易内容与上海航运交易所目前在集装箱价格指数有所区别，还可开展船舶交易、船舶租赁、舱位交易、金融交易等具体业务，或是依托中国—东盟港口物流信息中心，利用中国—东盟信息港股份有限公司的网络平台，与上海航运交易所合作组建中国—东盟航运交易所，交易所与上海航运交易所和新加坡航运交易所错位发展，重点是要突破体制机制，利用中国（广西）自由贸易试验区钦州片区的政策，开展航运衍生品交易，船舶资产挂牌交易认购、集装箱的闲置舱位交易、运输准班险等保险交易、运费价格指数、远期舱位预订和指数衍生品、金融、船舶价格指数等更多指数衍生品市场服务。

（二）推进中国—东盟智慧国际道路物流系统建设

除了海运，公路运输是连接中国与东盟国家贸易的主要运输方式。目前，中国与毗邻国家的贸易基本上是采用汽车运输将货物运到边境口岸，然后在口岸办理海关手续，再过驳到买方国家的货车上运到目的地。这样的国际物流方式比较费时费力、增加物流成本，同时容易造成货车放空或等货太久。在中国已经与周边国家签订《GMS跨境运输便利化协议》的情况下，建设中国—东盟智慧国际道路物流系统是解决这些问题的有效途径。

东盟十分重视智能交通建设。《东盟交通战略计划（2016—2025）》提出要制定和实施智能运输系统(ITS)总体规划，制定《东盟智能运输系统总体规划》，重点确定ITS系统结构设计、东盟智能交通标准以及实施和监督机制。制定国家ITS政策和东盟成员国的总体计划，以解决智能交通政策、标准、ITS开发、运行和维护以及监控机制。这是中国与东盟开展智能交通系统建设合作的重要机遇。

中国—东盟智慧国际道路物流系统就是基于互联网技术、GIS（地理信息系统）、GPS（全球定位系统）、EDI（电子数据交换系统）、RFID（射频识别技术）、条码技术等技术，建立"互联网＋物流"现代物流运作模式，推行跨境物流信息化，在中国—东盟范围内建立跨境物流信息系统，开展商品物流跟踪、客户响应模式，建立信息处理和传递系统，提供更加完善的跨境物流和配送服务，实现智慧物流。任何国家的认证会员车辆、货主用户通过智能移动终端就可以在系统注册成为会员。针对货主端推出"物流信息系统—货主"App及PC客户端，为货主发布货源、找车、货运保险、车辆定位、增值服务等；针对司机端推出"跨境物流信息"App，为司机提供覆盖中国—东盟区域的货源信息、查找货源、为车找货源、ETC等综合服务。

国际物流园区是跨境物流服务的重要一环。在中国—中南半岛经济走廊沿线的重要物流节点城市整合与合理布局物流园区，结合区位特点和物流需求，发展货运枢纽型、生产服务型、商贸服务型、口岸服务型和综合服务型物流园区，推进物流园区水、电、路、通信设施、多式联运设施和智慧物流园区建设，合作建立"互联网＋物流园"智慧物流网络，在智能物流园区开展智能化示范应用，引导企业研发应用跨境货物动态跟踪系统，推广电子运单，实现货物状态全程监控、流程实时可查。重点建设中新南宁国际物流园新中智慧园—河内国际物流园—胡志明市国际物流园—金边国际物流园—泰国曼谷国际物流园和昆明螺蛳湾国际商贸城—老挝万象国际物流园—曼谷国际物流园两条智慧物流网络，实现对中国—中南半岛经济走廊跨境物流园区的货物、车辆、装卸机具、仓储设施的实时跟踪、智能配货、协同调度，提高货物装卸、分拣、转运的自动化水平，有助于降低成本、提高效益，从而全面推动沿线国家物流园区的信息化水平，增强区域国际竞争力。

在跨境电子商务越来越发展的今天，构建中国—东盟跨境物流公共信息平台十分必要，可将之与中国—东盟智慧国际道路物流系统共同建设。跨境电子商务涉及专业性服务包括交易平台服务以及跨境物流配送、电子支付、信用服务等。建议在中国—东盟跨境物流公共信息平台中建立中国—东盟智慧国际道路物流系统，重点依托中国—东盟信息港整合区域内现有的产业平台、电商平台、金融服务平台和物流平台等成为跨境综合性信息服务网络系统，开展包括交易平台服务以及跨境物流配送、电子支付、信用服务等一条龙服务，推进铁路、公路、水运、航空、邮政及工商、海关、质检、公安、银行等领域相关物流数据开放共享，把跨境电子商务进出口所涉及的在线通关、检验检疫、退税、结汇等实现信息标准化和接口规范化，实现国检、海关、国税、外管等部门与电子商务企业、物流配套企业之间的标准化信息流通，为跨境电商、贸易和跨境物流提供便利化服务。

（三）构建中国—东盟智慧旅游交通服务系统

综合应用互联网、大数据、云计算、北斗导航等技术，由中国与东盟国家的企业以股份制的形式建立中国—东盟智慧旅游交通服务系统，建立各种运输方式智能信息系统，支持提供基于移动终端的铁路、民航、公交运行动态信息及城市路况查询等服务，同时，将中国与东盟国家的交通、通关、住宿、餐饮、景区景点、旅游线路、导航、购物、支付、娱乐、游戏、医疗等与旅游过程有关服务集成一起成为中国—东盟旅游数字生态系统，为国内外旅游消费者提供优质服务，游客只需全程"刷脸"就可以在中国和东盟国家跨国旅游，同时，通过大数据分析技术，制定中国—东盟国际旅游发展指数，为各国制定调整旅游政策提供数据支持服务。

（四）开展智慧城市交通合作

新加坡是世界智能交通的典范。2006 年 6 月，新加坡推出资讯通信发展蓝图"智慧国 2015"规划，新加坡一直努力建设以资讯通信驱动的智能化国度和全球化都市。2014 年，新加坡政府又公布了"智慧国家 2025"的 10 年计划，该计划是之前"智能城市 2015"计划的升级版。2017 年，新加坡在全球 20 大智慧城市当中排名第一。在交通领域，新加坡推出了多个智能交通系统，包括高速公路健康及信息发布系统、公路电子收费系统、优化交通信号系统、智能地图系统、停车指引系统及动态路线导航等。新加坡善于利用大数据技术赋能公共交通系统。智慧国家计划涵盖的部分巴士站配备交互式地图和 Wi-Fi 连接，甚至是电子书。新加坡还开通了一条自动驾驶测试路线，以便在制定公共道路标准时发挥作用。此外，政府利用全球定位系统（GPS）来对公交车进行定位，以准确记录行驶路线和距离，从而缓解交通拥堵状况并实现对机动车的有效管理。新加坡通过电子收费系统征收汽车税，所有交通工具中都安装有一套政府控制的微信导航系统，在后台随时监测汽车的位置，并提供大量可供分析的数据。

我国政府十分重视城市智慧交通建设。2017 年年初，交通运输部发布了《推进智慧交通发展行动计划（2017—2020 年）》，提出围绕提升城际交通出行智能化水平、加快城市交通出行智能化发展，推动企业为主体的智慧交通出行信息服务体系建设，促进"互联网 +"便捷交通发展。2019 年 9 月，中共中央、国务院印发的《交通强国建设纲要》提出要"建设城市群一体化交通网，推进干线铁路、城际铁路、市域（郊）铁路、城市轨道交通融合发展，完善城市群快速公路网络，加强公路与城市道路衔接"，"大力发展智慧交通，推动大数据、互联网、人工智能、区块链、超级计算等新技术与交通行业深度融合，推进数据资源赋能交通发展，加速交通基础设施网、运输服务网、能源网与信息网络融合发展"。"到 2035 年，基本建成交通强国。智能、平安、绿色、共享交通发展水平明显提高，城市交通拥堵基本缓解，无障碍出行服务体系基本完善"，"全面提升城市交通基础设施智能化水平"。

我国在城市智慧交通、滴滴打车、货拉拉、共享汽车、共享单车、AI 定制巴士、机器人停车、机场电子行李牌全程跟踪行李等城市智能交通技术方面处于领先水平。这是中国与东盟国家开展城市智能交通合作的基础，同时，也要向新加坡等东盟国家学习先进的城市智能交通发展的经验，与新加坡开展第三方市场合作，共同推动"中国—东盟智慧交通运输"信息化基础设施建设，合作扩大城市智慧交通在东盟国家的覆盖面。综合运用移动大数据、传感器、物联网通信技术、窄带物联网、北斗导航、5G 等技术，提高大数据、云计算、物联网、"互联网 +"在城市交通系统的应用，与东盟国家合作建设全面覆盖主要城市的智能交通感知网络，有效整合公交、地铁、出租车等多种城市出行方式，提升城市综合交通运行监督能力，提升公众交通出行便利度。

（五）加快完善中国—东盟信息港基础设施建设

中国—东盟信息港是由中国与东盟共同建设的信息基础设施项目，是中国—东盟智慧能源系统和中国—东盟智慧交通系统的重要载体。2016 年 4 月，国家发展改革委等五部委印发了《中国—东盟信息港建设方案》。2019 年 2 月，《中国—东盟信息港建设总体规划》获国家批复，主要构建基础设施、信息共享、技术合作、经贸服务、人文交流五大平台。建设中国—东盟信息港是建设更为紧密的中国—东盟命运共同体的重要举措。

1. 应用最前沿信息技术建设合作平台

第四次工业革命为合作平台建设提供了技术支持。要积极引导信息技术企业、能源企业、港口企业、跨境物流企业、跨境电商平台、国内承运商和国际承运商等合作组建信息技术战略同盟，加快解决不同企业和行业的应用系统、数据格式、通信协议等层面数据对接、数据交换以及多平台协作问题，利用互联网、人工智能、大数据、5G 技术、云计算，积极推进"互联网 + 交通""互联网 + 物流""互联网 + 能源"建设，建立集成港口物流、电子商务、仓储、陆路物流实时信息、跨境支付、市场营销、国际旅游等所有服务环节的中国—东盟综合性信息服务平台，推进中国—东盟物流和能源合作的智能化建设，将中国—东盟信息港建成展示最前沿信息技术的窗口。

2. 加快推进中国—东盟信息港核心基地建设

中国—东盟信息港核心基地基础设施建设已经取得较大的进展。中国电信广西东盟云计算中心、广西东盟信息交流中心等数据中心项目建成运行，交通物流公共信息服务平台、电子口岸公共平台、泛北部湾大宗商品交易中心、中国—东盟技术转移中心一期、中国—东盟网络视听产业基地建设一期工程投入使用。[①]

下一步，要继续加快中国—东盟地理信息小镇、中国—东盟信息港大数据中心等项目建设，以总部基地、产业园区为载体，积极发展大数据及云计算、电子商务、跨境物流、跨境金融信息服务、智慧城市等新一代信息技术重点产业；以中国—东盟信息港南宁核心基地、中国—东盟信息港钦州副中心为平台建设跨境电商小镇、钦州华为数字小镇，引进国内外一批电子商务服务企业入驻，将信息港核心基地建成面向东盟国家的区域性信息枢纽和贸易、产业合作和技术服务的集聚区，为中国与东盟国家信息交流和产业合作打下基础。

九、合作发展绿色交通

我国企业不仅要在国内推进绿色交通发展，还要将生态保护理念的绿色交通技术带到东盟国家的交通基础设施建设中去。

（一）合作开展绿色交通基础设施建设

2017年11月，交通运输部发布的《关于全面深入推进绿色交通发展的意见》提出要"在交通运输行业中贯彻习近平生态文明思想，加强交通基础设施的生态环境保护"。我国一直是东盟国家的工程承包合作大国，在东盟各国都承接了铁路、公路、港口码头、机场等不同的交通项目，从全球的生态环境保护出发，我国企业要有国际视野，不仅要在国内开展绿色交通基础设施建设，还要积极参与交通运输全球环境治理，在东盟国家的交通基础设施承包工程项目中，树立建设绿色铁路、绿色公路、绿色港口、绿色航道、绿色机场、绿色电站、绿色管道等精神形象,按照绿色交通基础设施建设的技术要求进行工程项目建设。

在东盟国家进行交通基础设施工程承包合作中，我国企业要主动与东盟国家开展绿色交通国际合作，要自始至终将生态环境保护理念贯穿于交通基础设施规划、设计、建设、运营和养护过程的每一个环节。在铁路、公路项目选线选址中推行生态选线选址和生态环保设计，尽量避让基本农田，少占耕地，减少土地分割，尽可能不毁坏森林；建设过程中，要综合施措，因地制宜将取土、

① 刘伟，覃星星.共建合作共赢之港——中国—东盟信息港平台作用日益凸显[EB/OL].（2019-09-25）.http://www.xinhuanet.com//fortune/2019-09/25/c_1125037543.htm.

弃土与造地、复垦结合起来，因地制宜采用低路基、以桥代路、以隧代路等措施，减少田地占用和损毁森林的面积，提高交通基础设施用地效率；在铁路、公路交通基础设施施工中，合理选用降低生态影响的工程结构、建筑材料和施工工艺，尽量少填少挖，尽量推广使用无毒无害环境友好型高性能材料，降低交通建设造成的生态影响。推动东盟国家在高速公路服务区、客运枢纽等车站设立污水处理设备，开展水资源循环利用。

合作推进中国与东盟国家之间快递包装绿色化、减量化、可循环，推动跨境电子商务、跨境物流绿色化发展。

（二）大力推广绿色交通工具

交通运输是国民经济中能耗与排放的重点行业，其中公路运输是主要能耗领域，而柴油是货运的主要燃料，小汽车是城市中能耗与排放的主要来源，是造成大气污染的主要原因。因此，中国与东盟国家要加强落实《联合国气候变化框架公约》（UNFCCC）合作，以优化交通能源消耗结构为方向发展绿色交通。绿色交通工具是指在行驶中对环境不发生污染，或只发生微量污染的载客工具，是现代交通研发推广的重点，是未来交通运输发展的方向。

1. 推动中国与东盟国家的城市建立绿色运输系统

碧水蓝天、空气洁净是每个城市的追求，但是，柴油汽车、汽油汽车在中国和东盟国家的城市保有量越来越多，汽车排污成为城市空气污染的主要污染源，减少汽车排污成为各国的共识。中国和东盟国家要联合起来，在城市中推广清洁能源和新能源汽车以及各项节能新技术、新设备、新产品，合作在城市建立绿色运输系统。推进中国与东盟国家新能源和清洁能源车船的推广应用合作，依托中国—东盟港口城市网络机制，在港口码头、机场、城市公交、城市物流配送、汽车租赁、出租汽车、邮政快递等领域推广应用新能源汽车。合作推动港口码头、船舶等新改建岸电设施，推广靠港船舶使用岸电设施，同时，合作推动船舶改造加装尾气污染治理装备。优化中国—东盟跨国物流运输组织，提高货运的效率，降低空驶率，推动首港运输。完善城市物流配送体系，大力推广城市共同配送，建设天然气、充电站等新能源汽车基础设施，鼓励使用新能源汽车，减少汽车尾气排放，重点推广载量大、无污染、速度快的城市绿色公共交通工具，在大城市推广地铁系统、新能源巴士、家庭"绿色小汽车"，鼓励跨国公司合作开展共享绿色的士、共享单车等绿色出行工具运营合作。

2. 加强中国与东盟国家的绿色交通工具的研发和推广合作

中国在城市轨道交通、电动巴士、电动小汽车、LNG 汽车、电动摩托车等绿色低碳交通工具的研发和生产方面处于世界前列，而东盟国家对这类交通工具有很大的市场需求。要鼓励扶持有实力的企业"走出去"到人口较多的印度尼西亚、菲律宾、越南、泰国、缅甸等东盟国家合作建立研发和生产基地，就地研发、就地生产、就地销售各类新能源交通工具，尤其是电动巴士、电动小汽车、LNG 汽车、电动摩托车等交通工具，逐步过渡到本地化生产。

（三）加强航道环境保护合作

坚持绿色发展原则，加强交通运输和能源领域的生态建设和环境保护，坚持在交通和能源互联互通建设中绿色发展、低碳发展，形成有利于节约资源和保护生态环境的交通运输和能源生产消费方式，实现可持续发展。

加强澜沧江—湄公河流域及南海海洋生态环境保护的合作，实施澜沧江—湄公河流域及南海海洋生物多样性保护合作。推进澜沧江—湄公河、中越平而河、水口河、黑水河、北仑河以及中缅瑞丽江、怒江等跨境界河流流域水环境保护监管，共同维护跨国航道生态环境。完善跨国界流域环境污染和生态破坏联防联控协调机制，定期召开联防联治会议，加强管理部门联动执法合作，开展环境保护联合监督检查，对航道重大环境污染和生态破坏案件实施联合调查，强化跨国跨行政区域环境风险防控，联合监测、预警和信息共享，协同应对重大环境污染事故，确保跨界水体断面水质达标。

加强南海各国海港和航道环境保护合作，减少陆域废水废物排放，严禁向海洋倾倒废弃物，切实采取措施严防轮船漏油，使南海跨境生物多样性保护、生态环境保护成为中国与东盟交通合作的示范项目。落实《中国—东盟环境保护合作战略》《中国—东盟环境合作行动计划》，以联合考察、人员互访、交流培训等形式，开展与东盟国家在海洋科研、海洋生物多样性保护、红树林保护、珊瑚礁保护、海洋灾害预警预报、环保技术研发等低敏感重点领域的交流合作，建立区域海洋生物多样性保护网络，提升海洋环境监测和防灾减灾能力，建立国际合作机制，共建良好的海洋生态环境。

十、推进中国与东盟交通领域技术创新合作

中国与东盟要以交通互联互通需求为导向，以交通技术发展趋势为引领，以产学研用协同创新为主要模式，合作研发一批交通互联互通建设和运营管理的关键技术和实用技术，推进互联互通创新合作。

（一）轨道交通技术创新

基于中国的轨道交通技术处于国际领先水平，而东盟国家的相关技术基本处于空白状态，中国与东盟国家的轨道交通创新合作应以中国主导为主，联合一些有轨道交通技术基础的国家，根据热带地区气候和经济社会文化特点，着重研究轨道交通在热带地区的应用技术创新和运营管理。重点开展轨道交通系统安全保障、综合效能提升的核心技术、关键装备研究；轨道交通货运快速化关键技术，合作研究货物快速装卸、均衡配载、多式货物联运适配等系统化关键技术，实现中国与东盟国家主要枢纽间各种交通运输方式无缝对接和物流高效转接；合作开展物联网及移动互联环境下轨道交通基础设施基本状态、交通工具运行、运输组织、日常调度等多源信息协同处理技术研究；合作研究"互联网 +"多模式轨道交通高品质客货运服务新模式；开展基于北斗卫星导航系统的轨道交通系统运营调度技术等研究合作。

（二）道路交通技术创新合作

基于提升中国与东盟国家的道路交通基础设施服役能力和寿命的需求，重点开展热带地区道路交通基础设施长寿命绿色材料技术研发合作；合作研究基于大数据和交通网络功能保持与提升的交通基础设施管养维护决策支持技术；合作研究中国与东盟的道路交通基础设施数据共享与互联互通技术；合作研究中国与东盟的国际道路运输数据共享与管理技术；合作研究优化传统动力汽车技术，重点是节能柴油商用车、混合动力商用车和替代燃料汽车等技术；合作研究基于移动互联的综合交通智能化服务、智能物流网络与物流系统高效运行等技术；[1] 探索中国—东盟跨国汽车共享的交通共享模式。

---

[1] 《"十三五"交通领域科技创新专项规划》。

（三）推动水路交通技术创新合作

根据中国与东盟国家水运互联互通的需要，重点合作研究澜沧江—湄公河河流生态系统整体功能，提升河流航道养护、管理与信息服务技术；合作研究中国与东盟国家的大型港口及深水航道的建设维护、整治减淤及通航保障技术；合作研究基于国际海上避碰规则的船舶智能避碰辅助决策自动化技术，以及复杂水域船舶智能避碰避险辅助决策技术，船舶交通智能组织与协同调度技术；合作研究水上交通安全监管与服务技术，船舶与港口污染防控技术，海道测量技术；合作研究基于港口的海运全程供应链优化技术，自动化集装箱码头作业调度协同优化技术等。①

（四）推动北斗系统在交通领域的应用

北斗卫星导航系统是中国与东盟的交通和能源产业信息化发展的基础平台。围绕北斗卫星导航，中国要加快与东盟国家合作，推进东盟国家的高精度基准站网建设，筹建（东盟）地基增强系统和中国—东盟卫星导航国际合作联盟，构建面向东盟国家的北斗导航与位置服务、卫星传感定位、地理空间信息等公共平台、基础信息库和国际推广体系。加强北斗导航在交通和能源行业的应用创新，合作开发基于北斗系统的国际区域性实用平台，重点推进应急救援、海上搜救、海洋捕捞、铁路监控、列车调度、跨境通关、大众位置服务、车辆监控、高精度位置服务、Wi-Fi室内定位等应用示范工程，推动中国—东盟之间形成高效的北斗卫星导航应用系统。

加强与东盟国家开展北斗系统应用相关国际合作工作，加强与相关国际公约的对接，与东盟合作推动北斗系统接入全球海上遇险与安全系统（GMDSS）。②推动中国与东盟国家建设基于北斗的国际道路运输服务信息系统和全球海上航运示范工程，在东盟国家推动北斗系统国际化进程。引导跨国运输汽车、跨国旅游车辆、商船安装配置北斗终端，推动实现中国与东盟跨国运输车辆车道级动态监控和监控终端时间同步，逐步推动东盟国家在城市公交车、出租汽车和轨道交通上应用北斗系统，扩大使用范围。

---

① 参考《"十三五"交通领域科技创新专项规划》。

② 《北斗卫星导航系统交通运输行业应用专项规划（公开版）》。

第五节 能源设施对接：推进中国—东盟国家能源互联互通建设

《东盟经济共同体（AEC）2025年综合战略行动计划》（ASEAN Economic Community（AEC）2025 Consolidated Strategic Action Plan）提出"通过制定可持续发展议程促进清洁能源和相关技术（包括使用绿色技术的可再生能源）使用来促进绿色发展，并促进可持续的消费和生产"。同时，加强东盟的能源联通性和市场整合，以实现所有人的能源安全、可及性、可负担性和可持续性。按照《APAEC（2016—2025）》推进东盟电网、跨东盟天然气管道、民用核能、推广清洁煤技术（CCT）以及到2020年增加CCT项目数量，同时，降低能源消耗，到2025年，将东盟的可再生能源占一次能源供应总量比例提高到23%的理想目标。中国拥有许多处于世界先进水平的能源技术和标准，要瞄准东盟国家的能源技术需求，加强与东盟国家能源技术合作，重点加强中国《能源生产和消费革命战略（2016—2030）》《能源技术革命创新行动计划（2016–2030年）》《能源发展"十三五"规划》和《电力发展"十三五"规划（2016—2020年）》等发展战略、规划与《2016—2025年东盟能源合作行动计划（APAEC）》对接，通过发展战略对接，推进能源互联互通合作。

中国与东盟国家的能源资源禀赋各有优势，虽然中国的煤炭、石油、电力资源、太阳能、风能等能源资源都比较丰富，但是，由于人口众多，人均能源资源并不算多，且能源资源分布不平衡，东部发达地区能源资源少而能源消费需求量大，西部地区经济不太发达而能源资源丰富。东盟各国的能源资源和经济发展也不平衡，且大多数国家的能源开发程度低，因此，中国与东盟国家都有能源互通有无、互联互通的需要。但是，也不是所有能源都能互联互通，从目前和长远来看，东盟国家的原油产量和出口量都不大，难以弥补中国的缺口，中国的电力生产还有较大的盈余而大多数东盟国家电力不足，中国需要大量进口天然气，而印尼、马来西亚天然气产量大，还有大量剩余，缅甸和文莱产量虽然不大，但是国内消费不大，天然气基本供出口，因此，电力和天然气将成为双边能源互联互通最便利的能源种类。

根据《2016—2025 年东盟能源合作行动计划（APAEC）》，东盟的能源基础设施涵盖两个主要的能源互联互通，一是跨东盟天然气管道（Trans—ASEAN Gas Pipeline，TAGP）的天然气基础设施，二是东盟电网（ASEAN Power Grid，APG）的电力基础设施。中国与东盟国家能源互联互通也将以油气管道和电力网互联互通为重点进行合作。

一、推动中国和东盟国家电力互联互通建设

中国与东盟国家水力等能源资源具有很大的互补性，推进区域电力互联互通有利于发挥各自的能源优势，重点建设区域电源基地和跨境电网，推动区域电力互联互通一体化发展。

（一）合作建设中国—东盟电源基地

中国与东盟的能源资源分布不平衡，可在能源资源丰富的国家集中建设电源基地，通过特高压输电线路互联互通向各国供电。根据区域内国家能源资源分布的特点，中国西南地区、老挝、缅甸和印度尼西亚的苏门答腊岛的水电资源丰富，适宜建立区域电源基地。同时，中国西部地区的甘肃、新疆也拥有丰富的风力资源和太阳能资源，也可以作为中国—东盟区域电源生产基地。

1. 建立中国西南电源基地

根据统计，中国水力资源技术开发量为 6.87 亿千瓦，年发电量逾 3 万亿千瓦·时，在常规能源资源剩余可开采总量中仅次于煤炭。西南地区靠近东南亚，同时也是中国的能源尤其是水电资源富集区，未开发的水电资源基本都集中在西南地区。要加快建设以四川、云南和西藏的水电资源开发，充分利用西北的风电、太阳能发电基地，组成中国—东盟电力互联互通的电源基地。

目前世界水电平均开发程度为 25%，中国水能资源总量、投产装机容量和年发电量均居世界首位，基本建成了长江上游、黄河上游、乌江、南盘江红水河、雅砻江、大渡河六大水电基地。截至 2017 年年底，中国水电总装机容量达 3.4 亿千瓦，约占全球水电装机容量的 30%，年发电量约 1.2 万亿千瓦·时，水电占全国发电量的 19% 左右，占中国清洁能源发电量的 70%。但是，开发利用

水电的程度仍然较低，水电开发程度仅为 39%（按发电量计算）[①]，水能资源的开发程度仅为发达国家平均水平的 60% 左右，与发达国家相比仍有较大差距。按照我国水电"三步走"发展战略，到 2020 年，我国常规水电装机容量将达 3.5 亿千瓦，年发电量 13220 亿千瓦·时。到 2030 年，我国常规水电装机容量将达 4.3 亿千瓦，年发电量 18530 亿千瓦·时。到 2050 年，我国常规水电装机容量将达 5.1 亿千瓦，年发电量 14050 亿千瓦·时，全国水电开发程度 90% 以上。[②] 可见，我国水电开发还有广阔的发展前景。

（1）加大西南电源开发力度。目前，我国未开发的水电资源基本集中在西南地区，要继续推进雅砻江、大渡河、金沙江等流域水电资源开发，打造西藏东南"西电东送"接续能源基地（见表 5-14）。开工建设金沙江上游叶巴滩、巴塘、拉哇等水电站项目（见表 5-15），加快推进金沙江上游旭龙、奔子栏水电站等项目前期工作，力争尽早开工建设，努力打造金沙江上游等"西电东送"接续能源基地。

表 5-14 "十三五"大型水电基地规划建设情况

序号	基地名称	规划总规模（万千瓦）	2015 年建成规模（万千瓦）	"十三五"可能开工规模（万千瓦）	"十三五"新增投产规模（万千瓦）	2020 年建成目标规模（万千瓦）
1	长江上游	3128	2521.5	203	0	2521.5
2	黄河上游	2656	1528.8	614.2	384.2	1913
3	乌江	1163	1110	52.5	0	1110
4	南盘江上游	1508	1207.9	0	60	1267.9
5	雅砻江	2883	1455.6	734.5	15	1470.6
6	大渡河	2524	1229.7	493.86	512.73	1742.4
7	金沙江	8315	3162	2381.25	580	3742
	合计	22177	12215.5	4479.31	1551.93	13767.4

资料来源：《电力发展"十三五"规划（2016—2020 年）》。

[①] 开发程度仅 39% 我国水电开发程度远低于发达国家 [EB/OL].（2018-05-30）. https://news.bjx.com.cn/html/20180530/901561.shtml.

[②] 孙志禹，胡连兴. 中国水电发展的现状与展望 [EB/OL]. https://www.sohu.com/a/284012586_823383.

表 5-15　"十三五"常规水电重点项目

序号	河流	重点开工项目	加快推进项目
1	金沙江	白鹤滩、叶巴滩、拉哇、巴塘、金沙	昌波、波罗、岗托、旭龙、奔子栏、龙盘、银江等
2	雅砻江	牙根一级、孟底沟、卡拉	牙根二级、楞古等
3	大渡河	金川、巴底、硬梁包、枕头坝二级、沙坪一级	安宁、丹巴等
4	黄河	玛尔挡、羊曲	茨哈峡、宁木特等
5	其他	林芝、白马	阿青、忠王、康工、扎拉等

资料来源：《电力发展"十三五"规划（2016—2020 年）》。

（2）完善西南电力对外输送通道。加强电网与电源发展合理衔接，落实西南水电消纳市场，着力解决水电弃水问题。加快西南水电基地外送通道规划论证和配套送出工程建设，建成投产金沙江电源基地至广西、滇西北至广东、四川水电外送、乌东德送电广东、广西等输电通道，加快建设白鹤滩水电站外送输电通道，积极推进金沙江上游等水电基地外送输电通道论证和建设。[1] 做好西南地区水电基地外送电力到中南半岛国家的规划论证工作，重点做好四川省和云南省电力外送研究，为中国与东盟电力互联互通做好前期准备工作。

四川省拥有金沙江、雅砻江、大渡河、岷江等大江大河，据统计，四川水能资源理论蕴藏量达 1.45 亿千瓦，技术可开发量 1.2 亿千瓦。依托丰富的水力资源，四川省建成了目前全国最大的水电生产和外送基地。截至 2019 年 11 月底，四川水电装机容量达 7839 万千瓦，约占全省总装机的 80%，水电装机规模和发电量均居全国第一。2019 年四川全口径外送电量超过 1280 亿千瓦·时，连续六年突破千亿千瓦·时。[2] 但是，四川省也面临着水电丰富的困扰，有电送不出，"弃水"问题严重。近几年，四川省发电装机快速增加与省内外用电需求的脱节，导致全省发电产能严重过剩。据国家电网四川省电力公司数据显示，2014 年至 2016 年，四川电网水电"弃水"电量分别为 97 亿、102 亿和 142 亿千瓦·时。2019 年四川电网调峰"弃水"电量降为 92 亿千瓦·时，连续三年保持"弃水"

[1]　国家能源局：《水电发展"十三五"规划》。
[2]　四川富余水电"弃水"降至六年来最低 [EB/OL].（2020-01-04）. http://www.gov.cn/xinwen/2020—01/04/content_5466517.htm.

电量下降趋势。预计到 2020 年四川年水电富余将超过 500 亿千瓦·时。[①]

云南能源资源尤以水能、煤炭资源储量较大。地热能、太阳能、风能、生物能也有较好的开发前景。云南河流水资源总量 2256 亿立方米，居全国第 3 位；水能资源蕴藏量达 1.04 亿千瓦，居全国第 3 位，可开发装机容量 0.9 亿千瓦。水能资源主要集中于滇西北的金沙江、澜沧江、怒江三大水系。煤炭资源主要分布在滇东北，全省已探明储量 240 亿吨，居全国第 9 位。地热资源以滇西腾冲地区的分布最为集中，全省有露出地面的天然温热泉约 700 处，居全国之冠，年出水量 3.6 亿立方米。太阳能资源仅次于西藏、青海、内蒙古等省区，省内多数地区的日照时数为 2100~2300 小时，年太阳总辐射量每平方厘米为 120~130 千卡。截至 2018 年 10 月底，云南电力装机容量达 9320 万千瓦，已成为全国重要的西电东送基地和绿色能源基地，并与越南、缅甸、老挝等境外电力部分联网。

未来云南将统筹推进水电、火电、新能源发展，加强电网建设，积极拓展国内外电力市场，全力打造"绿色能源牌"。截至 2020 年 12 月底，云南省发电装机 1.034 亿千瓦，其中：水电 0.756 亿千瓦，火电 0.151 亿千瓦，风电 880.64 万千瓦，太阳能发电 392.65 万千瓦。以水电为主的清洁能源装机 0.883 亿千瓦，占比 85.4%；火电装机占比 14.6%，全省完成发电量 3674 亿千瓦·时，省内用电量 2025.66 亿千瓦·时，外送电量 1663.78 亿千瓦·时，其中，外送境外 28.09 亿千瓦·时。预计到 2025 年，云南省总装机 1.1 亿千瓦，可发电量 4600 亿千瓦·时左右，省内用电量 3100 亿千瓦·时，外送电量超过 1500 亿千瓦·时。[②]

目前，我国仅四川省、云南省过剩的水电发电量，加上甘肃省和新疆维吾尔自治区富余的风电和光伏发电，仅中国西南的外供电力就达到 4000 亿千瓦·时，远大于大多数东盟国家的发电量。"十三五"期间，国家在四川省布局建设一批大型水电项目和常规重点水电站，加上未来西藏的水电站，西南地区和西部地区完全可以成为中国—东盟电源基地，发电量足够满足电力不足的

---

① 四川启动实施水电消纳产业示范区建设 [EB/OL].（2009–08–02）. http://www.sc.gov.cn/10462/12771/2019/8/2/12e.shtml.

② 2020 年云南能源产业将超越烟草成第一大支柱产业 [N]. 新华社，2018–12–19 电.

印度尼西亚、柬埔寨、泰国、越南等东盟国家经济发展的需要。未来还可以供应电力短缺的孟加拉国、印度等南亚电力市场。

2. 合作建设东盟电源基地

根据东盟国家的能源资源禀赋，发挥各国能源资源优势，重点在老挝、缅甸、印度尼西亚等国家建设以水能、太阳能、风能、地热等可再生能源作为东盟的电源生产基地。

（1）合作建立老挝电源基地。老挝的煤炭、石油和天然气资源缺乏，但是水电资源可开发装机容量达 2600 万千瓦，是其需求的 3 倍，水电开发潜力大。因此，老挝政府重视发展水电等可再生能源，致力于打造老挝成为东南亚电源基地，计划到 2030 年建成拥有装机容量 2000 万千瓦的水电站。由于老挝国内的电力需求量小，其中 70%~75% 的发电量可用于出口。老挝还启动了涉及太阳能、风能、可再生生物质等可再生能源的开发工作，预计将可提供更加优质的电力出口。

老挝水电开发潜力大而电力消费水平低，因而，通过水电开发能够出口大量电力给周边国家。随着经济较快发展，老挝电量消费呈增长趋势，从 2010 年的 22.28 亿千瓦·时增长到 2017 年的 62.79 亿千瓦·时，年均增长达 15.95%，与此同时，老挝的电力最大负荷也保持较快增长，从 2010 年的 47.6 万千瓦增长到 2017 年的 92.8 万千瓦，年均增长为 10%（见表 5-16）。但是，老挝的经济发展不平衡问题突出，造成电力负荷分布不均衡较为明显。以首都万象市为中心的中部 I 区，约占老挝总用电量 50% 以上，其中万象市约占全国总用电量的 40% 以上；中部 II 区占老挝总用电量的 25% 左右；北部地区和南部地区则分别占老挝总用电量的 10% 和 15%（如图 5-1 所示）。

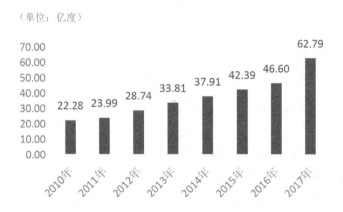

（单位：亿度）

图 5-1　2007—2017 年老挝用电量变化

资料来源：王虹．赵众．卜曾荣．老挝电力市场研究 [J]．国际工程与劳务，2018（12）．

表 5-16　2010—2017 年老挝国家电力最大负荷情况

年份	2010	2011	2012	2013	2014	2015	2016	2017
最大负荷（兆瓦）	476	527	614	649	744	760	828	928

资料来源：李恒．老挝水电站建设中的外商投资风险研究 [D]．济南：山东大学，2019：27.

目前，老挝的输电网络还未覆盖全国。2017 年，老挝共有 1088770 户家庭用电，占全国总数的 92.54%，计划 2020 年用电人口超过 95%（见表 5-17）。尽管老挝有"东南亚的电源"之称，但其国内不少地区仍然缺电，因此，每年可以向周边国家出口大量的电。

表 5-17　2010—2017 年老挝城镇、农村和户的用电统计

年份	城镇（个）		农村（个）		家庭（户）	
	数量	占比（%）	数量	占比（%）	数量	占比（%）
2010	135	94.41	5761	64.28	753297	74.01
2011	139	97.20	6036	69.09	816890	78.29
2012	144	99.31	6448	74.49	876762	82.25
2013	143	98.62	6929	80.35	943599	87.34
2014	145	99.32	7203	84.04	986435	88.70
2015	148	100	7373	85.90	1038248	90.51

续表

年份	城镇（个）		农村（个）		家庭（户）	
	数量	占比（%）	数量	占比（%）	数量	占比（%）
2016	148	100	7554	88.41	1074789	92.05
2017	148	100	7749	91.11	1088770	92.54

资料来源：《2017年老挝统计年鉴》。

老挝拟通过30条与邻国电力互联互通线路进行区域电力贸易。目前，已经与泰国签订了装机容量为900万千瓦的电力贸易谅解备忘录，与越南签订了500万千瓦电力贸易谅解备忘录，与中国云南省签订了200万千瓦、与柬埔寨签订了200万千瓦电力贸易谅解备忘录，同时，开展老挝—泰国—马来西亚—新加坡跨境电力10万千瓦试点项目，探索建立区域性能源市场。近几年，进入老挝投资水电资源开发的外国直接投资占老挝引进外资的最大比重，1989—2018年，外资在老挝投资发电项目共计83.50亿美元，占FDI的29.41%。[①]

中国水电工程技术居世界先进水平，拥有规划、设计、施工、装备制造、运行维护等全产业链整合能力，是推动世界水电发展的主要力量。中国在老挝水电工程市场已经取得较大的成就并拥有良好的口碑。当前，老挝电力发展也存在一些问题，就是水电站建设较快，电力装机的80%为水电站，丰水期和枯水期对水电站发电影响很大，造成电力供应不稳定，电力结构需要优化，同时，电网建设滞后薄弱，电网建设与水电站建设不同步，导致电力外送消纳困难。鉴于中国是老挝电力投资的最大外资来源国，建议中国企业在建设电源项目的同时，加强对老挝电网的投资，推动与水电站配套的相关电网项目建设。研究建设火电、风电、太阳能等配套电源，以解决水电站因季节变化水量不足导致的缺电问题。

我国企业要继续发挥技术和资金优势，密切关注老挝水电市场和政策动态，除了积极参加水电工程建设承包，对于一些重大电力项目，要尽早介入前期研究，对于一些营利前景好的电力项目可以参股投资，配合老挝政府打造东南亚的"蓄电池"，做老挝水电规划、建设和投资的长期合作伙伴。

[①]　老挝投资促进局。

（2）合作打造缅甸电源基地。缅甸能源资源丰富，缅甸的水电潜在可开发装机容量为 10800 万千瓦，煤储量 7.11 亿吨，石油和天然气已探明储量 4.59 亿桶和 11.8 万亿立方英尺，风电理论发电能力 36.51 万太瓦·时，太阳能理论发电能力 51973 太瓦·时。

缅甸东部、北部和西部的山区是水电资源蕴藏最集中的地区，有三大河流，伊洛瓦底江水电资源蕴藏量占 47%，萨尔温江占 38%，钦敦江占 7%，锡当河占 3%，其他占 5%，水电资源可装机容量达 4633.01 万千瓦（见表 5-18），是东盟国家中水电资源最丰富的国家。但是，目前缅甸的人均能源消耗在亚洲最低。缅甸只有 34% 的人可以用电，在农村地区甚至低至 16%。根据缅甸能源和电力部的数据，截至 2019 年年底，缅甸仅开发了约 300 万千瓦的水电。缅甸计划到 2030 年，装机容量目标为 2359.4 万千瓦，其中，38% 的水电将由大型水坝提供，天然气发电 20%，燃煤电厂 33%，可再生能源 9%，实现 100% 的电气化。[①]因此，开发建设大型水电工程将是大势所趋。

表 5-18　缅甸水电资源一览表

序号	地区／邦	水电站数量		装机容量（兆瓦）
		>10 兆瓦≤ 50 兆瓦	> 50 兆瓦	
1	克钦邦	5	14	18744.5
2	克耶邦（Kayah）	2	3	954.0
3	Kayin 邦	1	8	7064.0
4	Sagaing 地区	2	4	2830.0
5	Tanintharyi 地区	5	1	711.0
6	Bago 地区	4	4	538.0
7	Magway 地区	2	3	359.0
8	曼德勒地区	3	6	1555.0
9	孟邦（Mon）	1	1	290.0
10	Rakhine 邦	3	3	764.5
11	掸邦			
	其中：掸邦东部	1	3	719.8
	掸邦南部	3	5	7569.5
	掸邦北部	—	5	4000.0

---

① 驻缅甸经商参处.缅甸力争到 2030 年实现电力全覆盖 [EB/OL]. http://mm.mofcom.gov.cn/article/jmx/201506/.shtml.

序号	地区／邦	水电站数量		装机容量（兆瓦）
		＞10兆瓦≤50兆瓦	＞50兆瓦	
12	＞10兆瓦	32	60	46099.30
	＜10兆瓦	210		231.25
	总数	302		46330.55

资料来源：Myanmar's energy mix under the National Electricity Master Plan, developed by the Japan International Cooperation Agency.

由于考虑航运等各种原因，缅甸的主要河流都没有建造水电站。但是，水力发电仍然是缅甸电力供应的支柱。水电是解决缅甸不断增长的电力需求的合理解决方案。缅甸电力部（MOEP）在2013年2月提出了一项长期发电计划，列出了58个水电项目，装机总容量为4534.4万千瓦。但是，这些项目至今大部分都没有得到实施。

2014年，缅甸制定了《国家电力总体规划》（National Electricity Master Plan），其中，发展水电仍然是总体规划中的重点，虽然水电将从2015年占总装机容量5029兆瓦的63%下降到2031年占总装机容量23594兆瓦的38%，但是，水电总装机容量将从2015年的315.8万千瓦增加到2031年的889.6万千瓦，占总发电量比重仍然最大。

从缅甸电力总体规划中可以看出，缅甸水电开发市场的蛋糕很大。尽管中国与缅甸的密松水电站建设合作遭受挫折，但是中国在缅甸水电建设和投资合作方面已有较好的基础，要深化这种合作关系，只要等待时机，合作机会仍然存在。

目前，缅甸水电开发遇到的最大问题并不是缺乏资金，而是缅甸复杂的社会环境，大量外国非政府组织在缅甸活动，打着保护环境的旗号阻挠政府开发水电资源，而政府迫于选票压力，往往在水电项目建设上选择规避。中国企业在缅甸开展水电工程建设业务，除了要密切与政府的关系，也要提高在民众中的影响力和美誉度，可举办一些研讨会，邀请专家学者和民众代表参加，逐步改变民众观念，树立水电工程建设与环境保护是可以协调发展的理念。要提防西方非政府组织抹黑中国企业、干扰中缅友好关系，及时揭穿非政府组织的险恶用心。

合作打造缅甸电源基地，要大力支持东盟国家采取多种合作模式和融资模式开发水电资源。缅甸和老挝的水电开发主要是采用国际贷款模式，但是开始转向出口导向型私人投资模式，如 Nam Ngum、Nam Theun2、Theun—Hinboun 就采用（BOT）模式开发，这种模式适用于当前和未来的大型水电项目。世界银行的国际金融公司（International Finance Corporation）支持老挝、缅甸和尼泊尔政府主导的水电部门战略环境评估（SEA），鼓励政府审查项目，支持在满足技术、经济、环境和社会方面的所有可持续性标准的同时，尽快开发所有水电潜力，确保开发商遵守水电行业及其他行业的国际惯例标准进行水电资源开发。

（3）建设印度尼西亚可再生能源生产基地。印尼国土辽阔，能源资源丰富且种类齐全，煤炭、石油、天然气、水电资源和地热等资源都排在东盟国家前列。根据印尼能源和矿产资源部（MEMR）预计，印度尼西亚煤炭储藏量在 1205 亿吨左右，已探明石油资源储备约 36.9 亿桶，已探明的天然气储量在 286.01 万亿立方米。按照目前的生产率，石油可以开采 23 余年，天然气可以开采 59 年，煤炭还可以开采 146 年。[①] 目前，印尼的能源生产仍然以原油、煤炭和天然气的非化石能源为主，占 76.59%（见表 5-19），水电、地热、太阳能、风能等可再生能源都没有得到充分的利用。

表5-19　2014—2016 年印度尼西亚一次能源供应比例（%）

种类	2014 年	2015 年	2016 年
原油	38.37	35.25	35.19
煤炭	20.61	23.47	23.43
天然气	17.48	18.00	17.97
水电	2.45	2.27	2.27
地热	1.04	1.05	1.05
生物质	19.96	19.93	20.06
生物燃料	0.08	0.04	0.04

资料来源：印度尼西亚政府网站。

印尼人口众多，能源需求量大，是东盟国家中最大的能源开发市场。目前，印度尼西亚国土辽阔，岛屿众多，电力覆盖很不平衡，到 2017 年，虽然印度尼西亚的电气化率达到 92.8%，仍然有超过 12600 个岛屿缺乏供电，丰富的资源

---

① Indonesia New Energy Market Data Statistics[N]. ASEAN Investment, 2017–09–19.

开发也需要大量的电力，如加里曼丹岛拥有丰富的铝土矿、水电等资源，因电力缺乏还没有得到充分利用。可见，偏远地区和岛屿是印尼实现普遍电气化和资源开发面临的最大挑战，而发展可再生能源是应对这一挑战的有效办法。

印度尼西亚位于太平洋火山带上，拥有 127 座活火山，是潜在的地热能发电厂。在 285 个以上的地区估计地热能潜力为 29 吉瓦，约占世界地热总储量的40%，主要分布在苏门答腊岛和西爪哇岛。目前，仅使用其地热发电量的 4%~5%。2014 年 8 月，印度尼西亚众议院通过了第 21/2014 号地热法，将地热与其他采矿活动区分开来，为该国的地热勘探铺平了道路。2016 年，印尼政府颁布了新法规，允许 10 兆瓦以上的地热发电厂拥有完全外资所有权，小型电厂的外资可拥有 67% 股份。政府已采取措施鼓励对地热能的投资，计划到 2025 年将地热发电能力提高到 6.6 吉瓦。

水电资源在印尼所有的可再生能源中发展潜力最大，水电可装机容量约7567 万千瓦，还有 77 万千瓦的微型或微型水力发电可供开发。目前，印度尼西亚的水电站大多建在爪哇—巴厘岛、苏门答腊、苏拉威西岛和努沙·特加拉。2015 年水电站装机容量 507.91 万千瓦，最大的水电站是位于西爪哇的 Cirata 大坝为 100 万千瓦，还有 95% 的水电潜力尚未开发利用。但是，大多数水电资源都分布在电力需求低、电气化率低、基础设施较差或根本不存在基础设施的偏远地区，远离印度尼西亚人口最稠密的爪哇岛。印尼计划在未来 10 年内新建570 万千瓦的新水力发电厂。

印度尼西亚位于热带地区，每天可提供 4.8 千瓦·时 / 平方米的太阳能资源，但尚未开发利用，太阳能上网电价为 0.25 美元 / 千瓦·时。印度尼西亚拥有漫长的海岸线和持续的海风，尽管印尼的风力资源很大，但是，目前仅建设了 12个风电场，计划到 2020 年开发风能 20 万千瓦，到 2025 年风电装机容量达到97 万千瓦。

印度尼西亚是世界第四人口大国，预计到 2025 年将有 2.85 亿人口。据印度尼西亚的能源和矿产资源部（MEMR）估计，国内对能源的需求将每年增长7% 左右，2010—2030 年间用电需求预计将有近三倍增长。2025 年电气化率将达 100%，人均用电量将达到 2500 千瓦·时。近年来，尽管印尼增加了对国内煤炭以及进口石油产品的依赖，但已开始增加更多的可再生能源使用量。根据巴黎气候协议目标减少温室气体排放的计划，印尼到 2025 年将可再生能源在其

能源结构中的比重提高到 23%，新能源和可再生能源装机容量达 13600 万千瓦
（见表 5-20），到 2050 年可再生能源使用量占能源消费总量达 31%。

表 5-20　印度尼西亚新能源和可再生能源开发潜力　　（单位：万千瓦）

新能源和可再生能源发电类型	电厂装机容量			
	已确定	2025 年	2050 年	2050 年开发程度
地热	724.2	724.2	1750	总开发潜力 2950 万千瓦的 59%
水电	1555.9	2098.7	450	总开发潜力 7500 万千瓦的 60%
生物质	200.6	550.0	2610	总开发潜力 3200 万千瓦的 80%
太阳能	54.0	650.0	450	总开发潜力 53200 万千瓦的 8.5%
风能	91.3	180.0	2860	总开发潜力 11350 万千瓦的 25%
其他能源	37.2	312.5	640	
总计	2663.2	4515.4	16860	

资料来源：印尼能源和矿产资源部（MEMR）（2017）。

可见，印尼还有大量未开发的可再生能源，特别是太阳能、水力发电和地热发电等清洁能源。虽然印尼能源资源丰富，但是印尼却是东盟第一大"缺电"大国，能源开发不足一直是制约印尼国民经济发展的主要障碍。从目前的适度开发水平来看，在 2015 年至 2030 年间，印尼每年需要超过 160 亿美元的投资。全球能源互联网发展合作组织与联合国亚太经社委、东盟能源中心联合发布的《东南亚能源互联网规划研究报告》提出，东南亚地区需要加快推动能源转型，实现清洁发展。2030 年以后，东南亚新增电力需求可全部由清洁能源满足，基本解决无电人口问题。印尼完全有条件发展成为东盟可再生能源和清洁能源电源基地。

可见，老挝、缅甸、印尼等水电资源丰富，并分布在不同的区域，通过加快水电开发和跨国跨区电网建设，可有效互补解决东盟国家水电丰裕枯缺问题。构建东盟电源基地，要重点开发中南半岛北部水电、加里曼丹岛水电两大清洁能源基地，按照"产业集约化、能源发展清洁化、能源出口多样化"的发展路径，构建电力外送通道。建设中南半岛至苏门答腊岛，连接加里曼丹岛至爪哇岛、菲律宾等区域内跨海电力联网通道，以及向北与中国、向西与孟加拉国及印度、

向南与澳大利亚 3 个跨区跨洲大力联网通道。目前，东盟是能源基础设施投资和电力市场发展的最有前景的地区之一，中国企业要加强和东盟国家可再生能源开发合作，尤其要加强对印尼新能源和可再生能源建设规划的研究，掌握其能源政策的变化，及时投资最具中国产能优势的太阳能、风能和水电站项目，加强新能源和可再生能源产能合作，合作投资印尼太阳能和风能发电项目，共同建设印尼成为东盟可再生能源生产基地。

（4）推进中国与东盟电源基础设施建设合作。《第五届东盟能源展望》（AEO5）预测了东盟的能源需求继续超过全球增长，从 2020 年开始，煤炭将成为满足电力需求的主要化石燃料。预计东盟国家仍然需要建设更多的燃煤电厂。中国超超临界燃煤发电技术是一种先进、高效的发电技术，比超临界机组的热效率高出约 4%，与常规燃煤发电机组相比优势就更加明显。中国已经将这一先进技术以 BOT 投资模式应用于越南永新燃煤电厂，成为越南技术最先进的燃煤电厂。我国要加强与东盟国家在燃煤发电领域的合作，推广中国的超超临界燃煤发电技术，不仅节省投资，而且提高燃煤效率、节能降耗，减少碳排放，帮助东盟各国实现《巴黎协定》承诺的减排目标。

东盟国家正在发展新能源和可再生能源，提高在总能源消费中的比重。我国已拥有规划设计、设备制造、工程建设、运行维护完整的新能源和可再生能源产业链，覆盖水电、风电、太阳能、电网建设与改造、电力装备制造等领域，具备设计制造大型成套新能源和可再生能源电力装备能力。东盟国家新能源和可再生能源刚起步不久，市场容量很大。中国企业要抓住机遇，可将部分光伏发电、风电等产能转移到印尼、缅甸、菲律宾、越南等部分电力不足又要大力发展新能源和可再生能源的国家。

大多数东盟国家不仅电力缺乏，而且缺乏电力基础设施的建设资金。在东盟的能源领域，中国既能够为东盟国家能源建设提供技术，又能够注入资金，可灵活采取投资合作方式参与东盟国家的电力投资合作，包括工程总承包、建设—经营—转让、建设—拥有—运营—移交、优惠出口买方信贷、卖方信贷等方式参与东盟国家能源基础设施建设，加快中国与东盟能源互联互通建设步伐。

推进中国与东盟国家在发电厂、电网运营管理等方面合作。柬埔寨、老挝、缅甸等一些东盟国家的大部分电站设备均从中国进口，特高压技术在东盟国家还是空白，这些国家的电力管理水平不高，中国电力管理服务企业要"走出去"

开展电力管理服务，形成"中国技术＋中国设备＋中国管理"的"走出去"模式，带动中国电力管理服务标准"走出去"，提升"中国制造"在东盟国家中的影响力。

（二）合作建设中国—东盟特高压输电网络

随着东盟国家承接越来越多的国际产业转移，需要越来越多的电力。而东盟国家电力生产不平衡，一些国家电力过剩，中国富余的电力也需要消纳，建立中国与东盟互联互通的电力网络是快速提升东盟国家电力供应的有效途径。

1. 东盟国家电力互联互通规划情况

根据《第四届东盟能源展望》，东盟的一次能源总供应量（TPES）将从2013年的619百万吨油当量增加到2035年的1685百万吨油当量，相当于每年平均增长4.7%。但是东盟各国的能源资源禀赋、电力生产能力和市场需求相差很大。虽然东盟各国的新能源和可再生能源在电力生产中的分量大幅度增加，但是，2019年东盟的可再生能源份额仅占能源总消费的14.3%。从目前的进展速度来看，在未来五到六年内，可实现8.7%的年均增长率，预计到2025年将无法实现可再生能源份额占能源总消费23%的目标。煤炭在能源消费结构中仍将发挥主导作用，主要是作为燃煤发电的用途，预计在东盟能源结构中的份额将从2013年的20%提高到2025年的33%。[1]

为了满足这一需求，东盟电力主管部门（HAPUA）加快实施东盟电力互联网（APG）战略，鼓励首先在双边基础上跨境联网，然后在次区域基础上逐步扩大，即系统A（北部系统）、系统B（南部系统）和系统C（东部系统），最后是完全集成的东盟电网系统。

东盟《APAEC2016—2025》计划开展实施跨境电力互联互通，第一个多边连接项目是老挝—泰国—马来西亚（LTM项目）电网连接，率先开展跨境电力贸易示范，主要目标是支持《APAEC2016—2025》计划下的东盟电网（APG）建设积累经验。计划将电力贸易从2014年的348.9万千瓦·时增加到2020年的1080万千瓦·时，并在2020年后进一步增加到1600万千瓦·时。东盟计划到2025年，跨境电力贸易将达到1957.6万千瓦·时，通过跨境联网交换电力将达到300万千瓦·时。东盟电力网络整合以后，将净节省了7.88亿美元投资，

---

① 泰国发电局系统计划部：《Mr.Kornphat Srisuping,ASEAN Power Grid》。

并且将减少201.3万千瓦·时的装机容量。

东盟能源互联互通在2016—2020年第一阶段专注于7个计划领域：东盟电力互联网（APG）、跨东盟天然气管道（TAGP）、煤炭和清洁煤技术（CCT）、能源效率和节能（EE & C）、可再生能源（RE）、区域能源政策与规划（REPP）和民用核能（CNE）。

这些领域都是中国所擅长的能源工程技术。中国要加强与东盟能源发展规划对接，鼓励企业发挥各自的技术专长，积极参与东盟电网互联互通、跨东盟天然气管道、煤炭和清洁煤技术、可再生能源和民用核能技术合作，进而推进中国—东盟电力互联互通建设。

2. 重点建设两条中国与东盟国家互联互通的电力网络

根据中国与东盟国家的电源基地的分布和市场需求特点，重点建设两条中国—东盟跨境电力网络。

合作建设中国西南—中南半岛—印尼/菲律宾特高压输电网络。尽管电力互联互通很复杂，东盟电力互联网（APG）也取得了良好的进展。迄今为止，APG的16个电力互联项目中已实施了6个，连接新加坡和马来西亚半岛，泰国和马来西亚半岛，并通过泰国到柬埔寨、老挝和越南，总装机容量为348.9万千瓦，实现了电力跨国交换和贸易。中国广西、云南与越南、老挝和缅甸也实现了局部地区的电力联网。中国与东盟国家可在此基础上进一步升级改造APG，进而扩展成为中国—东盟电力互联网。

特高压输电技术是指使用1000千伏及以上的交流电压等级或±800千伏直流输送电能的技术。考虑到长距离输送电力，线路损耗率很大，而特高压具有输送距离远、容量大、损耗低、占地少和网络规模效应等特点，成网后可显著降低电力输送成本，最适宜于解决能源资源、能源生产和能源消费分布不均衡的问题。中国的电力生产基地多在西部地区，东盟的水电富集区在缅甸、印尼和老挝等边远地区，而电力消费集中在印尼、菲律宾、泰国、越南的大城市，输电距离在600千米至3000千米甚至3000千米以上，需要建设大容量、高效率、远距离的输电系统。到2017年年底，中国已建成12条特高压直流输电工程，输送总容量9360万千瓦，年输送电量中清洁能源占比超过80%，相当于每年减少东中部地区煤炭消耗 1.7 亿吨，减少二氧化碳排放 4.5 亿吨。[①] 截至 2020 年年底，中国国家电网公司已累计建成投运"14 交 12 直"特高压输电工程，在运在建 29 项特高压输电工程线路长度达到 4.1 万千米，变电（换流）容量超过 4.4 亿千伏安（千瓦），累计送电超过 1.6 万亿千瓦·时。[②] 实践表明，当输电距离大于 800 千米时，采用特高压直流输电更加经济。因此，采用特高压输电技术合作建设中国西南—中南半岛—印尼/菲律宾特高压输电网络作为中国—东盟北南干线输电网络行之有效。这条特高压输电线路主要是建设从电源基地（四川省水电基地+云南省水电基地+缅甸水电基地+老挝水电基地）—泰国—马来西亚—新加坡—印尼苏门答腊岛—爪哇岛—加里曼丹岛—菲律宾，将中国西南地区和缅甸、老挝作为区域电源基地，通过特高压输电技术将中国、缅甸和老挝的水电等清洁能源输送到电力缺乏而电力需求量大的泰国、印尼和菲律宾等国家，实现中国与东盟国家电力互联互通，满足沿线国家经济发展对电力数量和质量越来越高的需求。

建设孟加拉湾—北部湾—粤港澳大湾区特高压电力网络。大电网目前仍是世界各国电网的主要形态。随着"一带一路"建设的推进，电力产业国际化和大电网国际化已成为一种趋势。中国与东盟是毗邻国家，且各国的电力发展很不平衡，便于开展电力互联互通建设和电力贸易合作。鉴于印度、孟加拉国、尼泊尔等南亚国家之间已经开展电力贸易，中国和东盟还可以合作开展与印度、孟加拉国等南亚国家的电力互联互通建设，共同开拓电力不足的南亚电力市场。"环孟加拉湾多领域经济技术合作组织"（BIMSTEC）在推进南亚与东南亚地区的互联互通方面已有初步成果，突出表现为成员国共同签署了建立 BIMSTEC 电网的谅解备忘录。印度与孟加拉国的双边互联互通也有诸多进展，孟加拉国允许印度使用吉大港和蒙格拉港，双方电网也进行首次连接，实现了印孟互联互通的大突破。2013 年 10 月，孟加拉国开始从印度进口 50 万千瓦电力。[③] 因此，建立中国与东盟电力互联互通乃至中国、东盟和南亚国家电力互联互通网络不

---

① 王轶辰.电力输送向世界亮出"中国方案"[N].经济日报，2018–02–06.

② 国家电网公司已累计建成投运"14 交 12 直"特高压输电工程 [EB/OL].（2021–04–15）. https://shupeidian.bjx.com.cn/html/20210415/1147508.shtml.

③ 林民旺.印度与周边互联互通的进展及战略诉求 [J].现代国际关系，2019（4）.

仅必要，而且有很大的发展前景。

建设孟加拉湾—北部湾—粤港澳大湾区特高压电力网络是解决南亚地区和珠三角电力问题的有效途径。该项目以合作开发老挝、缅甸和中国川滇丰富的水电资源为基础，将广西核电、越南煤电、川滇和缅老水电串联成为电源集聚区，同时，集约开发沿线国家优势的太阳能、风能，发展绿色能源，用特高压输电线路连接起来，形成从缅甸曼德勒—清迈—万象—河内—防城港—粤港澳大湾区 ±1100 千伏特交直流混合特高压骨干网架，条件成熟后，将特高压线路向西延伸至孟加拉国吉大港—达卡—印度加尔各答—达卡，形成以中国特高压输电技术为核心的珠三角—北部湾—孟加拉湾特高压输变电网络，将电力输送给粤港澳大湾区、泰国、柬埔寨、越南、孟加拉国、印度等电力短缺国家和地区。合作建设区域智能电网，联通沿线各国电力网，各国的风电、太阳能发电等新能源可以上网销售或从网上购买和交换电力。同时，建立区域电力交易平台，采取开放式市场的电力采购模式，形成粤港澳大湾区—北部湾—孟加拉湾智能电力网络和电力产业链。

当然，建设中国—东盟北南干线输电网络也面临一些挑战，主要是特高压输电线路设计系统操作与运营、维护领域中通用技术标准代码或准则的协调；协调双边有关跨境电力互联互通、贸易的法律和监管框架；技术领域知识；建设资金来源及融资方式。因此，必须采取相应的措施解决这些挑战。

一是特高压交流／直流工程技术直接采用中国标准。基于特高压交流／直流工程技术的先进性，中国主导编制的世界上首个特高压直流全套技术标准体系已经成为国际标准。

二是合作磋商制定跨境电力建设和管理制度。在中国—东盟《货物贸易协议》《服务贸易协议》《投资协议》和《争端解决机制协议》的框架下，根据跨境电力贸易的特点，由区域各国能源管理机构协商制定《中国—东盟跨境电力建设与贸易协议》，各方统一按照协议进行跨境电力基础设施建设、运营管理和贸易。

三是加强对沿线国家技术人员的技术培训。特高压输电对东盟各国都是新技术，中国参建企业、特高压技术设备供应商、运营企业要负责对沿线各国的跨国特高压输电技术的技术和管理培训。

四是采取多渠道融资方式解决建设资金来源。世界银行、亚洲开发银行、亚投行等都是中国—东盟干线输电网络建设的合作伙伴；基于特高压是中国的技术和设备，也可以通过中国的政策性银行或商业银行以出口信贷的形式进行融资。

二、中国—东盟国家油气管道互联互通建设

中国与东盟国家的油气管道互联互通已经有了中缅油气管道成功运营的良好范例，可在此基础上扩大合作成果，争取油气管道惠及尽可能多的国家。

粤港澳大湾区、北部湾与孟加拉湾之间的石油、天然气开采、转运、炼化及深加工产业链有较大的关联性，市场互补性很强，建设连接孟加拉湾—北部湾—粤港澳大湾区油气管道，将沿线国家与中国钦州、北海、湛江、茂名、广州、惠州和揭阳的石化基地互联互通，将有利于降低原油运输成本，释放该区域原油及天然气深加工潜力，同时，有利于沿线国家能源贸易和能源安全。

（一）加强中国与东盟油气管道规划对接

2017 年 5 月，国家发展改革委、国家能源局颁布了《中长期油气管网规划》（发改基础〔2017〕965 号），这是中国油气管网中长期空间布局规划，其中对原油管道和天然气管道建设都进行了规划布局，这是推进油气管网等基础设施建设的重要依据，也是开展与东盟国家油气管道互联互通的依据。

中国《能源生产和消费革命战略（2016—2030）》提出："畅通'一带一路'能源大通道。巩固油气既有战略进口通道，加快新建能源通道，有效提高中国和沿线国家能源供应能力，全面提升能源供应互补互济水平"；同时"完善能源通道布局。加强陆海内外联动、东西双向开放，加快推进'一带一路'国家和地区能源互联互通，加快能源通道建设，提高陆上通道运输能力。推动周边国家电力基础网络互联互通"。[①] 这一理念也是推进中国与东盟国家的油气管道互联互通的重要准则。东盟也制定了区域油气管道互联互通的发展规划，其中，一些已经建成运营的油气管道与构想的孟加拉湾—北部湾—粤港澳大湾区油气管道是可以互联互通的，尤其是在缅泰边境地区一带的油气管道，气源都在缅甸近海，其管道和气源可以成为孟加拉湾—北部湾—粤港澳大湾区油气管道网络的组成部分。孟加拉湾—北部湾—粤港澳大湾区油气管道沿线的泰国、老挝和越南都还没有油气管道，建设这条油气管道将极大缓解沿线国家的油气紧张

---

① 《能源生产和消费革命战略（2016—2030 年）》。

和能源安全问题，实现中国与东盟国家的油气管道规划对接和集团能源安全。

（二）推动建设孟加拉湾—北部湾—粤港澳大湾区油气管道网络建设

建设孟加拉湾—北部湾—粤港澳大湾区油气管道网络十分有利于沿线国家的油气开发、油气运输、油气加工、油气消费和能源安全。首先，除越南外，沿线国家都不是原油生产国，而缅甸、老挝、泰国、越南的成品油加工能力不足，每年沿线国家都需要进口成品油。2017 年，仅缅甸就进口了 33.78 亿美元成品油（见表 5-21），而中国是东盟国家的主要成品油供应国，近几年，中国一直排在东盟国家成品油进口来源国前列，仅次于东盟（见表 5-22）。

表 5-21　2013—2017 年东盟国家成品油进口价值表　（单位：百万美元）

国家	2013 年	2014 年	2015 年	2016 年	2017 年
文莱	268.5	362.8	193.0	222.3	264.1
柬埔寨	944.3	294.9	1089.2	888.9	1108.1
印尼	27850.9	26717.3	14008.5	9940.9	14119.6
老挝	546.5	652.3	644.1	541.2	604.0
马来西亚	22051.7	22822.1	14802.9	11895.6	16704.2
缅甸	1714.6	2680.3	1816.4	1641.7	3377.9
菲律宾	5282.6	5873.9	3337.0	3953.1	5967.4
新加坡	74163.4	72384.3	42675.5	33081.0	45904.4
泰国	3676.2	5573.1	2993.2	3557.1	4348.8
越南	7386.4	7444.8	5729.5	5340.6	7308.3
东盟	144335.0	144805.9	87289.3	71062.5	99706.8

资料来源：《2018 年东盟统计年鉴》。

表 5-22　2015—2017 年东盟主要成品油进口来源国　（单位：百万美元）

排序	国家	2015 年	排序	国家	2016 年	排序	国家	2017 年
1	东盟	33554.2	1	东盟	30414.5	1	东盟	41874.4
2	韩国	8459.2	2	中国	6583.7	2	中国	9316.8
3	中国	5446.6	3	韩国	6497.3	3	韩国	8216.6
4	日本	5294.6	4	印度	4016.6	4	印度	7165.6
5	俄罗斯	4794.7	5	欧盟	3261.3	5	阿联酋	4207.6
6	欧盟	4654.4	6	阿联酋	2980.0	6	俄罗斯	4112.0

资料来源：《2018 年东盟统计年鉴》。

中国北部湾和粤港澳大湾区建设了许多石化基地，每年需要进口大量来自孟加拉湾、中东地区和非洲的石油天然气，而缅甸、泰国、老挝和越南也需要从中东地区、非洲进口大量的油气产品，因此，沿线各国有着共同能源需求和能源安全利益。中国主要从中东地区、非洲进口原油和天然气（见表 5-23），每年从该地区进口约 3 亿吨原油、170 亿立方米天然气，仅北部湾—粤港澳大湾区沿海地区的石化炼油企业，年原油加工能力就超过 1.5 亿吨原油。孟加拉湾—北部湾—粤港澳大湾区油气管道将使孟加拉湾经马六甲海峡到北部湾港的原油海运距离缩短约 2200 千米，到惠州石化基地的海运距离缩短 2400 千米以上，大大缩短孟加拉湾、非洲和中东的石油天然气到华南地区的距离，降低原油运输成本。即使出现"马六甲困局"，三湾走廊能源"集体安全"也能较好地保证沿线国家的能源安全。

表 5-23　中国石油天然气主要进口来源地

（天然气单位：十亿立方米；原油单位：百万吨）

	天然气		石油	
	2017 年	2018 年	2017 年	2018 年
加拿大			0.6	1.2
墨西哥			1.3	0.7
美国	2.1	3.0	7.7	12.3
中南美洲			57.2	62.0
欧洲			9.9	8.6
俄罗斯	0.6	1.3	59.8	71.6
其他独联体国家			3.8	2.8
伊拉克			36.9	45.0
科威特			18.2	23.2
沙特阿拉伯			52.2	56.7
阿联酋			10.2	12.2
卡塔尔	10.3	12.7		
其他中东国家		0.7	66.5	66.0
非洲	1.2	3.7		
北非			5.6	11.3
西非			72.3	71.9
东南非洲			4.7	4.4
大洋洲	23.7	32.1	2.1	1.3
文莱	0.2	0.3		
印度尼西亚	4.2	6.7		
马来西亚	5.8	7.9		
其他亚太国家	3.3	3.5	13.3	13.2
合计	52.6	73.5	422.1	464.5

资料来源：《2018、2019 年 BP 世界能源统计年鉴》。

孟加拉湾—北部湾—粤港澳大湾区油气管道网络就是建设粤港澳大湾区—茂名—湛江—北海—钦州—东兴—河内—万象—清迈—仰光—勃生（或皎漂）原油管道、成品油管道和天然气管道，将中东、非洲或孟加拉湾的原油、天然气输送到泰国、老挝、越南和中国华南地区，形成孟加拉湾—北部湾和粤港澳大湾区油气管道网络。沿线国家合作建设缅甸勃生海港或皎漂港油气码头、油气管道、储油设施和储气设施，实行共建共享共营。这样，就形成了缅甸的油气生产、储存、转运，泰国油气加工，中国北部湾和珠三角地区石化、炼化的全产业链，成品油和石化产品可以反向输送到孟加拉湾地区，解决沿线国家成品油和石化产品缺乏的问题，形成利益共享、责任共担的区域能源命运共同体。

三、建立中国—东盟能源产业合作示范区

东盟国家能源资源分布和开发能力很不平衡。除文莱、印度尼西亚、马来西亚、缅甸和越南外，老挝、柬埔寨、菲律宾、泰国都是石油、天然气的净进口国。随着经济的发展，能源消费越来越多，开展油气管道互联互通及其油气加工应成为中国和东盟能源合作的优先项目。基于中国与东盟国家的石油天然气产地、进口来源、销售市场需求等因素，本着从推进中国—东南亚—南亚石油、天然气、电力等能源互联互通出发，沿广东惠州—广州—茂名／湛江—北海—钦州—河内—万象—清迈—仰光—勃生—皎漂港经济走廊沿线建设能源产业园区，开展石化、炼油、天然气加工为重点的天然气石油化工产业合作，沿线国家能源互补性得以发挥，有利于各国能源贸易和能源产业合作，确保各国能源安全。

粤港澳大湾区、北部湾与孟加拉湾之间有非常紧密的石油、天然气开采、炼化及深加工产业链关联度，电力资源、市场的互补性也很强。我国自广西钦州开始经北海、广东湛江、茂名、广州、惠州、揭阳的沿海地区已经建成了较大规模的石化和炼化产业集群。北部湾地区已经建成了中石化钦州石化基地、北海炼化基地、茂湛炼化基地；粤港澳大湾区建成了广州、珠海、惠州和揭阳的石化基地。目前，仅从广西钦州至广东揭阳一线沿海地区，每年石化企业需要的原油就超过8000万吨，预计到2022年，原油处理能力将超过15000万吨。建设连接粤港澳大湾区—北部湾—孟加拉湾综合交通和能源通道，在沿线布局中国—东盟能源产业合作示范区，将发挥粤港澳大湾区的人才、技术、资金等优势，加快释放区域内化石能源开发利用潜力，与中国钦州、北海、茂名、湛江、

广州、惠州和揭阳的石化基地集聚发展，推动油气石化产业集群发展。

（一）建立缅甸皎漂能源产业合作示范区

缅甸在孟加拉湾已经建设了产能较大的天然气生产基地，除了供应其国内需求，大部分天然气产品出口到中国、泰国及周边国家。同时，皎漂港是中缅原油管道的起点站，是中缅油气管道原油和天然气的集散地。中东地区和非洲国家的原油和天然气在皎漂港卸载通过中缅油气管道输送到缅甸和中国。因此，在缅甸皎漂经济特区建立皎漂能源产业合作示范区的条件十分有利，既可以输送原油和天然气，也可以在经济特区就地加工，然后将产品出口到周边国家。

缅甸皎漂经济特区的开发是由中国中信集团与泰国正大、中国港湾、中国招商局集团、中国天津泰达、中国云南建工组成的跨国企业集团联合体中标皎漂特区的工业园和深水港项目。皎漂特区工业园占地约 1000 公顷，项目计划分三期建设，2016 年 2 月开始动工，规划入园产业主要包括纺织服装、建材加工、食品加工等。深水港项目包含马德岛和延白岛两个港区，共 10 个泊位，一期建设 2 个泊位，计划分四期建设。皎漂能源产业合作示范区可设在皎漂特区工业园内，重点以天然气加工为主，生产高清洁液化气，同时，适时建设年加工能力 500 万 ~1000 万吨的大型炼油厂，改变缅甸土法炼油、小型炼油厂技术落后的局面，既满足缅甸对高品质汽油、柴油、航空煤油的需要，也可以出口到泰国、孟加拉国、老挝等周边缺油国家。

（二）建立北部湾能源产业合作示范区

目前，北部湾地区已经形成以石化产业为主的三大能源产业基地。主要是钦州石化基地、北海石化基地和茂湛炼化基地。钦州已建成中石化钦州 1000 万吨炼油厂，石油炼制生产能力已达到 1000 万吨，同时，已经在国家级钦州港经济技术开发区钦州石化产业园金谷片区建设以中石油、上海华谊为龙头企业生产 2000 万吨炼油能力；三墩片区规划至 2022 年建成 1000 万吨／年凝析油综合利用联合装置，规划到 2032 年再建成 3000 万吨炼油、500 万吨芳烃、500 万吨烯烃的生产能力。钦州石化产业园是开发区的核心区，正在打造成为全国独有、建设面向东盟的"油、煤、气"多元化石化产业体系。

北海石化基地位于铁山港临海工业区内的北海石化产业的龙头企业——北

海炼化，中石化北海炼油厂已经建成 500 万吨 / 年炼油生产能力，规划将建成达 1000 万吨级炼化项目和 20 万吨 / 年聚丙烯项目。主要产品包括成品油、航空煤油、聚丙烯、硫黄、液化石油气等。

茂湛炼化基地由茂名石化和湛江石化基地组成。茂名石化是新中国"一五"期间 156 个重点建设项目之一，目前，炼油加工能力达到 2000 万吨 / 年，乙烯生产能力达到 110 万吨 / 年，已成为中国规模最大的炼化企业之一，生产合成树脂、合成橡胶、液体有机化工原料等系列产品。湛江是西南和珠三角成品油管道的首站，湛江石化基地是以中石化湛江东兴石化公司为生产基地，目前，原油一次加工能力为 500 万吨 / 年，主要加工进口低硫轻质原油，生产汽油、柴油、聚丙烯、苯乙烯、液化气、硫黄等 9 大类 50 多种产品。中科炼化项目是中国石化和科威特在湛江合作投资建设的大型石化项目，是茂湛炼化基地的重点建设项目。项目一期建设 1000 万吨 / 年炼油系列生产装置、80 万吨 / 年乙烯系列生产装置。

乙烯工业是石油化工产业的核心，在国民经济中占有重要的地位。我国是乙烯消费大国，乙烯整体供不应求，每年需要从国外进口大量的乙烯及乙烯下游衍生品。国家统计局及国家海关总署数据显示，2017 年中国乙烯产量为 1822 万吨，当年表观消费量为 2037 万吨，同比增加 4.7%。截至 2017 年，我国乙烯对外依存度在 15% 左右，丙烯对外依存度在 11% 左右，纯苯对外依存度在 25% 以上，苯乙烯对外依存度在 20% 左右，PE 对外依存度超过 46%。[1] 基于我国对乙烯还有较大的对外依存度，为缓解国内石化行业结构性矛盾，在北部湾地区建设以钦州石化产业园和茂湛炼化基地为核心区的北部湾能源产业合作示范区十分必要。重点开展石油加工、炼焦、核燃料处理，生产乙烯和以乙烯为原料生产合成塑料、合成纤维、合成乙醇、合成橡胶的基本化工原料，以及生产 PE、氯乙烯、苯乙烯、环氧乙烷、醋酸、乙醛、乙醇等化工产品。

（三）粤港澳大湾区能源产业合作示范区

粤港澳大湾区。目前，大湾区已经建成和规划建设的石化基地如下：广州

---

① 2017 年中国乙烯消费及进口情况统计分析 [EB/OL]. http://www.chyxx.com/industry/201805/643384.html.

已建成 1350 万吨 / 年原油炼化项目，并计划启动广州石化异地搬迁工作；珠海已经部分建成 1500 万吨 / 年原油炼化产能；惠州石化基地的石油炼制、乙烯生产能力已分别达到 2200 万吨、220 万吨，还规划建设每年 4000 万吨石油炼制和 350 万吨乙烯生产能力；揭阳正在建设每年 2000 万吨原油炼化能力的石化项目。这些石化基地都布局在沿海地区，形成了桂粤石化产业带，原料都是通过海运进口原油，原油大多来自沙特、科威特等中东地区，苏丹等非洲以及委内瑞拉等国家。

以惠州石化基地为代表的粤港澳大湾区能源产业已经成为中国炼化一体化规模最大的石化基地。大亚湾石化区已形成 2200 万吨 / 年炼油、220 万吨 / 年乙烯的产业规模，也是亚洲最大的乙烯生产工厂之一，可以带动一批以乙烯为原料的中国和东盟国家的化工和塑胶产业的发展，不断汇聚石化产业上下游项目，形成全球领先的中国—东盟石化和塑胶产业集群。

我国在水电工程技术、水轮机组制造、智能电网、特高压、三代核电技术"华龙一号"等方面具有世界领先水平；风电、光伏发电设备制造产能世界第一。我国与东盟国家电力合作具备坚实的基础，东盟国家对中国的电力设备的需求越来越大。可以在粤港澳大湾区—北部湾—孟加拉湾经济走廊沿线布局水轮机组制造、变压器、风电、光伏发电设备等一些东盟国家市场需求量大的电力设备生产基地，以提高中国先进电力设备在东盟国家的市场占有率。基于北部湾地区现有的产业基础和区位优势，可以将智能电网、特高压、三代核电技术"华龙一号"、风电、光伏发电设备制造布局在钦州港经济技术开发区、北海铁山港工业区、防城港市高新技术开发区和中马钦州产业园。

（四）老挝万象能源产业合作示范区

目前，老挝还没有发现大型化石能源矿藏，国内还没有开展油气资源开发，也没有石化工业。老挝的能源工业主要是水力发电，老挝政府致力于通过利用水力发电成为"东南亚电池"，并利用风能、太阳能和热能资源在整个地区出口电力。水电和输配电基础设施将成为老挝在发展电力工业时投资的重点。随着中老铁路即将建成运营，老挝在中南半岛的区位优势将得到充分的发挥，而老挝、柬埔寨、缅甸等周边国家的水电资源尤其是小水电资源还没有得到开发，在老挝万象布局建设一个以水力发电设备、风电、光伏发电设备等为主的能源产业合作示范区十分必要，同时，配套建立变压器、电线电缆、电表、储能设备、照明产品等生产厂，形成生产电力设备为主的产业集群。

（五）泰国清迈能源产业合作示范区

泰国的能源资源比较缺乏，石油、天然气大多依赖进口，电力也需要进口。但是，泰国的石化产业比较发达，泰国石油化工产品质量达欧洲 EURO Ⅳ 标准等级，为目前东盟地区最高标准等级。泰国每年出口的塑料制品主要是塑料薄膜、塑料板、包装袋、塑料、办公塑料制品以及家具塑料制品。而柬埔寨、老挝、缅甸和越南对泰国一些技术和生产加工工艺要求不高的产品和塑料制品有很大的市场需求，每年进口大量普通塑料产品、包装袋、家庭用品以及各种茶寮。预计，泰国的化石能源和电力将长期处于短缺、需要进口的状态。在泰国清迈建立风电、光伏发电基地，发展以清洁能源设备生产为主的产业，成为中国—东盟清洁能源产业合作示范区。

（六）越南清化—鸿基能源产业合作示范区

越南是东盟国家中煤炭资源丰富的国家，随着越南经济的快速发展，需要的电力越来越多，建设的燃煤电厂也越来越多。而越南煤矿主要集中在鸿基市，离下龙市的下龙湾世界自然遗产不远，对环境影响很大。越南每年煤炭产量约4000万吨，大部分用于电厂发电，并需要从澳大利亚和印尼进口部分煤炭补充煤炭产能的不足。同时，越南拥有较为丰富的石油天然气资源，化石能源开发具有较大的规模，在广义省已建成年产能900万吨的榕桔炼油厂，在清化省建成原油年加工能力500万吨的宜山炼油化工联合项目，可以生产 A92 汽油、A95 汽油、柴油、煤油、液化石油气等10种产品。项目全面投产后，宜山炼油化工厂年加工原油将达1000万吨，满足越南国内需求的40%，其石化产品占出口总量的17%。越南还在距离宜山炼油化工联合项目不到130千米的河静省，建设产能为2185万吨/年的台塑越南河静钢铁厂，每年需要大量焦炭，目前已经建成年产710万吨钢铁的一期工程。基于越南丰富的煤炭资源，但缺乏煤炭清洁利用技术，对环境的影响很大，可围绕清洁煤炭技术和石化工业在越南清化省—鸿基一带建立清化—鸿基能源产业合作示范区，重点开展清洁煤生产、煤炭清洁利用技术、焦炭、石化副产品综合加工利用等能源高效利用项目，生产清洁煤、煤气、焦炭、合成橡胶、合成塑料、合成乙醇等石化产品，成为中国—东盟清洁煤炭和石化产业合作示范区。

四、加强中国与东盟绿色能源开发合作

清洁能源，即绿色能源，指不排放污染物、能够直接用于生产生活的能源，包括可再生能源和核电。绿色能源是世界能源发展的大趋势，也是中国—东盟能源合作的重要组成部分。中国在煤炭和清洁煤技术、民用核能技术方面总体上处于世界先进行列，煤变油技术、超临界燃煤机组技术、煤炭燃烧脱硫技术、华龙一号等都适合于东盟国家发展清洁能源的需要。加强双边的绿色能源合作将成为中国和东盟参与全球应对气候变化的共同行动。

（一）加强中国与东盟国家可再生能源开发合作

东盟国家的可再生能源还有很大的发展潜力。东南亚国家的海岸线很长，海岸线风能储量很大，每年每平方米的风能达 500~1000 千瓦·时；东南亚太阳日照强度较高，每天每平方米为 5 千瓦·时，发展太阳能潜力大；缅甸、老挝、印尼还有大量没有开发的水电资源；东南亚国家每年的生物质能 5 亿吨以上，发电功率达 3500 万千瓦以上；地热资源丰富，菲律宾地热资源预计有 20.9 亿桶原油标准能源，印尼拥有的地热能源占全世界总量 40%，但目前仅开发其中的 5%，排在美国和菲律宾之后，是世界第三大利用地热能源的国家。[1] 东盟国家已经认识到可再生能源对于增加能源供应多样性以及减少能源使用对环境的影响至关重要。《APAEC2016—2025》提出要大力发展可再生能源，提高可再生能源在总能源消费中的比例。《东盟 2013—2035 年能源展望》也提出要将可再生能源在东盟能源结构中的比例从当前的 10% 增长到 2035 年的 23%。

东盟国家拥有丰富的水电、风力、太阳能、地热和生物质等可再生能源资源，但是大多数国家缺乏开发这些资源的技术、人才和资金。目前，东盟国家对可再生能源的开发已经涵盖了水能、地热、太阳能、风能、生物能（生物乙醇、生物柴油、沼气、生物油）和废物。海洋能源（热能、波浪能和潮汐能）、

---

① 刘建文，廖欣.推进中国—东盟能源互联互通，构建区域性能源安全体系[J].学术论坛，2016（11）.

燃料电池、氢和煤的液化/气化等其他技术正处于研究、开发和示范阶段。

中国与东盟国家在可再生能源合作方面具有很大的互补性。目前，中国是国际洁净能源技术和装备的供应大国，是世界绿色能源发展的引领者，集中了世界上最大的太阳能、风力与环境科技公司，拥有大型水电站、风电和太阳能发电等可再生能源开发建设和运营的丰富经验，具有开发这些能源资源所需要的技术、人才、设备、资金等全产业链要素，因此，推进中国与东盟国家的可再生能源合作，不仅可以加强双边能源产能合作，输出中国先进的能源生产技术、发电设备和技术标准，可以推进中国与东盟能源互联互通建设。

中国在东盟国家开展可再生能源合作，要根据各国的资源优势，可在每个国家实施不同的水电、风电、太阳能发电、生物质能源发电等可再生能源示范合作项目。在水能资源丰富的老挝、缅甸和印尼等国家重点发展水电，因地制宜开展风能、太阳能发电和生物质能源开发利用；在柬埔寨、越南重点发展太阳能发电，兼顾水电、风能；在马来西亚、泰国、菲律宾重点发展风能和太阳能；同时，针对印度尼西亚和菲律宾丰富的地热资源，加强双边或多边的地热发电技术研究合作，推进地热发电新设备研发应用。同时，发挥中国的优势产能，逐步在菲律宾、印度尼西亚、泰国、马来西亚等对可再生能源设备需求较大的国家开展可再生能源产能合作，将中国的太阳能光伏发电、风电、水电设备等产业进行本地化生产。

（二）大力支持东盟国家开发洁煤炭技术

煤炭是东盟国家发电的主要燃料来源。为改善成员国的煤炭政策和战略，《APAEC2016—2025》提出要在2015—2020年促进"煤炭和清洁煤技术（CCT）和民用核能（CNE）"发展。东盟计划在东盟能源中心的协助下，促进成员国在煤炭和清洁煤技术上的交流与合作，重点是促进清洁煤技术，碳捕集、煤炭储存、低等级煤升级，燃煤电厂的环境排放标准，以及改善煤炭形象和落实东盟的清洁煤倡议。目前，日本、澳大利亚和美国是东盟的清洁煤炭技术的对话伙伴，已在东盟"煤炭和清洁煤技术"市场取得先机。为了提高煤炭利用效率，东盟国家将应用超临界和超超临界技术建设使用低级煤的燃煤发电厂，以提供更高的效率并减少CO_2排放。建设高效低排放（HELE）燃煤电厂，到2020年，马来西亚计划拥有100万千瓦超临界电力机组和408万千瓦超超临界装机容量；

菲律宾拥有 50 万千瓦超临界；泰国建设 60 万千瓦超临界和 60 万千瓦超超临界机组；越南建设装机容量 1913.6 万千瓦超临界电厂和 120 万千瓦的超超临界燃煤电厂。中国的超临界和超超临界技术先进，且具有比欧盟国家建设成本低、建设速度快等优点，在东盟国家具有竞争力。中国超临界装备企业要加强与金融企业合作，合作开发东盟国家超临界技术市场。

（三）积极开展核能开发合作

和平开发利用核能是世界各国的共同愿望。《APAEC 2016—2025》提出"民用核能作为一种清洁能源可以帮助东盟满足其日益增长的能源需求"。目前，东盟国家还没有运行任何核电厂。但是，从 2025 年起，印度尼西亚、马来西亚、泰国和越南计划引入总计 1600 万千瓦的核电发电能力。即使这样，核能也仅占东盟总发电量的 4% 和一次能源总消耗量的 2%。

经过 30 多年发展，中国先进核反应堆及系统的技术研发取得了积极成果。研发设计高温气冷堆、快中子增殖堆、钠冷快堆、小型核动力堆、熔盐堆、嬗变装置等研究及示范工程进展顺利，19 座在役民用研究堆和临界装置保持安全稳定运行。中国核电实现了自主设计、建造和运营，进入安全高效发展的新阶段。目前，已经形成了完备的核工业体系。

在核电建设和核电装备制造方面，我国在全球率先建设运行了百万千瓦级非能动先进压水堆（AP1000）和欧洲先进压水堆（EPR）机组，自主研发唯一具有完整知识产权的三代核电"华龙一号"核电机组，设计安全水平居世界前列。截至 2019 年 6 月，中国运行核电机组 47 台，居世界第三；在建核电机组 11 台，居世界第一。核电机组性能指标总体处于良好水平，从未发生过国际核与放射事件分级表（INES）2 级及以上的事件或事故。[①]中国在推动核电装备国产化、核电装备制造能力取得了重大成果。压力容器、蒸汽发生器、主管道、先进核燃料、核级焊材等核安全关键设备和材料的自主研发和国产化取得重大成果。第三代核电"华龙一号"的百万千瓦级压水堆核电技术已经"走出去"，在巴基斯坦建成投产运行。

中国与东盟国家在核电合作方面互补性很强。东盟一些国家电力短缺严重，

---

① 2019 年《中国核安全》白皮书。

印度尼西亚、菲律宾、泰国和越南都有建设核电站的需求，而这些国家还缺乏建设核电站的技术。中国的核电技术先进、安全又物美价廉，很适合东盟国家的需求，可在确保核安全的前提下，加强与东盟国家民用核能技术交流，积极向东盟国家推介中国先进的三代核电技术，推进中国与东盟国家民用核能装备研发和产业分工合作，合作打造中国—东盟民用核能产业链，帮助这些国家和平利用核能发电。重点在东盟国家推广第三代核电技术"华龙一号"核电机组，以一揽子核电解决方案向东盟国家提供中国核电技术、中国核电设计、中国核电标准、中国核电装备、中国核电管理等核电建设交钥匙服务。

五、建设中国—东盟智慧能源系统

智慧能源是节能减排的重要技术措施，也是能源技术的发展趋势。本课题提出要以区域能源集体安全观推进中国—东盟能源互联互通建设，重点建设连接四川、云南、广西和中南半岛国家的一条东西走向和一条南北走向的能源走廊，其中，建设中国—东盟国家油气管道网和覆盖中国西南地区与东盟国家的特高压智能电网系统是中国与东盟国家开展能源互联互通建设的重点项目。

（一）合作开发中国—东盟智能油气管道管理系统

中缅已经成功合作建设运营中缅油气管道，但是，这一管道还难以满足中缅两国的油气需求。粤港澳大湾区、北部湾与孟加拉湾之间的石油开发、天然气开采、炼化及深加工产业链关联密切，电力资源、市场互补性很强，仅北部湾—珠三角沿海地区的石化炼油企业，每年就需要超过 1.5 亿吨的原油，建设连接粤港澳大湾区—北部湾—孟加拉湾综合能源通道（简称三湾能源通道），重点建设粤港澳大湾区—茂名/湛江—钦州/北海—东兴—河内—万象—清迈—仰光—勃生/皎漂原油管道、成品油管道和天然气管道，合作建设缅甸勃生港或皎漂港油气码头、油气管道、储油设施和储气设施，将中东、非洲或孟加拉湾的原油、天然气输送到泰国、老挝、越南和华南地区。华南地区的炼化企业将从油气管道直接下载原油、天然气，同时，也可以通过成品油管道向沿线国家提供成品油。这将更好地保障沿线各国的能源安全。

三湾能源通道可输送原油、成品油、天然气等能源产品，油气管道服务六国，管道沿线下载出口多，品种多，管理复杂，因此，需要成立一个由六国人员组成的油气联合公司、建立一个智能油气管理系统共同经营管理，根据各国的计划或市场需求进行统一调度配送，形成管理公开透明的智能化油气管道管理系统。

（二）合作建设中国—东盟智能电力管理系统

电力贸易是中国与东盟国家能源互联互通合作的重要领域，双边可在跨国电力输送和城市智能电力管理方面开展合作。

1. 积极推进中国—东盟特高压智能电网建设

中国具有自主知识产权的特超高压输电技术已经走在世界前列。该技术不仅在中国得到广泛应用，而且特高压技术、装备、工程总承包和生产运营成套技术已经"走出去"落户巴西。中国与老挝、缅甸、越南已经具有电力贸易的基础，柬埔寨、泰国、印度尼西亚、菲律宾等东盟国家电力缺口将长期存在，也有进口电力的需求，而建立特高压输电线路是长距离输电最有效的解决方案，中国与东盟国家合作建设特高压智能输电系统是促进双边能源互联互通最有效的方法。

中国—东盟电力互联互通合作，重点是建设两条特高压输电线路：一是缅甸—老挝—云南—越南—广西—粤港澳大湾区特高压输电线路，将滇缅老的电力输送到越南以及中国华南地区，形成中国西电东送的又一新通道。二是四川—昆明—磨憨—琅勃拉邦—万象—曼谷 / 金边—吉隆坡—新加坡—雅加达电力能源走廊，重点依托四川、云南及与其接壤的老挝和缅甸的区域水电资源构成的水电资源富集区，形成以广西的核电、四川和云南的水电，老挝和缅甸的水电、越南的煤电为主的优势互补的区域电力生产集聚区，建成中国—东盟的电源中心，将电力资源丰富的川滇缅老的电力输送给电力需求缺口大的泰国、柬埔寨、印度尼西亚、菲律宾等国家。这一能源走廊以特高压输电线路为主框架，并连接沿线各国的国家电力网，形成开放式电力互联网络，各国电力网与特高压输电线路设有电力下载接口和电力上传接口，可以将多余的电力上网销售，也可以从网上购买下载电力，因此，需要建设智能电网来管理特高压输电线路运营和电力调度，实现区域电网信息标准化、一体化、实时化、互动化，形成中国—东盟电力互联互通的干线网络。

2. 深化城市智能电力管理系统建设合作

目前，随着科学技术的进步，中国的智能电网技术也处于世界领先水平，电力系统自动化技术的应用越来越广泛，在发电—输电—配电—用电—调度—电力通信等各环节也朝着智能化的方向发展（见表5-24）。中国在电力智能化方面领先于东盟国家的同类水平，而东盟大多数国家也亟须改造其落后的传统电力系统。因此，中国与东盟国家在智能电网技术合作方面也具有广阔的前景。

表5-24　智能电网建设项目各个环节具体内容

环节	主要内容
发电环节	常规电源网厂协调、风电并举、太阳能发电并网、大容量储能
输电环节	输电线路智能巡检、柔性交流、直流输电技术应用、特高压输电
变电环节	新建智能变电站、变电站智能化改造、智能变电站运维集约化、输变站设备状态监测系统
配电环节	配电智能化、配网调控一体化、分布式发电 / 储能与微电网的接入与协调控制
用电环节	省级集中供电服务中心建设、用电信息采集系统建设、智能小区 / 楼宇建设、电动汽车充电设施建设
调度环节	智能电网调度技术支持系统建设、调度数据网双平面和安全防护体系、国家电网备用调度系统、电网运营集中监控
通信信息平台	电力用户通信、电力光纤到户、电力线载波、SG—ERP 信息化平台

资料来源：综合资料整理。

我国在城市智能新能源电力已经达到世界先进水平，已经具有将风力、太阳能、路灯、交通灯、广告、传感设备、通信网络等城市公共用电设施集成控制的技术解决方案。尽管新加坡对照明产品、控制系统和系统集成提出了非常严苛的技术指标，但是，中国的企业通过招投标，已经成功承接了新加坡的智能太阳能道路照明系统，将全系列路灯物联网通信技术解决方案应用在新加坡"智能城市 2015"的路灯智能化升级组网中，技术达到高可靠性、稳定性和安全性的要求。新加坡实施的"智慧国家 2025"依托全岛的路灯网络来部署未来的智慧城市应用。[①] 同样，持有菲律宾国家电网公司 40% 股权的中国国家电网公司也提供技术支持菲律宾国家电网公司升级改造菲律宾电力系统为智能电网。

我国是智能电力设备、新能源设备的生产大国，要利用技术优势支持东盟

---

① 新加坡在全球 20 大智慧城市当中排名第一 [EB/OL]. https://www.ofweek.com/smartcity/2018–04/ART–201823–8130–30222637.html.

国家提高电网运行效率,尤其是从帮助东盟国家解决城市智能新能源电力和智慧城市设备技术合作入手,带动电源、电工装备、用能设备、原材料等上下游产业走进东盟国家,助推东盟国家能源产业转型升级,实现能源产业合作共赢的好局面。

(三)建立中国—东盟新能源技术推广中心

中国—东盟智慧能源系统建设需要一个双边认可的机构去推广落实。目前,中国—东盟技术转移中心是一个理想的推广渠道。

2012年9月22日,中国和东盟十国科技部部长在首届中国—东盟科技部部长会议上共同启动了《中国—东盟科技伙伴计划》,决定由中国科技部、东盟科技委及东盟有关国家科技主管部门共建中国—东盟技术转移中心。中国—东盟技术转移中心总部设在南宁市,是唯一一家国家级的面向东盟的技术转移机构。截至2019年12月,中国—东盟技术转移中心已经建成了由中国分别与文莱、柬埔寨、印度尼西亚、老挝、缅甸、泰国和越南建立的双边技术转移中心,36家中国的跨国技术转移中心、科技中心、技术市场、研究院、科技企业等,9家东盟国家的科技信息中心、科技企业和科技推广结构、企业组成的技术协作网络,已经成为中国与东盟国家之间技术交流合作的重要渠道与平台。近几年来,该中心已经成功地向东盟国家推广应用太阳能热水工程、太阳能发电、LED、智慧照明、太阳能光伏独立发电及并网发电、太阳能抽水灌溉站、太阳能热水器、太阳能路灯、太阳能灭虫灯等太阳能关联设备,以及智慧交通、北斗技术在交通领域的应用。可依托中国—东盟技术转移中心网络,在南宁建立中国—东盟技术转移中心新能源技术推广中心,负责推广中国和东盟国家先进适用的新能源技术,大力推进区域内水能、风能、太阳能、生物质能等可再生能源的高效、可持续开发利用,培训新能源技术人才。

六、推进中国与东盟节能减排合作

在全球范围内不断关注全球变暖等气候变化的背景下,全球已经形成发展低碳经济的潮流。2020年9月,中国政府在第七十五届联合国大会上提出:"中国将提高国家自主贡献力度,采取更加有力的政策和措施,二氧化碳排放力争于2030年前达到峰值,努力争取2060年前实现碳中和。"交通和能源是节能减排和节能增效的重点领域，大有潜力可挖。节能减排合作主要包括节约能源[①]和减少二氧化碳等污染物[②]的排放。随着中国与东盟国能源消费量的大幅增加，区域内各国应吸取发达国家先污染后治理的教训，共同采取积极措施，在发展经济的同时推进节能减排，促进经济低碳发展。

（一）推进中国与东盟能源领域技术创新合作

相比东盟国家，中国的能源技术人才数量多、各能源门类人才比较齐全。除了新加坡、泰国、马来西亚、印尼和越南等国家也有一些炼油工艺、清洁油品、生物质能、新能源、节能技术等特色能源领域的专门人才，总体上，东盟国家的能源技术人才缺乏。中国应加强与东盟国家在一些能源领域的创新合作，发挥中国在新能源、新一代核电站、大型水电、输配电、煤炭深加工、清洁燃煤发电等领域的技术优势，重点在化石能源清洁高效利用、海上风电、地热发电、光伏发电、特高压输电、可再生能源、绿色生物炼制、天然气水合物目标资源评价、智能电网、油气管道智能化、清洁燃油生产技术、煤气化技术、煤制化学品、节能技术、火力发电技术、新型储能材料、能源互联系统运营交易关键技术、电网安全稳定自适应保护系统、可再生能源发电与现代电网融合技术等方面开展创新合作。通过能源技术创新合作，一方面向东盟国家转移一些其所缺乏的能源技术和产品，另一方面可以共同提高双方已有的能源技术的水平，促进中国和东盟国家的能源生产和消费模式的转变，确保区域能源保障、生态环境、经济效益和能源安全。

（二）加快推进能源领域节能增效合作

加强区域内能源领域节能增效合作。一是积极推进中国与东盟国家的新能源的开发合作。在能源供应方面，合作改善能源产业结构，发挥各国新能源资源的优势，积极推广天然气、太阳能、风能、水能、地热等发电代替煤炭发电，减少二氧化碳等污染物的排放，进而实现节能减排的目的；在能源需求方面，通过提高可再生能源使用率，推广节能产品，达到节能减排的效果。二是升级

---

①　此处的能源采用《中华人民共和国节约能源法》的定义，是指煤炭、石油、天然气、电力、热力、生物质能及其他直接或通过加工、转化而获得有用能的各种资源。

②　污染物指工业生产产生的废气、废水、固体废物和生活产生的有毒有害物质。

改造传统能源利用技术，提升利用效率，减少污染物排放，如通过技术改造，降低煤电厂的污染物排放，提高煤炭发电效率等能源利用率，支持中国、新加坡等技术水平发展较高的国家与区域内其他国家加强技术转移合作，缩小技术差距，建立能源技术信息共享系统等，通过技术合作来促进低碳经济的发展。三是加强能源产业政策协调合作。各国政府应从严控制高耗能、高排放能源产业的增长，加强对高耗能高排放能源产业的监督，严厉打击偷排、排污超标等现象；协调各国能源行业准入标准，新引入的能源项目必须符合区域内所在国的环保政策；项目建设必须具有完善的环保审批手续和环境污染防治措施；加强对能源企业生产流程的监督，确保其污染物排放符合排放标准。

七、建立中国—东盟能源市场

中国是化石能源贸易的净进口国。煤炭方面，东盟国家中仅印度尼西亚是煤炭出口国，煤炭产量也最大；越南的煤炭产量仅次于印尼，但是也需要进口煤炭，其他国家的煤炭产量都不大。原油方面，除了文莱、越南、马来西亚有少量原油出口，其他国家都需要进口。天然气方面，东盟国家的天然气产量较大，其中，印度尼西亚的产量最大，其次是马来西亚，印度尼西亚、马来西亚、文莱、缅甸等国家都是天然气净出口国。电力方面，老挝、缅甸和印尼还有水电开发潜力，印度尼西亚、菲律宾、泰国、越南都是电力需求大国，其国内电力供应满足不了经济发展和人民生活日益增长的需要。可见，中国与东盟国家在电力和天然气贸易方面具有互补性，建立中国—东盟能源市场具有较大的发展前景。

（一）建立中国—东盟电力交易市场

目前，中国和东盟国家有较多富余电力出口的主要是中国、老挝和马来西亚，缅甸属于低水平和不平衡的电力富余，新加坡属于高水平的电力自给自足，其他东盟国家都是电力不足或低水平的电力供求平衡，电力需求缺口仍然很大。这种情况为区域电网和电力市场建设提供了合作基础。建议在建设四川—云南—贵州—广西—越南—老挝—柬埔寨—缅甸—泰国—马来西亚—新加坡—印度尼西亚特高压输电网络的基础上，在南宁或昆明或老挝万象建设中国—东盟电力交易市场，作为电力现货和期货交易的平台，统一调剂交易能源走廊上电力产品。初期可以先建设四川—云南—老挝—柬埔寨—泰国特高压输电线路，作为中国—

东盟电力合作的早期收获，为建设区域电网和电力市场先行先试、积累经验。

（二）建立中国—东盟油气交易市场

东盟国家中，大多数国家需要进口原油和成品油，天然气产量较大且出口较多，同时，马来西亚、泰国、新加坡和印尼也有较多的石化产品供应区域市场；而中国是石化生产大国，燃料油和石化衍生产品产量大，可以满足部分东盟国家的需求。总体上，中国与东盟国家在天然气和成品油上互补性较强，原油虽然互补性不强，但是，各国的原油储备量不一样，通过市场交易调剂余缺也可以形成较大规模的区域能源市场。因此，从区域内能源安全的出发，建立中国—东盟油气交易市场是必要的，也具有可操作性。

可考虑依托上海期货交易所、新加坡期货交易所或北部湾产权交易所建立中国—东盟油气交易市场，或合作新建中国—东盟油气交易所，交易在区域内生产或储备的原油、燃料油、天然气及石化产品等能源品种。鉴于 2018 年 3 月26 日中国在上海期货交易所子公司上海国际能源交易中心推出了人民币计价原油期货，中国公司已用人民币原油期货结算了中东石油，俄罗斯、伊朗和委内瑞拉三大石油出口国与中国石油贸易时已经采用石油人民币进行结算。同时，中国已经升级推出了人民币跨境支付系统，便利了区域内人民币国际结算。可在上海期货交易所目前交易的原油、燃料油、沥青三大能源化工期货品种的基础上，增加期货产品和期货衍生品工具供给，尽快推出原油期货期权、原油指数期货，有序推进中国—东盟区域内的液化天然气、汽柴油等序列期货品种，构建中国—东盟能源化工产品体系，在中国—东盟自由贸易区内加快推进使用人民币结算能源化工产品贸易，加快人民币国际化进程。

（三）中国—东盟碳排放交易市场

碳排放交易市场是指某个碳排放交易计划中的参与者可以使用其他合规碳排放交易计划中管理者所发放的碳配额或碳信用[①]，即在总量控制下的碳排放权交易。碳市场体系的构建始于 2005 年，以欧洲碳排放交易机制的建立为标志，以《京都议定书》为构建前提。碳市场的构建需要明确交易价格，建立碳市场交易机制和交易平台，并加强风险的监控。

---

① 张伟伟，马海涌，杨蕾.国际碳市场对接及其对中国的启示[J].财经科学，2014（2）.

碳排放交易市场的构建首先需要明确交易价格并建立交易平台。中国和东盟国家都是《联合国气候变化框架公约》的签约国，在《巴黎协定》的框架下，双边可以就应对气候变化、减少温室气体排放方面开展合作。而碳排放权交易作为一种经国际实践检验的控制温室气体排放的有效市场手段，也是推动区域内低碳转型的重要政策工具。区域内各国通过沟通协调，明确区域减排整体目标，在总体目标下开展排放权的交易，将减排任务较轻的国家的减排成本分配给减排任务较重的国家。因此，探索建立中国—东盟碳排放交易市场是促进中国与东盟清洁能源和低碳交通发展的积极行动。中国与东盟国家可以借鉴芝加哥气候交易所的发展经验，在区域内建立中国—东盟碳排放权交易（所）市场，交易所坚持自愿参与的原则，在自愿基础上进行碳排放的交易。中国—东盟碳排放权交易（所）市场既是交易平台，也是保障碳排放交易价格公开透明的机构，区域内各参与方通过交易所协商制定彼此接受的价格，并通过交易所确立碳交易的信用。建立中国—东盟碳排放权交易（所）市场，可以依托交易所建立区域碳交易的电子交易系统，使区域内的碳交易有效的市场化，削减交易成本，减少信息不对称等因素造成的价格损失等交易风险。

2011年起，我国率先在北京、天津、上海、重庆、湖北、广东和深圳开展碳排放权交易试点，随后，陆续成立了北京环境交易所、广州碳排放权交易所、上海碳排放权交易市场、天津碳排放权交易市场等交易市场。建立中国—东盟碳排放交易市场可在整合中国与东盟国家碳排放权交易市场的基础上建立一个统一的碳排放交易市场平台，同时，可在各国建立一个分市场，在中国分区域建立分市场。可率先在包括油气开采、石化、发电等能源领域，火车、汽车、轮船和航空等交通领域，以及化工、建材、有色、造纸等一些高排放行业率先进行碳排放交易。通过碳排放权交易（所）市场这一平台，区域各国可参照自身发展实际，进行碳排放的期货交易，交易所提供价格稳定的保障。碳排放权交易（所）市场设在广州或南宁，统一交易品种，包括CCER、排放配额，以及包括CCER期货、配额期货等碳期货，交易方式可采取经纪人报价成交方式和直接网上报价方式，根据各方的实际需求，通过碳配额的价格限额、碳交易限制、区域市场分配途径、碳信用等措施调节交易价格。

中国与东盟各国的经济发展水平有较大的差别。中国、新加坡经济发展程度高，减排任务重，是碳市场的重要需求方；印度尼西亚、马来西亚、菲律宾、泰国、越南等，正处于经济快速发展时期，其碳排放量逐渐增多，但仍存在空间。老挝、柬埔寨、缅甸等农业国家，碳排放总量小，还有多余的碳排放配额可供交易，同时，林业也是农业国家发展的主要产业，为支持区域生态产业发展，建立中国—东盟林业资源碳汇的交易指标，在碳排放权交易（所）市场中开展"可持续发展的绿色林业碳汇交易生态"的林权资产交易。鉴于中国是碳排放的主要购买国，碳排放交易要统一使用人民币进行结算。

（四）合作建设中国—东盟能源储备基地

中国—东盟能源安全体系需要一系列重大能源储备项目支撑。当前，可着重推进几个重点项目建设。

1. 建设中国—东盟油气储备基地

合作在我国广西或广东和马来西亚、印尼、菲律宾、泰国、越南等一些东盟国家建立原油、成品油和天然气储备基地，形成中国—东盟原油储备联盟，储备基地相对独立经营，但又可以通过区域市场实现油气资源共享，同时，合作建设一些海上浮仓式储油基地，争取5年内建立一个可满足区域内30日原油及燃料需求的商业储备，各国可以任意选择基地储备原油，也可以随时购买基地的原油。油气储备基地可为中国—东盟油气交易市场提供实物交割服务。

2. 建设中国—东盟煤炭储备基地

合作在我国广西、广东和印尼、泰国、越南等一些东盟国家建立煤炭储备基地，开展煤炭储备合作，各国可以任意选择基地储备煤炭，为中国—东盟煤炭交易市场提供实物交割服务。

第六节　经济发展对接：建设中国—中南半岛
经济走廊网络

经济走廊就是在交通通道的基础上开展贸易、旅游、产业、技术转移等经济活动而形成紧密的区域产业链、供应链关系，进而形成经济发展带。经济走廊建设在中国与东盟合作中并不罕见，尤其是 GMS 合作更为常见。GMS 合作框架下的东西经济走廊、南部经济走廊、北南经济走廊在 20 世纪 80 年代就已经开始实施，随后中越"两廊一圈"、柬埔寨—老挝—越南（CLV）开发三角、廖新柔经济三角、泰国东部经济走廊也相继提出。2016 年 7 月，泰国政府批准了东部经济走廊投资政策（EEC），东部经济走廊连接缅甸土瓦深水港、柬埔寨的西哈努克港和越南头顿港。东部经济走廊将依托交通基础设施发展，包括航空、陆路、铁路和水路运输，以削减物流成本为目标，建设成为东盟水路交通枢纽。① 这些次区域合作框架下的经济走廊对推动中国—东盟交通和能源互联互通合作具有积极的示范作用。

如果说中国与东盟交通互联互通仅仅是通过公路、铁路等的物理联通，这还远远不够。交通互联互通的目的就是通过公路、铁路、港口、航空、管道等交通运输对接方式激活中国与东盟国家的经济要素，促进资本、技术、人才、信息等经济资源向交通沿线集聚形成经济走廊。可以说，交通互联互通是建设经济走廊的基础，经济走廊建设促进交通互联互通完善和发展。

中国—中南半岛经济走廊是中国与东盟经济走廊建设的重点，依托"三纵两横"交通大通道打造中国—中南半岛经济走廊网络。"三纵两横"经济走廊将中国的长三角、粤港澳大湾区、长株潭城市群、成渝城市群、北部湾城市群、滇中经济区等一些重要的城市群串联起来，重点建设昆明、南宁、贵阳、长沙，以及越南河内、老挝万象、泰国曼谷这些重要节点城市的综合交通基础设施，通过"三纵"与"两横"大通道可以相互切换，并将重庆、郑州、武汉、长沙、成都、南昌等内陆开放型经济高地纳入中国—中南半岛经济走廊的建设之中。这样，珠三角和长三角的资金、技术、产业等优势经济资源就可以综合交通大通道辐射到中南半岛国家，中南半岛国家的能源、矿产、农产品、工业品等产品也可以通过交通大通道输送到沿线的城市群、珠三角和长三角，两端互补合作，促进经济走廊沿线产业分工和产能对接。"三纵两横"经济走廊网络构成了中国—中南半岛经济走廊的骨干框架，根据各经济走廊所处的地理位置，"三纵两横"经济走廊可依次分为西走廊（成都—昆明—磨憨—万象—曼谷—吉隆坡—新加

---

① 泰国推行东部经济走廊投资政策 将助推柬埔寨港口物流发展 [EB/OL].（2016–07–01）. http://www.mofcom.gov.cn/article/i/jyjl/j/201607/20160701352441.shtml.

坡）、中走廊（兰州—西安—重庆—贵阳—南宁—北部湾港—新加坡西部陆海贸易新通道）、东走廊（郑州—武汉—长沙—南宁—凭祥—河内—胡志明市—金边—曼谷）、北走廊（上海—南昌—长沙—贵阳—昆明—瑞丽—曼德勒—皎漂港）和南走廊（惠州—深圳—广州—茂名—钦州—防城港—越南芒街—河内—老挝万象/琅勃拉邦—泰国清迈—缅甸仰光—勃生港/皎漂港），每条经济走廊有不同的发展定位、辐射范围和作用。

一、建设中国—中南半岛南北经济走廊

中国—中南半岛南北经济走廊重点建设两条南北纵向铁路、高速公路的综合交通通道，以及一条由交通通道和能源通道组合形成的交通能源通道。

（一）建设成都—昆明—磨憨—万象—曼谷—吉隆坡—新加坡经济走廊

成都—昆明—磨憨—万象—曼谷—吉隆坡—新加坡综合交通为主通道，昆明—河口—河内—海防通道也是这一大通道的重要组成部分，是中国西南地区连接中南半岛国家的大通道。本走廊的主要特点是西南地区的四川省、云南省和老挝拥有丰富的水电资源，电力富余，但是电力外送系统、铁路系统和高速公路系统还不够完善。目前，昆明—万象—曼谷—新加坡的公路和昆明—河口—河内—海防高速公路已经建成，国际道路运输也已经开通，高速公路已将西南地区与中南半岛国家连接起来；目前正在建设的昆明—万象标准铁路预计2021年年底建成通车。澜沧江—湄公河的国际水运也早已开展起来。昆明—河口—河内—海防铁路已互联互通并运营。云南建成了高压输电线路向老挝、缅甸、越南的边境地区供电。下一步，建设重点是完善包括中老泰铁路互联互通、境外的高速公路、澜沧江—湄公河国际航道整治的综合交通大通道，以及建设跨国特高压输电线路，将四川、云南、西藏等中国西南地区丰富且富余的水电输送到电力短缺的缅甸、泰国、柬埔寨、越南等中南半岛国家乃至印度尼西亚等东盟国家，形成中国—东盟电力互联互通网络。在交通能源大通道的基础上推进经济走廊建设，实现"一带一路"倡议提出的云南"打造大湄公河次区域经济合作新高地，建设成为面向南亚、东南亚的辐射中心"的目标。

1. 构建成都—昆明—曼谷—吉隆坡—雅加达—马尼拉能源经济走廊

西部地区是我国的能源富集区,是"西电东送"的电力生产基地。尤其是四川、云南、内蒙古、新疆、贵州、宁夏等省区,电力生产能力越来越强(见表5-25),而我国的电力消费增长跟不上电力生产的增长速度,电力已经出现生产过剩,尤其是新疆、宁夏、甘肃、内蒙古的风电、光伏发电,四川省、云南省的水电装机容量快速增长,而国内电力消纳能力增长乏力,电力外送通道不足,弃风、弃光和弃水情况越来越严重,绿色能源浪费严重。而东盟国家的缅甸、泰国、柬埔寨、越南、印度尼西亚和菲律宾等国家随着经济的发展对电力的需求越来越大,一些国家的电力短缺问题长期存在,推进中国与东盟国家的电力合作不仅解决东盟国家的电力短缺问题,也部分解决中国电力生产剩余问题,是双赢的合作。

表5-25 西部地区主要省区电力生产表 (单位:亿千瓦·时)

		四川	云南	贵州	广西	新疆	甘肃	宁夏	陕西	内蒙古	合计
2016	生产量	3369.8	2454.5	1955.1	1346.5	2719.3	1214.3	1144.4	1684.8	3949.8	19838.5
	调出量	1316.3	1277.8	713.3	90.0	360.6	262.5	384.6	357.6	1346.2	6108.9
2017	生产量	3569.1	2715.4	2012.2	1401.1	3010.8	1349.1	1380.9	1914.0	4435.9	19874.5
	调出量	1429.2	1419.0	627.3	102.9	438.9	364.2		398.6	1546.4	

资料来源:上述省区《统计年鉴》(2017、2018)。

西南地区是我国的水能资源富集区,四川省和云南省是水电生产大省。近几年,以水电为主的绿色能源迅猛发展,2011—2017年,云南省发电量年均增长10.4%;四川省的电量也由2011年的1845.1亿千瓦·时猛增到2017年的3369.8亿千瓦·时,年均增长10.6%。同时,目前,这两省的水电占总发电量的90%左右,且水能资源开发还有很大的发展潜力。随着水电开发的不断增加、大量在建水电站即将投运,而外送通道建设滞后,外送能力不足,水电弃水逐年增加。2017年5月,四川省发布的《2017年度推进电力价格改革十项措施》

表明近一半涉及弃水。[①]预计"十四五"期间仅川滇两省的弃水电量有可能升至 1000 亿千瓦·时以上，四川和云南水电消纳仍然面临很大的困境。

中国与东盟国家能源资源和能源发展不平衡，将促进双边深化能源合作。四川、云南与其接壤的老挝和缅甸是中国—东盟自由贸易区的水电资源富集区，有条件建设成为区域性的电源基地，为仍然处于缺电状态缅甸、柬埔寨、泰国、越南、印度尼西亚、菲律宾等东盟国家提供绿色能源。因此，构建以中国西南地区、老挝和缅甸为区域水电生产基地、成都—昆明—万象—曼谷—吉隆坡—雅加达—马尼拉 1000 千伏特高压交流输电线路为电力干线，是构建这条能源经济走廊的重点工程。

我国电力开发理念和技术已经成熟，水电企业"走出去"投资电力具有很强的竞争力，合作的模式也趋于多样化。我国电力公司要加快"走出去"到东盟国家投资电力的步伐，可以作为承包商参与水电项目建设，可以建设—经营—转让（BOT）模式进行合作，也可以开展第三方市场合作等多种形式合作开发老挝、缅甸、印尼丰富的水电资源。对接老挝和缅甸的电力发展规划，共同构建区域性电源基地。

建设成都—昆明—万象—曼谷—吉隆坡—雅加达—马尼拉 1000 千伏特高压交流输电线路，是中国与东盟国家电力互联互通的旗舰项目。在此基础上，北端以成都、兰州为西北地区的电力集散地，云南省、贵州省、缅甸、老挝的电力联网供电，国家电网公司为四川、重庆等西部清洁能源基地配套规划了电力外送工程，其中重点建设 1000 千伏雅安—重庆特高压交流和 ±800 千伏雅中—江西特高压直流工程。这两个工程建成后年输送电量将超过 690 亿千瓦·时。[②]南端的曼谷，也是特高压电能的集散地，向东，建设曼谷—金边—胡志明市的（EHV）500 千伏超高压输电线路；向南，建设曼谷—吉隆坡—新加坡—雅加达的 1000 千伏特高压输电线路；向西，建设曼谷—缅甸土瓦经济特区的（EHV）500 千伏超高压输电线路。这样，中国与东盟国家的骨干电力互联互通基本形成，

---

① 2022 年中国水电装机总容量将达到 4.39 亿千瓦 [EB/OL].（2018–04–16）. http://news.bjx.com.cn/html/20180416/892025.shtml.

② 四川代表团 4 份全团建议集体呼吁　为四川水电资源寻找更好出路 [N]. 成都日报，2016–03–14.

将有力推动中国与东盟国家的清洁替代和电能替代。

2. 合作建立中国—中南半岛国际旅游带

中国—中南半岛国家旅游合作历史悠久。滇黔桂渝川及广东、湖南及中南半岛各国旅游资源非常丰富，拥有许多进入世界自然遗产名录和世界文化遗产目录的世界级旅游资源，互补性很强，将沿线国家孤立的景区景点连成旅游网络，可以打造成为中国—中南半岛国际旅游带。旅游带北起四川，南至新加坡，贯穿中国与中南半岛各国，可以构建多条跨国旅游线路。昆明至新加坡经济走廊沿线，不仅是中国—中南半岛陆路重要的南北商贸通道，而且也是旅游通道。旅游线路以中老泰铁路、公路和澜沧江—湄公河水路交通通道为依托，整合中国四川省、云南省和老挝、泰国等国家和地区旅游资源，构建以成都—昆明—琅勃拉邦—万象—孔敬—曼谷—吉隆坡—新加坡为骨干的文化旅游线路，通过昆明对接我国西部地区与中南半岛国家的文化旅游，构建不同主题的国际旅游线路，形成中国—中南半岛国际旅游合作带，提高区域旅游竞争力，打造成为世界旅游新增长极。

（二）加快建设完善重庆—南宁—北部湾港—新加坡经济走廊建设

重庆—南宁—北部湾港—新加坡经济走廊就是以目前正在运营的中新互联互通项目国际陆海贸易新通道为基础的经济走廊。新通道以重庆为运营中心，以广西、贵州、甘肃为关键节点，货物从兰州、重庆出发通过铁路抵达中越边境凭祥市直达越南河内，或抵达广西北部湾港通过海运到达新加坡等东盟国家，这是中国西部地区对接东盟国家最便捷的交通通道。其中走廊的铁路和高速公路国内段都已经全线通车，下一步重点建设完善铁路系统和铁海多式联运设施包括沿线重要节点城市的保税物流园区、集装箱装卸系统等，将中国西部、西南地区与北部湾出海口连接起来，通过北部湾港与东盟国家的港口互联互通。目前，新通道已成为西部地区便捷的出海通道，同时，也是东盟国家通过海铁联运、中欧班列通往欧洲的国际贸易大通道。广西成为"一带一路"倡议提出的"形成21世纪海上丝绸之路与丝绸之路经济带有机衔接的重要门户"。

1. 建设北部湾自由贸易港—自由贸易试验区集群

自由贸易港是设在国家或地区境内、海关管理关卡之外，允许境外货物、资金自由进出的港口区。中国—东盟区域内已经有马六甲港、新加坡港、中国香港港、中国澳门港等为自由贸易港，这些自由贸易港以独特的自由贸易港政策和发展模式，每年吸引大量集装箱前去中转，成为促进国际贸易和国际物流集散的有效模式，也是形成国际航运中心的重要条件。北部湾是中国与东盟海陆连接的重要地区，自由贸易港和自由贸易区是中国与东盟互联互通的政策对接机制和基础设施对接的重要纽带。

（1）建设北部湾自由贸易港。北部湾有打造自由贸易港的基础、环境和政策。党中央支持海南全岛建设自由贸易试验区，支持海南逐步探索、稳步推进中国特色自由贸易港建设，分步骤、分阶段建立自由贸易港政策和制度体系。广西北部湾经济区拥有钦州保税港区、南宁综合保税区、凭祥综合保税区等较完整的保税物流体系，以及中国（广西）自由贸易试验区和沿边金融综合改革试验区政策，正在推进中越东兴—芒街跨境经济合作区和中越凭祥—同登跨境经济合作区建设，国际陆海贸易新通道在各方的大力支持下不断发展壮大。越南云屯经济特区是越南三个经济特区之一，是越南北方对接中国—东盟自由贸易区的重要窗口。这些地区开放合作平台都具有发展自由贸易港、自由贸易区的条件。

八所港、海口港、三亚港作为海南省的主要港口，是我国沿海地区港口至东盟国家的重要中转港。2018年9月，国务院已经批复海南省全岛设立中国（海南）自由贸易试验区，《中国（海南）自由贸易试验区总体方案》将建设自由贸易港作为发展目标也获得国家的批准。2020年6月，中共中央、国务院印发了《海南自由贸易港建设总体方案》，确定了"以贸易投资自由化便利化为重点，以各类生产要素跨境自由有序安全便捷流动和现代产业体系为支撑，以特殊的税收制度安排、高效的社会治理体系和完备的法治体系为保障，在明确分工和机制措施、守住不发生系统性风险底线的前提下，构建海南自由贸易港政策制度体系"。广西北部湾港和湛江港是我国西南地区和中南地区的出海大通道，东盟国家对接中国中西部地区、中亚乃至欧洲地区最便捷的海陆联运通道，建议在广西北部湾港和湛江港实现类似海南自由贸易港的政策。

广西北部湾地区是"一带一路"倡议的中国—中南半岛经济走廊的重要组成部分，是中南地区、东部地区连接中南半岛国家最便捷的双向海陆路大通道。2018年12月，国务院已同意实施《广西壮族自治区建设面向东盟的金融开放门户总体方案》，广西以推动人民币面向东盟跨境使用为重点，加强与东盟的金融合作，建设中国—东盟大宗商品现货交易中心和商贸物流中心，这将有利于广西北部湾自由贸易港建设。建议以广西北部湾港和中国（广西）自由贸易试验区为基础，参照实行海南省自由贸易港的政策，重点在钦州设立北部湾航运交易所，培育发展航运服务、海事服务和中介服务；开展海关税款保证保险试点；在钦州和北海市建立原油、天然气储存基地，推出与国际接轨的税收服务举措，探索创新政府储备与企业储备相结合的石油天然气储备模式。

南宁市作为北部湾城市群的核心城市，是"一带一路"相互衔接的重要门户，也是中国与东盟国家交通和能源互联互通的节点城市。建议在南宁市建设原油、天然气、煤炭等国际贸易平台和中国—东盟碳排放权交易所；推动与原油、天然气出口国在大宗能源产品贸易中使用人民币计价、结算。

在南宁市开展国际金融创新试点，开展人民币与外汇衍生产品业务，或申请与具备资格的银行业金融机构合作开展远期结售汇业务等；建立境外证券投资平台，允许符合条件的个人按照规定开展境外证券投资；在南宁市开展知识产权证券化试点。

在南宁机场推进第五航权试点，在平等互利基础上允许外国航空公司承载经南宁至第三国的客货业务；在中国（广西）自由贸易试验区南宁片区设立首次进口药品和生物制品口岸。

依托《北部湾城市群发展规划》，加强粤桂琼三省区在北部湾地区的港口设施和港口网络建设合作，深入融入中国—东盟港口城市合作网络和"一带一路"国家港口网络，从软硬件建设和法律法规实施两方面入手，合作打造北部湾港航服务集聚区和自由贸易商业生态系统，形成具有北部湾地域特色、有活力、具有世界级的自由贸易港集群，打造成为中国与东盟国内外双循环的重要节点枢纽。

（2）建设边境自由贸易试验区。东兴、凭祥是中国与东盟国家陆路互联互通的主要节点城市，要加快完善交通基础设施建设并设立边境自由贸易试验区，赋予其更多的创新功能和先行先试功能，带动两国边境地区双向开放发展。

东兴、凭祥既是国际性口岸，也可开展边境贸易，是国际贸易和国际旅游大通道，都在沿边金融综合改革试验区范围内，还都拥有边境经济合作区和跨境经济合作区的政策，还享有自由贸易试验区的政策。建议在中越边境地区设立中越凭祥边境自由贸易试验区，将东兴纳入北部湾自由贸易港建设。试验区内企业在一定时期内可享受公司所得税、个人所得税、进出口环节税的优惠；允许自贸试验区开展非标准就业形式下东盟国家劳务的工作签证、劳动用工管理和服务试点；从公司设立到运营实行一站式综合服务等。通过这些政策来吸引跨国企业和当地企业进驻，形成边境地区独特的贸易—生产—商业生态系统。

跨境金融应作为边境自由贸易试验区的一个特色政策。因此，边境自由贸易试验区重点试验开展人民币跨境业务，推动人民币在周边国家国际化；允许金融机构向境外机构和境外项目发放人民币贷款，满足"走出去"企业的海外投资、项目建设、工程承包、大型设备出口等融资需求；试验开展跨境保险业务合作；试验大型设备跨境租赁业务；在依法合规、风险可控的前提下，允许银行业金融机构按相关规定为境外机构办理人民币衍生产品等业务；试验跨境金融合作模式创新，利用网络银行、第三方支付平台以及P2P网络借贷等互联网金融模式，为跨境电商提供支持和保障；在试验区搭建中国—东盟金融交易平台，发布人民币对东盟货币交易指数和人民币交易信息，试验人民币与东盟国家货币直接兑换交易。在边境口岸试验建立规范的大米、水果、花卉、药材、活畜、水产品、橡胶、棕榈油等大宗农产品国际电子贸易平台和现货交易市场，建立期货交割仓库。依托中国—东盟信息港，建立中国—东盟电子贸易网络，建立跨境电子支付平台、跨境物流网络平台和通关便利化系统。

探索试验"两国一检""一体化通关""先进区、后报关""口岸＋属地"联动等通关模式。创新跨境客运直通车和跨境货运直通车运行机制，简化通关手续，实现人员、货物、交通运输工具便利通关，提高贸易自由化便利化水平。

2. 开展海洋旅游合作

广西、广东和海南与东盟国家的海洋旅游合作已经有了较好的基础，已常年开通了北海/三亚—越南下龙湾海上旅游航线，深圳开通了深圳—马尼拉—宿务等邮轮旅游航线。广西开通了中国北海—越南岘港—芽庄—马来西亚关丹海上旅游航线。今后，中国与东盟国家的海洋旅游要重点抓好四件大事：一是建设中国—东盟海洋旅游合作机制，重点推动泛北部湾海洋旅游合作机制建设，利用这一合作机制推进有关省区与东盟国家的海洋旅游合作；二是鼓励邮轮公司开通更多的中国—东盟海洋旅游航线。首先将现有的中国三亚/北海/防城港—越南下龙湾旅游航线延长到岘港、顺化、芽庄、胡志明市，以及马来西亚的关丹、古晋。其次，开拓北部湾港至泰国的曼谷和洛坤，新加坡、斯里巴加湾、菲律宾的马尼拉和苏比克港，以及香港、澳门、深圳、广州、三亚、海口，形成中国—东盟邮轮旅游环线。三是建设北部湾邮轮母港，在北部湾地区规划建设邮轮母港，引进世界知名邮轮公司进驻，打造成为中国—东盟邮轮旅游基地。加快广西北部湾国际邮轮母港建设，采取优惠政策吸引世界大型邮轮公司入驻广西北部湾邮轮母港作为基地，开通中国广西到东盟国家的国际邮轮航线，构建环南海海洋邮轮旅游航线，重点开通经越南下龙湾港、岘港港、胡志明港，柬埔寨西哈努克港；泰国的曼谷港，马来西亚马六甲港、古晋港；新加坡港，印度尼西亚的雅加达港，文莱斯里巴加湾港，菲律宾的马尼拉港、苏比克港等东盟国家港口旅游城市的环南海邮轮航线，打造北部湾特色的海洋旅游文化。

（三）合作推进郑州—长沙—南宁—新加坡经济走廊建设

广西是"一带一路"有机衔接的国际通道、战略支点、重要门户，是我国中东部地区进入中南半岛最便捷的通道，要依托这一通道推进中国—中南半岛经济走廊建设，重点建设南宁—河内—胡志明市—金边—曼谷—吉隆坡—新加坡经济走廊，同时，以南宁为中心城市沿长沙、武汉、郑州的中部城市延伸，构成以郑州—武汉—长沙—南宁—凭祥—河内—胡志明市—金边—曼谷综合交通为基础的经济走廊，这条经济走廊的发展定位是贸易、旅游和承接国际产业转移，重点推进以贸易、旅游、物流、教育和便利化合作。目前，郑州—南宁—河内—胡志明市铁路已建成，且北京—河内、南宁—河内（嘉林）国际客运列车已经开通运营。该通道是中国东部地区、中南地区连接中南半岛国家最便捷的陆路大通道，建设重点是升级改造南宁—河内—胡志明市铁路、建设胡志明市—金边铁路、改造金边—曼谷铁路，以及建设国外段的高速公路，将我国中南地区、东部地区与中南半岛国家连接起来，成为西南中南地区开放发展新的战略支点。

1. 越南制定了对接南宁—新加坡经济走廊发展规划

2015 年，越南总理府颁布了《越南谅山—河内—胡志明市—木排经济走廊发展规划（2020—2030 年）（参与南宁—新加坡经济走廊）》，规划范围包括 21 个省、中央直辖市，贯穿谅山到胡志明市的 1 号国道和胡志明市到木排（西宁）的 22 号国道。

该规划的总目标是："谅山—河内—胡志明市—木排经济走廊和已经确定的各大经济走廊、经济开发区（'两廊一圈'和东西走廊、各大城市、各大重点经济开发区）构成的基本框架，其中尤为重要的是形成全国基础设施系统的发展框架。发展在走廊全线上各地方社会经济，特别是各大城市的经济发展，以此创造全国其他地方社会经济发展的连锁效应。"为了实现这一目标，提出要"加强与相邻国家的公路、铁路交通基础设施的合作建设（南宁—友谊关和友谊关—河内），以保障经济走廊全线的交通通畅。扩大口岸商业合作，在平等互利原则基础上，提供商业活动和经济发展投资的各项服务"，"发展商业、旅游，配合区域内各国加强海关手续改革；组织策划促进南宁—新加坡经济走廊上国家间商业活动。优先合作发展经济走廊上有竞争力的旅游产品与南宁—新加坡经济走廊上的旅游潜能相结合"，同时，"加强运输合作，配合参与南宁—新加坡经济走廊各国建设贯穿经济走廊全线的集高速公路网络体系与国家铁路网络相连接的高速公路系统。运用多式联运模式来开发越南海港的优势及区域内国家的经济潜能"和"加强出入境合作，完善属于大湄公河次区域国家间的出入境手续和设施"。

这些规划理念与南宁—河内—胡志明市—曼谷—新加坡经济走廊的发展目标是相一致的，因此，中国要加大力度与越南合作推进南宁—新加坡经济走廊建设。

2. 深化中越"两廊一圈"合作

2004年，越南就率先提出建设"两廊一圈"的国家发展战略，并为此制定了许多规划。目前的关键是两国要统一行动，扎实推进中越"两廊一圈"建设。

加强中越两国发展战略和发展规划对接。越南对于"两廊一圈"已经制定了较为完整的规划，包括越南《2020年谅山—河内—海防—广宁经济走廊发展规划》《2020年北部湾经济圈发展规划》《至2020年，展望2025年谅山—河内—海防—广宁经济走廊工业发展规划》及《至2020年，展望2030年老街—河内—海防—广宁经济走廊工业发展规划》都已经规划实施。中国的"一带一路"倡议，以及《广西北部湾经济区发展规划》《珠江—西江经济带发展规划》《北部湾城市群发展规划》《海南国际旅游岛建设发展规划纲要》等都与"两廊一圈"关系密切，因此两国要从国家层面推动中越"两廊一圈"发展规划的对接，使两国有关"两廊一圈"发展规划相互衔接，共同将中越"两廊一圈"合作纳入澜湄合作机制和两国的国家发展战略合作中去。

加强中越在"两廊一圈"合作框架下的产业合作。中越产业具有很强的互补性。中国有完整的产业体系，而越南辅助配套工业不完整，虽然日韩一些企业特别是 IT 产业从中国转移到越南"两廊一圈"区域，但许多零部件还是要从中国的生产基地采购。两国可以合作在中国—东盟自由贸易区或 RCEP 框架下将中越跨境经济合作区建设成为跨国产业园区，建设成为中越两国的纺织品、成衣、鞋类、家具、电子类等劳动密集型产品的生产基地、中越创意文化产品生产基地，打造中越跨境经济合作区成为新一代电子信息、纺织服装等全球产业链的重要一环。

3. 以服务业合作促进产业合作

服务业是产业合作的催化器，通过推进与沿线国家的国际贸易、旅游业、物流业、金融业等服务业合作，增加各国之间的贸易和人文交流，促进产业合作发展。

（1）贸易合作带动产业发展。广西沿边沿海地区拥有对东盟国家的贸易的区位优势和政策优势，是双向沟通中国与东盟国家的国际贸易大通道，可以开展一般贸易、加工贸易、边境贸易、跨境电子商务等国际贸易形式，是中国面向东盟重要的贸易基地。东盟已连续十几年成为广西最大的贸易伙伴，广西与东盟贸易的增长速度远高于全国的平均水平。广西主要进口东盟国家的水果、水产品、坚果、矿产品等农产品，出口机械设备、电子产品、水果、农机产品等。2019 年，广西外贸进出口总值达 4694.7 亿元，比上年增长 14.4%。其中，出口 2597.1 亿元，同比增长 19.4%；进口 2097.6 亿元，同比增长 8.7%；贸易顺差达 499.5 亿元，扩大 1 倍。[①] 其中，崇左市外贸进出口完成 1893.39 亿元，比上年增长 28.3%，总量占全区的 40.3%，保持全区第一位，其中：出口完成 1300.24 亿元，增长 19.0%；进口完成 593.15 亿元，增长 55.1%。[②] 经过 20 多年的探索，广西摸索出"前岸中区后厂"发展模式，促进边贸产品落地加工。重点依托重

---

① 2019 年广西外贸进出口总值 4694.7 亿元　创历史新高 [EB/OL].（2020–01–20）. http:// www.gxnews.com.cn/staticpages/20200120/newgx5e25b4b7—19201220.shtml.

② 崇左市统计局：崇左市 2019 年经济运行情况分析 [EB/OL].（2020–01–21）. http://www. chongzuo.gov.cn/sjfb/tjfx/t69193.shtml.

点开发开放试验区、边境经济合作区等国家开放平台和政策，在东兴、宁明、凭祥、龙州、靖西等地建立产业园区，发展边境加工业，提高贸易产品的附加值。目前，凭祥市已经成为"中国红木之都"，龙州县成为进口坚果加工基地，东兴市成为进口水产品加工基地。

（2）大力发展国际物流业。发挥广西与东盟国家海陆相接的区位优势，以广西北部湾港和广西沿边口岸为互联互通节点，建设中南半岛—广西连接粤港澳物流走廊、湘鄂物流走廊、黔渝物流走廊等，重点发展中越国际道路运输、中越国际铁路运输和国际陆海贸易新通道物流合作，大力发展国际物流。加强桂粤港澳和中南半岛国家越南、柬埔寨、泰国、马来西亚和新加坡共建沿海物流走廊合作，畅通华南地区与中南半岛沿海地区物流。对接边境地区的中南半岛国家，推进以南菜南果北运、北煤北货南运为特色的桂湘鄂物流走廊。建设以中南半岛最南端的新加坡为起点，通过海陆多式联运方式，经广西北部湾港口群和黔桂铁路、成渝铁路，打通广西、贵州、重庆、四川的南北走向物流走廊，形成贯通中国西部地区与中南半岛、有机衔接"一带一路"的国际陆海贸易新通道，打造广西成为中国—东盟海陆空联运综合物流基地、中越老泰边境物流基地。

（3）推进金融国际化发展。国际金融是国际贸易、国际投资和跨境产业合作的助推器，也是推动人民币国际化的工具。推进中国—中南半岛金融互联互通是建设中国—中南半岛经济走廊的必要条件，为跨境产业合作创造条件。充分运用沿边金融综合改革试验区和中国（广西）自由贸易试验区的政策优势，扎实实施《广西壮族自治区建设面向东盟的金融开放门户总体方案》，将跨境金融打造为广西参与中国—中南半岛经济走廊建设的一个特色。重点推进人民币面向东盟跨国使用的跨境金融创新和跨境人民币业务创新，扩大人民币在对东盟贸易、直接投资、跨境融资中的使用；在中心城市和沿边地区积极推动银行、保险、基金、信托、融资租赁、交易所、交易中心等相关金融机构建设；开展人民币海外基金业务；推动与东盟国家证券、期货及衍生品交易合作；创新跨境金融合作模式，借鉴网络银行、第三方支付平台以及 P2P 网络借贷等互联网金融模式，为跨境电商提供支持和保障。打造广西成为中国面向东盟的金融运营服务基地、财富管理服务基地和金融信息服务基地。

4. 建立国际旅游合作网络

南宁—河内—胡志明市—金边—曼谷—吉隆坡—新加坡经济走廊就是一条具有自然之美、文化之美的旅游走廊。中国南方喀斯特（广西桂林、环江与贵州重荔波）、中国广西左江花山岩画景观、越南下龙湾世界自然遗产、顺化世界文化遗产、柬埔寨吴哥窟世界文化遗产等旅游资源闻名世界，可建立中国—东盟文化旅游合作机制，整合成南宁—河内—胡志明市—金边—曼谷—吉隆坡—新加坡世界文化遗产旅游线路。随着中越跨境旅游便利化逐步推进，跨国自驾游已经成为跨国旅游的新潮流，各方合作推动南宁—河内—胡志明市—金边—曼谷—吉隆坡—新加坡跨国自驾游，在南宁市、防城港市、崇左市建立跨国自驾游基地，建设广西成为中国—中南半岛跨国自驾游基地，同时，以国际旅游带动沿线国家的贸易、物流、金融等服务贸易合作。

中国与中南半岛国家可重点合作培育几条双向国际旅游线路，具体如下：

（1）世界自然遗产名录旅游线路：四川九寨沟—云南石林—马来西亚姆鲁山国家公园—马来西亚京那巴鲁公园—新加坡；湖南武陵源—广西桂林—越南下龙湾—丰芽格邦国家公园—韩松洞。

（2）世界文化遗产旅游线路：甘肃敦煌—四川峨眉山—老挝琅勃拉邦—泰国素可泰—柬埔寨吴哥；安徽黄山—广西花山壁画—越南会安—胡志明市；福建武夷山—广西花山壁画—越南会安—老挝巴色巴巴塞—柬埔寨暹粒吴哥；陕西西安秦始皇兵马俑—桂林灵渠—越南会安—马来西亚马六甲—槟城—新加坡；山西五台山—湖北武当山—老挝琅勃拉邦—柬埔寨暹粒—马来西亚马六甲。

（3）历史文化名城旅游线路：成都—昆明/丽江—仰光—曼谷—吉隆坡—新加坡；重庆—桂林—南宁—河内—岘港—胡志明市；杭州—长沙—河内—顺化—柬埔寨金边—暹粒；泉州—广州—河内—老挝万象—琅勃拉邦—泰国曼谷。

（4）建立边境旅游试验区。中越合作构建北部湾跨国旅游网络，共同把北部湾地区发展成为世界级国际旅游合作区：一是整合中越边境地区旅游资源，合作建立中越边关风情旅游带，开拓边境旅游线路，合作保护和开发边境地区少数民族特色村寨村落，打造中越边境地区边关风情游文化品牌。二是全力推进边境旅游试验区建设，开展边境地区跨国旅游合作先行先试，建立防城港市—下龙湾市、崇左市—谅山市边境旅游合作试验区和中越德天—板约瀑布跨境旅游合作区。三是发展北部湾地区跨国自驾游，简化跨境自驾车手续，推动中国东兴—越南芒街跨境自驾游常态化和中国桂林—南宁—防城港市—越南下龙市跨境自驾车旅游发展。

二、建设连接西太平洋和印度洋的"两洋"经济走廊

中南半岛将印度洋和太平洋分隔开来，目前，中国的货物运往印度洋沿岸国家大多数只能走海路经马六甲海峡才能到达，海路遥远，费时耗能。中国与中南半岛国家合作建设上海—南昌—长沙—贵阳—昆明—瑞丽—曼德勒—皎漂港和深圳—广州—茂名—钦州—防城港—越南芒街—河内—老挝琅勃拉邦 / 万象—泰国清迈—缅甸仰光—勃生港 / 皎漂港两条连接太平洋到印度洋综合交通大通道，将极大地促进沿线地区经济发展。

（一）建设上海—长沙—昆明—曼德勒—皎漂港经济走廊

依托长三角发达的经济基础，建设以上海为起点，沿南昌—长沙—贵阳—昆明—瑞丽—曼德勒—皎漂港陆路综合交通为基础的经济走廊。该经济走廊是以长三角为主的东部地区乃至日韩通往孟加拉湾、印度洋距离最短的陆路通道。走廊的陆路通道全长约 3200 千米，以铁路和高速公路综合交通通道为基础，与孟中印缅经济走廊的交通大通道部分重叠，将中国发达地区长三角与缅甸、孟加拉湾乃至孟加拉国、印度连接起来，是中国能源进口的重要通道，也是中国长三角向滇中经济区、孟加拉湾、南亚地区的经济辐射通道和贸易通道。目前，该走廊国内段的高速公路已经基本建成，高速铁路也已经修到大理，大瑞铁路正在修建之中，中缅油气管道也已经建成运营。建议加快建设中缅经济走廊的瑞丽—缅甸腊戍铁路，同时，新建内比都—皎漂港的铁路，升级改造缅甸腊戍—曼德勒—内比都—仰光铁路，新建瑞丽—曼德勒—皎漂港高速公路，同时，将中缅油气管道继续向贵阳、长沙等东部城市延伸。建成这一通道，上海到孟加拉湾的缅甸皎漂港比走海路近约 3600 千米，大大节省了物流时间和物流成本。

1. 加快推进中缅经济走廊交通和能源基础设施建设

中缅经济走廊先从交通、电力互联互通建设开始，符合缅甸的切身利益。在中缅经济走廊框架下，中缅双方共同推动仰光产业新城、皎漂经济特区、中缅铁路等重大合作项目建设并取得阶段性进展。2018 年 10 月，中缅签署了木姐—曼德勒铁路项目可行性研究备忘录以后，相关工作已陆续开展。2018 年 11 月，

双方签署了皎漂深水港项目框架协议，该项目对改善区域互联互通、促进当地经济增长和增进中缅友好关系将发挥重要作用。云南省已积极配合有关方面制定了中缅经济走廊总体规划和专项规划，同时，加强了云南省通往缅甸方向的交通等基础设施建设。目前，中缅铁路昆明至大理段已开通运营，大理至瑞丽段正加快建设；中缅油气管道投运良好，边境地区与缅方实现电力联网，电信运营网络成功对接。中缅这些重大项目，把中国与缅甸互利合作的大项目都相互联通起来，彼此促进形成一个集成效应。落实两国签订的协议是目前中缅经济走廊建设的重点，云南省要加快泛亚铁路西线大理—瑞丽铁路德宏段、瑞丽城市轨道交通、芒市机场改扩建及"一关两检"设施、瑞丽和章凤至缅甸八莫港的中缅伊洛瓦底江陆水联运大通道建设、芒市至腾冲铁路德宏段、瑞丽至缅甸曼德勒公路改造等基础设施建设。

2. 建设中缅瑞丽—木姐跨境经济合作区

2007年年初，德宏州委、州政府启动中缅瑞丽—木姐跨境经济合作区建设论证工作。2013年，缅方初步同意双方共同建设经济合作区的构想。2017年5月，签署了《中国商务部与缅甸商务部关于建设中缅边境经济合作区的谅解备忘录》。要充分发挥瑞丽、畹町国家级边境经济合作区、姐告"境内关外"海关特殊监管边境贸易区、瑞丽国家重点开发开放试验区、沿边金融综合改革试验区等对外开放平台的功能和作用，立足国际国内两种资源、两个市场，建设完善一批产业园区，积极引进长三角地区企业落户，发展进出口加工业，打造中缅边境经济合作区成为面向南亚东南亚的外向型产业基地。

（二）构建粤港澳大湾区—北部湾—孟加拉湾经济走廊

粤港澳大湾区—北部湾—孟加拉湾陆路交通是中国连接太平洋和印度洋距离最短的陆路通道，防城港到缅甸勃生港的陆路里程约1600千米，香港、深圳经陆路到缅甸勃生港的距离仅约2300千米，比海路近2700千米。该走廊的特点是沿线国家拥有丰富的能源资源和产业，缅甸的天然气资源、水能资源，老挝的水电资源，越南鸿基的煤炭，中国钦州、北海、茂名、广州、惠州的石化产业基地，有利于构建以交通和能源互联互通为重点的珠三角—北部湾—孟加拉湾能源经济走廊。

三湾走廊是"一带一路"中国—中南半岛经济走廊的重要组成部分，是全球经济最活跃的地区之一。该走廊将粤港澳大湾区、北部湾经济区和中南半岛国家的越南、老挝、泰国、缅甸连接起来，并对接孟加拉湾经济合作组织，是华南地区重要的对外交通通道和能源通道，也是粤港澳大湾区向北部湾、孟加拉湾和南亚地区经济辐射的贸易通道和产业转移通道。三湾走廊的发展定位是以电力、油气管道互联互通为基础，大力发展能源经济，同时，兼顾旅游以及承接大湾区的产业转移，构建能源产业链和传统产业链，对促进粤港澳大湾区、北部湾城市群与环孟加拉湾经合组织之间各种经济资源、市场和生产要素有机结合，形成优势互补、资源共享、相互促进、良性互动的区域经济新格局，完善"一带一路"国际经济走廊布局，打造中国—东南亚—南亚增长极具有重要的战略意义。

1. 推进交通和能源互联互通基础设施建设

中国—中南半岛沿线国家能源资源和产能分布很不平衡，推进中国与东南亚能源互联互通建设，有利于各国能源贸易和能源产业合作，确保各国能源安全。中国《能源生产和消费革命战略（2016—2030年）》提出："陆上依托国际大通道，以沿线中心城市为支撑，以重点经贸产业园区为合作平台，推动能源投资和贸易；海上以重点港口为节点，畅通能源输送通道。"这一思路对于推进中国—东盟交通和能源互联互通建设具有指导意义。首先，合作规划建设防城港—越南河内—老挝琅勃拉邦/万象—泰国清迈—缅甸仰光—缅甸勃生港/皎漂港的铁路和高速公路，建设完善缅甸毛淡棉港、勃生港、皎漂港、孟加拉国吉大港和中国北部湾港、茂名港、深圳港等港口及其多式联运设施，通过铁路和高速公路将粤港澳大湾区、北部湾和孟加拉湾的港口群连接起来，形成互为货源腹地和目的地的港口群。其次，沿交通通道建设连接粤港澳大湾区—茂名市—钦州市—防城港—越南河内—老挝万象—泰国清迈—缅甸仰光—勃生港—皎漂港—孟加拉国吉大港—印度加尔各答的油气管道、特高压输电线路、发电站、输电线路等能源基础设施，在沿线国家节点城市布局能源产业园区，通过特高压输电线路和油气管道给沿线的产业园、石化产业基地提供电力、天然气和原油，各国可依托能源网络开展能源贸易和产业合作，相互输送或消纳各种能源，解决北部湾和珠三角地区石化基地的原油供应问题，打造以原油、成品油、天然气和电力等能源互联互通的中国—东南亚—南亚跨国能源经济走廊。

2. 打造新兴产业链

《粤港澳大湾区发展规划纲要》提出支持香港物流及供应链管理应用技术、纺织及成衣、资讯及通信技术、汽车零部件、纳米及先进材料等五大研发中心以及香港科学园、香港数码港建设。支持澳门中医药科技产业发展平台建设。在大湾区推动新一代信息技术、生物技术、高端装备制造、新材料等发展壮大为新支柱产业，在新型显示、新一代通信技术、5G 和移动互联网、蛋白类等生物医药、高端医学诊疗设备、基因检测、现代中药、智能机器人、3D 打印、北斗卫星应用等重点领域培育一批重大产业项目。

粤港澳大湾区产业升级，可以将大湾区的传统产业、劳动密集型产业、配套产业向北部湾地区、三湾走廊沿线国家转移，沿线国家可根据本国的经济发展特点承接大湾区的电子信息产业、电器机械、生物医药、纺织业、制鞋业等传统产业，创造条件参与到大湾区新支柱产业的产业链合作中去，争取成为广州、深圳、香港和澳门产业研发中心的配套生产基地，成为大湾区新一代通信技术、现代中药、智能机器人、3D 打印、北斗卫星应用、5G 和移动互联网等新兴产业的其中一环，同时，印度先进的软件产业、生物制药等产业与广州、深圳的智能制造和生物制药具有很强的互补性，通过产业分工和产业互相转移，逐步实现沿线国家和地区产业升级。

3. 建设三湾走廊的路径

依托粤港澳大湾区的增长引擎，引领、带动北部湾和孟加拉湾等欠发达地区的经济发展，促使环孟加拉湾经合组织、北部湾城市群与粤港澳大湾区之间的资源、技术、资金、人才和信息相互流动，推动贸易、农业、旅游、能源、工业、物流等合作，形成交通和能源互联互通、产业互补发展的经济走廊

（1）探索建立三湾走廊合作机制。我国在国际区域经济合作中具有较大威望，应在推进三湾走廊建设中发挥导向作用。一是推动各国发展战略对接，发挥政府在推进基础设施建设中的主导作用。二是发挥组织协调作用，牵头制定三湾走廊建设方案。三是建立由中国广东、广西、云南和越南、老挝、泰国、缅甸组成的前期工作组，吸纳孟加拉国、印度加入，形成三湾走廊合作机制。四是由国家层面推动建立合作机制。

（2）利用澜湄合作等现有机制推进三湾走廊建设。区域内已经成立了一些区域经济合作组织，可依托这些合作机制推进三湾走廊建设。一是通过澜湄合作、

RCEP、孟中印缅经济走廊、中国—东盟博览会、中国—南亚博览会等机制和平台推动建立三湾走廊合作机制。二是利用澜湄合作机制开展与环孟加拉湾经合组织对话交流。三湾走廊大部分在澜湄六国范围内，各方容易协商达成共识，同时，也可以通过环孟加拉湾经合组织推动三湾走廊和印度—湄公河次区域经济走廊对接与合作。三是利用 RCEP 推进三湾走廊合作机制建设，中国和东盟可以在 RCEP 合作框架下商讨推进三湾走廊建设行动计划，邀请印度作为观察员国参加。四是为三湾走廊建设做好舆论造势，加强与沿线各国人文往来合作，增强各国互信。

（3）分段建设，逐步推进。分段实施交通和能源项目建设，条件具备的先行建设，条件不成熟的做好前期准备。实施综合交通和能源基础设施建设"早期收获"计划，第一，推进粤港澳大湾区与北部湾城市群经济走廊建设，实现两个国家发展战略对接，完善交通基础设施互联互通，促进产业分工合作。第二，利用澜湄合作机制推进中国—越南—老挝—泰国—缅甸经济走廊，围绕中国惠州—广州—茂名/湛江—钦州—防城港—越南河内—老挝琅勃拉邦/万象—泰国清迈—缅甸勃生港段进行铁路、公路、油气管道等基础设施建设。第三，加强澜湄合作机制与孟加拉国的伙伴关系，推进缅甸至孟加拉国的经济走廊建设合作，形成粤港澳大湾区—北部湾—越南—老挝—泰国—缅甸—孟加拉国经济走廊，最后合作推进孟加拉国—印度段建设。

三、依托产业园区开展产业合作

依托"三纵两横"交通大通道和沿线国家丰富的旅游资源、能源资源，加强沿线国家产业合作。

（一）以跨境经济合作区和境外经贸合作区推进产业合作

跨境产业合作是推进中国—东盟交通互联互通建设的重要推动力，要瞄准沿线各国经济发展的需求，结合《中国制造 2025》计划，注重以优化我国产业链和构建区域价值链、供应链为方向，根据各国的产业优势，推进双边基础条件好、需求迫切的产业和项目开展合作，合理安排中国—东盟的国际产业分工，实行产业差异化发展，而不是向东盟国家转移落后产能，跨境经济合作区和境外经贸合作区是推动中国和东盟国家产业共同发展的有效模式。

　　跨境经济合作区是指在两国边境附近（一般是在口岸及其附近）、由两国政府各自划定出一定的区域，赋予该区域特殊的财政税收、投资贸易以及配套的产业政策，享有贸易加工区、保税区、自由贸易区等优惠政策，并对区内部分地区进行跨境海关特殊监管的次区域经济合作区。目前，中国与东盟国家主要有中越东兴—芒街跨境经济合作区、中越凭祥—同登跨境经济合作区、中越龙邦—茶岭跨境经济合作区和中越河口—老街跨境经济合作区，还有中老磨憨—磨丁跨境经济合作区、中缅瑞丽—木姐跨境经济合作区。这些跨境经济合作区也是中国与东盟国家交通基础设施互联互通的重要对接点。跨境经济合作区是两国陆地边境地区间的一种紧密合作机制，双方在合作区内开展包括铁路、公路、口岸对接，开展一般贸易、边民互市、物流配送、保税仓库、贸易加工和产业对接等合作，在一定程度上突破了边境对生产要素流动的制约。因此，跨境经济合作区是一项庞大而复杂的系统工程，需要双方在机制、政策、法律、产业等各个方面的对接与协调甚至让渡。这就要求合作双方用政策创新以促进彼此经济技术合作，共同推进跨境经济合作区创新发展。此外，中国（广西）—文莱经济走廊、中新战略性互联互通国际陆海贸易新通道、中马钦州产业园和马中关丹产业园的"两国双园"合作也是中国与东盟国家交通互联互通对接的重要模式。

　　广西北部湾港是国际陆海贸易新通道的门户港，但是，仅仅作为一个贸易通道是不够的，必须依托港口大力发展临港产业，以支撑国际陆海贸易新通道的可持续发展。建立临港产业园就是要充分发挥广西北部湾港的优势，通过海港整合国内外资源，把适合于在海港发展的产业集中到临港产业园集聚发展。防城港、钦州、北海都可以发展临港产业，但是要进行合理的产业分工合作。围绕构建以国内大循环为主体、国内国际双循环的新格局，结合国内外的产业转移，防城港重点发展钢铁、有色金属、金属压延加工、修造船、粮油加工、果品加工等行业；钦州重点发展石油化工、精细化工、食品加工、农产品加工、农业机械、海洋渔业等产业；北海重点发展电子信息产品、新储能电池、海洋生物制药等高新技术产业。临港产业园不仅要承接东部地区的产业转移，还要推进与东盟国家的"两国双园"临港产业合作，延伸上下游产业链。中马"两国双园"重点推进钢铁、铝、燕窝、棕榈油等双边国家的优势产业合作。

（二）高质量发展园区经济带

园区是产业可持续发展的重要平台。除了跨境经济合作区和"两国双园"合作模式，在东盟国家建设境外经贸合作区也是落实"一带一路"倡议的具体举措。境外经贸合作区内的国际物流设施、保税区、工业园区、电力基础设施等配套设施也是中国—东盟交通和能源互联互通建设的组成部分。因此，要不断建设完善在东盟国家的境外经贸合作区，以中国·印尼经贸合作区、越南胡志明市灵中工业园、中越（深圳—海防）经济贸易合作区、泰国罗勇工业园、柬埔寨西哈努克港经济特区等一批境外合作园区为平台，深化与东盟国家的产能合作。沿线国家要重点依托中国—东盟互联互通的骨干交通线和经济要素优势布局产业园区，通过交通干线将沿线国家的跨境经济合作区、综合保税区、自由贸易区、重点开发开放试验区、边境经济合作区、工业园区、物流园区等串联起来，促进各园区之间形成产业链，重点合作打造现代农业产业集群、生物医药产业集群、新一代信息技术产业集群、高端装备和智能制造业集群、新材料新能源和节能环保产业集群、纺织服装加工产业集群、进口加工型产业集群和跨境服务业，形成以战略性新兴产业为引领、先进制造业为支撑，现代服务业为依托的中国—东盟园区经济带。

基于中国在中国—东盟自由贸易区经贸合作中的重要地位，要充分发挥沿海沿边产业园区在构建中国—东盟园区经济带中的重要作用。积极推动沿海地区的珠三角、长三角、京津冀、北部湾地区的产业园区，广西的东兴、凭祥、龙州、靖西，云南的河口、磨丁、瑞丽的边境经济合作区、产业园区与东盟国家的产业园建立"两国双园"或"姐妹园"合作关系，合作投资建立国际产业合作园区，加强双边产业规划和项目沟通，实施差异化产业布局，分类推进特色园区建设合作。

第七节　技术标准对接：标准化建设

标准化作为质量基础设施之一，是促进中国与东盟交通和能源技术交流和经贸合作的重要技术基础。要加强中国与东盟国家的交通和能源技术标准对接，重点输出中国的技术标准，以及开展中国与东盟国家的交通和能源技术标准的研发合作，加强交通和能源领域的环境保护、绿色低碳等可持续发展领域国际标准的制定与实施合作。2019 年 9 月，中国与东盟国家发布了《中国—东盟国际标准化论坛南宁倡议》，为中国与东盟深化交通和能源互联互通标准化合作打下了很好的工作基础。

一、推进交通运输技术标准化对接

早在周朝时期，我国就推行了文字、车辆轨距、道德规范统一的国家政策。《礼记·中庸》第二十八章记载："今天下车同轨，书同文，行同伦。"《史记·秦始皇本纪》："一法度衡石丈尺，车同轨，书同文字。"这里"车同轨"就是交通建设的标准化，促进秦朝形成了以咸阳为中心、将全国各地联系在一起的四通八达的交通网，大大促进了经济的交流发展。新时期，交通运输技术标准化对接对促进中国与东盟国家交通互联互通和融合同样具有重大的现实意义。

（一）积极共建共享交通技术国际标准体系

东盟大多数国家交通科技比较落后，产业基础薄弱，规模小，交通工程建设技术水平低，即使是生产出口一些交通科技产品，大多数也是外资企业投资生产，本国知识产权的产品少，在国际上缺乏技术标准话语权。大多数大型交通工程、电力工程等项目，东盟国家都交给外国企业承建。由于缺乏交通建设方面的技术标准，东盟国家在交通项目评估、交通建筑工程施工、产品生产、商品应用等方面往往倾向参照乃至照搬西方发达国家的技术标准。因此，中国与东盟国家要加强交通技术国际标准交流合作。

第一，要与东盟国家合作参与交通领域国际标准制定。围绕中国与东盟国家的交通互联互通需要解决的突出问题，研究制定双边公认并引领区域交通互联互通的规则制度。重点是建立国际陆海贸易新通道的陆运规则，需要中国与东盟共同合作顶层设计，共同争取得到国际标准化组织的支持与承认。加强与国际标准的对接，合作提升国际陆海贸易新通道标准化水平，推动制定由物流单元、运载单元、运输工具、转运装备组成的运输装备标准体系，提高通道沿线国家运输装备的匹配性、专业化和标准化水平。推进完善内陆集装箱、交换箱体、公铁两用挂车、公铁滚装运输专用载运工具等新型装备的技术标准。

第二,着力构建标准化的多式联运组织体系。重点发展以集装箱、半挂车为标准运载单元的多式联运。推进多式联运设施与装卸接驳平台设计标准建设,推进不同运输方式设施、设备无缝衔接;推进基于标准化运载单元的多式联运专用站场设施建设和快速转运设施设备的技术改造,提高标准化、专业化水平;研究出台多式联运电子单证、铁路货票等物流单证类标准及多式联运规则,完善各运输方式信息共享标准和机制。合作打造通道成为设施高效衔接、枢纽快速转运、信息互联共享、装备标准专业、服务一体对接的多式联运组织体系。

第三,合作推进沿线通道物流标准化。加强沿线国家在物流信息化技术标准、动态数据交换、信息安全等方面的交流合作,重点推进中国与东盟国家合作制定物流技术、信息、运输、货代、仓储、汽车、电子商务、快递、冷链等物流标准,以及研究制定钢铁、机械、煤炭、铁矿石、石油化工、建材、大米、水果、水产品等大宗产品物流标准。推动沿线国家标准化建设和改造仓储和转运设施、运输工具、停靠和卸货站点,推广托盘、集装箱、集装袋等标准化设备,推进管理软件接口标准化。

第四,推动国际陆海贸易新通道沿线国家"通关标准化"合作。协调沿线国家实施《世界海关组织全球贸易安全与便利标准框架》,制定公路货运标准化电子货单,理顺铁路运单的货权属性,赋予运单货权功能并固化一票到底模式。推进物流领域检验检测标准化建设,扎实执行"单一窗口"通关规程;在沿线国家合作开展物流服务认证试点。支持物流企业开展质量、环境和职业健康安全管理体系认证。

（二）推广中国的交通技术标准和技术规范

我国拥有较完整的产业体系和技术标准体系,交通技术规范标准日臻成熟,且具有安全便捷、低成本、高质量等优势,并逐步走向世界。由于现代交通运输新技术的发展,新技术标准不断产生,因此,我国企业在交通互联互通建设中要加强同东盟国家相关部门的交流沟通,多做中国交通技术标准的增信释疑工作,提升东盟国家对中国技术标准、工艺流程和设备的认可度。

当前,中国与东盟国家的交通技术标准对接的最大问题是铁路技术标准对接障碍,最大的障碍是不同国家之间的铁路轨距不同。东盟国家铁路是泛亚铁路网的重要组成部分，虽然铁路设施已经存在多年，但面临着老旧、技术不统一等问题。中国铁路是轨距 1435 毫米的标准轨，车厢稳定性好，运行速度远快于东南亚国家的列车；而东南亚国家绝大多数使用轨距为 1000 毫米的轨距，在1000 毫米窄轨上运行的列车稳定性差，提速困难。由于不同的轨道有不同的技术标准，互联互通困难很大，列车不能直达运输，在互相交接的地方必须换另一种标准的列车，客运虽然相对简单，但是增加时间成本，货运还要重新装卸或转车，费时费力，徒增物流成本。因此，中国与东盟国家的铁路互联互通对接，最终需要将东南亚国家铁路升级改造为准轨铁路或套轨铁路，且采用中国的标准、技术和设备。

中国已经制定了较为完善的铁路建设和铁路运营技术标准，东盟国家铁路技术上的问题中国都能够解决。中国已经帮助马来西亚升级改造了米轨铁路系统，在吉隆坡至怡保 200 多千米米轨铁路上列车以 160 千米 / 小时的速度运营，这是目前世界上米轨动车组运营的最高速度，大大提高了运营效率，也成就了米轨动车组技术标准。据在标准网站（http://bbs.biaozhuns.com/）上检索，截至2019 年 10 月 11 日，我国光铁路国家技术标准就有 173 项，其中强制性国家标准（GB）48 项，推荐性国家标准（GB/T）125 项，高速铁路技术标准就有 102项。目前，东盟国家还没有高速铁路，而印度尼西亚、马来西亚、泰国、越南等国家都规划建设高速铁路。2014 年 12 月，中国正式实施首个高速铁路国家标准《高速铁路设计规范》（TB10621—2014），也是世界上第一部系统完整、内容全面的高速铁路设计规范。2017 年，中国国家铁路局又发布《高速铁路轨道工程施工技术规程》（Q/CR 9605—2017）等。中国的高铁技术标准将在越来越多的国家推广应用而成为"国际标准"，这为中国与东盟国家之间高速铁路互联互通提供了的技术标准支撑。

除了高铁"中国标准"，我国还在公路、水路、民航、邮政等其他交通运输领域建立了大量技术标准。据检索，截至 2019 年 10 月 11 日，我国在交通建设、运营管理、规则等方面制定的国家技术标准中，轨道交通国家标准有 175 项，其中强制性国家标准（GB）19 项，推荐性国家标准（GB/T）156 项；港口国家标准有 64 项，其中强制性国家标准（GB）18 项，推荐性国家标准（GB/T）46 项；高速公路国家标准有 17 项，其中强制性国家标准（GB）1 项，推荐性国家标准（GB/T）16 项；机场国家标准有 21 项，其中强制性国家标准（GB）10 项，推荐性国家标准（GB/T）11项；航空国家标准有185项，其中强制性国家标准（GB）37项，推荐性国家标准（GB/T）148项；民用航空国家标准有12项，其中强制性国家标准（GB）8项，推荐性国家标准（GB/T）4项；邮政推荐性国家标准（GB/T）9项；快递推荐性国家标准（GB/T）11项；物流国家标准有105项，其中强制性国家标准（GB）2项，推荐性国家标准（GB/T）103项。交通运输行业的技术标准更多，其中铁路运输行业标准（TB）2128项，交通行业标准（JT）1999项，民用航空行业标准（MH）640项，船舶行业标准（CB）2961项，汽车行业标准（QC）1075项，航空行业标准（HB）3651项，形成了交通运输标准化体系。当然，这些技术标准不一定全部适合所有的东盟国家，但是，大多数技术标准根据各国的实际情况稍加修改就可以应用。因此，要加强中国与东盟国家的技术标准交流合作，在中国企业投资或承建东盟国家交通项目中尽可能推广使用"中国标准"。

（三）合作研发交通领域技术标准

东盟大部分国家处于热带地区，还有一部分属热带雨林地区，气候终年高温多雨，有些国家如印度尼西亚还处于地震带。这种气候和地质环境给交通工程建设带来较大的困难，对工程施工的技术要求具有特殊性。而这种技术特殊性，发达国家或中国都未必有适应这种环境的技术标准，需要经过研究和实践试验才能制定出符合实际的技术标准。中国和东盟国家要加强这些特殊领域的技术标准研究和制定，可在交通投资、交通工程承包合作中同时开展交通工程技术标准研究，比如，可在印尼的雅万高铁建设中同时研究在热带雨林地区高铁建设技术标准，在雅加达地铁系统建设中合作研究制定地震带地铁建设技术标准；在马来西亚的东海岸铁路建设中研究制定热带雨林地区标准轨铁路建设技术标准，在马来西亚米轨铁路升级改造中合作研究制定米轨铁路升级改造技术规范，等等，将交通技术标准研究制定与交通工程建设结合起来，今后可以将这些技术标准应用到同一地区的铁路建设和改造项目中去，并将这一做法逐步扩展到公路、机场、港口等其他交通工程领域技术标准的制定合作中去。合作制定绿色交通技术国际标准，重点合作构建交通基础设施、运输装备、运输组织等方面的绿色交通标准体系，合作完善交通运输行业重点用能设备能效标准和能耗统计标准，以及制定绿色交通相关建设和评价标准，提升国际影响力，形成中国—

东盟交通运输技术标准体系，同时，共同推动双边互认和双边研发制定的交通运输技术标准成为国际标准化组织（ISO）的标准。

二、推进能源技术标准化对接

2009年10月，中国与东盟国家就签订了《中国—东盟关于技术法规、标准和合格评定程序谅解备忘录》，双边可在这一框架下开展能源技术标准化交流合作。

（一）加强中国与东盟的能源标准化战略对接

为了实现东盟经济一体化，消除贸易技术壁垒，以利于实施共同有效特惠关税（CEPT）协议，实现东盟自由贸易区的目标，东盟很早就重视标准化建设。1992年10月，在东盟经济部长第24次会议上成立了东盟标准与质量协商委员会（ACCSQ）。1997年9月，在印度尼西亚棉兰举行的第4届东盟高级经济官员会议（SEOM）上批准了ACCSQ的修订职责范围，其中包括授权ACCSQ将监管机构纳入ACCSQ，实现消除贸易技术壁垒的任务。

东盟通过东盟标准与质量协商委员会使国家标准与国际标准保持一致，并就合格评定相互承认实现"一个标准，一个测试，被任何地方接受"的最终目标。2002年4月，东盟经济部长会议在泰国曼谷签署了《电子电气互认安排》。2010年完成统一电气和电子行业的监管制度。目前，所有成员国均已完成20种优先产品的标准和81种安全与EMC标准的协调。东盟优先考虑成员国技术法规中使用的那些标准。此外，还定期发布《东盟标准和质量公告》，以确保信息传播并提高东盟成员国在标准、技术法规和合格评定程序方面的透明度，以消除技术障碍，并通过统一标准、技术法规和一致性来促进东盟成员国之间的贸易。

到2015年，ACCSQ及其工作组已制定了许多政策文件、统一标准、技术要求和多边协议，以及协调技术法规。制定了《2016—2025年东盟标准与合规战略计划》，根据《AEC蓝图2025》加强ACCSQ在确保质量和建立对东盟产品和服务的信心，完成了14项统一标准和技术要求，其中包括协调东盟优先采用联合国车辆法规的19项技术要求中的15项，统一了21项电气和电子设备标准，制定《东盟管制电气和电子设备适用合格评定制度协议》（ACAR）指导说明 3 项与交通和能源有关的技术标准。

为了实现《2016—2025 年东盟标准与合规战略计划》愿景，ACCSQ 实施以下六个战略重点：①通过制定政策和倡议来满足东盟现在和未来的需求，提高基础设施标准和一致性；②通过全面和逐步减少与标准、技术法规和合格评定程序（Standards,Technical Regulations and Conformity Assessment Procedures, STRACAP）有关的贸易技术壁垒，实现高度一体化和凝聚力的东盟经济；③加强东盟在 STRACAP 有关问题上的联合，以有效地代表和参与国际和亚太机构及相关的认证安排；④加强私营部门对标准和合格评定的参与，以加快发展并提高对工商业服务的可用性；⑤加强行政协调会，其工作组的效率以及与其他东盟有关部门机构的合作；⑥支持会员国执行与 STRACAP 有关的东盟举措和政策的能力建设和人力资本发展。[①]

这六个战略重点旨在进一步制定政策，确定和支持对现有协定的审查，制定新协定和相关机制，以支持进一步消除剩余的技术性贸易壁垒。重点是加强与具有相关利益的其他部门机构和委员会的合作，努力在标准、认证、计量和技术法规方面加强与全球组织的联系，支持持续向全球贸易开放，确保东盟一体化。ACCSQ 的愿景是在东盟建立一个国际认可的、以人为本和可持续发展的一体化制度，以制定标准、技术法规和合格评定程序，确保商品和服务的自由流通，并确保整个东盟的安全、健康和环境保护。

ACCSQ 在 2016 年至 2025 年间的任务：建立与标准、技术法规和合格评定程序（STRACAP）有关的全面政策，支持相关质量基础设施的发展，以建立高度集成和凝聚力的东盟经济。ACCSQ 与东盟其他相关部门、合作机构将根据这些政策，在所有优先领域建立部门和监管机制，以消除因统一标准、技术法规、相互认可合格评定结果和接受技术法规等措施造成的技术性贸易壁垒。

可见，目前东盟制定的统一标准和技术法规的领域还很有限，有关交通和能源技术标准的制定基本处于起步阶段，交通和能源的技术还缺乏统一的标准，各国仍然按照各国的政策和标准各行其是。这样虽然给中国与东盟国家的标准化对接造成困难，但是，也给中国与东盟国家的标准化对接乃至在东盟国家推

---

① ASEAN STANDARDS AND CONFORMANCE STRATEGIC PLAN 2016 –2025[EB/OL]. The ASEAN Secretariat（东盟秘书处），2012.05.16. https://asean.org/storage/2012/05/ENDORSED– ACCSQ–Strategic–Plan–2016–2025.

广中国的能源技术标准提供了机遇。2019 年 5 月，中国国家标准化管理委员会、国家能源局《关于加强能源互联网标准化工作的指导意见（国标委联〔2019〕19 号）》提出："到 2025 年，形成能够支撑能源互联网产业发展和应用需要的标准体系。制定 50 项以上能源互联网标准，涵盖主动配电网、微能源网、储能、电动汽车等互动技术标准，全面支撑能源互联网项目建设和技术推广应用。"因此，中国要加强与 ACCSQ 的交流合作，推进《中国标准 2035》与《2016—2025 年东盟标准与合规战略计划》对接。中国国家市场监督管理总局（国家标准化管理委员会）可联合交通运输部、国家能源总局积极与东盟标准与质量协商委员会（ACCSQ）及东盟各国的标准管理机构开展交流合作，通过能源规划衔接和标准对接助力政策沟通和设施联通，重点选择能源互联网、新能源、特高压、超临界机组、电网升级改造等领域标准制定开展合作，研制能源互联网基础标准，结合新能源、电动汽车等相关产业发展，制定与主动配电网、微能源网、储能、电动汽车等互动技术相关标准，合作开展能源互联网试点示范项目的验收评价工作，争取在能源互联网、新能源等一些中国优势能源技术领域合作制定技术标准或推广使用中国的标准，在东盟国家实现"技术标准—设备—发电站"新能源格局"中国化"。协助东盟国家对现役燃煤机组升级改造，发展超低排放燃煤发电，减少燃煤发电碳排放水平，实现《巴黎协定》的碳减排目标。

（二）合作研发能源领域技术标准

东盟国家能源资源丰富，但是不同国家的能源禀赋大不相同。总体上，东盟国家传统的化石能源分布不均，各国发展传统能源的愿望不一致，但是东盟地处热带地区，气候终年高温多雨，太阳能和风力资源丰富，而这些新能源正是东盟国家积极发展又因技术短缺而开发不足的领域。由于东盟国家对传统能源的开发技术相对成熟，而新能源相对落后，大多数国家还没有自己的技术标准，因此，我国要加大与东盟国家合作研发新能源技术的力度，通过合作研发，带动中国相关新能源技术标准落户东盟，可重点加强在海上风电、光伏发电储能、储能新材料、电网升级改造等这些特殊领域的技术标准研究和制定合作，可在能源投资、能源工程承包合作中同时开展能源工程技术标准研究，比如，可以在菲律宾的电网改造项目建设中同时研究在热带地区电网改造技术标准，在老挝边境地区电网管理中合作研究制定智能电网管理技术标准，在越南的燃煤电厂建设运营中合作研究超临界机组技术标准，在中老、中缅、中越的跨境电力贸易中合作研究制定跨国电网技术规范等，将能源技术标准研究制定与能源工程建设结合起来，不仅要授人以鱼，还要授人以渔，通过合作研发，将中国这类能源技术标准应用到东盟国家的能源建设和技术改造项目中去，并逐步扩展到地热发电、超临界燃煤发电、能源互联网等其他能源工程领域技术标准的制定合作，共同参与绿色能源国际标准制定，合作构建新能源、电力输送、智能电网、电工等泛在电力物联网方面的绿色能源标准体系，合作完善能源开发重点用能设备能效标准和能耗统计标准，以及制定绿色能源相关建设和评价标准，共同提升区域能源技术标准国际影响力，形成中国—东盟能源技术标准体系，同时，共同推动能源技术标准双边互认和双边研发制定的能源技术标准成为各国广泛接受的国际标准。

合作制定跨国运输、跨国电网、跨境油气管道计量技术标准和管理规程。依照运输协议、技术标准、管理规程和计量交接协议，定期检定跨国能源贸易计量系统，合作制定跨国电力、天然气、原油等能源产品清关技术标准和清关程序，预防因能源互联互通计量问题引发能源贸易纠纷。

（三）加强国际能源技术标准化合作

东盟国家大多采用国际标准化组织或欧美国家的技术标准，要利用中国作为 ISO 常任理事国的协调能力，积极推动东盟国家参与国际标准工作。积极向东盟国家推广全球能源互联网理念，共同加强与国际标准化组织合作，重点推进全球能源互联网发展，通过全球能源互联网合作促进中国—东盟能源互联互通建设，同时，加强双边在全球能源互联网技术标准领域的研究合作，提升中国和东盟在全球能源互联网国际标准化领域的影响力；联合东盟国家，加强中国和东盟国家与国际标准化机构和国际技术组织等在标准制定、国际交流等领域的联系和协调，积极将国际标准化组织认证的能源技术标准运用到区域合作中去，发挥标准在中国—东盟能源互联互通建设中的作用；加强中国有关能源标准研究机构与东盟国家相关机构的能源技术标准研究合作，联合向国际电工委员会（IEC）、电气与电子工程师学会（IEEE）申报立项国际标准，推动中国和东盟国家的电工技术标准成为国际标准，增强中国和东盟国家在国际电工装备领域的影响力和话语权。

（四）推进中国能源技术标准落地东盟国家

我国十分重视能源技术标准的制定和应用，在能源领域大力推广技术标准化。2009—2015 年，国家能源局每年都下达能源领域行业标准制（修）订计划。尤其是 2016 年以来，顺应新能源行业的快速发展，陆续制定了一批与核能、光伏、风电、页岩气等有关的能源行业的技术标准，有力地推动中国新能源产业的发展，同时废止一些已经落后的技术标准。目前，中国在电力、石化、核电、煤炭、光伏、风电、智能电网、电动汽车充电设施等能源领域已经制定了一系列技术标准。这些能源技术标准尤其是新能源技术标准有不少处于世界领先水平，其中风力发电机组、海上风力发电设备关键部件、光伏并网逆变器技术、光伏发电工程建设监理、水电工程全球导航卫星系统（GNSS）测量、水电厂自动发电控制及自动电压控制系统技术、垃圾发电厂运行指标、交流高压架空输电线路、变电站机器人巡检系统、电网技术改造工程、电力行业紧急救护技术，中国国家电网率先建立的"特高压交直流 + 智能电网"电网标准体系，以及超、特高压电力变压器（电抗器）设备技术标准等，这些技术标准都是世界能源行业技术标准化的标杆。据查询，截至 2019 年 10 月 11 日，我国在能源设施建设、运营管理、规则等方面制定的国家技术标准中，水电站国家标准有 11 项，其中强制性国家标准（GB）2 项，推荐性国家标准（GB/T）9 项；特高压输电国家标准有 8 项，其中强制性国家标准（GB）2 项，推荐性国家标准（GB/T）6 项；风力发电国家标准有 143 项，其中强制性国家标准（GB）14 项，推荐性国家标准（GB/T）129 项；光伏发电国家标准有 32 项，其中强制性国家标准（GB）2 项，推荐性国家标准（GB/T）30 项；核电站国家标准有 14 项，其中强制性国家标准（GB）5 项，推荐性国家标准（GB/T）9 项；输电国家标准有 102 项，其中强制性国家标准（GB）10 项，推荐性国家标准（GB/T）92 项；变电站国家标准有 45 项，其中强制性国家标准（GB）10 项，推荐性国家标准（GB/T）35 项；钻井平台推荐性国家标准（GB/T）23 项；石油天然气国家标准有 140 项，其中强制性国家标准（GB）3 项，推荐性国家标准（GB/T）137 项；石油化工国家标准有 47 项，其中强制性国家标准（GB）24 项，推荐性国家标准（GB/T）23 项；煤炭国家标准有 106 项，其中强制性国家标准（GB）32 项，推荐性国家标准（GB/T）74 项；

汽油国家标准有116项，其中强制性国家标准（GB）38项，推荐性国家标准（GB/T）78项；油气管道推荐性国家标准（GB/T）7项。中国的能源行业标准更多，其中，能源行业（NB）1612项，石化行业标准（SH）613项，煤炭行业标准（MT）1079项，电力行业标准（DL）3721项，石油天然气行业标准（SY）5415项。

东盟国家在能源技术和技术标准领域比中国落后，有利于我国与东盟国家开展能源技术标准化合作，将中国先进的能源技术标准向东盟国家推广。鼓励我国企业与东盟国家企业、相关机构开展能源技术交流合作，增强中国与东盟国家的能源技术标准的交流合作与互认，推动中国能源技术认证在东盟国家采信。积极运用国际多边互认机制推进与东盟国家的能源行业技术标准化合作，联合东盟国家开展新能源认证互认体系合格评定标准、规则的制定、实施和评估，提升我国在能源国际认证、认可、检测等领域在东盟国家的话语权。同时，要加强与东盟国家在一些先进能源技术标准方面的合作，尤其是那些我国独有的能源技术标准，如超高压、特高压输电线路技术、电网技术改造、华龙一号核电机组、超临界（SC）和超超临界（USC）火电机组、风力发电机组、海上风力发电设备、光伏并网逆变器等技术处于世界前列的标准，要重点在东盟国家推介这些有利于促进能源互联互通和东盟国家市场需求大的技术产品，同时，促成东盟国家接受我国的能源技术标准。

第八节　投资对接：投融资合作

中国与东盟交通和能源互联互通建设是一个巨大的工程，不仅需要巨额投资，更需要双边协调进行投资对接和投融资合作，同步推进互联互通工程建设。

一、多渠道筹措互联互通建设资金

中国与东盟国家之间的交通和能源基础设施互联互通建设需要大量的资金支持，除了本区域的资金，也需要域外资金特别是国际组织或国际金融组织的资金支持。因此，中国与东盟互通建设项目需要多样化的融资平台，包括多边开发银行（如亚洲开发银行、世界银行和伊斯兰开发银行）、双边发展伙伴和各国政府。同时，已经建成的一系列区域性和全球性基金（如区域合作和一体化基金等）也会成为东盟基础设施网络构建的融资平台。[①] 中国和东盟国家要加强与各种国际组织的合作并争取得到支持。

（一）用好区域内各类合作发展基金

为支持东盟国家的发展，中国、日本、韩国、印度、欧盟等国家和地区设立了很多促进东盟经济社会发展的各类基金（见表5-26），有些是专门引导和支持东盟国家交通和能源基础设施的基金，以促进区域对交通和能源领域的投融资合作。

在这些引导基金的引领下，中国和东盟国家要加强投融资合作，推动与项目相关国家的银行组成银行集团，以国际银团的方式向区域内的跨国公路、铁路、港口、机场、油气管道、发电站、送变电，以及交通沿线的物流园、产业园区等大型项目提供联合贷款。在此基础上，区域内国家开展货币与信贷合作，积极开展双边银行之间相互融资，支持区域交通和能源基础设施互联互通建设。

表5-26　东盟发展建设合作重要的资金来源

序号	机构名称	备注
1	东盟发展基金（ADF）	
2	东盟文化基金（ACF）	
3	东盟信息通信技术（ICT）基金	
4	东盟能源捐赠基金	
5	东盟经济一体化支援计划（ASEAN—EU）	
6	东盟航空运输一体化工程	
7	东盟发展愿景计划（推动国家合作和经济一体化）	
8	东盟中韩面向未来的合作计划基金（FOCP）	
9	东盟10+3合作基金	
10	东盟—澳大利亚发展合作方案第二阶段（AADCPII）	
11	东盟—印度基金	
12	日本—东盟一体化基金（JAIF）	
13	东盟—韩国特别合作基金（SCF）	
14	东盟和东亚经济研究中心（ERIA）	
15	世界银行	
16	亚洲开发银行	

---

① 商务部国际贸易经济合作研究院等：《对外投资合作国别（地区）指南（印度尼西亚）》（2018年版）.

续表

序号	机构名称	备注
16	亚洲基础设施投资银行	
17	中国—东盟合作基金（ACCF）	
18	中国—东盟投资合作基金（CAF）	
19	中国—东盟海上合作基金	
20	丝路基金	
21	澜湄合作专项基金	
22	中国进出口银行（出口信贷）	
23	中国银行	
24	中国国家开发银行	中国—东盟银联体专项贷款
25	中国投资有限责任公司（主权财富投资）	
26	阿联酋穆巴达拉投资公司（Mubadala）	2500亿美元资产
27	挪威政府全球养老基金（Government Pension Fund Global）——挪威国家主权财富基金	全球最大主权基金
28	沙特、科威特、卡塔尔、利比亚、阿曼、伊拉克和巴林等全球前十大主权财富基金	主权财富基金购买各国政府债券形式
29	中国与东盟其他信贷资金	
30	东盟内部以及东盟与外部伙伴其他技术援助计划	

资料来源：综合资料整理。

（二）重点推进与亚投行的金融合作

基础设施互联互通是中国与东盟国家合作的重点，而基础设施建设是亚投行的核心关切和投资领域，即亚投行致力于投资公路、铁路、港口、机场、城市可持续发展和清洁能源等基础设施建设，促进亚洲的互联互通。中国与东盟国家的交通和能源基础设施建设的投资需求与亚投行的投资宗旨是一致的，同时，区域内国家都是亚投行的成员，因此，应积极支持亚洲基础设施投资银行开展业务，发挥其在中国—东盟自由贸易区的交通和能源基础设施建设投资中的作用。

1. 合作研究编写区域内交通和能源投资总体方案

组织专家组研究编写中国—东盟交通和能源投资发展报告或投资总体方案提供给亚投行，提出中国与东盟交通和能源互联互通建设需要亚投行融资支持的一揽子项目，同时，组织行业工作组配合亚投行开展项目前期工作。推动成立亚投行南宁分行或支行，专门负责中国—东盟区域项目投融资业务。

2. 加强与亚投行在能源领域的合作

2017 年 6 月，亚投行公布能源领域战略，表示支持成员履行《巴黎协定》相关承诺。能源战略为亚投行投资能源项目设立了明晰框架，将促进亚洲数以百万计民众获取清洁、安全、可靠的电力。亚投行将在投资中优先关注风能、太阳能、水电等可再生能源项目，提高现有基础设施能源效率的项目，有助于改善输送网络等基础设施安全和可靠性的系统升级以及减少空气污染等项目。中国和东盟国家要加强合作，共同向亚投行提出可以改善区域内能源结构、能源效率和清洁能源的项目，尤其是跨国的电力、油气管道等能源互联互通项目，使中国—东盟成为亚投行能源投融资的重点区域。

3. 推动与亚投行在交通领域的合作

中国和东盟国家的高速公路、铁路、港口、机场等交通基础设施还很不完善。中国西部地区和除新加坡外的东盟国家的交通基础设施依然落后，是区域内需要亚投行融资支持的重点领域。中国和东盟国家要加强与亚投行的沟通与协商，建立交通投融资工作组，合作做好交通项目的可行性研究和融资方案，争取区域交通互联互通成为亚投行重点支持的领域。

（三）加强与主权财富基金的合作

主权财富基金是当今世界基础设施建设资金的重要来源。主权财富基金通过直接投资或购买各国政府债券形式间接投资各国的基础设施建设。目前，全球共有 91 家主权财富基金在运营，管理的资产总额高达 8 万亿美元。[①] 以单只主权基金规模大小为计，挪威政府养老基金（全球）管理资产总额位居全球主权基金排行榜榜首。中投公司管理资产位居第二，阿联酋的阿布扎比投资局位居第三，沙特阿拉伯央行（SAMA）位居第四。第五至第十名分别是科威特、卡塔尔、利比亚、阿曼、伊拉克和巴林。前十名大部分是中东国家，中东主权财富基金主要用于本国产业发展和开拓新兴市场，已经在新兴市场经济体投资建设机场、高速公路、铁路等有利可图的基础设施。未来的主权财富基金在基建领域的资产分配比例将会上升，在中国已有许多主权财富基金投资基建的案例。

---

① 全球主权基金不再神秘：资产总额达 8 万亿美元 [EB/OL]. （2019–03–23）. http://finance. sina.com.cn/roll/2019–03–23/doc-ihsxncvh4904221.shtml.

中国和东盟国家作为最具发展潜力的新兴市场，已经成为带领全球经济增长的发动机。区域内需要建设大量跨国跨区域的机场、港口码头、高速公路、高速铁路、物流园、油气管道、发电站、送变电、油气勘探开发等基础设施，将区域内各国交通和能源基础设施连接起来。可在中国—东盟自由贸易区框架下加强与中国投资有限公司、中东主权财富基金、海湾阿拉伯国家合作委员会的联系与合作，以有营利前景的交通和能源大型项目吸引主权财富基金投融资。

（四）大力发展与其他国际金融组织的合作

1. 争取世界银行对区域内基础设施建设的支持

世界银行倾向于向发展中国家提供低息贷款、无息信贷和赠款，支持发展中国家政府建造学校、医院、供水供电和环境保护等项目。区域内中大部分国家是发展中国家，要加强与世界银行的联系与合作。鼓励和相互支持各国政府申请世界银行贷款建设供水供电、公路等基础设施，也可联合起来，向世界银行申请跨国交通和能源互联互通项目的贷款支持。中国作为世界银行的创始国之一，在国际复兴开发银行的投票权占总票权的 4.42%，居第三位，可大力支持世界银行向区域内国家交通和能源基础设施建设提供融资贷款。

2. 建立次区域与亚洲开发银行的合作伙伴关系

东盟国家一直是亚行投资业务的主要区域，而交通和能源又是亚行投资的重要领域。亚洲开发银行一直以来非常支持区域经济合作并具有推动区域经济合作的经验。GMS 就是在亚洲开发银行的主导和支持下发展起来的并取得了很大的成就。中国—东盟区域内还有泛北部湾经济区域合作、东盟东部经济增长区、东盟南增长三角等次区域合作，各次区域都需要交通和能源基础设施建设作为支撑。2008 年 7 月，亚洲开发银行派出专家参与泛北部湾经济合作联合专家组编制《泛北部湾经济合作可行性研究报告》，提出项目建议，并提供资金支持制定《泛北部湾经济合作路线图》。同样，在中国—东盟自由贸易区合作框架下，支持各次区域合作组织加强与亚行的合作伙伴关系，推出了一批区域性的交通和能源大型基础设施建设项目，为亚行参与次区域合作建设融资做好基础工作。

（五）建立民间资金投入机制

尽管公共财政是投入的核心和基础，但交通和能源互联互通建设所需的巨大投资规模意味着包括跨国公司在内的私营部门必须发挥关键作用。因此，要建立有利于民间资金投入到交通和能源领域的投资渠道和投入机制，鼓励区域内的社会民间资金投资入股交通和能源企业，鼓励中国和东盟国家交通和能源企业互相参股。出台政策利用部分财政资金支持社会资本，引导民间资金投入交通和能源基础设施建设。加大资本市场合作，支持东盟国家交通和能源企业发行人民币债券。探索在中国—东盟区域内推进人民币资本项目可兑换，开展个人境外直接投资试点。

二、加强中国对东盟国家的绿地投资

截至 2017 年年末，中国对东盟 10 国投资存量行业主要是租赁和商务服务业（19.6%）、制造业（17.5%）、批发和零售业（13.3%）、采矿业（11.6%）、电力 / 热力 / 燃气及水的生产供应业（10.8%）。2016 年，中国企业在电力 / 热力 / 燃气及水对东盟国家投资 4.915 亿美元，2017 年为 6.739 亿美元，在交通仓储投资 100 万美元。中国对东盟国家的交通绿地投资还不是很多，但是已经开始呈快速增长之势，目前已经有缅甸皎漂港、印尼的雅万高铁和中老铁路等一批重大项目；对电力 / 热力 / 燃气已经具有较大的规模，主要项目有老挝南俄 5 号水电站（中国电建）、南欧江水利工程 7 个电站的梯级开发（中国电建）、老挝南湃水电站 BOT 项目（北方国际）、老挝南椰河 2 号水电站项目（中国水利电力）等，印尼南苏门答腊省巨港市 15 万千瓦电站（中国化工建设总公司）、印尼明古鲁燃煤电站项目（中国电力建设集团）、印尼卡扬河梯级水电站项目（中国电力建设集团），柬埔寨甘再水电站 BOT 项目（中国电力建设集团）、柬埔寨达岱水电站 BOT 项目（中国重机）、柬埔寨桑河二级水电站 BOT 项目（华能集团）、缅甸瑞丽江一级水电站（云南联合电力），越南的永新燃煤电厂一期（中国能建）等，中国对东盟投资建设的发电站存量较大，且大多以 BOT 方式进行投资。

东盟国家对交通和能源基础设施建设有很大的投资需求。根据亚行的预测，2010—2020 年亚洲国别的电力和公路建设投资需求最大，分别占亚洲国别投资需求的51%和29%，仅东亚和太平洋地区国别投资需求就达到4.67万亿美元。[①]
亚洲基础设施基金需要动员亚洲和国际基金来投资"可融资"的区域基础设施
项目，而东盟国家是电力和公路建设投资需求最大的地区，是中国对东盟国家
绿地投资的重点领域。但是，交通和能源建设项目的特点是投资额大，回收期长。
在东盟国家适合绿地投资的交通运输领域主要是港口、港口运营、收费高速公
路、跨国物流等；适合投资的能源领域主要是水电站、燃煤电厂、核电、风电、
光伏发电、地热发电等发电站建设投资。目前，中国对东盟国家的绿地投资模
式以采取"建设—经营—转让"BOT模式为主。鼓励我国企业以EPC、BOT等
形式参与重大交通和能源项目合作，重点争取交通和能源基础设施建设经营特
许权，继续对BOT模式进行探索，探索开展BOOT（建设—拥有—运营—移交）、
BOO（建设—拥有—经营）、TOT（移交—运营—移交）、BOOST（建设—拥有—
运营—补贴—移交）、BLT（建设—租赁—移交）、BT（建设—移交）、BTO（建
设—移交—运营）、ITO（投资—运营—移交）、ROO（改造—运营—拥有）等
BOT投资模式合作，不断创新融资管理。同时，要加强绿地投资的人才培养使用，
培养好本地化人才。深入研究投资对象国的文化差异，以及所在国绿地投资的
政策、法规、监管、法律、宗教、社会、管理、科技等等各方面因素，努力规
避绿地投资的潜在风险。

三、加强中国与东盟国家的股权投资合作

我国有实力的大型交通和能源企业已经加快对"一带一路"沿线国家的股
权投资，通过并购外国资产，构建全球性的交通和能源网络。

中国与东盟国家交通和能源互联互通网络是"一带一路"交通互联网和能
源互联网的重要组成部分。要加大对东盟国家交通和能源关键节点的港口、高
速公路、铁路、机场、油气管道、发电站、电网等基础设施的股权投资，并购
一批东盟国家已经运行的交通和能源企业。交通方面，重点投资并购或扩大并
购印度尼西亚的丹绒不碌港（Tanjung Priok）、泗水丹戎佩拉港、柬埔寨西哈努
克港，马来西亚巴生港、丹戎帕拉帕斯港、关丹港、马六甲港、槟城港，缅甸

---

① Infrastructure for a Seamless Asia, Submitted by: Asian Development Bank, 12 November
2009.

的皎漂港、勃生港、土瓦港，菲律宾的马尼拉港，泰国的林查班港，以及越南的海防港，同时，鼓励东盟国家企业参股中国的北部湾港、湛江港、深圳港、大连港等港口；能源方面，重点投资并购或参股老挝电网、缅甸电网、泰国电网、马来西亚电网，形成中国—东盟和"一带一路"交通和能源互联互通的重要支撑。

四、积极开展第三方市场合作

在东盟国家的交通和能源建设市场，并不只是中国企业在争取建设项目。日本、欧美一直以来也是东南亚国家交通和能源基础设施建设市场的重要竞争者。日本还主导提出缅甸土瓦—泰国曼谷—柬埔寨暹粒—越南归仁、缅甸土瓦—泰国曼谷—柬埔寨金边—越南胡志明市经济走廊计划，不断通过亚洲开发银行的贷款、OAD开发援助、低息贷款等方式向东盟国家抛出高速公路、港口、铁路等基建领域的橄榄枝，与中国基建企业形成竞争态势。虽然中国企业在印度尼西亚雅万高铁项目的竞争中获胜，但是，由于日本企业的搅局，中日相互竞价不仅提高了印尼的合作条件，也增加了中国企业的投资风险。如果中国和日本企业在海外基建市场这样恶性竞争下去，可以预见，中日在第三方基建市场的激烈竞争，对中国和日本都是得不偿失。鉴于我国交通和能源工程施工的技术优势，为加快交通和能源互联互通建设，鼓励我国企业积极开展第三方市场合作。

（一）第三方市场合作符合各方的利益

合作共赢是我国一直倡导开放发展的基本原则，这一原则不仅适用于国内，也适用于国外，不仅适用于双方，也适用于多方合作。第三方市场合作不仅有利于竞争双方的共同利益，也将有利于第三国的发展。中国已经提出了开展第三方市场合作的建设性主张。中国企业将秉持合作共赢的精神，根据项目的实际情况和优势互补的原则，联合欧美日等发达国家在东盟国家开展第三方市场合作，将发达国家资金、技术优势和中国的施工技术、设备、人才资源结合起来，在东盟国家开展交通和能源基础设施建设合作，重点在高铁、地铁、高速公路、港口、发电站、炼油厂等技术含量高、竞争激烈的基建领域开展合作，也可以联合东盟国家，将印度尼西亚、缅甸、菲律宾、越南等国家的人力资源优势，新加坡的资金优势与中国的技术、装备、资金优势相结合，推进中国与东盟交通和能源互联互通建设，还可以合作开拓非洲、中东等地区的交通和能源基建市场。

（二）积极与日本开展第三方市场合作

中日在铁路建设方面各有优势，一直以来，日本重视深耕东盟国家市场，在东南亚国家大规模投资已有 20 多年历史，善于利用中国与东盟某些国家还存在的未解决的南海问题和日本的历史影响力不断加强与中南半岛国家铁路建设合作，谋取自己的经济利益和政治利益。中日虽然在海外工程建设市场竞争激烈，但是，中日也有第三方市场合作的先例。中国石油天然气集团有限公司（以下简称中国石油）与日本伊藤忠、印度尼西亚国家石油公司等公司合作开发伊拉克西古尔纳—1 油田，中国石油与马来西亚石油公司合作开发伊拉克哈法亚油田，为中国与欧美、印度等其他国家在东盟开展第三方市场合作提供了合作共赢的范例。因此，中日在东盟国家开展第三方市场合作可行性很大。

日本在印尼、缅甸、菲律宾、泰国、越南等国的工程建设市场有很大的影响力。日本主导下的亚洲开发银行，一直在 GMS 的框架下进行铁路建设规划，日本尤其重视 GMS 东西走廊铁路建设。2015 年 5 月 27 日，时任泰国交通部部长巴津与日本时任国土交通大臣太田昭宏在东京签署泰日铁路合作备忘录，确认两国开展政府间合作。[1] 双方主要在三条线路上进行合作或可行性研究。

第一条线路是曼谷—清迈的高铁线路，为南北走向，称为"北线"。拟引进日本新干线技术承建从曼谷到清迈高铁线路，高铁设计时速约为 250 千米，总长度约 660 千米。日方将向泰方提供低息"软贷款"，预计利率不会超过 1.5%。工程总造价估计为 2730 亿泰铢。日方已经呈交曼谷—清迈高铁的可行性研究报告，原计划 2016 年初开工建设，但是项目建设没有按计划进行。

第二条线路为北碧—曼谷—沙缴的复线米轨铁路，属窄轨铁路，主要覆盖泰国东南地区，为东西走向，称为"东南线"。这条计划由日方修建的铁路涵盖曼谷到春武里府林查班港的支线，长 574 千米，将把现存的单线铁路增建成复线，从西到东贯通泰缅、泰柬边境并连接主要港口和工业区。这条铁路线向

---

① 角逐泰国铁路市场　中日各有优势 [EB/OL].（2015–06–07）. http://japan.people.com.cn/n/2015/0607/c35463–27115113.html.

东可延伸到柬埔寨首都金边、越南胡志明市，向西连接缅甸东部土瓦经济特区。

第三条铁路线是达府—彭世洛—孔敬—穆达汉，共约 718 千米，称为"东北线"，主要覆盖泰国东北地区，也为东西走向。[①] 日本和泰国合作进行可行性研究。这条铁路向东经老挝的沙湾拿吉省连接越南的老保口岸到达岘港，向西直达缅甸毛淡棉港（Mawlamyine Port）。这是一条横跨缅甸、泰国、老挝和越南四国的东西经济走廊，全长 1450 千米。联合国组织及东盟也计划开发这条全球海陆航运路线，一旦建成，从亚洲到欧美的海运，可望节省 10 天或 3000 海里路程。

日本在越南的铁路建设市场也取得很大进展。2007 年，由日本国际合作局和运输工程设计公司主导的越南南北高速铁路项目研究、规划和设计，提出该系统将使用双轨标准轨距（1435 毫米），其轨道网络也将完全独立于现有的南北铁路线，采用日本的新干线技术，2020 年至 2030 年建成，运营速度为每小时 160~200 千米。但是由于预算达 560 亿美元，是当时越南年国家财政收入的 2.5 倍，2010 年 6 月 19 日遭到越南国会投票否决。

中国和日本已经商定在泰国的东西经济走廊开展第三方市场合作试点。日本在资金、高铁技术、人脉等方面具有优势，几十年来，日本与泰国等东南亚国家合作时一直向对方提供利率低于 2% 的软贷款。[②] 而中国具有铁路施工建设经验、人才、建设成本较低、性价比高等方面优势，这些对于资金不足的东盟国家来说，也具有巨大的吸引力。如果中日在东盟国家开展铁路建设市场恶性竞争，不仅对两国利益和关系不利，对第三国处理国际关系也是两难选择，因此，中日两国发挥各自的优势，开展第三方市场合作才是共赢的选择。中日两国已经就第三方市场合作形成共识，2018 年 5 月，在李克强和安倍晋三共同见证下，中日共同签署了《关于中日企业开展第三方市场合作的备忘录》。双方同意建立推进中日第三方市场合作工作机制，设立并举办中日第三方市场合

---

① 泰副总理访日 泰日将签署铁路项目合作备忘录 [EB/OL].（2015-11-25）. http://www.xinhuanet.com/world/2015-11/25/c_128465727.htm.

② 角逐泰国铁路市场 中日各有优势 [EB/OL].（2015-06-07）. http://japan.people.com.cn/n/2015/0607/c35463-27115113.html.

作论坛，推动第三方项目合作与两国企业间交流。① 中、日、泰三国还在曼谷举行了"泰国东部经济走廊中国—日本第三方市场合作国际研讨会"，认为中日泰企业各具优势，可携手打造"产业＋技术＋资本＋市场"的合作模式。2018年10月31日，首届中日第三方市场合作论坛上，李克强在论坛致辞中表示："中日双方在第三方市场不搞'恶性竞争'，而要更大发挥互补优势，更大拓展合作空间，在第三方市场实现三方共赢。"同时，时任日本首相安倍晋三在致辞中强调："日方愿同中方一同遵循开放、透明和市场化原则，在第三方市场开展符合东道国需求和国际准则的合作项目，实现互利双赢和多赢，为地区和世界发展做出应有贡献。"② 目前，中日拟在泰国东部经济走廊开展第三方市场合作试点，将中国的价格、高效等竞争优势与日本的工程、资金、运营管理技术优势相结合，采取"直接投资＋对外贸易＋融资合作"相结合的模式开展合作，以后再扩展到大湄公河次区域，展现出广阔的发展前景。

（三）探索中印开展第三方市场合作

印度的"向东看"政策始于1991年，旨在与东盟国家建立广泛的经济和战略关系，重点是推动印度—湄公河次区域经济走廊（IMEC）建设。IMEC有海陆经济走廊和陆路经济走廊，海陆经济走廊就是从印度东海岸金奈港出发，经印度洋、安达曼海到达缅甸土瓦港，再经陆路到达越南胡志明市，形成印度金奈—缅甸土瓦港—泰国曼谷—柬埔寨金边—胡志明市、横跨印度洋到太平洋的陆海经济走廊，重点建设缅甸土瓦港—泰国曼谷—柬埔寨金边—越南胡志明市铁路，与日本倡导的铁路规划相一致；IMEC陆路走廊印度加尔各答—孟加拉国达卡—吉大港—缅甸仰光—毛淡棉—泰国曼谷—柬埔寨金边—越南胡志明市，拟通过铁路和高速公路互联互通。第一阶段印度—缅甸—泰国三方高速公路将连接印度东北部曼尼普尔的莫雷与泰国的美索1400多公里高速公路，2002年印度政府就提出建设印度—缅甸—泰国三方公路，原计划2016年建设完成，由于缅甸内政和资金等困难而进展缓慢。同时，印度在缅甸投资建设实兑港和卡拉丹多

① 国家发展改革委签署中日第三方市场合作备忘录[EB/OL]．（2018–05–10）．http://www.ndrc.gov.cn/gzdt/201805/t20180510_885874.html.

② 首届中日第三方市场合作论坛上，李克强和安倍都说了什么？[EB/OL]．（2018–10–27）．http://www.gov.cn/guowuyuan/2018–10/27/content_5335045.htm.

式联运项目，并在实兑港设立了经济特区。可见，印度在东南亚实施了不少战略性的交通和能源项目，具有较大的影响力。2019 年，习近平主席出席中印领导人第二次非正式会晤时，两国领导人表示将加强经济发展战略对接，探讨建立制造业伙伴关系，同意拓展"中印＋"合作，推进地区互联互通建设。因此，中国同样要加强与印度在东盟国家的投资合作，尤其是在孟加拉国、缅甸、泰国等一些印度主导的铁路项目，加强与印度公司的合作，输出中国具有优势的铁路设计、铁路施工技术、铁路装备等技术和产品，即使作为分包商、供应商，也是共赢的合作。

第九节　法理衔接：互联互通的法律基础

发展战略和政策法律对接是中国与东盟交通和能源互联互通的先决条件。任何互联互通都必须在双边战略对接的框架下才能推进，并且在国际法和各国的政策法规框架下开展共同行动。

一、中国与东盟发展战略对接的法理基础

当前，中国与东盟国家的交通和能源互联互通建设还未形成专门性的法律体系，交通和能源互联互通建设实践中的制度约束主要是基于联合国、世界贸易组织、世界银行、国际海事组织、中国—东盟自由贸易区、大湄公河次区域合作等框架下的一系列国际条约，以及中国与各东盟成员国签订的双边协定之中。中国与全体或部分东盟成员国均有参与上述组织、条约和贸易区，双方要坚持自 1991 年中国与东盟建立对话关系以来指导双方关系文件，在《联合国宪章》《东盟宪章》《东南亚友好合作条约》《东亚峰会互利关系原则宣言（巴厘原则）》以及公认的国际法准则中体现的基本原则和规范，其中的一些条约或协定的部分内容涉及交通和能源互联互通建设，将对中国与东盟国家的交通和能源互联互通建设起到规范和指引作用，也是双边开展交通和能源互联互通建设合作的法律依据和重要基础。

（一）联合国的相关规定

联合国（United Nations）框架下对中国与东盟国家的交通和能源互联互通建设的规范和指引主要有《联合国宪章》与《关于各国依联合国宪章建立友好关系及合作之国际法原则宣言》（《国际法原则宣言》），其中的条款对会员国有一定约束力，为中国与东盟国家的交通和能源互联互通建设提供了最基本的行为指引。

在联合国框架下通过的宣言、决议等国际文件，如《关于自由开发自然财富和自然资源的权利的决定》《关于自然资源永久主权的宣言》《各国经济权利和义务宪章》，确认了资源国对本国能源资源的所有权和对本国能源领域经济活动的排他性管辖权，对中国与东盟及其成员国之间的能源贸易合作、能源投资合作及交通和能源互联互通建设具有重要意义。

1.《联合国宪章》的相关规定

《联合国宪章》第 1 条规定了联合国的 4 项宗旨，第 2 条规定了会员国为了实现联合国的宗旨所应当遵循的 7 项基本原则；《国际法原则宣言》对这 7 项基本原则作了进一步解释，它们对中国与东盟国家的交通和能源互联互通建设具有极为重要的指导和借鉴意义。

根据《联合国宪章》第 1 条第 3 款，联合国的宗旨之一便是"促成国际合作，以解决国际属于经济、社会、文化及人类福利性质之问题"。中国与东盟国家的交通和能源互联互通建设合作，正是作为国际法主体的国家之间或国家与国际组织之间的合作属于《联合国宪章》第 1 条第 3 款所指的国际合作，因而成为合作的国际法依据。

《联合国宪章》具有造法作用，其第 2 条从组织法角度规定了会员国为了实现联合国的宗旨而应当遵循的 7 项基本原则，尤其是主权平等、和平解决国际争端、禁止使用武力或以武力相威胁、不干涉内政等原则，已被国际社会公认为国际法的基本原则，自然对中国与东盟国家的交通和能源互联互通建设合作具有拘束力。此外，联合国《亚洲公路网政府间协定》《泛亚铁路网政府间协定》《政府间陆港协定》以及《国际公路运输公约》等，以及联合国《2030 年可持续发展议程》《亚洲及太平洋可持续交通运输互联互通区域行动方案第一阶段 2017—2021 年》等文件，也是中国与东盟国家开展交通和能源互联互通建设合作的法理基础。

2. 关于自由开发自然财富和自然资源及各国经济权利的相关规定

关于自由开发自然财富和自然资源及各国经济权利的相关规定主要有 1952 年第 7 届联合国大会通过《关于自由开发自然财富和自然资源的权利的决定》，1962 年第 17 届联合国大会通过《关于自然资源永久主权的宣言》，1974 年联合国大会第 6 届特别会议通过的《关于建立国际经济新秩序的宣言》及《行动纲领》，1974 年第 29 届联合国大会通过的《各国经济权利和义务宪章》。2012 年 3 月联合国亚太经济和社会成员国通过了《国际道路运输便利化区域战略框架》。根据联合国大会上述宣言、决议、决定的规定，中国与东盟国家的交通和能源互联互通建设合作中，对各自境内的能源和交通拥有包括所有权、占有权、使用权和处置权在内的永久主权，有权对发生在本国境内与能源资源和交通建设有关的一切经济活动行使专属管辖权，这是中国与东盟国家的交通和能源互联互通建设合作的基础性条件和国际法依据。

（二）国际组织和国际公约的相关规定

中国和大部分东盟国家都加入了一些重要的全球性国际组织或公约，如世界贸易组织（WTO）、国际民用航空组织（ICAO）、国际海事组织（IMO）、万国邮政联盟（UPU）、世界旅游组织（UNWTO）、世界海关组织（WCO）、国际标准化组织（ISO）等，以及《联合国气候变化框架公约》《巴黎协定》等国际公约。这些国际组织和国际公约与全球性的交通互联互通有很大的关系，也是国际开展合作的法理基础，中国与东盟国家也必须遵守这些国际法，在这些国际组织的合作框架下开展交通和能源互联互通以及通关便利化合作。中国与大多数东盟国家已经加入了一些国际组织（见表 5-27）。

表 5-27　中国与东盟国家加入国际组织或公约情况

国家	ICAO	IMO	UPU	UNW-TO	WTO	WCO	ISO	IAEA	泛亚铁路	亚洲公路网
中国	√	√	√	√	√	√	√	√	√	√
文莱	√	√	√	√	√	准成员	√	√	×	√
柬埔寨	√	√	√	√	√	准成员	√	√	√	√
印尼	√	√	√	√	√	√	√	√	×	√
老挝	√	×	√	√	√	准成员	√	√	√	√
缅甸	√	√	√	√	√	×	准成员	√	√	√

续表

国家	ICAO	IMO	UPU	UNW-TO	WTO	WCO	ISO	IAEA	泛亚铁路	亚洲公路网
马来西亚	√	√	√	√	√	√	√	√	√	√
菲律宾	√	√	√	√	√	√	√	√	×	
新加坡	√	√	√	×	√	√	√	√	√	√
泰国	√	√	√	√	√	√	√	√	√	√
越南	√	√	√	√	√	√	√	√	√	√

资料来源：根据有关资料整理。

1. 世界贸易组织（WTO）的相关规定

我国和东盟成员国都已加入了世界贸易组织（WTO），它是当今世界范围内所有的经济组织中规模最大、最有影响力的国际经济组织之一。其法律框架由《建立世界贸易组织的马拉喀什协议》及其四个附件组成，其附件一包括《货物贸易多边协定》《服务贸易总协定》和《与贸易有关的知识产权协定》；附件二为《关于争端解决规则与程序的谅解》；附件三为《贸易政策审议机制》；附件四是诸边协议。按照《建立世界贸易组织的马拉喀什协议》第16条第4款的规定，中国和东盟国家都全面修改与WTO规则相矛盾或冲突的法律、法规。因此，中国和东盟国家在加入WTO之后的经贸合作实践中，修改和完善了大量的国内法律法规以与WTO规定相一致，很大程度上促进了国内政治和法律体制的健全和完善。可见，WTO对规范中国与东盟国家的交通和能源互联互通建设合作能发挥指引作用，能有效规范能源和交通投资等。交通和能源领域是国际资本流向的重要领域之一，交通和能源投资应属于国际投资的组成部分，因此只要没有被明确地排除在外，国际投资的一般规则也应当对交通和能源投资同样适用。由于WTO对国际投资进行直接或间接调整，因此，交通和能源领域的投资行为同样受其规制。

2. 国际民用航空组织（ICAO）的有关规定

ICAO是全球性的国际民用航空论坛。国际民航组织通过会员国及利害攸关方的合作，制定政策、标准，开展合规性审计，进行研究和分析，提供援助和建设航空能力，旨在实现一个可持续的全球民用航空体系。中国与东盟国家都是ICAO成员。

建立和维护国际标准和建议措施（SARPs）以及空中航行程序（PANS）是

"国际民用航空公约"（芝加哥公约）的基本原则，也是国际民航组织使命和作用的核心内容。这为空中和陆地统一的全球航空安全和效率，空中航行设施、服务功能和性能要求的全球标准化奠定了基础，保证国际航空运输的有序发展。目前，国际民航组织在19个附件中管理了12000多个标准和建议措施，并为"公约"管理了5个空中交通管制，其中许多标准不断发展，随最新的发展和创新而不断发展。①

国际民航组织的标准、建议措施和空中航行服务程序的制定涉及ICAO内部的若干技术和非技术机构，遵循结构化、透明和多阶段的程序——通常称为国际民航组织的"修正程序"或"标准制定程序"。中国可以在国际民航组织框架内加强与东盟国家的航空合作，开展航空互联互通对接。

3. 国际海事组织（IMO）的有关规定

国际海事组织作为联合国使命的专业机构，是通过各国合作促进安全、环保、高效和可持续航运。通过采用最高的、可行的海上安全标准航行和预防效率控制船舶污染，并考虑相关法律事宜有效实施国际海事组织文书，以实现其普遍和统一应用。除老挝以外，中国与其他东盟国家都是ICAO成员国。

国际海事组织正在实施2018—2023年六年期战略计划。该计划规定："IMO将坚持其作为全球航运监管机构的领导作用，促进更多地认识到该行业的重要性，促进航运的发展，同时应对技术和世界贸易持续发展的挑战以及实现2030年可持续发展议程的必要性发展，并支持成员实施2030年可持续发展议程。"该计划考虑的战略方向主要是：①改进实施；②在监管框架中整合新技术和先进技术；③应对气候变化；④参与海洋治理；⑤加强全球便利化和国际贸易安全；⑥确保监管有效性；⑦确保组织有效性。

IMO战略计划应用的文件[第A.1111（30）号决议]则提供了规划和管理程序，以确保其所有机构统一执行本组织的战略计划。中国和东盟国家也应在IMO框架内推进可持续航运互联互通建设。

4. 世界海关组织（WCO）的有关规定

WCO是一个独立、世界性的政府间组织机构，其使命是提高海关管理部

---

① 国际民航组织如何制定各项标准 [EB/OL]. https://www.icao.int/about—icao/Pages/ZH/default_CH.aspx.

门的效率，促进各成员在海关执法领域的合作。目前，世界海关组织代表全球
183 个海关管理机构，共同处理了约 98% 的世界贸易。作为全球海关专业机构，
世界海关组织是唯一一具有海关事务能力的国际组织，其理事机构由理事会通过
其秘书处和一系列技术和咨询委员会来完成其使命。目前，除缅甸以外，中国
与其他东盟国家都是 WCO 成员。

作为国家海关代表之间对话和经验交流的论坛，世界海关组织向其成员提
供了一系列公约和其他国际文书，以及秘书处直接或其参与提供的技术援助和
培训服务。秘书处还支持其成员努力在其国家海关管理部门内实现现代化和能
力建设。世界海关组织除了在促进合法国际贸易增长方面发挥重要作用外，其
也打击欺诈活动。同时，在一个不稳定和不断存在恐怖主义活动威胁为特征的
国际环境中，世界海关组织加强对社会和国家领土的保护以确保和促进国际贸
易的使命。

WCO 已经先后制定了《关于设立海关合作理事会公约》《关于包装用品暂
准进口海关公约》《关于专业设备暂准进口海关公约》《关于货物凭 ATA 报关
单证册暂准进口海关公约》《关于科学设备暂准进口海关公约》《关于简化和
协调海关业务制度国际公约》（简称"京都公约"）、《关于协调商品名称及
编码制度国际公约》（简称"HS 公约"）、《关于防止、调查和惩处违反海关
法行为的行政互助国际公约》（简称"内罗毕公约"）、《海关暂准进口公约》
等十几个国际海关公约。中国海关已加入了其中 6 个公约，即《关于建立海关
合作理事会的公约》《关于协调商品名称及编码制度国际公约》《关于货物凭
ATA 报关单证册暂准进口海关公约》《关于简化和协调海关业务制度国际公约》
《海关暂准进口公约》《关于在展览会、交易会、会议等事项中便利展出和需
用货物进口海关公约》。中国与东盟国家要在 WCO 有关公约下开展海关合作，
通过通关便利化措施促进中国与东盟交通和能源互联互通建设。

5.《联合国海洋法公约》的有关规定

我国是《联合国海洋法公约》签约国，愿意以公约为基础开展海洋国际合
作，但是我国根据《联合国海洋法公约》第 298 条的规定，于 2006 年 8 月 25 日，
向联合国秘书长提交了《中国根据〈联合国海洋法公约〉第 298 条提交排除性
声明》，表明中国对于《联合国海洋法公约》第 298 条第 1 款（a）（b）和（c）
项所述的任何争端（即涉及海域划界、历史性海湾或所有权、军事和执法活动

以及安理会执行《联合国宪章》所赋予的职务等争端），中华人民共和国政府不接受《联合国海洋法公约》第十五部分第二节规定的任何程序。这是中国开展海洋国际合作的重要原则，也是中国与东盟国家开展海港互联互通、海洋运输合作的基本原则。

6. 中国加入的其他与交通互联互通有关的国际公约

改革开放以后，中国积极加入各种国际公约，尤其是国际贸易、海洋运输、国际公路运输等方面的国际协定、规则，为中国与世界各国尤其是周边国家的港口、国际道路等交通互联互通合作奠定了国际法理基础，主要有《亚洲地区反海盗及武装劫船合作协定》（2006年9月，中国作为创始成员加入）；《国际散装运输危险化学品船舶构造和设备规则》（《IBC规则》2004年修正案，2007年1月1日对中国生效）；《〈国际船舶与港口设施保安规则（国际船港保安规则）〉的修正案》（2008年7月1日中国默认接受）；《〈国际船舶安全营运和防污染管理规则（国际安全管理规则）的修正案》（2008年7月1日中国默认接受）；《〈1974年海上人命安全公约〉的2005年修正案》（2008年7月1日中国默认接受）；《〈1994年国际高速船安全规则〉的修正案》（2009年7月1日中国默认接受）；《〈1965年便利国际海上运输公约〉附件修正案》（2010年2月15日中国默认接受）；《国际海运固体散货规则》（2010年7月1日中国默认接受）；《〈散货船和油船检验期间加强检验计划导则〉（经修正的第A.744〔18〕号决议）的修正案》；《〈国际海运危险货物规则〉的修正案》；《政府间陆港协定》（2013年11月7日签署、2015年11月30日核准）；《1975年国际公路运输公约（2016年4月28日中国决定加入）；《关于沿亚洲公路网国际道路运输政府间协定》（2016年12月8日中国签署）。

7.《巴黎协定》的相关规定

2015年12月，《联合国气候变化框架公约》近200个缔约方在巴黎气候变化大会上达成《巴黎协定》。这是继《京都议定书》后第二份有法律约束力的气候协议，为2020年后全球应对气候变化行动作出了安排。2016年4月22日，170多个国家领导人齐聚纽约联合国总部，共同签署气候变化问题《巴黎协定》，承诺将全球气温升高幅度控制在2℃的范围之内。《巴黎协定》推动各方以"自主贡献"的方式参与全球应对气候变化行动，积极向绿色可持续的增长方式转型，避免过去几十年严重依赖石化产品的增长模式继续对自然生态系统构成威胁。

根据承诺，中国将力争 2030 年前实现二氧化碳排放达到峰值不再增长，2060 年前实现碳中和的目标。《巴黎协定》是中国与东盟开展能源互联互通合作尤其是绿色能源和可再生能源合作重要的国际法依据。

8. 国际原子能机构（IAEA）的有关规定

IAEA 是联合国框架内全球"原子用于和平与发展"组织，也是核领域的国际合作中心。原子能机构与成员和世界范围内的多个伙伴合作促进安全、可靠、和平地利用核技术，从防止核武器扩散到帮助各国通过安全可靠地使用核技术实现可持续发展目标，通过支持全球现有和新建核电计划、促进创新、建设能源规划与分析及核信息与知识管理方面的能力，促进核电的高效和安全使用。

国际原子能机构的国际法基石是《国际原子能机构规约》。其于 1956 年 10 月 23 日在联合国总部举行的"国际原子能机构规约"会议上获得核准，于 1957 年 7 月 29 日生效正式成立原子能机构。目前已发展成为一个拥有 168 个会员的组织。与原子能机构工作有关的条约覆盖内容广泛，从原子能机构自身工作的组织到核安全、核安保、保障和防核扩散，以及核损害民事责任，主要有《及早通报核事故公约》《核事故或辐射紧急情况援助公约》《核安全公约》《乏燃料管理安全和放射性废物管理安全联合公约》《核材料实物保护公约》《关于核损害民事责任的维也纳公约》《关于适用"维也纳公约"和"巴黎公约"的联合议定书》《核损害补充赔偿公约》等，这些条约在其所涉领域制定具有法律约束力的国际规则方面起着重要作用。

核能是清洁、可靠和负担得起的能源，并减轻气候变化的负面影响，是世界能源结构的重要组成部分，预计在未来数十年内其用量将会增长。预计中国与东盟国家将建设更多的核电站，以满足区域不断增长的能源需求，改善能源安全，减少对环境和健康的影响，缓解气候变化。中国在核能利用方面拥有卓越的技术和人才，可以在《国际原子能机构规约》及与原子能机构工作有关的条约框架下与东盟国家开展核能合作。

9. 全球能源互联网发展合作组织的倡议

2015 年 9 月 26 日，中国国家主席习近平在联合国发展峰会上提出构建全球能源互联网的倡议，以推动世界能源转型、解决世界环境问题。全球能源互联网是清洁主导、电为中心、互联互通、共建共享的现代能源体系，是清洁能源在全球范围大规模开发、输送、使用的重要平台，实质就是"智能电网＋特高压电网＋清洁能源"。

全球能源互联网的推手是全球能源互联网发展合作组织，由致力于推动世界能源可持续发展的相关企业、组织、机构和个人等自愿组成。2016 年 3 月，全球能源互联网发展合作组织在北京正式成立，旨在推动构建全球能源互联网，以清洁和绿色方式满足全球电力需求，推动实现联合国"人人享有可持续能源"和应对气候变化目标，服务人类社会可持续发展。

目前，全球能源互联网已经被纳入联合国工作框架在全球推行。2017 年 11 月 1 日，全球能源互联网发展合作组织与联合国经社部在联合国总部共同举办高级别研讨会，发布《全球能源互联网落实联合国 2030 年可持续发展议程行动计划》，全球能源互联网纳入联合国 2030 年可持续发展议程工作框架。2019 年 3 月，全球能源互联网发展合作组织在第四届联合国环境大会上发布《全球能源互联网促进全球环境治理行动计划》，提出以全球能源互联网解决环境问题的创新思路和行动路线图，标志着全球能源互联网纳入了联合国全球环境治理工作框架。

全球能源互联网已经将中国与东盟国家之间的部分电力骨干网络纳入规划。中国与东盟的能源互联互通建设合作，一些项目可以在全球能源互联网的框架内开展合作。

10. 中国加入的其他与能源有关的国际公约

中国十分重视国家能源多边合作，以及国际为解决由化石能源使用引起的温室效应和全球气候变化问题而提出的保护环境公约、协议。这些协议也是中国与东盟国家开展能源互联互通合作的国际法基础，主要有：

（1）《联合国气候变化框架公约》及其《京都议定书》（《联合国气候变化框架公约》是 1992 年里约热内卢环境与发展大会通过的《二十一世纪议程》框架下的三大环境公约之一。公约于 1992 年 5 月 9 日在美国纽约联合国总部通过，1994 年 3 月 21 日生效。《京都议定书》是落实《联合国气候变化框架公约》的重要法律文件。议定书于 1997 年 12 月 11 日在日本京都通过，2005 年 2 月 16 日生效。截至 2010 年 5 月，公约共有 194 个缔约方，议定书共有 191 个缔约方）。

（2）《乏燃料管理安全和放射性废物管理安全联合公约》（2006 年 4 月

29 日第十届全国人大常委会第二十一次会议决定加入，9 月 12 日交存加入书，12 月 12 日对中国生效）。

（3）《第四代核能系统研究和开发国际合作框架协议》（2007 年 11 月 24 日国务院决定加入。2008 年 3 月 11 日对中国生效）。

（4）《〈关于消耗臭氧层物质的蒙特利尔议定书〉蒙特利尔修正案》（2010 年 1 月 30 日国务院作出接受决定，2010 年 5 月 19 日交存接受书，2010 年 8 月 17 日对中国生效）。

（5）《〈关于消耗臭氧层物质的蒙特利尔议定书〉北京修正案》（2010 年 1 月 30 日国务院作出接受决定，2010 年 5 月 19 日交存接受书，2010 年 8 月 17 日对中国生效）。

（三）中国与东盟签署一系列经济合作协议

中国与东盟组织、次区域国家和东盟成员国都分别签订有与交通和能源互联互通有关的协定、协议、议定书、经贸合作规划和备忘录等合作文件。这些文件是推进中国与东盟交通和能源互联互通的国际法基础。

1. 中国与东盟签订的系列框架性协议是指导双边交通和能源互联互通的基本法

1991 年，中国与东盟组织开启对话进程，经过 20 多年的不断对话、磋商，在双边高层的引领和推动下，中国与东盟的关系不断升华和深化。从 1991 年的对话国，到 1996 年中国成为东盟的全面对话伙伴国，到 1997 年确定双方建立面向 21 世纪的睦邻互信伙伴关系，2003 年双方确定建立面向和平与繁荣的战略伙伴关系，再到 2013 年双边携手建设更为紧密的中国—东盟命运共同体，中国与东盟在政治层面的战略合作关系逐步提高，在经济发展的战略对接也不断深化，从 2002 年双方签署《中国—东盟全面经济合作框架协议》，2010 年 1 月中国—东盟自由贸易区全面建成，到 2015 年签署《关于修订〈中国—东盟全面经济合作框架协议〉及项下部分协议的议定书》，中国和东盟完成了从自由贸易区初级版到升级版的转变。在此期间，中国与东盟签署了一系列经济合作协议，实现了经济层面的发展战略对接（见表 5-28）。

表 5-28　中国与东盟签署的一系列经济合作协议

签订年月	协议名称
2002.11	《中国—东盟全面经济合作框架协议》
2004.11	《中国与东盟全面经济合作框架协议货物贸易协议》《中国与东盟争端解决机制协议》
2007.01	《中国与东盟全面经济合作框架协议服务贸易协议》
2009.08	《中国与东盟全面经济合作框架协议投资协议》
2009.10	《中华人民共和国政府和东南亚国家联盟成员国关于建立中国—东盟中心的谅解备忘录》
2009.11	《中华人民共和国政府与文莱达鲁萨兰国政府、印度尼西亚共和国政府、马来西亚政府、菲律宾共和国政府经济合作框架》
2011.11	《关于实施〈中华人民共和国政府与东南亚国家联盟成员国政府全面经济合作框架协议服务贸易协议〉第二批具体承诺议定书》
2013.01	《关于修订〈中国—东盟全面经济合作框架协议〉的第三议定书》
2013.10	中国—东盟"2+7合作框架",即深化战略互信、聚焦经济发展两点政治共识,推进政治、经贸、互联互通、金融、海上、安全、人文七个重点领域的合作。
2014.09	《关于修订〈中国—东盟全面经济合作框架协议〉及项下部分协议的议定书》
2016.06	《落实中国—东盟面向和平与繁荣的战略伙伴关系联合宣言行动计划（2016—2020）》
2018.11	《中国—东盟战略伙伴关系2030年愿景》

资料来源：根据有关资料整理。

在交通和能源合作方面，中国与东盟也签订了一些战略性合作协定、谅解备忘录和规划，这些是中国与东盟国家交通和能源互联互通建设战略对接的重要组成部分，也是互联互通合作的法理基础（见表 5-29）。

表 5-29　中国与东盟签订的与交通和能源合作有关的文件

签订年月	文件名称
2004.11	《中国与东盟交通合作谅解备忘录》
2007.11	《中国—东盟海运协定》
2007.11	《中国与东盟航空合作框架》
2009.10	《中华人民共和国政府和东南亚国家联盟成员国政府关于加强标准、技术法规与合格评定领域合作的谅解备忘录》
2009.11	《中国—东盟非传统安全领域合作谅解备忘录》
2011.06	《中华人民共和国政府和东南亚国家联盟成员国政府关于海关合作的谅解备忘录》
2011.06	《关于落实〈中国—东盟非传统安全领域合作谅解备忘录〉的行动计划》
2011.11	《中国—东盟航空运输协定》及其议定书
2016.11	《中国—东盟交通合作战略规划（修订版）》
2016.11	《中国—东盟交通运输科技合作战略》
2018.11	《中国—东盟海关合作谅解备忘录》
	《中国—东盟清洁能源能力建设项目》

资料来源：根据有关资料整理。

2. 中国与次区域国家签订的交通和能源合作协议是双边或多边合作的国际法基础

东盟内部也建立了许多次区域合作机制，主要是东盟东部增长区（BIMP—EAGA）、东盟南增长三角、湄公河委员会、柬老越（CLV）《发展三角区计划》、柬老缅越（CLMV）、柬老泰缅四国《经济合作战略》、伊洛瓦底江—湄南河—湄公河流域经济战略合作（ACMECS）等，这些次区域合作组织也是推进交通和能源互联互通的重要平台，对推进区域互联互通具有积极作用。中国与周边国家也开展了次区域经济合作，重点是澜湄合作机制和GMS合作机制，签订了一系列交通和能源合作协议，重点在澜沧江—湄公河流域开展交通和能源互联互通合作。这些区域合作是中国与东盟交通和能源互联互通对接的前沿。中国与次区域国家已签订了一系列交通和能源合作的协议，这些协议是交通和能源互联互通最具有可操作性的国际法文件（见表5-30）。

表5-30　中国与澜湄国家签订的次区域交通和能源合作的文件

签订年月	文件名称	有关交通和能源内容
1999.11—2003.09	中国、缅甸、老挝、泰国、柬埔寨、越南6国政府签署《大湄公河次区域便利货物及人员跨境运输协定》（简称"《便运协定》"）	含17个技术附件和3个议定书，包括跨境手续、道路标志、运输价格、海关检查、车辆管理等涉及交通运输领域的便利化措施
2000.04	《中华人民共和国政府、老挝人民民主共和国政府、缅甸联邦政府和泰王国政府澜沧江—湄公河商船通航协定》	
2001.03	《中华人民共和国交通部 老挝人民民主共和国交通、运输、邮电和建设部 缅甸联邦交通部 泰王国交通运输部关于实施四国政府澜沧江—湄公河商船通航协定的谅解备忘录》	
2002.11	《次区域发展未来十年（2002—2012年）战略框架》	东西经济走廊、贸易安排跨境贸易投资、南部经济走廊、电力联网便利化、南北经济走廊
2002.11	《大湄公河次区域政府间电力贸易协定》	
	《次区域跨境电力交易行动路线图谅解备忘录》	
2008.01	《大湄公河次区域便利货物及人员跨境运输协定》17个附件和3个议定书	

签订年月	文件名称	有关交通和能源内容
2005.07	《大湄公河次区域贸易投资便利化战略行动框架》	在海关制度、检验检疫、贸易物流和商务人员流动四大领域，采取具体的便利化措施
2008.01	《推进交通与贸易便利化行动计划》	涵盖跨境交通工具、物资、人员流动等各个方面，提高次区域交通和贸易便利化水平
2008.03	《2008—2012年次区域发展万象行动计划》	交通：加速GMS走廊未完成路段的建设和改造，将GMS走廊扩展为包含泛亚铁路等在内的多式联运通道。能源：建立可持续和有效的能源供应市场。电力贸易路线图
2008.06	亚行《大湄公河次区域南北经济走廊战略和行动计划》	
2009.09	《中华人民共和国政府与老挝人民民主共和国政府关于在中老磨憨—磨丁实施柬埔寨王国政府、中华人民共和国、老挝人民民主共和国政府、缅甸联邦政府、泰王国政府和越南社会主义共和国政府便利货物及人员跨境运输协定的谅解备忘录》	
2017.05	《关于实施〈大湄公河次区域便利货物及人员跨境运输协定〉"早期收获"的谅解备忘录》	推动运输和贸易便利化
2017.10	《澜沧江—湄公河合作五年行动计划（2018—2022）》	
2017.10	《关于建立澜沧江—湄公河综合执法安全合作中心的谅解备忘录》	

资料来源：根据有关资料整理。

在 GMS 的合作框架下，东盟国家之间也签订了有关交通互联互通的协议，同样具有国际法律效力。这些协议主要如下：《柬埔寨王国政府与老挝人民民主共和国政府关于公路运输的协定》《柬埔寨王国政府与老挝人民民主共和国政府之间实施公路运输协定议定书》《老挝人民民主共和国政府、泰王国政府和越南社会主义共和国政府便利货物及人员跨境运输协定》《柬埔寨王国、中华人民共和国、老挝人民民主共和国、缅甸联邦政府、泰国王国和越南社会主义共和国之间关于促进货物和人员跨境运输便利化的议定书》，以及《柬埔寨王国政府、老挝人民民主共和国政府和越南社会主义共和国政府之间关于公路运输的谅解备忘录》《关于执行柬埔寨王国政府与越南社会主义共和国关于公路运输的协议和议定书的商用机动车类型和数量谅解备忘录》《柬埔寨王国政府与越南社会主义共和国政府关于在柬埔寨王国 Prek Chak/Lork 和越南社会主义共和国社霞（Xa Xia）及社霞—河仙—涧良—Rach Gia—Ca Mau—Nam Can 沿线划定过境点的谅解备忘录》。

以上这些协议为 GMS 区域国家之间公路互联互通建设和国际道路运输便利化合作提供了法律依据。此外，东盟国家与联合国、东亚峰会、世行、亚行、亚投行等国际机构也保持良好合作，这些合作都有利于区域互联互通建设。

3. 中国与东盟成员国签订的交通和能源合作文件是区域互联互通合作的重要法律支撑

中国与东盟每个成员国都签订了《民用航空运输协定》，与一些成员国签订有《海运协定》，与老挝、越南签订有《汽车运输协定》，这些协定是中国与东盟交通互联互通的重要法律支撑，即使是一些投资协定、贸易协定、旅游合作、海关等协议，其中也有很多条文与交通和能源互联互通合作有关。但是，我国与每个东盟国家签订的协议种类和数量还是有较大差别的。

（1）中文签订的有关交通和能源互联互通合作的协议。中文两国建交较晚，但是，双边经贸合作和交通、能源合作发展较快，两国也签订了一些有关协议（见表 5-31），为今后两国开展交通和能源互联互通合作奠定了法理基础。

表 5-31　中文签订有关交通和能源互联互通合作的协议

序号	合作协议名称	签订年份
1	《民用航空运输协定》	1993
2	《关于双方机组人员签证及入境手续的换文》	1994
3	《鼓励和相互保护投资协定》	2000
4	《促进贸易、投资和经济合作谅解备忘录》	2004
5	《旅游合作谅解备忘录》	2006
6	《关于海上合作的谅解备忘录》	2013
7	《"一带一路"建设谅解备忘录》	2017
8	《加强基础设施领域合作谅解备忘录》	2017
9	《共建"一带一路"合作规划》	2018

资料来源：根据有关资料整理。

（2）中柬签订的有关交通和能源互联互通合作的协议。中柬交通互联互通合作主要是在航空业。早在 1963 年 11 月，两国就签订了《中华人民共和国政府和柬埔寨王国政府航空运输协定》。进入 20 世纪 90 年代以后，两国关系日趋密切。目前两国围绕"一带一路"建设，签订了不少协议（见表 5-32），为下一步深化交通和能源互联互通建设合作提供了国际法保障。

表 5-32　中柬签订有关交通和能源互联互通合作的协议

序号	合作协议名称	签订年月
1	《中柬关于促进和保护投资协定》	1996.07
2	《中柬贸易协定》	1996.07
3	《中柬旅游合作协定》	1999.02
4	《中柬关于成立经济贸易合作委员会协定》	2000.11
5	《中柬关于旅游规划合作的谅解备忘录》	2004.04
6	《关于成立经济贸易合作委员会的协定》	2000.11
7	《中柬两国经济技术合作协定》	2012.11
8	《中华人民共和国政府和柬埔寨王国政府航空运输协定》	2014.01
9	《共同推进"一带一路"建设合作规划纲要》	2017.05
10	《关于加强基础设施领域合作的谅解备忘录》	2017.05
11	《关于交通运输领域能力建设合作谅解备忘录》	2017.05
12	《关于旅游合作的谅解备忘录实施方案（2017—2020年）》	2017.05
13	《中柬航空运输协定》	2018.03
14	《中柬经济技术合作协定》	2018.03

资料来源：根据有关资料整理。

（3）中印尼的签订有关交通和能源互联互通合作的协议。印度尼西亚与中国隔海相望，古代就是中国下南洋的重点国家，两国海上互联互通历史悠久，航空合作快速发展。两国民航部门 2004 年 12 月就扩大航权安排达成协议。中印尼建交以来，两国签订了一系列合作协议（见表 5-33），不仅促进了经贸合作，也推动了海上和空中互联互通的发展，还为中印尼未来全面合作打下了法理基础。

表 5-33　中印尼签订有关交通和能源互联互通合作的协议

序号	合作协议名称	签订年月
1	《关于定期航空运输协定》	1994.01
2	《中印（尼）关于促进和保护投资协定》	1994.11
3	《关于成立中华人民共和国政府与印度尼西亚共和国政府双边合作联合委员会的谅解备忘录》	2000.05
4	《中华人民共和国政府和印度尼西亚共和国政府海运协定》	2001.06
5	《关于加强基础设施建设和自然资源开发领域合作谅解备忘录》	2005.04
6	《中印尼海洋领域合作谅解备忘录》	2007.11
7	《关于落实战略伙伴关系联合宣言的行动计划》	2010.01
8	《关于扩大和深化双边经济贸易合作的协定》	2011.04

续表

序号	合作协议名称	签订年月
9	《中印（尼）海上合作谅解备忘录》	2012.03
10	《中印尼经贸合作五年发展规划》	2013.10
11	《中印尼全面战略伙伴关系未来规划》	2013.10
12	《关于基础设施和产能合作的谅解备忘录》	2015.03
13	《中华人民共和国国家发展和改革委员会与印度尼西亚共和国海洋统筹部关于推进区域综合经济走廊建设合作的谅解备忘录》	2017.05
14	《建立区域综合经济走廊合作联委会谅解备忘录》	2017.05
15	《关于区域综合经济走廊建设的合作规划》	2017.05
16	《中印尼共建"一带一路"和"全球海洋支点"谅解备忘录》	2018.10
17	《中华人民共和国国家发展和改革委员会与印度尼西亚共和国国有企业部关于对雅加达—万隆高速铁路项目持续顺利实施提供支持的谅解备忘录》	2018.05
18	《中华人民共和国国家国际发展合作署与印度尼西亚共和国公共工程和住房部关于杰纳拉塔水坝工程可行性研究的立项换文》	2018.05
19	《中华人民共和国国家国际发展合作署与印度尼西亚共和国公共工程和住房部关于里阿克瓦水坝工程可行性研究的立项换文》	2018.05
20	《中国进出口银行和印度尼西亚共和国财政部关于万隆高速公路三期项目优买贷款协议》	2018.05
21	《中国进出口银行、印度尼西亚共和国财政部和印度尼西亚共和国国家发展计划部关于基础设施融资合作实施协议》	2018.05

资料来源：根据有关资料整理。

（4）中老签订的有关交通和能源互联互通合作的协议。中老交通合作历史悠久，双边签订了一系列与交通互联互通有关的合作协议（见表5-34）。早在1962年1月，中老就签订了《中华人民共和国政府和老挝王国政府关于修建公路的协定》，开始公路互联互通建设。《协定》第一条规定："中华人民共和国政府和老挝王国政府同意修建自中国云南省孟腊经中国境内的曼庄、南克新寨和老挝境内丰沙里省的孟约、本怒至丰沙里的公路。上述公路在中国境内长37千米，在老挝境内约长86公里，全长约123公里。中华人民共和国政府同意负责上述公路的全部修建工程。"新时代，中老交通互联互通和能源合作深化发展，2015年12月2日，中老铁路开工奠基仪式在万象举行；2016年12月25日，中老铁路全线开工仪式在琅勃拉邦举行。2017年11月，中国国家主席习近平访问老挝，双方签署了17份合作文件，这些合作协议涉及中老经济走廊、水资源、科技、农业、基础设施、人力资源开发、水力、电力和高速公路等领域，进一步推动中老发展战略对接。这些举措加强了各领域务实合作，必将促使两国交通互联互通建设进一步增强。2019 年 4 月，老挝国家主席本扬·沃拉吉出席第二届"一带一路"国际合作高峰论坛并对华进行国事访问，中老两党签署了《中国共产党和老挝人民革命党关于构建中老命运共同体行动计划》，将两党两国的关系推向新的高度。

表 5-34 中老签订有关交通和能源互联互通合作的协议

序号	合作协议名称	签订年月
1	《关于开展中老边境贸易的换文》	1988.12
2	《中老关于鼓励和相互保护投资协定》	1993.01
3	《中华人民共和国政府与老挝人民民主共和国政府国际道路运输协定》	1993.12
4	《关于执行〈中华人民共和国政府和老挝人民民主共和国政府汽车运输协定〉议定书》	1993.12
5	《中华人民共和国政府和老挝人民民主共和国政府汽车运输协定》	1993.12
6	《关于澜沧江—湄公河客货运输协定》	1994.11
7	《中华人民共和国政府和老挝人民民主共和国政府旅游合作协定》	1996.10
8	《贸易协定》	1997.05
9	《关于成立经济贸易和技术合作委员会的协定》	1997.06
10	中老建立全面战略合作伙伴关系	2009.09
11	《中华人民共和国铁道部与老挝人民民主共和国公共工程与运输部关于铁路合作的谅解备忘录》	2010.04
12	《关于边境口岸及其管理制度的协定》	2011.08
13	《关于万象赛色塔综合开发区的协定》	2012.07
14	《中老磨憨—磨丁经济合作区建设共同总体方案》	2015.08
15	《中老磨憨—磨丁经济合作区共同发展总体规划纲要》	2015.08
16	《关于共同推进"一带一路"建设合作规划纲要》	2015.08
17	《关于共同推动产能与投资合作重点项目的协议》	2015.08
18	《中老政府间铁路合作协定》	2015.11
20	《关于加强两国边境地区经贸合作的协定》	2016.11
21	《中老磨憨—磨丁经济合作区总体规划》	2017.03
22	《中老铁路老挝段供电项目开发谅解备忘录》	2018.08
23	《关于共建中老经济走廊的合作框架》	2017.11
24	《中国共产党和老挝人民革命党关于构建中老命运共同体行动计划》	2019.04
25	《中华人民共和国政府与老挝人民民主共和国政府国际道路运输协定（修订版）》	2019.04

资料来源：根据有关资料整理。

（5）中马签订的有关交通和能源互联互通合作的协议。中马经贸往来历史悠久，关系密切。早在古代海上丝绸之路时代，马来西亚就已经是海上交通互联互通的重点国家。中马建交以来，两国签订了不少与交通和能源互联互通有关的协议（见表5-35），海上交通、航空运输合作更加紧密。2006年7月，中国和马来西亚签署了《中马海上合作谅解备忘录》，旨在加强两国海峡海运海事、水道航运、安全救援、行业协会等领域的对话与合作。

表5-35　中马签订有关交通和能源互联互通合作的协议

序号	合作协议名称	签订年月
1	《中华人民共和国政府和马来西亚政府海运协定》	1987.09
2	《中马关于相互鼓励和保护投资协定》	1988.11
3	《中华人民共和国政府和马来西亚政府民用航空运输协定》	1989.05
4	《中华人民共和国政府和马来西亚政府贸易协定》	
5	《关于迈向21世纪全方位合作的框架文件》	1999.05
6	《中马就中国加入WTO的双边协议》	2000.04
7	《中马航空合作谅解备忘录》	2002.12
8	《中马两国政府旅游合作谅解备忘录》	2003.09
9	《中马海上合作谅解备忘录》	2006.07
10	《关于中马战略性合作共同行动计划》	2009.06
11	《关于扩大和深化经济贸易合作的协定》	2011.04
12	《关于马中关丹产业园合作的协定》	2012.06
13	《经贸合作五年规划（2013—2017年）》	2013.10
14	《关于进一步推进中马经贸投资发展的合作计划》	2015.11
15	《关于加强产能与投资合作的协定》	2015.11
16	《关于通过中方"丝绸之路经济带"和"21世纪海上丝绸之路"倡议推动双方经济发展的谅解备忘录》	2017.05
17	《中国商务部同马来西亚交通部关于基础设施建设领域合作谅解备忘录》	2017.05

资料来源：根据有关资料整理。

（6）中缅签订的有关交通和能源互联互通合作的协议。中缅山水相连，两国人民之间的传统友谊源远流长，双边交通和能源互联互通的地缘优势明显。两国也签订了不少合作协议（见表5-36）。缅甸还是唯一一个与中国签订了油气管道互联互通的东盟国家，是中国与东盟国家油气合作的典范，有力推进了区域交通和能源互联互通建设合作。

表 5-36　中缅签订有关交通和能源互联互通合作的协议

序号	合作协议名称	签订年月
1	《关于修建中缅边界畹町—九谷和南帕河（清水河）界河桥及有关问题的议定书》	1991.05
2	《关于边境贸易的谅解备忘录》	1994.08
3	《关于澜沧江—湄公河客货运输协定》	1997.01
4	《关于成立经济贸易和技术合作联合工作委员会的协定》	1997.05
5	《中华人民共和国政府和缅甸联邦政府关于中缅边境管理与合作的协定》	1997.09
6	《中华人民共和国政府和缅甸联邦政府旅游合作协定》	2000.07
7	《中缅关于鼓励促进和保护投资协定》（《中缅投资协定》）	2001.12
8	《中华人民共和国政府和缅甸联邦政府航空运输协议》	2006.02
9	《关于中缅油气管道项目的合作协议》	2009.03
10	《中华人民共和国政府援助缅甸铁路木姐—腊戌段可行性研究和腊戌—曼德勒—皎漂段预可行性研究项目换文》	2010.06
11	《中华人民共和国商务部和缅甸联邦国家计划和经济发展部关于中缅经济合作规划的备忘录》	2010.06
12	《中缅落实全面战略合作伙伴关系行动计划》	2013.06
13	《中缅原油管道运输协议》	2017.04
14	中国商务部与缅甸商务部《关于建设中缅边境经济合作区的谅解备忘录》	2017.05
15	《关于共建中缅经济走廊的谅解备忘录》	2018.09
16	《中缅经济走廊合作计划（2019—2030年）谅解备忘录》	2019.04
17	《关于制定经贸合作五年发展计划》	2019.04

资料来源：根据有关资料整理。

（7）中菲签订的有关交通和能源互联互通合作的协议。中菲两国隔海相望。建交以来，中菲关系尽管有过波折，但是总体发展顺利，两国在交通和能源领域也签订了不少合作协议（见表5-37），促进各领域合作不断拓展。中菲关系转圜以后，两国经贸合作迅速升温，交通和能源领域合作也取得积极成果。

表 5-37　中菲签订有关交通和能源互联互通合作的协议

序号	合作协议名称	签订年月
1	《中华人民共和国政府和菲律宾共和国政府民用航空运输协定》	1979.07
2	《中菲关于旅游合作的协定》	1990.05
3	《中菲关于鼓励和相互保护投资协定》	1995.08
4	《中菲旅游合作谅解备忘录》	2002.09
5	《中菲关于促进贸易和投资合作的谅解备忘录》	2005.04
6	《海事合作谅解备忘录》	2005.04
7	《促进贸易和投资合作的谅解备忘录》	2005.04
8	《关于扩大和深化双边经济贸易合作的框架协议》	2006.06

序号	合作协议名称	签订年月
9	《关于建立中菲经济合作伙伴关系的谅解备忘录》	2006.06
10	《中华人民共和国商务部与菲律宾共和国国家经济发展署、贸易工业部关于建立经济合作工作组的谅解备忘录》	2007.01
11	《中华人民共和国政府和菲律宾共和国政府关于战略性合作共同行动计划》	2009.10
12	《关于海关事务的互助协定》	2010.04
13	《旅游合作谅解备忘录执行计划》	2016.10
14	《中国海警局和菲律宾海岸警卫队关于建立海警海上合作联合委员会的谅解备忘录》	2016.10
15	《中国商务部和菲律宾贸工部关于加强贸易、投资和经济合作的谅解备忘录》	2016.10
16	《中国商务部和菲律宾国家经济发展署关于编制中菲经济合作发展规划的谅解备忘录》	2016.10
17	《中国国家发展改革委和菲律宾国家经济发展署关于开展产能与投资合作的谅解备忘录》	2016.10
18	《中国国家发展改革委、菲律宾交通部和菲律宾公共工程部关于基础设施合作项目清单的谅解备忘录》	2016.10
19	《中菲经济合作六年发展规划（2017—2022年）》	2017.03
20	《关于油气开发合作的谅解备忘录》	2018.11
21	《关于建立政府间联合指导委员会和企业间工作的职责范围》	2018.11

资料来源：根据有关资料整理。

（8）中新签订的有关交通和能源互联互通合作的协议。新加坡位于马六甲海峡的咽喉要道，是海运、航空主要的洲际中转中心。中新两国经贸关系历来密切，与此相应，两国海运和航空互联互通十分紧密。为此，两国也签订了较多与交通和能源互联互通有关的协议（见表5-38），为两国在这些领域合作提供了法律保障。

表5-38　中新签订有关交通和能源互联互通合作的协议

序号	合作协议名称	签订年月
1	《中新关于促进和保护投资协定》	1985.11
2	《中华人民共和国政府和新加坡共和国政府海运协定》	1989.01
3	《中华人民共和国政府和新加坡共和国政府航班协定》	1993.04
4	《关于合作开发建设苏州工业园区的协议》	1994.02
5	《经济合作和促进贸易与投资的谅解备忘录》	1999.10
6	《促进和保护投资协定》	1999.10
7	《海运协定》	1999.10
8	《成立中新双方投资促进委员会协议》	1999.10

序号	合作协议名称	签订年月
9	《关于成立双边合作联合委员会的谅解备忘录》	2003.11
10	《中华人民共和国政府和新加坡共和国政府海运协定修改议定书》	2005.03
11	《中新自由贸易协定》	2008.10
12	《中华人民共和国政府和新加坡共和国政府自由贸易协定》	2009.11
13	《关于建设中新（重庆）战略性互联互通示范项目的框架协议》	2015.11
14	《关于共同推进"一带一路"建设的谅解备忘录》	2017.05

资料来源：根据有关资料整理。

（9）中泰签订的有关交通和能源互联互通合作的协议。"中泰一家亲"是两国关系的真实写照。自古以后两国经贸和人员往来密切。中国是泰国的第一大贸易伙伴和第一大国际游客来源国，两国相互投资也越来越多，两国不仅需要国际法来保证双边的贸易、投资和旅游，也需要国际法来保证双边交通和能源互联互通建设合作，以进一步深化双边的经贸合作。目前，中泰两国已经签订了一些与交通和能源互联互通有关的协议（见表5-39），为以后双边开展相关合作奠定了国际法基础。

表5-39　中泰签订有关交通和能源互联互通合作的协议

序号	合作协议名称	签订年月
1	《中泰关于促进和保护投资的协定》	1985.03
2	《旅游合作协定》	1993.08
3	《中泰扩大和深化双边经贸合作的协议》	2009.06
4	《关于建设大湄公河次区域南北经济走廊国际大桥项目（会晒—清孔）融资安排协议》	2009.10
5	《经贸合作五年发展规划》	2012.04
6	《中泰关系发展远景规划》	2013.10
7	《关于铁路发展合作的谅解备忘录》	2012.04
8	《中泰战略性合作共同行动计划（2012—2016年）》	2012.04
9	《关于可持续发展合作谅解备忘录》	2012.04
10	《关于泰国铁路基础设施发展与泰国农产品交换的政府间合作项目的谅解备忘录》	2013.10
11	《中泰关系发展远景规划》	2013.10
12	《中泰铁路合作谅解备忘录》	2014.12
12	《中泰铁路合作框架文件》	2015.12
13	《中华人民共和国政府和泰王国政府关于共同推进"一带一路"建设谅解备忘录》	2017.09
14	《关于开展泰国"东部经济走廊"建设合作的谅解备忘录》	2018.08

资料来源：根据有关资料整理。

（10）中越签订的有关交通和能源互联互通合作的协议。中越两国山水相连，两国交通互联互通历史悠久。早在1954年12月，两国就签订了《中华人民共和国政府和越南民主共和国政府关于中华人民共和国援助越南民主共和国修复铁路议定书》；1955年5月，又签订了《中华人民共和国铁道部和越南民主共和国交通公政部铁路联运协定》；1956年12月，两国签订了《中华人民共和国政府和越南民主共和国政府关于两国之间海上运输的协定》；1961年1月，签订了《中华人民共和国政府和越南民主共和国政府关于过境货物的议定书》。这些协议后来终止一段时间，到20世纪90年代，两国关系正常化以后，又重新签订了相关的合作协议并延续至今。目前，越南是中国与周边国家签订有关交通和能源互联互通合作协议数量最多的国家（见表5-40）。

表5-40　中越签订有关交通和能源互联互通合作的协议

序号	合作协议名称	签订年月
1	《贸易协定》	1991.11
2	《经济合作协定》	1992.02
3	《民用航空运输协定》	1992.03
4	《海运协定》	1992.03
5	《关于鼓励和相互保护投资协定》	1992.12
6	《关于货物过境的协定》	1994.04
7	《关于保证进出口商品质量和相互认证的合作协定》	1994.11
8	《关于成立经济、贸易合作委员会的协定》	1994.11
9	《中华人民共和国政府和越南社会主义共和国政府汽车运输协定》	1994.11
10	《中华人民共和国交通部和越南社会主义共和国交通运输部关于实施两国政府汽车运输协定的议定书》（2012年2月17日终止）	1997.06
11	《边境贸易协定》	1998.10
12	《和平利用核能合作协定》	2000.12
13	《关于扩大和深化双边经贸合作的协定》	2006.11
14	《中越关于在河口—老街实施便运协定的谅解备忘录》	2008.03
15	《中越关于在友谊关—友谊出入境站点及昆明—百色—南宁—友谊关—友谊—谅山—河内路线列入协定议定书的谅解备忘录》	2008.03
16	《关于中越陆地边境口岸及其管理制度的协定》	2009.11
17	《2012—2016年经贸合作五年发展规划》	2011.10
18	《中华人民共和国政府和越南社会主义共和国政府关于修改中越两国政府汽车运输协定的议定书》（2012年2月17日生效）	2011.10
19	《中华人民共和国政府和越南社会主义共和国政府关于实施中越两国政府汽车运输协定的议定书》（2012年2月17日生效）	2011.10
20	《关于指导解决中华人民共和国和越南社会主义共和国海上问题基本原则协议》	2011.10
21	《关于共同建设北仑二河第二公路大桥协定及其议定书》	2012.03

序号	合作协议名称	签订年月
22	《关于简化共同建设北仑河第二公路大桥的人员、交通工具、施工设备和建筑材料经东兴—芒街口岸出入境手续的议定书》	2012.03
23	《中华人民共和国交通运输部和越南社会主义共和国交通运输部关于建立国际汽车运输行车许可证制度的协议》	2012.05
24	《关于共同建设北仑河第二公路大桥协定》	2012.09
25	《落实中越全面战略合作伙伴关系行动计划》	2013.06
26	《中越陆地边境口岸管理合作委员会工作条例》	2013.06
27	《关于建设跨境经济合作区的备忘录》	2013.10
28	《关于共同建设水口—驮隆中越界河公路二桥的协定》及《议定书》	2013.10
29	《关于共同建设水口—驮隆中越界河公路二桥的协定及关于简化共同建设水口—驮隆中越界河公路二桥的人员、交通工具、施工设备和建筑材料经水口—驮隆口岸出入境手续的议定书》	2013.10
30	《关于北仑河口自由航行区航行的协定》	2015.11
31	《关于越南老街—河内—海防标准轨铁路线路规划项目可行性研究换文》	2015.11
32	《关于促进产能合作的谅解备忘录》	2015.11
33	《关于合作保护和开发德天（板约）瀑布旅游资源的协定》	2015.11
34	《关于北仑河口自由航行区航行的协定》	2015.11
35	《两国政府经贸合作五年发展规划延期和补充协议》	2016.09
36	《两国政府边境贸易协定》（2016年修订）	2016.09
37	《关于产能合作项目清单的谅解备忘录》	2016.09
38	《关于共同制定陆上基础设施合作2016—2020年规划的谅解备忘录》	2016.09
39	《中国海关总署和越南国防部关于中越陆地边境口岸合作的框架协定》	2017.01
40	《关于实施老街—河内—海防标准轨铁路线路规划项目换文》	2017.01
41	《中国国家旅游局和越南文化体育旅游部2017—2019年旅游合作计划》	2017.01
42	《关于电子商务合作的谅解备忘录》	2017.05
43	《经济技术合作协定》	2017.05
44	《共建"一带一路"和"两廊一圈"合作备忘录》	2017.11
45	《电力与可再生能源合作谅解备忘录》	2017.11
46	《2017年中越产能合作项目清单的谅解备忘录》	2017.11
47	《加快推进中越跨境经济合作区建设框架协议谈判进程的谅解备忘录》	2017.11
48	《关于成立电子商务合作工作组的谅解备忘录》	2017.11
49	《确定2017—2021年中越经贸合作五年发展规划重点合作项目清单的谅解备忘录》	2017.11

资料来源：根据有关资料整理。

为推进中国与越南在次区域合作框架下国际道路运输合作，我国在《中华人民共和国道路运输条例》中专门对国际道路运输设置了条款，专项制定了《国际道路运输管理规定》，有关地方政府还制定了落实中越汽车运输两议定书工作方案（见表5-41），有力推动了次区域国家国际道路运输的发展。

表5-41 中国落实中越两国汽车运输协定"两议定书"的有关政策措施

签订年月	文件名	发文单位	政策、措施
2004.07	《中华人民共和国道路运输条例》	国务院第406号令	第四章"国际道路运输"从第四十八条至五十三条和第六章"法律责任"第七十六条对国际道路运输的线路公布、准入条件、行政许可、运输经营、监督管理及违规行为的法律责任进行规范
2005.06	《国际道路运输管理规定》	交通部令2005年第3号	根据《中华人民共和国道路运输条例》和中国政府与有关国家签署的汽车运输协定，对国际道路运输的经营许可、运营管理、行车许可证管理、监督检查及法律责任进行了细化
2007.09	《广西壮族自治区道路运输管理条例》	广西壮族自治区人大常委会公告十届第92号	第二十条对国际道路运输管理机构依法监督检查；第二十一条对国际道路运输经营者办理出入境手续进行规范
2012.08	《关于印发贯彻落实中越汽车运输两议定书工作方案的通知》	广西区政府	完善和发挥协调机制，研究制定运输通关便利化政策措施，制定出台《中国广西与越南汽车运输实施办法》，开展中越汽车运输两议定书宣传贯彻工作，召开新闻发布会，向社会通报相关情况、组织开通新增客货运输线路
2012.08	广西壮族自治区交通运输厅与越南公路总局共同签署《中国广西交通运输厅与越南公路总局交换国际汽车运输行车许可证备忘录》	广西交通厅	交换的5025张国际汽车运输行车许可证，包括E种行车许可证25张（不含中国深圳至越南河内客运线路），F种行车许可证1000张（其中150张用于河内至深圳客运线路及公务车辆）；G种行车许可证4000张（500张用于河内至深圳货运线路）

资料来源：根据有关资料整理。

二、推进中国与东盟国家的法律对接

无论是交通还是能源，绿色发展已经成为当代的潮流。在中国与东盟国家的交通和能源互联互通建设过程中，环境保护法律和交通、能源自身的绿色发展始终是需要重视和遵守的规则。

（一）推进中国与东盟国家的环境保护法对接

中国和东盟国家各有自己的环境保护法律体系，虽然各国的环境保护法有所差别，环保的重点有所不同，但是，保护生态环境绿色发展的方向是一致的。

马来西亚、缅甸、新加坡在独立前，曾经是英国殖民地，菲律宾是美国的殖民地，印度尼西亚是荷兰的殖民地，因此其法律体系受英国、美和荷兰的影响很深，成文法与判例法在商业活动中都发挥作用。老挝和越南是社会主义国家，法律体系与中国相似。不管是那种性质的国家，环境保护的法律体系基本上都是由一部环境保护的基础性、综合性法律和多部专业性的法律构成（见表5–42），共同发挥保护环境的法律作用。交通和能源互联互通建设项目与环境的关系非常密切，项目的环境评估和建设过程中的环境保护措施是否符合环保法律要求，往往是项目建设能否顺利进行的前提条件。

表5–42　中国与东盟国家环保法律一览表

国家	法律名称	内容简介
中国	《环境保护法》《水污染防治法》《大气污染防治法》《环境噪声污染防治法》《放射性污染防治法》《环境影响评价法》《清洁生产促进法》等	2014年修改，2015年生效实施的《环保法修订案》被称为"史上最严厉"的《环境保护法》。中国的环境保护法律体系日益完善。新出台的环保法律还有《土壤污染防治法》《核安全法》《固体废物污染环境防治法（修订）》《海洋石油勘探开发环境保护管理条例（修订）》等涵盖环保全领域
文莱	《环境保护与管理法2016》《有害废弃物（出口与转运控制）法2013》《文莱环境影响评估准则》	环境、园林及公共娱乐局是文莱政府主管环境保护的部门。投资商应在项目计划初期就要考虑环境因素包括项目位置、采用清洁技术、污染控制措施、废物监管等。新建工程项目必须通过环境评估
柬埔寨	《环境保护法》《柬埔寨环境保护和资源管理法（EPNRM）》《环境影响评价法令（EIA）》	环境保护部是环境影响评价的主要管理部门，其他各部门如水利、能源、交通等，为其所负责领域内的项目环境影响评价提供相关意见。任何私人或公共项目均需要进行环境影响评估

续表

国家	法律名称	内容简介
印度尼西亚	《环境保护法》《生物保护法》和《森林法》	印尼政府主管环境保护的部门是环境国务部。《环境保护法》规定了环境保护目标、公民权利与义务、环境保护机构、环境功能维持、环境管理、环境纠纷、调查及惩罚违反该法的行为，要求对投资或承包工程进行环境影响评估（AMDAL）
老挝	《环境保护法》《环境保护法实施令》《水和水资源法》《水和水资源法实施令》《环境评价条例》	自然资源环境部是老挝环境管理部门。个人或组织在实施项目中必须负责预防和控制水、土地、空气、垃圾、有毒物品、辐射性物品、振动、声音、光线、颜色和气味等污染。对项目环评审核，可一票否决
马来西亚	《1974 年环境质量法》《1987 年环境质量法令》《1990 年马来西亚环境影响评估程序》《1994 年环境影响评估准则》	马来西亚政府环保主管部门是自然资源和环境部下属的环境局，主要负责环境政策的制定及环境保护措施的监督和执行。按照马来西亚法律规定，要预先对投资项目进行环境影响评估。根据项目情况，分初步环境评估和详细环境评估两种程序
缅甸	《环境保护法（2012）》《环境保护条例(2014)》《环境影响评估程序》《缅甸森林法》	环保部负责环境保护工作。该法要求对涉及自然资源开发、工业等领域的项目需提前办理项目许可。共有包括能源、基础设施、交通、矿业等领域在内的 141 类投资项目须事先提交环境评估报告
菲律宾	《污染控制法》《洁净空气法》《洁净水法》《森林法修订案》《环评法规》	菲律宾环境和自然资源部主要负责实施政府的环境保护政策。菲律宾环境管理局负责环保评估。项目建设必须要申请"环境合格证"才能开展
新加坡	《环境保护和管理法》《能源节约法案（2012）》《危险废物（控制出口、进口和传播）法》《公共环境卫生法》	环境与水资源部国家环境局负责环境保护职能。环境保护法注重源头管理，要求所有建设工程、制造业和其他工程的开展需要依法取得许可以确保其符合环境法。企业开展投资项目，业主须委托有资质的第三方咨询公司进行污染控制研究评估
泰国	《国家环境质量促进和保护法》	自然资源和环境部是负责环境保护的政府部门。该法对于空气和噪声污染、水污染、土壤污染、废弃物和危险物质排放等标准都有明确的规定
越南	《环境保护法》《关于环保规划、战略环境评估、环境影响评估和环保计划的规定的议定（2015）》《环境保护法部分条款实施细则的规定的议定》	资源环境部是主管环境保护的部门。所有在越南境内从事经营活动的企业，都必须遵守越南关于环境保护的国家标准（TCVN）和相关技术规范（QCVN），主要包括废水排放技术规范、废气和噪音技术规范、危害性污泥（土）污染度技术规范、水源和生活用水技术规范等

资料来源：根据有关资料整理。

（二）加强中国与东盟的环保法律合作

交通和能源互联互通建设中涉及很多环保问题。总体上，东盟国家积极引进外资开展交通和能源基础设施建设，政策是优惠的，但是鼓励外国投资不等于放松项目的法律限制。实际上，东盟国家越来越重视环境保护。中国与东盟开展交通和能源互联互通建设合作涉及很多法律问题，各国的《投资法》《外国投资法》《招投标法》是投资准入最基本的法律，通过这一门槛以后，还要面临各种各样的法律，如《合同法》《政府采购法》《BOT法》《劳动法》《税法》《环境保护法》《交通运输法》《公路法》《铁路法》《海关法》《土地法》《森林法》《电力法》《能源法》《银行法》《仲裁法》等。因此，中国企业到东盟国家投资或合作首先要注意法律问题，要严格遵守各国的法律规定，密切关注当地法律变动情况。在众多的法律中，对于交通和能源基础设施建设来说，环境保护是最重要的法律问题，可以说，项目建设是否达到环保法要求，是一道不可逾越的法律红线。

中国与东盟国家要加强环境保护合作，要共同遵守所在国的环保法律规定，尤其是中国企业"走出去"时，要熟悉各项与公司业务有关的法律法规，建立健全公司依法经营的管理制度，对员工特别是国内派驻员工要进行法律知识培训，必要时，可通过所在国的官方投资促进机构或律师事务所聘请专业法律顾问，全面了解相关的法律和制度规定。在东盟国家开展交通和能源建设项目业务，要始终重视环保问题，要按规定对每一个环节预先进行环保科学评估，或委托有资质的第三方咨询公司进行环保评估，对施工建设、生产经营中可能产生的废水废气废土噪声、生态等方面的环保影响，在规划设计过程中就要做好解决预案。施工过程中，要按照环保技术规范进行施工，即使是一些国家的环保法律规定模糊，可操作性差，甚至不同的法律之间互相矛盾，也不要去钻这个空子，不应贪图一时之利，而是要从严遵守法律，合规建设经营。同时，为了吸引外国投资，东盟一些国家出台了一些投资鼓励政策，我国企业对优惠政策也不要有太高的期望值，要按照法律规定开展业务，同时要遵守行业行为准则，维护行业间的公平竞争和正当利益，共同促进行业持续健康发展。

虽然中国与东盟国家已经签订的协定、条约、备忘录等合作文件是推进中国与东盟各国交通和能源互联互通的法律依据，但是，这些合作文件仅仅是各国之间合作的国际法基础。一般来说，国际法不干预一国国内法制定，国际法代替不了各国的国内法，国内立法不能改变国际法的原则、规则，国内法改变不了国际法，跨国性的互联互通项目建设必须在"互相尊重主权和领土完整，互不侵犯，互不干涉内政，平等互利，和平共处"五项原则和国际法的基础上，遵守项目所在国的法律开展合作。同时，东盟国家之间对于基础设施建设支持的法律和政策有较大的差别。因此中国与东盟交通和能源互联互通要顺利推进，除了要加强国际法合作，更需要深入研究、遵守区域内各国的法律法规。

第六章　建　议

加快中国与东盟交通和能源互联互通建设是推进中国—东盟自由贸易区升级版和 RCEP 建设的需要，各国拥有共同的利益。建议从国家层面、团结各方力量协力推进。

第一节　发挥中国主导作用

本着共商共建共享的原则，引导东盟国家合力推进中国与东盟交通和能源互联互通建设。

一、推动各国发展战略对接

推进各国政府间交通和能源互联互通建设规划，发挥政府在推进交通、能源基础设施建设中的主导作用。尊重各国发展的发展战略、发展需求和发展利益，本着和谐共处，包容，促进共同繁荣昌盛、合作共赢的理念，推进中国与东盟交通和能源互联互通建设。加强高层互访，推进政府间合作和政策沟通，共同商讨合作规划，制定经济合作措施，将"一带一路"倡议与《东盟互联互通总体规划》、中南半岛国家的发展战略对接，将中国与东盟交通和能源互联互通纳入"一带一路"建设且与各国交通和能源战略对接，围绕互联直通、通关便利化、投资合作、国际标准和 GMS 合作机制等领域，与沿线国家磋商、对接。共同商定战略性交通和能源互联互通项目。修改完善各自相关政策法规，确保中国与东盟交通和能源互联互通建设的政策沟通顺畅,确保合作顺利推进、互利共赢。

二、合作制定中国与东盟交通和能源互联互通建设有关的方案

中国与东盟交通和能源互联互通建设是一个复杂的系统工程，涉及的国家多、范围广、项目多、工程项目大。中国拥有各种大型能源和交通建设项目的人才、施工技术与经验，在东盟国家交通和能源项目建设中享有很高的威望，应该充分利用这一软实力在推进中国与东盟交通和能源互联互通建设中发挥导向性作用。牵头组织探索制定中国与东盟交通和能源互联互通建设方案。

三、建立合作机制

建议建立由中国广东、广西、云南与老挝、马来西亚、缅甸、新加坡、泰国、越南等周边国家组成的中国—中南半岛交通互联互通联合工作组和中国—中南半岛能源互联互通联合工作组，随时接纳文莱、印度尼西亚、菲律宾加入并建立中国—东盟交通互联互通建设理事会和中国—东盟能源互联互通建设理事会，形成中国—东盟交通互联互通合作机制和中国—东盟能源互联互通合作机制，确定中国与东盟交通和能源互联互通旗舰项目并进行可行性研究工作。

四、按照市场机制推进互联互通建设

政府在推动区域交通和能源互联互通建设中固然重要，但是，政府也不能包办一切，市场机制是区域交通、能源建设和高效利用的主导力量，大多数互联互通建设项目主要是要按照市场经济规律办事。互联互通建设要以互补优势为基础、市场机制为主导、制度安排和利益共享机制来推动。区域内各国除了要根据各自国家的交通和能源发展规划，更多地要根据区域经济发展形势变化和市场的需求，寻求互联互通合作衔接点。因此，要充分认识市场作用和企业主体地位，坚持市场化方向，充分发挥市场在中国与东盟交通和能源互联互通建设中的决定性作用，利用市场机制调动沿线国家和地区社会各界参与合作的积极性和创造性，积极发挥企业的市场主体作用，激发合作共商共建共享的活力和潜力。充分发挥政府在统筹规划、政策支撑和协调服务的作用，确保政府发挥适当作用，形成"政府引导、企业主导、社会参与"的合作新局面。

五、建立"早期收获项目"清单

确定一批中国与东盟交通和能源互联互通"早期收获项目"清单，将西部陆海新通道、中老铁路、中泰铁路、印尼雅万高速铁路、马来西亚西海岸铁路、马来西亚皇京港、文莱穆拉港、菲律宾铁路改造升级、越南老街—海防铁路升级改造、越南同登—河内铁路升级改造、湘桂铁路南宁—凭祥铁路升级改造等交通项目，以及老挝水电电源工程、缅甸水电电源工程、云南省水电电源工程、四川省水电电源、广西核电项目等能源项目纳入清单，为中国与东盟交通和能源互联互通合作机制建设奠定基础。

第二节　加强中国与东盟国家的互信关系建设

中国的发展给世界各国带来了全新的发展机遇，但是，由于刚刚成为世界经济舞台的主角，与很多国家的互信关系还没有建设完善，一些国家对中国与东盟的交通和能源互联互通建设表示担忧。因此，要从多方面加强互信关系建设以促进互联互通的务实合作。

一、加强高层互访沟通

政策沟通是推进中国与东盟交通和能源互联互通建设的重要保障，而互信程度的高低决定合作的成效与进度快慢。构筑双方的互信首先由国家领导人率先建立高层互信关系，只有领导人密切往来，加强沟通协调，达成合作的共识才能为交通和能源互联互通建设创造条件。同时，带动民间外交建立互信关系。通过领导人共商，高瞻远瞩规划未来交通和能源领域的合作，实现利益共享共赢，造福沿线各国人民。

安全问题是各国优先考虑的议题。中国与一些东盟国家乃至东盟国家之间仍然有不少历史遗留问题还没有得到解决，造成国家之间互信不足，加上美国在南海问题上挑拨离间、欧美国家媒体鼓噪"中国威胁论"的影响，东盟实行大国平衡战略，很多国家担心安全问题。因此，推进中国与东盟交通和能源互联互通建设要将解决安全问题放在优先的地位。中国与东盟国家除了互相释放善意，还应该加强区域内的安全合作，合作东盟国家解决区域内一些安全方面的问题。

二、增强互信交流

沿线国家在推进中国与东盟交通和能源互联互通方面存在差异和不同的需求，各国经济社会发展水平不同，利益诉求也有差异。推进交通和能源互联互通建设，要尊重各国的发展道路和发展关切，尊重各国的法律法规、信仰和文化，不断深化不同文明之间的交流，做好各国之间的政策交流与对接，增进政治互信和经济合作。

为了增进沿线国家的互相了解和互信，要加强沿线国家的媒体传播交流，充分调动民间力量参与中国—东盟命运共同体建设的友好事业，扩大人文交流，夯实民意基础。邀请各国媒体到中国参观考察，了解中国和平发展的意愿和行动，大力宣传习近平的人类命运共同体、建立新型国际关系的理念，向全世界宣传中国坚持走和平发展道路的决心——中国无论发展到什么程度，永远不称霸，永远不搞扩张，驳斥西方媒体和东盟一些媒体对中国的片面或不实报道。这对打消国际社会的担忧具有重要作用。

三、拓展人文合作

国之交在于民相亲。中国与东盟国家之间存在一定的文化差异，一些国家民众对中国文化缺乏全面客观认识，甚至受到误导，以至于对互联互通建设存在一些误解和问题。为进一步增进互相了解，除了政府高层间外交活动外，必须加强区域内人文交流，形成区域合作共识。加强中国与东盟在科技、教育、环境、文化、媒体等方面的多层次、多渠道和多形式的合作，大力推进中国—东盟旅游合作便利化，促进双边民众旅游往来和互相理解，从各方面深化对中国—东盟命运共同体的认同和共识。

加强各国智库对于交通和能源互联互通建设的学术交流。运用泛北部湾合作论坛、中国—东盟智库战略对话论坛、中国—东盟民族文化论坛、中国与东南亚民族论坛、中国—中南半岛经济走廊发展论坛等学术交流平台，为中国—东盟命运共同体建设摇旗呐喊，推进中国与东盟国家学术思想交流和政策沟通，增加各国智库互信和对互联互通建设的影响。

　　加强中国与东盟的文化产品交流与合作，实现文化有序交流发展，从文化交流增进双方人民文化互信。利用中国与东盟联系的"南宁渠道"，建设中国（广西）—东盟文化市场，开展图书、知识产权、影视图书版权交易、影视作品制作、演艺市场交易、文化创意、艺术品展示拍卖、动漫制作、广告、娱乐、游戏、教育交流等活动。建立中国—东盟国家语言文化翻译基地，促进中国与东盟国家的文化产品的转换和交流。

　　推进跨境民族交流交往交融。鼓励中国广西、云南、贵州地方与中南半岛国家轮流互办跨境民族民间文化艺术活动，推进壮族、瑶族、苗族、京族、侗族、仫佬族、毛南族等与中南半岛国家各族群合作共办各种传统节庆文化活动，为沿线各族群搭建民俗文化交流平台，增进互相了解。鼓励各类对外友好协会、学会等社会组织参与孔子学院、中国文化中心、客家语族、侗台语族、苗瑶语族组织开展传统语言教育活动，传承中华民族传统文化。

四、加强与沿线国家减贫合作

　　中国与东盟国家交通和能源互联互通沿线有许多贫困地区，要将交通和能源互联互通建设与减贫工作相结合，在沿线国家实施一些减贫合作示范项目，鼓励建设公司多尽一点社会责任，帮助当地修路、供水供电设施，招收当地民工，加大对沿线贫困人口实用人才队伍教育培训，提高当地群众的收入和技术水平。优先在柬埔寨、老挝、缅甸、越南等国家的贫困乡村，帮助当地推进一批与交通和能源互联互通建设相关的产业示范项目，促进沿线各国各族人民共同致富，让互联互通项目惠及沿线民众。

五、发展沿线地方友好关系

　　积极推动沿线省区市之间建立友好合作关系，重点巩固中国西南地区与东盟国家的友好省市际关系。在巩固现有的友好省、市的基础上，争取所有西南地区设区市在中国—中南半岛经济走廊沿线国家发展友好城市。务实推进友好省（城市）合作，倡导在平等互利基础上签署合作框架协议，开展省市高层互访、互办经贸、文化推介等活动，促进政府、企业以及民族民间交往常态化，通过友城的人文交流推动双边合作项目有效实施。

六、推进中国与环孟加拉湾经济合作组织对话合作

环孟加拉湾经济合作组织是南亚地区的重要国际组织，是 21 世纪全球重要的经济增长点和重要的新兴市场。加强中国与环孟加拉湾经济合作组织的对话合作，有利于释放中国的善意和增加互信，有利于推进孟中印缅经济走廊、珠三角—北部湾—孟加拉湾经济走廊和长三角—昆明—皎漂港经济走廊建设。因此，要加强中国与环孟加拉湾经济合作组织的对话渠道，利用澜湄合作机制开展与环孟加拉湾经合组织对话交流，探讨建立珠三角—北部湾—孟加拉湾经济走廊合作机制；组织环孟加拉湾经济合作组织和中南半岛国家的专家学者举办中国—中南半岛经济走廊建设研讨会，增强各国智库之间的互信，推动沿线各国的人文往来合作，为经济走廊建设做好舆论造势。

第三节　加强人才培养和能力建设合作

加强中国与东盟国家的人才培养合作，不仅是交通和能源互联互通建设的需要，也是中国与东盟国家世世代代友好合作的需要。

一、深化教育合作

在中国与东盟国家已有教育合作的基础上深化教育合作，重点推进高等教育合作，构建合作开放的"双向互通、学历、论文互认"的双边人才培养体系。支持中国与东盟国家开展各层级高校交流与合作，开展境外互设学院办学或合作办学。支持贵州继续办好中国—东盟教育交流周，务实推进中国—东盟教育合作。支持开展广西国际教育展、中国—东盟职业教育联展暨论坛，推进双边高等院校国际化办学进程。推进滇泰教育合作交流活动，扩大云南与东盟教育合作。扩大留学生规模，增加交通和能源学科的东盟国家留学生名额和奖学金经费，实施东盟留学生"双十万人"计划，打造"留学中国"品牌。创新留学生管理机制，扩大西南地区与东盟国家双边留学生相互交流，建设国际留学目的地。积极推进西南中南地区跨境汉语壮泰语客家语等教育合作，促进中国—中南半岛跨境族群文化交流。加强培养东盟国家汉语人才，支持当地高等院校

举办孔子学院和华人华侨兴办各类华语教育。

二、职业技能培训

加强中国与东盟国家交通和能源职业技能培训合作，提高东盟国家的技术能力建设。积极发挥中国在区域内的交通和能源科技优势，在充分了解东盟国家对交通和能源技术需求的基础上，为其提供技术产品和相应的技术培训。充分利用中国现有的交通和能源专业的大专院校、大型企业的培训机构，为东盟国家在职和学生举办交通和能源技术培训班，如举办轨道交通、大型建设设备使用、光伏发电、风电技术、水电技术等方面的技术培训。鼓励大专院校和大型企业到东盟国家合作开展技术培训，在柬埔寨、印尼、老挝、马来西亚和泰国等中国参与交通和能源工程项目较多的国家举办境外技术培训班，培训所在国的技术人员，为交通和能源互联互通合作提供技术支撑。

依托西南中南地区各类高校，针对不同国家、不同层次、不同教育对象的需求，建设面向东盟的国家级省级教育培训基地，积极开展党政人员、职业专业人员等各类教育培训活动，为中国与东盟交通和能源互联互通、民心相通和国际人才储备打下坚实基础。

三、合作研发适合东盟国家需要的实用技术

建设完善中国—东盟技术转移中心，全面提升中心服务功能，推进中国—东盟技术转移协作网络建设。支持各省科研机构、高校和大型企业与沿线国家合作共建交通和能源技术实验室或研究实验中心，争取在合作实施的交通和能源重大项目取得技术突破。鼓励和扶持大型企业、科研机构与沿线国家建设中国—东盟知识产权国际交流中心、中国—东盟科技创新政策研究中心、中国—东盟技术交易（所）平台。

支持鼓励科研实体与东盟国家开展系列双边技术对接交流活动，针对东盟国家亟须的技术领域，组织科研机构、高校和企业等实体，与东盟国家共建双边技术转移中心，联合攻关，争取在新能源汽车、轨道交通、光伏发电、海上风电等优势领域等率先取得突破，打造高水平的交通和能源技术国际科技合作基地。

积极促进国际技术合作。建立新型政府间、民间的双边、多边合作伙伴关系。鼓励国内企业在东盟国家设立海外研发分支机构，联合所在国科研机构开展交

通和能源科学研究，尤其是新能源技术研究，支持成立企业间风电、地热等新能源技术国际研究合作项目。

第四节　加强国内交通与能源建设的协调与合作

中国与东盟交通和能源互联互通建设范围很广，涉及国内多个省区市政府部门和众多机构、企业，需要加强国内有关省区市的协调，步调一致地推进跨省区市与跨国交通和能源互联互通建设合作。

一、建立部省级联席会议制度

在国家层面建立部省级联席会议制度，联席会议由国家发展和改革委员会负责牵头，国家发展改革委主要领导担任联席会议召集人，有关省（区、市）部成员单位主要领导为联席会议成员。部省级联席会议负责拟定促进中国与东盟交通和能源互联互通合作的重大政策措施，组织有关省区市参与中国与东盟交通和能源互联互通建设，协调解决各省区市参与中国—东盟交通和能源互联互通合作在项目安排、政策实施、体制机制创新等方面存在的困难和问题，加强部省之间的协调配合等。协调国家各部委对有关省区市尤其是广西和云南参与中国—东盟交通和能源互联互通合作的支持和指导，不断提升与东盟交通和能源基础设施互联互通建设水平，支持有关省区提高参与中国—东盟交通和能源互联互通合作的项目和能力建设。

二、加强各省区市之间的规划和建设对接

中国—东盟交通和能源互联互通建设涉及国内很多省区，国内各省区市之间的交通和能源互联互通要对接好规划，同步建设，同步完工。要建立省际合作机制，协调推进"一带一路"沿线省区市交通和能源规划的对接，定期研究解决互联互通项目推进过程中的新情况和新问题，统筹推进各省区对接国家"一带一路"建设工作的实施，形成上下合力的统一领导和实施体系。交通互联互通方面，重点建立中国—东盟"三纵两横"交通互联互通省际合作机制，完善

广西、甘肃、重庆、四川、贵州、云南和湖南的西部陆海新通道合作机制，合作打通省与省之间的断头路。能源互联互通方面，加强西南各省区电源建设和输电线路规划对接，协调推进电力互联互通建设，协调做好西南地区与中南半岛国家电力互联互通建设的基础工作，完善现有的中缅油气管道网络和中缅、中老、中越跨国间输电线路网络建设，合作开展新的电源、输电线路、油气管道等互联互通项目的调研和可行性研究，加强省际新能源产业协调合作，协调推进中国—东盟特高压输电线路建设规划。

三、加强行业协会的协调指导

发挥交通和能源行业组织的作用。支持行业组织参与政府与中国—东盟交通和能源互联互通有关的政策制定，反映企业诉求，开展行业自律，引导企业行为规范，防止在境外开展项目投标、设备等价格战，维护公平有序的竞争环境。组织与交通和能源相关的企业到东盟国家考察调研，寻找合作项目，为国内企业提供东盟国家交通、能源有关政策、招投标信息；组织国内企业组成联合体"走出去"到东盟国家开展交通和能源项目投资、工程承包等业务；支持行业组织承担政府职能转移，承担行业统计、信息服务、行业调查研究、翻译、行业培训、国际交流与合作等方面的工作任务。

四、同心协力建设西部陆海新通道成为品牌示范工程

西部陆海新通道作为有机衔接"一带一路"的南北陆海新通道，不仅缩短了物流时间，也大幅降低运输成本。西部陆海新通道是多国多地共商、共建、共享的跨国跨省大通道，任何单个省份的国际贸易和经济体量都不足以支撑通道的长期健康持续发展。为避免各自为战、恶性竞争，要加强沿线各省区市优势互补、资源共享的联合行动，进一步理顺完善跨区域协调机制，共同出台支持政策，合作谋划沿线产业协调发展，合作推进与越南、老挝、缅甸、柬埔寨、马来西亚、新加坡的国际物流、旅游、产业园区、电站、新能源等领域合作。

合作发展通道沿线港口、航空、铁路、公路及口岸，打造便捷高效的进出口通道，推进"海运＋陆运＋空运"多式联运示范项目，着力打造中新南向通道海陆空多式联运基地，打造贯通南北的海铁联运国际贸易物流主干线，共同构建西部陆海新通道。常态化开行北部湾港—重庆班列—欧洲的中欧班列和北

部湾港—新加坡港、香港港班轮，形成以海铁联运为主干线，公海联运、跨境公路运输、跨境铁路运输为辅助的多式国际联运体系。提升北部湾港集装箱吞吐量，将北部湾港打造成为集装箱干线港和区域性国际航运中心。发挥中越直通车的优势，运用公铁联运等方式接驳"苏满欧""郑新欧""渝新欧""蓉新欧"等国际班列，开通更多东盟—广西—西南中南—中亚—俄罗斯—欧洲国家的跨境公铁联运物流线路，借助这一物流走廊推进东盟国家产品通过西部陆海新通道向中亚、西亚、中东欧地区出口。建设重庆成为西部陆海新通道的内陆交通枢纽，提升"越桂欧"铁路联运辐射效应。依托吴圩和桂林两个国际机场，增开一批国际航线、航班、货运包机等，开通空运快件业务，将西部陆海新通道打造成为陆海空互联互通的大通道。探索利用渝新欧和西部陆海新通道发展转口贸易，充当东南亚和中亚、中东欧转口贸易通道，同时，利用这一物流走廊推动东盟国家与西南和西北地区的合作。

第五节　建立南海开发行动计划

南海是中国与东盟交通和能源互联互通绕不开的问题，处理好南海问题符合区域内各国的共同利益。

一、加强非传统安全合作，保持南海区域和平稳定

随着世界经济复苏的乏力，非传统安全愈来愈凸显出来。国际上恐怖主义、地区热点、地区不稳定因素日益上升，海上的传统安全如岛礁主权争端，在中国与东盟各方共同努力下，局势已日趋平静。而海上非传统安全问题的日益增加，目前，南海仍然是海盗和海上抢劫事件频繁发生的水域，海盗、走私等海上犯罪问题时有发生，海上安全问题仍然较为严峻。由于犯罪分子往往采用"打了就跑"的战术，或抢了就从一个国家海域跑到另一个国家的海域，靠一个国家的警察力量很难追捕，有时事发海域又较为偏远，缺乏警察力量与控制措施，犯罪分子很难被绳之以法。因此，中国和东盟国家要加强合作，共同打击海盗和跨境犯罪，合作维护南海海上航行安全，同时，不给域外势力借"航行自由"和"保护南海航行安全"为借口插手南海问题。

第一，建立打击海盗的合作机制。以中国和东盟合作打击海盗协议为基准，在信息共享、人员培训、联合巡逻、执法队伍的互访等签署合作协议，形成合作打击海盗和跨境犯罪的共识。

第二，加强武装人员的培训。中国和相关国家可不定期召开研讨会和观摩会，就武装打击海盗进行业务研讨和联合演习，提高各国的业务水平，合作举办业务培训班就打击海盗武装人员进行业务方面的综合训练。

第三，加强互联网网络安全治理合作。在互联网基础设施建设不断推进、网络经济发展和国际合作不断加强的同时，推进中国与东盟区域网络治理和网络安全合作，共同打击网络恐怖主义、网络犯罪、威胁公民个人信息的安全、网络诈骗等网络空间的犯罪问题，共同维护中国与东盟的网络安全。

第四，开展中国—东盟海上航行安全合作。南海航线安全一直是各方比较关注的话题，航线的安全影响因素，包括人为破坏、海上武装抢劫、海上恐怖主义，也包括非人为因素的影响，包括气候、航道安全、水文等因素。因此，可通过建立中国与东盟海上执法联络热线与合作交流机制，提高双方的海上执法能力和水平，对海盗多发海域定期或不定期地举行双边或多边性联合巡逻和执法，合作打击海盗、海上走私、海上武装抢劫。

二、加快磋商制定《南海行为准则》

2002年，中国与东盟联合签署了《南海各方行为宣言》（简称《宣言》），共同维护了南海地区的和平与稳定。由于《宣言》的局限性，对于违规行为的约束力不强，需要在《宣言》的基础上进一步制定《南海行为准则》简称《准则》）。《准则》相比《宣言》将是更具效力、更多实质内涵的地区规则。2013年9月，《准则》经各方同意开始了正式的商议，并成功举行了若干次中国和东盟十国副部级的高官会。2017年5月，中国与东盟各方举行落实《宣言》第14次高官会，和平协商通过《南海行为准则》框架。2019年7月，"准则"单一磋商文本草案的第一轮审读提前完成。尽管《准则》是否具备法律约束力还需要中国与东盟十国通过协商来决定，但是《准则》文件具有一定的开放性，还有调整的空间，对于中国与东盟有关各方管控分歧、建立互信关系具有一定的积极作用。目前《准则》还处于磋商之中，还没有最终的文本出现。[1]

为了维护地区和平与稳定，中国与东盟国家要增强互信，排除外来干扰，加快《准则》磋商进程，不断完善《准则》内涵，规范南海各方在南海地区的行为。推进南海地区法治化管理，开展更多灵活的、务实的合作。

三、推进南海共同开发

南海相关国家对于南海的主权问题较为敏感，中国和周边一些邻国在领海上存在的主权争端近期内难以圆满解决。近年来，国际形势复杂多变，以美国为首的一些西方国家不断在南海挑起事端，给区域内经济合作增加了不少困难，在南海推进开发合作更遭遇诸多阻碍，这就需要各成员国有耐力、毅力和诚意来解决，也需要各成员国相互对等地分享或让渡一部分经济利益，才能达到"双赢"或"多赢"的效果。

中国始终坚持"与邻为善、以邻为伴"的周边外交政策。对于南海主权问题，中国本着建设中国—东盟命运共同体的理念，坚持与东盟国家双边政治协商，磋商解决争端，有序合理地解决，不应再沿用旧有的思维模式，摒弃分歧，纠正误解消除偏见，提升各国的政治和战略互信，维护南海的安全稳定。为了充分利用南海丰富的资源造福周边国家，对于南海开发，中国一贯坚持"搁置争议、共同开发"的多赢理念，在互信基础上寻求南海开发合作的突破点，可以率先从一些低敏感度的领域进行开发合作。建议通过加强对话与沟通，管控分歧，增进相互间的政治互信，加强南海开发合作，先从南海科考、海洋生态环保合作、南海气象等领域合作开始，逐步过渡到海洋运输、海洋旅游、海洋渔业等领域合作，然后开展高敏感度的海洋资源勘探开发合作。中菲在南海资源共同开发方面开了好头，2018 年 11 月，在习近平与杜特尔特的共同见证下，中国外长王毅与菲律宾外长特奥多罗·洛钦签署了《中菲油气合作勘探谅解备忘录》，两国按照"相互尊重、公平互利、灵活务实、平等友好协商一致"的原则推进共同探勘、开发南海资源。在石油和天然气方面，中国的勘探开采技术一流，建议推动南海各方合作制定海上合作的线路图，合作开发油气资源，

---

[1] 徐方清，曹然."南海行为准则"框架是完善"南海规矩"的重要新节点 ——专访外交部边界与海洋司司长欧阳玉靖 [EB/OL].（2017–06–01）. http://www.inewsweek.cn/2/2017–06–01/376.shtml.

以南海共同开发实现区域共同繁荣，营造南海良好稳定的和平环境。

第六节　积极参与一些重大节点项目建设与投资

中国与东盟交通和能源互联互通建设中有一些规模大、投资大、技术要求高的工程项目，中国可适当参与投资以加快建设进程。

一、分段建设，逐步推进

中国与东盟交通和能源互联互通基础设施技术需要大量的投资，但是互联互通项目尤其是交通基础设施项目的投资回报率较低，投资回收期长，私营投资的积极性不高，互联互通项目短期内难以完成，因此，要分段实施交通和能源项目建设，条件具备的项目优先建设，经济效益好的项目优先建设，契合当事国发展规划的项目优先建设。条件不成熟的项目先做好前期准备工作。首先，推进经济走廊沿线断头路、肠梗路建设，解决路"通"的问题。选择一批中老、中缅和中越陆上交通基础设施对接作为早期收获计划项目，尽快启动澜沧江—湄公河航道二期整治工程，加快中老铁路、中缅铁路和中泰铁路建设，形成中国与东盟国家交通互联互通示范项目。其次，推进国内的粤港澳大湾区与北部湾城市群经济走廊建设，实现两个国家发展战略对接，完善交通基础设施互联互通，促进产业分工合作。然后利用澜湄合作机制推进粤港澳大湾区—北部湾—孟加拉湾经济走廊和昆明—万象—曼谷—吉隆坡—新加坡经济走廊建设，围绕三湾走廊进行港口、电力、油气管道等交通和能源基础设施建设。加强与沿线国家的国际产能、人力资源开发、农业和减贫等合作，以产业促进经济发展，进而提高沿线国家对改善交通基础设施的投资需求，再逐步分段推进沿线高速公路、铁路建设。

二、积极参与东盟国家重大交通和能源项目投资建设

中国已经参与了投资建设缅甸皎漂港、文莱穆拉港、柬埔寨西哈努克港、暹粒机场扩建、雅万高铁，以及马来西亚皇京港、关丹港、巴生港、东海铁路等重大项目建设，取得了合作共赢的效果。继续鼓励和组织中国有实力的企业

参与东盟国家的交通和能源投资合作，尤其是在一些重要的交通节点、能源通道开展投资合作，重点参与缅甸的毛淡棉港、勃生港、木姐—曼德勒—皎漂港高速公路和铁路，印度尼西亚的坤甸（pontianak）港、菲律宾高速铁路，以及云南—老挝—泰国—马来西亚—新加坡—印度尼西亚特高压输电线、皎漂港—勃生港—清迈—万象—河内—防城港—广州油气管道项目及沿线铁路等重大项目投资。建议国家领导人出访时，多带领企业家陪同出访，协调推进重大交通和能源项目建设。

三、树立重大项目建设精品品牌

建设中国—东盟交通和能源互联互通精品工程，打造中国建筑设备、服务产品等在东盟国家的品牌形象以及中国—东盟区域性交通和能源互联互通的品牌。

（一）树立中国建设精品品牌

中国的"基建狂魔"之名世界闻名，在中国与东盟交通和能源互联互通建设中，中国基建企业大有可为。首先，国家层面要鼓励支持中国企业在东盟国家承建的交通和能源项目做成精品工程，由中国驻所在国使领馆负责督促；其次，建立中国与东盟交通和能源互联互通工程准入和退出机制，对造成国外工程建设重大工程质量事故、造成国际恶劣影响的企业实行退出处理，由国内行业协会负责实施；三是鼓励国内企业组成联合体开展东盟国家的交通和能源互联互通建设项目工程承包，发挥各企业的优势，由大企业带领小企业组成联合体，开展海外工程承包投标，避免企业间恶性竞争，形成海外工程建设良性发展的格局。

（二）树立中国设备产品品牌

实施以品牌促出口战略，认定一批重点发展的大型设备生产出口企业，结合中国海外承建的大型交通和能源工程项目，以项目带设备联动出口。支持品牌企业开展商标和专利的国外注册保护，开展境外品牌并购，加大品牌推介力度，增强自主出口品牌带动效应。按照联产品、联设施、联标准、联数据、联市场的要求，支持优势企业"走出去"拓展国际市场，重点提升轨道交通、汽车、工程机械、石化、钢铁等领域在国际市场上的整体品牌效应，树立中国企业国际品牌形象。

（三）树立中国的服务品牌

中国的服务品牌在世界上知名度并不高，国家可选择一些有实力的航运企业、航空公司、旅游公司、贸易公司等服务型企业，实施中国服务规范化、国际化、技术标准化战略，扶持成为中国的国际精品服务品牌。

（四）打造中国—东盟区域性互联互通产品品牌

一是合作推进中国南宁—新加坡跨国旅游品牌建设。沿中国—中南半岛经济走廊合作推进南宁/昆明—河内/岘港/胡志明—万象/金边—曼谷—新吉隆—新加坡跨国旅游线路建设，按照成熟一段运行一段的思路分段开展国际旅游合作，打造中国—中南半岛旅游走廊成为具有东方魅力的世界级旅游走廊。二是合作发展南海邮轮旅游品牌。根据邮轮、游艇旅游等高端旅游快速发展的需要，建立中国与东盟国家的邮轮旅游合作，加快建设珠三角邮轮母港、北部湾邮轮母港、马六甲海峡邮轮母港及沿海停靠补给港和游艇俱乐部的滨海及海洋旅游设施，建立几条短航线航次和长航线航次相结合的邮轮旅游产品，在北部湾的三亚、北海港、防城港与越南下龙湾、海防、岘港之间，珠三角的香港、广州、深圳、珠海与菲律宾的马尼拉、苏比克港之间常态化开行短航线邮轮线路。条件具备时开通珠三角、北部湾邮轮港口到泰国湾的西哈努克港、曼谷港、越南富国岛，马六甲海峡的新加坡、马六甲，以及雅加达、文莱、马尼拉等环南海的长航线邮轮线路。三是打造中国—东盟"一带一路"国际物流品牌。随着"渝新欧"班列的持续常态开行，中新互联互通西部陆海新通道成为横跨亚欧两大洲的洲际物流线路，尤其是推进农产品冷链物流品牌建设，将东盟国家通过海铁联运与欧洲连接起来，打造成为中国与东盟物流互联互通的品牌。

第七节　加强风险防控

一、建立海外投资咨询智库

建立中国与东盟国家交通和能源互联互通投资研究咨询中心，吸纳具有丰富的海外投资实践经验的企业家、涉外律师、经济学专家、金融专家、社会学专家、人类学专家、移民专家、国内 NGO 组织成员等各类专业人才组成投资咨询研究团队，服务中国企业对东盟国家投资的交通和能源互联互通项目的前期研究和后期服务研究工作。向投资企业及劳务人员提供东道国的政策法律、投资项目前期、运营和后期服务等研究咨询服务。特别是提供投资项目前期研究，包括投资项目可行性研究、项目绩效评估、社会风险评估、土著居民（少数民族）和减贫评价、移民安置行动计划等，运用国际通行的项目投资前期咨询成果为投资商在投资国提供咨询服务，使投资项目更接地气、防风险。积极主动与东盟各国 NGO 组织开展合作与对话，防范和化解投资风险，共同推进中国与东盟国家交通和能源互联互通合作项目顺利落地。

二、构建"走出去"服务体系

建立完善"走出去"综合服务体系，为企业提供项目报批、金融、外事、资讯等综合服务，推动企业积极"走出去"。建立完善的信息系统平台，整合现有涉外信息服务网站资源，组建跨省区对接东盟综合信息服务网，及时提供东盟国家对交通和能源的市场需求、投资环境、法律、经济政策、税收政策、劳工和人力资源政策、质量安全标准、社会稳定等风险预警方面信息，为企业提供及时可靠的信息和资讯。每年定期发布中国—东盟互联互通建设合作的风险评估报告，及时预警有关国家政治、经济、社会重大风险，及时为"走出去"的企业提供风险评估服务。

三、建立政府间对话磋商机制

积极利用中国与东盟国家政府间各层级对话磋商机制，帮助"走出去"企业协调好与东道国中央和地方政府的关系，为中国企业参与境外合作项目创造良好发展环境。组织国资、商务、外事、公安等有关部门指导和协助企业妥善处理重大国别风险和突发安全事件。加强领事保护知识的宣传教育，妥善处理涉外案件，依法维护中国企业在东盟国家互联互通建设中的合法权益。

参考文献

一、中文参考文献

[1] 习近平.习近平谈治国理政：第二卷 [M].北京：外文出版社，2017.

[2] 刘鸣.国际体系转型与利益共同体构建理论、路径与政策 [M].北京：社会科学文献出版社，2017.

[3] 康学芹.粤港澳增长三角次区域经济一体化研究 [M].北京：中国社会科学出版社，2014.

[4] 让－弗朗索瓦·阿维斯，等.联结以竞争：全球经济中的贸易物流——世界银行物流绩效指数报告（2016）[R].王波，译.北京：中国财富出版社，2017.

[5] 古小松.中国与东盟交通合作战略构想 [M].北京：社会科学文献出版社，2010.

[6] 刘尔思，刘全民，周伟.东南亚南亚交通基础设施投资研究（缅甸篇）[M].北京：经济科学出版社，2017.

[7] 杨祥章，等.中国—东盟互联互通研究 [M].北京：社会科学文献出版社，2016.

[8] 孙晓东.邮轮产业与邮轮经济 [M].上海.上海交通大学出版社，2014.

[9] 赵宇.粤港澳湾区经济增长驱动力研究 [D].深圳：深圳大学，2018.

[10] 国家发展和改革委员会经济运行调节局.中国现代物流发展报告2017[M].北京：北京大学出版社，2017.

[11] 史成东，孙辉，孙丽媛.国际物流学 [M].北京：北京理工大学出版社，2016.

[12] 江红.航空运输地理 [M].北京：人民交通出版社，2017.

[13] 林兴志.物联网与区域物流 [M].北京：电子工业出版社，2017.

[14] 胡建华.广西推进"一带一路"战略的政策取向与路径选择 [M].北京：人民出版社，2017.

[15] 李永全 . "一带一路"建设发展报告（2017 年）[M]. 北京：社会科学文献出版社，2017.

[16] 中债资信评估有限公司 . 中国社会科学院世界经济与政治研究所 . 中国对外直接投资与国家风险报告（2017）——"一带一路"：海外建设新版图 [M]. 北京：社会科学文献出版社，2017.

[17] 一带一路沿线国家法律风险防范指引(泰国)[M]. 北京: 经济科学出版社，2016.

[18] 一带一路沿线国家法律风险防范指引（印度尼西亚）[M]. 北京：经济科学出版社，2015.

[19] 刘锋 . 南海开发与安全战略 [M]. 北京 . 学习出版社，2013.

[20] 张召忠 . 规范海洋 [M]. 广州：广东经济出版社，2013.

[21] 冯怀宇 . 东盟标准化政策战略 [J]. 标准科学，2018（6）.

[22] 沈北海 . 泛北部湾区域合作研究 [M]. 南宁：广西人民出版社，2007.

[23] 刘稚 . 澜沧江—湄公河合作发展报告（2017）[M]. 北京：社会科学文献出版社，2017.

[24] 黄晓勇 . 世界能源发展报告（2017）[M]. 北京：社会科学文献出版社，2017.

[25] 舒源 . 中国进口油气运输安全研究 [M]. 北京：社会科学文献出版社，2016.

[26] 苏树辉，袁国林，李玉仑 . 国际清洁能源发展报告（2014）[M]. 北京：社会科学文献出版社，2014.

[27] 黄晓勇 . 中国能源安全 [M]. 北京：社会科学文献出版社，2014.

[28] 李涛，陈茵，罗圣荣 . 中国—东盟能源资源合作研究 [M]. 北京：社会科学文献出版社，2016.

[29] 谭民，陆志明 . 中国—东盟能源贸易与投资合作法律问题研究 [M]. 昆明：云南出版集团，2016.

[30] 段茂盛，周胜 . 能源与气候变化 [M]. 北京：化学工业出版社，2014.

[31] 韩文科，等 . 能源安全战略 [M]. 北京：学习出版社，2014.

[32] 国际能源署 . 世界能源展望中国特别报告——中国能源展望 2017[M]. 北京：石油工业出版社，2017.

[33] 白玫，朱丹 . 新能源产业现状与发展前景 [M]. 广州：广东经济出版社，2015.

[34] 卢安武 . 重塑能源 [M]. 长沙：湖南科学技术出版社，2014.

[35] 陈守海. 天然气产业政策系列研究 [M]. 北京：中国法制出版社，2016.

[36] 赵翔，胡光宇. 国家能源治理 [M]. 北京：清华大学出版社，2015.

[37] 秦勇，时永久. 北部湾崛起 [M]. 北京：中国经济出版社，2017.

[38] 舒源. 中国进口油气运输安全研究 [M]. 北京：社会科学文献出版社，2016.

[39] 田春荣. 2017 年中国石油进出口状况分析 [J]. 国际石油经济，2018（3）.

[40] 李晨阳. 走好中国——东盟互联互通之路 [J]. 世界知识，2015（1）：73.

[41] 冯氏惠. "一带一路"与中国—东盟互联互通：机遇、挑战与中越合作方向 [J]. 东南亚纵横，2015（10）：32-37.

[42] 太平，姜焱. 构建中国—东盟能源互联网的实施路径分析 [J]. 亚太经济，2016（6）：10-15.

[43] 张建平. "一带一路"框架下中国与中南半岛互联互通的实践与构想 [J]. 东岳论丛，2017，38（9）：117-124.

[44] 陈秀莲，张静雯. 中国—东盟港口互联互通建设存在问题与对策 [J]. 对外经贸实务，2018（2）：22-25.

[45] 雷晓蒙. 东盟和大湄公河次区域电力互联面临的机遇与挑战 [J]. 中国电力企业管理，2017（22）：67-69.

[46] 李锋，徐兆梨. 中国—东盟互联互通程度测量及对策 [J]. 北京工商大学学报（社会科学版），2017，32（2）：50-57.

[47] 乐国友，唐慧. "一带一路"背景下中国—中南半岛国际经济走廊陆路互联互通建设探讨 [J]. 物流技术，2019，38（6）：1-6.

[48] 许丽杰. 中国与东盟铁路互联互通建设合作模式研究 [D]. 南宁：广西大学，2019.

[49] 梁菲，林兴志. 中国—东盟自由贸易区新能源交通物联网构建 [J]. 改革与战略，2019，35（2）：82-89.

[50] 洪昆辉. 大湄公河次区域国际合作与三条经济走廊建设 [J]. 中国软科学，2004（10）：113-120.

[51] 何祖坤，马勇. 关于深化澜沧江—湄公河合作的思考 [J]. 东南亚纵横，2018（6）：34-39.

[52] 张强，邵琛霞. 大湄公河次区域（GMS）交通运输合作问题探析 [J]. 西南林业大学学报（社会科学），2018，2（1）：96-100.

[53] 王志民. 建设西南次区域经济走廊的地缘战略思考 [J]. 中国浦东干部学

院学报，2014，8（4）：74-80.

[54]李平.大湄公河次区域（GMS）合作20年综述[J].东南亚纵横，2012（2）：34-38.

[55]葛宽斋·马力占西，周佳.老挝—中国关系蓬勃发展[J]中国投资（中英文），2019（19）：64.

[56]赵宇.粤港澳湾区经济增长驱动力研究[D].深圳：深圳大学，2018.

二、外文参考文献

[57] 杨祥章．东盟互联互通总体规划（2010—2015）（中译文）[EB/OL]. 皮书数据库，2016.10. https://www.pishu.com.cn/skwx_ps/initDatabaseDetail?siteId=14&contentId=7416608&contentType=literature.

[58]The Asean Secretariat.kuala Lumpur Transport Strategic Plan（Asean Transport Strategic Plan）（2016—2025）[EB/OL]. The ASEAN Secretariat（东盟秘书处），2016.01.11，https://asean.org/storage/2016/01/11/publication/KUALA_LUMPUR_TRANSPORT_STRATEGIC_PLAN.pdf.

[59]Asean Plan Of Action For Energy Cooperation （APAEC）2016—2025[EB/OL]. The ASEAN Secretariat（东盟秘书处），2015.12.23，https://aseanenergy.org/2016-2025-asean-plan-of-action-for-energy-cooperation-apaec/.

[60]Asean Transport Strategic Plan 2016—2025 and Progress Of Road Safety Initiatives In Asean[EB/OL]. UNESCAP（联合国亚太经社会），2019.06.14，https://www.unescap.org/sites/default/files/Road%20Safety%20Initiatives%20-%20ASEAN%20Transport%20Strategic%20Plan-ASEAN_0.pdf.

[61] Asean Political-security Community Blueprint 2025[EB/OL]. The ASEAN Secretariat（东盟秘书处），2012.05.23，https://www.asean.org/wp-content/uploads/2012/05/ASEAN-APSC-Blueprint-2025.pdf.

[62]Asean Economic Community Blueprint[EB/OL]. The ASEAN Secretariat（东盟秘书处），2007.11.20，https://www.asean.org/storage/2016/03/AECBP_2025r_FINAL.pdf.

[63]ASEAN Energy Technology Strategy 2015—2030[EB/OL]. The ASEAN Energy Market Integration (AEMI, 东盟能源一体化），2014.09.12，http://www.asean-aemi.org/wp-content/uploads/2014/10/AEMI-Working-Paper-ASEAN-Energy-Technology-Strategy-2015-2030.pdf.

[64]Southeast Asia Energy Outlook2017[EB/OL]. International Energy Agency（国际能源署），2017.10，https://www.iea.org/reports/southeast-asia-energy-outlook-2017.

[65]50 Years of ASEAN：Meeting the Energy Challenges[EB/OL]. ASEAN Centre for Energy（东盟能源中心）2017.11.27，https://aseanenergy.org/50-years-of-asean-meeting-the-energy-challenges/.

[66]Philippine Development Plan 2017—2022[EB/OL]. National Economic and Development Authority（菲律宾国家经济与发展局）2017.10, http://pdp.neda.gov.ph/wp-content/uploads/2017/01/PDP-2017-2022-10-03-2017.pdf.

[67]World Energy Outlook 2017-Southeast Asia Energy Outlook[EB/OL]. Organization for Economic Co-operation and Development（OECD，经济合作与发展组织）2017.10.27， https://www.oecd.org/publications/southeast-asia-energy-outlook-2017-9789264285576-en.htm.

[68]Renewable Energy Prospects：Indonesia[EB/OL]. The International Renewable Energy Agency (IRENA, 国际可再生能源署)2017.03.01，https://www.irena.org/-/media/Files/IRENA/Agency/Publication/2017/Mar/IRENA_REmap_Indonesia_report_2017.pdf.

[69]Thailand Energy Efficiency Development Plan（2015—2030）[EB/OL]. Energy Policy and Planning office (EPPO,)Ministry of Energy（泰国能源部能源政策与计划办公室），2016.03.28, http://www.eppo.go.th/index.php/en/policy-and-plan/en-tieb/tieb-eep.

[70]Alternative Energy Development Plan： AEDP2015[EB/OL]. Energy Policy and Planning office (EPPO,)Ministry of Energy（泰国能源部能源政策与计划办公室），2016.05.15, http://www.eppo.go.th/index.php/en/policy-and-plan/en-tieb/tieb-aedp.

[71]Philippine Energy Plan（2015—2030）[EB/OL]. The Department of Energy (DOE, 菲律宾能源部).https://www.doe.gov.ph/pep/philippine-energy-plan-2016-2030?ckattempt=1.

三、年鉴与网站

[72] 中国统计年鉴 2018. 中国统计出版社，2018.10. 统计年鉴分享平台发布[EB/OL].https://www.yearbookchina.com/navibooklist-n3018103001-1.html.

[73] 中国能源统计年鉴 2018. 中国统计出版社，2019.06. 统计年鉴分享平台发布 [EB/OL].https://www.yearbookchina.com/navibooklist-n3019090603-1.html.

[74] 中国物流年鉴 2018. 中国财富出版社，2019.01. 统计年鉴分享平台发布[EB/OL].https://www.yearbookchina.com/navibooklist-n3019032301-1.html.

[75] 中国旅游统计年鉴 2018. 中国旅游出版社，2018.12. 统计年鉴分享平台

发布 [EB/OL].https://www.yearbookchina.com/navibooklist-n3019120821-1.html.

[76] 中国港口年鉴 2018. 中国港口杂志社出版社，2018.09. 统计年鉴分享平台发布 [EB/OL].https://www.yearbookchina.com/navibooklist-n3019022603-1.html.

[77] 中国贸易外经统计年鉴 2018. 中国统计出版社，2018.12. 统计年鉴分享平台发布 [EB/OL].https://www.yearbookchina.com/navibooklist-n3019022612-1.html.

[78] 中国电力年鉴 2018. 中国电力出版社，2018.12. 统计年鉴分享平台发布 [EB/OL].https://www.yearbookchina.com/navibooklist-n3019080519-1.html.

[79] 云南省统计年鉴 2018. 中国统计出版社，2018.09. 统计年鉴分享平台发布 [EB/OL].https://www.yearbookchina.com/navibooklist-n3018120701-1.html.

[80] 四川省统计年鉴 2018. 中国统计出版社，2018.10. 统计年鉴分享平台发布 [EB/OL].https://www.yearbookchina.com/navibooklist-n3019012101-1.html.

[81] 广西统计年鉴 2018. 中国统计出版社，2018.10. 统计年鉴分享平台发布，[EB/OL].https://www.yearbookchina.com/navibooklist-n3018101902-1.html.

[82] 广东省统计年鉴 2018. 中国统计出版社，2018.10. 统计年鉴分享平台发布 [EB/OL].https://www.yearbookchina.com/navibooklist-n3018110701-1.html.

[83] 海南省统计年鉴 2018. 中国统计出版社，2018.08. 统计年鉴分享平台发布 [EB/OL].https://www.yearbookchina.com/naviBooklist-n3020011503-1.html.

[84]ASEAN Statistical Yearbook 2018（东盟统计年鉴 2018），the Statistics Division of the ASEAN Secretariat（东盟秘书处统计司），the ASEAN Secretariat（东盟秘书处）2018.12 发布 [EB/OL].https://asean.org/storage/2018/12/asyb-2018.pdf.

后　记

　　《中国与东盟的交通和能源互联互通建设研究》是在作者主持的国家社科基金一般项目"中国与东盟的交通与能源互联互通建设研究（14BGJ054）"（结项证书编号 20202509）的基础上，结合新时期中国与东盟在 RCEP 合作中的地位和特点进一步研究的成果。研究期间，作者进行了大量的调研工作，先后在广西壮族自治区、云南的边境地区做了实地调研，并于 2017 年至 2019 年间，在广西社会科学院原院长吕余生二级研究员的带领下，多次赴贵州、重庆市、四川省、云南省、海南省，以及广西北部湾经济区的南宁、北海、钦州、防城港、崇左等市就中国与东盟国家的交通和能源合作、国际陆海贸易新通道的主题进行了调研，掌握了丰富的第一手资料。作者还赴北京、广州参加了国际能源署中国合作办公室举办的 SDE 能源可持续发展专题论坛，2017 年 12 月应邀赴天津参加了中共中央对外联络部发起成立的"一带一路"智库合作联盟与天津市人民政府联合举办的"一带一路"国际港口城市研讨会。在南宁市邀请了老挝、缅甸、泰国、越南等驻南宁总领事馆的专业人士举行了座谈会。作者还根据国家社科基金项目评审专家提出的意见进行修改完善，在此要特别感谢评审专家的宝贵意见！

　　在项目的研究过程中，广西社会科学院的各位领导给予了大力支持。法学所所长廖欣博士就中国与东盟国家的交通和能源合作的法律问题提供了宝贵的资料和建议。广西五洲交通股份有限公司周异助董事长为项目研究提供了大量的交通和东盟国家物流方面的资料。广西职业师范学院副校长王萍教授就中国与东盟的跨境物流合作提供了建设性建议。广西大学艺术学院党委书记黄里云博士就中国与东盟国家的人文交流合作提供了宝贵的经验和建议。广西社会科学院周青副研究员、刘娴助理研究员和黄旭文助理研究员撰写了部分内容。雷小华博士、云倩高级经济师和梁晓兰经济师也提供了许多帮助。中证征信（深圳）有限公司刘丹蓉负责了东盟国家的英语资料翻译和整理。这是一项体现了集体慧结晶的成果。谨对为本研究成果提供了大力支持和帮助的所有各位领导、专家和朋友表示衷心感谢！

虽尽力而为，但限于作者的知识、经验之不足，本研究成果仍会存在各种问题，恳请各部门领导、各位专家学者批评指正。

刘建文

2021 年 6 月